le grand almanach

L'almanach s'inscrit dans une tradition populaire qui appelle à se transmettre. Les textes qui vous accompagneront cette année sont issus d'une collecte et regroupent de nombreux extraits qui participent à la mémoire de chacun. Chaque terroir a son histoire, ses anecdotes, ses dictons, ou ses lieux oubliés... Si vous voulez participer à notre aventure, parler de votre village, de votre commune, envoyez-nous vos textes pour l'année prochaine !

Écrivez à :

Métive

11, rue Norman-Borlaug
79260 La Crèche

05 49 05 37 22

www.gesteditions.com

JEAN-MARY COUDERC

DANIEL DURANDET

le grand almanach DE LA France

Frédérick Gersal

2024

Métive

Préface

PISCES
AQUARIUS
ARIES
TAURUS
CAPRICORNUS
GEMINI
LEO
A TOUS LES FRANÇAIS
La France a perdu une bataille!
Mais la France n'a pas perdu la guerre!

Bonjour à toutes et à tous,

Heureux de vous accueillir pour traverser ensemble cette année 2024 !

Une année déjà entrée dans l'histoire avec cette grande aventure des jeux olympiques qui vont se dérouler à Paris l'été prochain. C'est aussi l'occasion de fêter championnes et champions, ces héros des stades, des gymnases, des piscines et autres lieux de sport ! Les médailles vont pleuvoir pour récompenser et venir s'accrocher aux cous des trios de tête de toutes les épreuves. Fête populaire qui rassemble le monde entier, ces Jeux Olympiques sont l'occasion de se retrouver pour les sportives et sportifs et de se découvrir pour un nombreux public international originaire de tous les continents ! C'est aussi cela la règle de cet almanach que je vous présente chaque année, un lieu de rencontre pour certains et de retrouvailles pour d'autres plus habitués !

C'est aussi l'occasion de découvrir de nouveaux savoirs, de nouvelles connaissances qui touchent à toutes les matières et qui enrichissent nos mémoires ! Pour copier la fameuse devise olympique : « Plus vite, plus haut, plus fort », je peux vous assurer qu'avec cet almanach 2024 vous allez vous cultiver plus vite, vous irez plus haut et vous serez plus fort qu'avant ! Avouez que c'est un beau challenge que je vous propose.

Alors sans attendre, plongez-vous dans cet océan de savoirs historiques, politiques, culinaires, géographiques, jardiniers, littéraires, bref des savoirs universels comme le sont les Jeux Olympiques !

Cet Almanach est une occasion unique de partage du savoir lors des repas en famille et entre amis, lors des promenades en pleine nature, partons ensemble à la rencontre de ce qui nous entoure et nous enrichit !

Mais attention 2024 n'est pas uniquement une année tournée vers les J.O de Paris, c'est aussi le 80ème anniversaire du Débarquement des alliés en Normandie, en juin 1944, un souvenir que vont découvrir de nouvelles générations, car c'est une page d'histoire qui doit être transmise et conservée dans toutes les mémoires, la lutte contre le nazisme et la fin de cette guerre qui a connue l'insupportable et effroyable Shoah. Souvenons-en en tournant les pages colorées de cet almanach.

Belle Promenade !

Amicalement,

Frédérick Gersal

janvier

Premier mois de l'année instauré par le calendrier grégorien au XVIe siècle, le nom de janvier vient du latin *januarius*, du dieu romain Janus. Dieu gardien des portes, Janus présente deux visages, l'un tourné vers le passé, l'autre vers l'avenir, symbolisant aujourd'hui le passage d'une année écoulée à une année nouvelle. Janvier correspond à pluviôse (mois de la pluie) dans le calendrier républicain.

Sudoku

6			7					1
		5			9	3		
		8			6	2	4	
2					1	9		5
		6	8					3
9		7		2			8	
		9						
8	4	1			5			
			9	3	8	4	1	6

6			1		2			9
	9		3				6	2
	4							
				8		3		
3		7	2	9			5	
2	8		5			9	7	
	1				5			
5	7				1	2	4	
		8		3	7	6		

Dans le ciel

Qui laisse sa chaise l'hiver la perd.

Le loup ne mange pas l'hiver.

Chaque mois de cet *Almanach*, vous aurez la possibilité de voir la carte du ciel ainsi que la liste des constellations visibles à cette période.
En janvier, vous pourrez voir les suivantes : Andromède, la Baleine, le Bélier, le Cancer, Cassiopée, Céphée, le Grand Chien, le Petit Chien, les Chiens de chasse, le Cocher, la Colombe, le Cygne, le Dragon, Éridan, les Gémeaux, la Girafe, l'Hydre femelle, le Lézard, la Licorne, le Lièvre, le Lion, le Petit Lion, le Lynx, Orion, la Grande Ourse, la Petite Ourse, Pégase, Persée, le Poisson, la Poupe, le Taureau et le Triangle.

Le ciel visible vers le 15 janvier à minuit.

Quand les oiseaux du Nord nous rendent visite

Nous avons à saint-Avertin, au sud de Tours, des voisins formidables. Ils donnent l'hiver beaucoup de graines aux oiseaux sauvages et entre autres jusque devant notre fenêtre de cuisine avec un nourrisseur à trois étages dont ils ne profitent pas puisque c'est le côté aveugle de leur demeure.

Certains oiseaux se contentent de manger au sol les graines que font tomber les autres : des couples de pinsons, de verdiers, et parmi les isolés, des sittèles, des pigeons ramiers et des tourterelles turques. Parmi ceux qui se perchent sur le nourrisseur, les plus courants sont les mésanges en cortèges parfois ininterrompus.

Par ordre de fréquence décroissante, ce sont les charbonnières et les bleues à égalité, les mésanges à longue queue, les nonnettes, les huppées, les noires et les boréales (appelées aussi alpestres). Se perchent encore sur le nourrisseur, les verdiers et les chardonnerets ; ces derniers avec leur tête en partie rouge et leurs plumes jaunes étaient des visiteurs rares auparavant. Ces derniers ont la particularité de rester longtemps accrochés sur le nourrisseur et de ne pas s'envoler après chaque prise, comme les mésanges qui terminent leur consommation dans les arbres.

La nature de l'occupation du sol par la végétation conditionne la venue des espèces.
Sur le flanc sud de notre demeure nous avons des arbres que fréquentent les pics mar, épeiche, vert et les roitelets que nous entendons plus que nous ne les voyons.

Un environnement boisé ou un grand verger peuvent changer les observations et ce à peu de distance. Un exemple : à sept cents mètres à vol d'oiseau de notre demeure, dans le lotissement de la Mauberdière habitait un collègue ornithologue, Bernard Guillemot (au nom prédestiné) qui devint président de la société de protection de la nature de Bretagne. Il voyait chaque année des couples de Gros-Bec casse-noyaux dans les jardins alors que nous n'en avons jamais observé dans le nôtre.

L'avantage d'un tel nourrisseur est de voir arriver des oiseaux en migration depuis le nord quand la Scandinavie ou la Russie sont sous l'emprise d'un anti-

Jour de l'an beau,
mois d'août très chaud.

Qui se saoule
le 1er janvier
se saoule
toute l'année.

Mauvais an
entre en nageant,
mais s'il gèle
l'année sera belle.

Janvier froid ou tempéré,
passe-le bien couvert.

Amourettes de janvier,
pour Pâques mariage,
pour Noël langes.

♑ Capricorne

lundi 1er

lever 08 h 42
coucher 17 h 21, +1

Jour de l'an
Dans le calendrier républicain :
primido 11 nivôse
granit

cyclone sibérien les couvrant de glace et interdisant aux oiseaux de se nourrir. Ainsi, lors des hivers froids arrivent chez nous les Tarins des aulnes, oiseaux fins, à tête, ventre et queue jaunes pour le mâle, à corps rayé et tête jaunâtre pour la femelle, queue finement fourchue et chant plaintif discret pour les deux sexes. Un jour (le vendredi 11 février 2022) notre gendre remarque des pinsons avec une drôle d'allure ; je ne puis les voir que le lendemain.

Poitrine orangée, gorge orangée du mâle à tête noire (ce qui est déjà une tenue de printemps), tête grise avec parfois quelques plumes claires relevées sur la tête et rayures orange chez la femelle, et enfin une tache blanche longitudinale à l'arrière pour les deux sexes (plus visible chez le mâle), nous sommes en présence de Pinsons du nord (*Fringilla montifringilla*).

Je les connais bien pour les avoir vus l'hiver en montagne ; je pensais qu'ils ne venaient en France, depuis la Suède ou le Danemark, que par grands froids. Pourquoi sont-ils encore présents au début de mars par cet hiver frais, brumeux et mouilleux ? Et ils y resteront jusqu'au 24 mars ! Changeraient-ils eux aussi d'itinéraires ? Renseignements pris la situation a été la même pour un ornitholoque amateur de Caen qui ne les avait pas encore vus chez lui.
Mon étonnement vient de ce que je ne les ai jamais vus dans mon jardin, alors que j'avais observé par deux fois (en février 1975 en particulier) des sizerins flammés de la sous-espèce « flammea », c'est-à-dire de Scandinavie et non de Russie.
Sachez qu'avec de bons nourrisseurs et une bonne qualité de graines, on peut exceptionnellement attirer des oiseaux plus rares encore.

Songeons aux Saint-cyriens d'Indre-et-Loire qui, pendant une petite semaine, virent dans leurs vergers ou sur leurs haies des troupes de Jaseurs de Bohême, gros oiseau dont le mâle est pourvu, d'une belle huppe et d'une poitrine brun rose.

Jean-Mary Couderc

lever 08 h 42
coucher 17 h 22, +1

mardi 2

Basile

duodi 12 nivôse
Argile

janvier
2024

Janvier amasse
les souches,
février les brûle toutes.

Janvier de givre,
année de fruits.

Le jour de saint Odilon
souvent n'amène
rien de bon.

Nos campagnes

Dans la ferme solognote, le personnel au travail à la fin du XIXe siècle.

Nous sommes redevables à Muguette Rigaud de données puisées de ci de là dans un numéro spécial du *Journal de la Sologne et des environs* de juin 1990 (88 pages).

La présence d'un personnel nombreux et en partie spécialisé n'empêchait pas une participation des enfants aux travaux de la ferme dès leur plus jeune âge.

Les Enfants

Dès 10 ou 11 ans, ils pouvaient être bouères (ou bouaires), c'est-à-dire gardiens de bœufs, vachers ou porchers. Le bouère était surtout un jeune bouvier, un « piqueux » de 16 à 18 ans conduisant les bœufs. Il accompagnait le maître au labour pour diriger et aiguillonner « l'attelée ». Rude métier, car il devait d'abord, l'été, mener les bœufs au pré pour les faire paître avant le départ au labour. L'hiver, il fallait les mener au pacage dès cinq heures du matin. Ensuite, il fallait mettre le joug et les accoupler deux à deux, chacun ayant une place particulière, au premier ou au second rang (voire au troisième), à gauche ou à droite.

Le dimanche, il devait les faire ferrer et les mener au « travail » dans la cour du maréchal-ferrant, un cadre de grosses poutres de chêne permettant de cantonner l'animal. (d'après leDr Martin, 1903).

Que de peurs pour les drôletiaux (jeunes garçons) quand une vache ribaude (celle qui refusait le mâle, sans doute parce que mal conformée) n'arrêtait pas de meugler, quand le cô dinde (le mâle) et les dines s'agitaient autour d'un « sarpent » ou quand une bête disparue revenait « gonfle » (enflée).

Parfois, on embauchait des « vaque à tout », souvent des jeunes, des enfants ou des femmes âgées.

à suivre le 9 février

Jean-Mary Couderc

mercredi **3**

lever 08 h 42
coucher 17 h 23, +1

Épiphanie, Geneviève

tridi 13 nivôse
Ardoise

lever 08 h 42
coucher 17 h 24, +1

jeudi **4**

Odilon

quartidi 14 nivôse
Grès

janvier 2024

Insolite

Entrechat

À Paris, en 1896, au cours de terrassements dans le quartier de l'Odéon, des ouvriers trouvèrent un charnier de plusieurs dizaines de milliers de têtes de chats entassées dans une excavation. Après une enquête serrée menée par de jeunes lycéens, on s'aperçut que cet emplacement était jadis occupé par un restaurant spécialisé dans les civets de lapins.

Tonnerre de janvier,
il faut avoir santé
de fer.

Quand il gèle
en plein vent,
tout se fend !

Janvier, ne te glorifie
pas pour tes beaux jours,
car le février te suit
de près.

Gelée en janvier,
blé au grenier.

Année neigeuse,
année fructueuse.

S'il gèle à la Saint-
Raymond,
l'hiver sera encore long.

Crier comme un putois

C'était le 1er janvier 1969. En cet hiver très froid, je portais à l'extérieur, et c'est important pour mon récit, de légers gants de pécari. Ce premier jour de ce qui fut l'année de l'alunissage, nous nous promenions bien emmitouflés sur le sentier bordier de l'étang de Saloup, en forêt de Tronçais, à peu de distance du pont, côté ouest.

Je cheminais à quelque dix mètres en avant de ma famille quand, arrivant dans une mini clairière, je vis un mustelidé allongé qui me tournait le dos. Impétuosité de la jeunesse et objectif de détermination en vue me poussèrent à courir deux pas et bondir, le saisissant à la nuque et le soulevant. Curieusement, il n'avait pas encore compris ce qui lui arrivait. Je pus voir qu'il s'agissait d'un jeune putois. Ma détermination fut corroborée par une série de cris affreux et ininterrompus (cf. l'expression : « crier comme un putois ») et difficiles à supporter en raison de leur caractère aigu et de leur intensité. Quand l'animal comprit que je ne lâcherais pas prise, il tourna la tête, se dévissant étonnamment le cou et me mordit. Rien de douloureux, mais la nature de mes gants m'amena à le lâcher ; il continua à mordre mon gant tandis qu'il pendait dans le vide.

Je le posai rapidement à terre. Il fila sans demander son reste.

Jean-Mary Couderc

vendredi 5

lever 08 h 42
coucher 17 h 25, +1

Édouard

quintidi 15 nivôse
Lapin

Aubépine

Le langage des fleurs

Absinthe : absence, amertume
Acacia : amour platonique, désir de plaire
Acacia rose : élégance
Achillée : vaillance, guerre
Aconit : le danger approche
Amandier : étourderie
Amarante : amour durable, immortalité
Amaryllis : beauté rayonnante, fierté
Amour-en-cage : amour caché
Ancolie : folie, aveu d'infidélité
Anémone : abandon
Anémone des prés : maladie
Angélique : inspiration
Anis : promesse
Anthémis : amour terminé, rupture
Armoise : bonheur
Arum : écoute ton âme
Asphodèle : mes regrets vous suivent au tombeau
Aster : arrière-pensée
Aubépine : espérance
Azalée : joie d'aimer

Absinthe

Amaryllis

Arum

Azalée

lever 08 h 42
coucher 17 h 26, +1

samedi **6**

Melaine

sextidi 16 nivôse
Silex

lever 08 h 42
coucher 17 h 27, +1

dimanche **7**

Raymond

septidi 17 nivôse
Marne

janvier 2024

Bégonia

Le langage des fleurs

Balsamine : impatience, fragilité
Bardane : importunité
Basilic : haine
Baume de Judée : guérison
Bégonia : amitié cordiale
Belladone : tu en fais trop
Belle-de-jour : coquetterie
Belle-de-nuit : timidité
Blé en épi : richesse
Bleuet : délicatesse
Bourrache : constance du cœur
Bouton-d'or : candeur, joie d'aimer
Bruyère : solitude
Buis : robustesse, stoïcisme

Bleuet

Buis

Belle-de-nuit

Bouton-d'or

Beaux jours en janvier, mauvais temps en février.

Janvier d'eau chiche fait le paysan riche.

Le temps du 2 janvier présage celui de septembre.

Sainte-Geneviève ne sort point, si Saint-Marcel (16 janvier) ne la rejoint.

lever 08 h 42
coucher 17 h 28, +1

lundi 8

Lucien

octidi 18 nivôse
Pierre à chaux

Une matinée en compagnie de Stone et Charden

Pour que vous puissiez apprécier le caractère insolite de cette rencontre, je suis obligé de vous parler un peu de moi, ce dont je vous prie de bien vouloir m'excuser. Je suis quelqu'un qui écrit en entendant constamment et exclusivement de la musique classique.

Peu importe, en général, les auteurs et les époques, avec toutefois un faible pour le Baroque. Je n'ai accordé dans ma vie quelque attention qu'à une petite dizaine de chanteurs dont Yves Montand, Anne Sylvestre, Jean Ferrat et Barbara. Je ne sais pas danser et avec la vieillesse, j'ai abandonné séances théâtrales et cinématographiques. Somme toute, je suis pour les jeunes, un épouvantail !

Je connaissais le nom de Stone et Charden qui pour moi étaient un homme et une femme qui chantaient alors que c'était le contraire ! Vous vous demandez bien ce qui a pu m'arriver ? Et bien...Voilà !

En 1994, je venais de publier un ouvrage nommé *Le Loiret insolite* et mon éditeur avait organisé une signature dans un hypermarché de la banlieue ouest d'Orléans.

Comme prévisible, je n'ai pratiquement vu personne sinon, dans ce grand hall, un défilé de chariots pleins qui quittaient le grand magasin pour gagner le parking. À côté de moi se trouvait un couple encore jeune sur lequel le responsable du magasin attira discrètement mon attention. « Vous savez que vous êtes à côté de Stone et Charden... ». J'usai d'un même ton silencieux pour lui demander de qui il s'agissait car leur relative jeunesse ne m'avait pas fait penser aux chanteurs connus. Et c'est ainsi que quoiqu'ils eurent un certain nombre de signatures à donner, pour la vente d'un ouvrage de souvenirs communs (ils étaient alors divorcés depuis vingt ans, mais restèrent proches jusqu'à la mort d'Éric Charden en avril 2012). Ils bénéficièrent aussi d'interruptions qui nous permirent de discuter, et pas seulement de la pluie et du beau temps dont nous ne pouvions avoir aucune perception...

Grâce au grand magasin Auchan de Saint-Jean-de-Braye, je venais de découvrir un monde qui m'était complètement étranger. J'ai été séduit, comme il se devait par la relative jeunesse de Stone qui avait une quarantaine d'années, une femme agréable aux yeux bleus et au doux sourire, simple et directe, mais à l'oeil vif, et moins par Éric Charden aux cheveux frisés et au sourire prometteur mais qui portait déjà les marques du temps, et parla peu.

C'était une erreur d'organiser des signatures dans des super ou des hypermarchés. Je connus à Châteauroux, le même apparent désert intellectuel à l'hypermarché Mammouth de la route de La Châtre, lorsque, en compagnie du préhistorien Jacky Despriée, nous étions présents pour signer la deuxième édition complétée de l'ouvrage en collaboration appelé « Berry ». Je fus heureux de mieux connaître mon collègue et je mis à profit ma place dans ce couloir d'accès pour observer les allers et venues d'oiseaux, oui ! des moineaux et des pinsons, je crois, qui pénétraient journellement dans les locaux pour manger des miettes ou des céréales échappées de paquets tombés et percés.

Jean-Mary Couderc

lever 08 h 41
coucher 17 h 29, +1

mardi 9

Alix

nonidi 19 nivôse
Marbre

janvier 2024

Présentation : Les beaux-livres d'école de notre enfance

Pluie qui dure en janvier suffit pour toute l'année.

À Saint-Paulin, on compte les hirondelles autour d'Amiens.

Capricorne

lever 08 h 41
coucher 17 h 30, +2

mercredi **10**

Guillaume

décadi 20 nivôse
Van

Auteur

Daniel Durandet a été Grand-Reporter à France Télévision pendant près de 40 ans, comme spécialiste Aviation & Espace. Parallèlement, il a réalisé plusieurs jeux de société pour enfants et une collection en vidéo et DVD sur la haute technologie. Passionné par l'école d'autrefois, il a ensuite créé « La Communale.com », un site de vente en ligne de livres scolaires sur Internet, avant de transformer une ancienne école de village de Mayenne en musée scolaire. Après la rédaction de plusieurs ouvrages sur le monde de « l'école de Jules Ferry » et l'imagerie scolaire ancienne, il est de retour en Vendée, sur les lieux mêmes où il passait, enfant, toutes ses vacances dans la maison familiale des Sables-d'Olonne. Ayant toujours un fer au feu, il créé l'association « Saveurs de Vendée » pour contribuer au renom des produits alimentaires du terroir vendéen et de ceux qui les produisent. Cette action se concrétise aujourd'hui par « le guide des saveurs de la Vendée ».

Résumé

Daniel Durandet, spécialiste de l'école d'autrefois, nous fait découvrir les plus beaux livres de sa superbe collection en vous les présentant naturellement selon les matières que les images illustraient. Des premiers alphabets aux livres de lecture, des manuels de géographie à ceux d'Histoire de France : les images deviendront omniprésentes dans le monde de l'écolier, rendant plus attrayants les livres de leçons de choses comme ceux d'arithmétique. Les beaux livres d'école de notre enfance, ce sont aussi ces merveilleuses affiches scolaires Rossignol, ces éternelles cartes murales du géographe Vidal de la Blache, ces bons points récompense qu'on échangeait par lot de dix à la maîtresse contre des images, mais aussi les buvards ou les protège-cahiers… Bienvenue dans le monde des images de notre enfance : un peu de nostalgie, mais aussi beaucoup de bonheur.

lever 08 h 40
coucher 17 h 32, +2

jeudi **11**

Paulin

primidi 21 nivôse
Pierre à plâtre

À la pêche aux couteaux avec une jeune hongroise

Nous louions dans les années quatre-vingt-dix une maison de vacances au bord de la mer à Pendruc, commune de Trégunc, près de Concarneau (Finistère). Une année, nous avions avec nous Anna, la fille d'une dizaine d'années d'excellents amis hongrois. Pêcher aux couteaux n'est pas tout à fait un événement majeur, mais avec une Hongroise, au demeurant fort intelligente, ce fut un événement. Pourquoi ?
Je me permets de vous rappeler que, s'il y a de rares États qui ont été depuis toujours loin de la mer comme la Suisse, au contraire, l'Autriche et la Hongrie qui furent unies au XIXe siècle, avaient possédé une large façade maritime avec la Croatie actuelle, un accès à la mer perdu depuis 1920.
À l'époque de mon historiette, aucune culture de la mer chez les Hongrois à peine dégagés de la botte russe.
Renseignements pris non sans difficultés comme quand on enquête sur les coins à champignons, il appert qu'un certain fond d'étier vaseux, à l'ouest du Minaouët (à Concarneau), près d'un chantier naval, possède des troupes de couteaux… Nous venons tester le site et revenons comblés.
Quand Anna fut là, le grand jour arriva, nous avions été discrets mais comment l'être tout à fait ? Rien que ce paysage mixte, ces chemins qu'il fallait bien connaître et ce chantier naval qui ne faisait pas sérieux, ne correspondaient en rien à l'inévitable mythologie de la plage et de la mer corne d'abondance… Arrivée devant des sables vaseux presque déserts, pauvre Anna ! Je procédai à l'instruction de base, comme on communique avec un militaire avant l'assaut. Le solen (*Solen marginatus*) est un mollusque bivalve aux deux coquilles allongées symétriques de couleur brun jaune en forme de gaine. À l'intérieur, en haut est la tête, en bas le puissant pied en forme de hache. Sa présence se manifeste en surface par un trou en forme de serrure mais à forte marée basse, l'animal est à plus de 40 cm de profondeur attendant le retour de la marée. L'appât c'est quelques grains de sel posés sur le trou avec un peu d'eau pour amener le sel au niveau de l'animal.
Ma démonstration se faisait en parlant quand soudain arriva un monstre des profondeurs sortant de cinq centimètres mais repartant aussitôt voyant combien il avait été trompé ! Je fus moi-même surpris et l'émotion d'Anna fut indescriptible. Or, je n'avais prévu ni sa répulsion, ni sa surprise car contrairement à ses congénères, elle avait apprécié les huîtres et le crabe. Elle a bien compris qu'il fallait rapidement et fermement maintenir le solen, et lutter doucement contre lui pour ne pas lui arracher le pied.
Bientôt ce fut une admiration sans bornes pour cet animal pourtant rudimentaire et une pleine participation à sa chasse.

Anna est maintenant secrétaire de l'Ambassade de Hongrie à Rome, mère de trois filles, mais nous nous souvenons toujours de notre première rencontre avec elle quand elle avait huit ans, et de sa lecture d'un grand texte littéraire français, sans aucun accent étranger, et sur lequel elle ne trébucha qu'une fois sur le mot « haillons » !

Jean-Mary Couderc

Soleil de Sainte-Nina,
pour un long hiver
rentre ton bois.

Capricorne

lever 08 h 40
coucher 17 h 33, +2

vendredi **12**

Tatiana

duodi 22 nivôse
Sel

lever 08 h 40
coucher 17 h 34, +2

samedi **13**

Yvette

tridi 23 nivôse
Fer

lever 08 h 39
coucher 17 h 35, +2

dimanche **14**

Nina

quartidi 24 nivôse
Cuivre

janvier
2024

Bien des animaux savent compter

Les éthologues au travail depuis une quarantaine d'années nous l'ont montré mais dans des publications spécialisées et avec la difficulté pour beaucoup de lire dans revues spécialisées et dans des langues étrangères.
Voici pourquoi la population n'a pas connu ces résultats, ne s'est pas posé le problème, pensant sans doute intuitivement que les animaux ne savaient pas compter puisqu'ils n'avaient pas notre intelligence, d'aucuns, enfin, ayant en tête les démonstrations faussées rencontrées dans certains cirques.

Pendant longtemps, on ne disposait que d'observations fragmentaires et lointaines de personnes vivant au contact des grands animaux sauvages en régions tropicales. Ils savaient que les lions, quand ils entendaient plusieurs rugissements différents dans un groupe distinct du leur, se gardaient d'intervenir compte tenu du nombre d'animaux présents.
Les premiers résultats chiffrés ont été apportés par des chercheurs américains à propos des singes, il y a une cinquantaine d'années. À la fin des années 80, Sarah Bysen (chercheuse à l'université de Harvard) avait appris à compter jusqu'à huit à un chimpanzé. Mais en trois ans. Marc Hauser, de la même université, a choisi des chimpanzés sauvages qui ont su compter jusqu'à six. C'étaient les premières démonstrations, et on pouvait penser que les méthodes d'enquête allaient encore s'affiner.

AI, une chimpanzée, entraînée depuis 35 ans par le primatologue japonais Tetsuro Matsuzawa a appris à connaître les neuf premiers chiffres. Elle pouvait compter les objets présentés avec un taux de réussite supérieur à 95% !
On avait à peu près en même temps admiré les qualités d'un perroquet gris du Gabon à qui on montrait un trousseau de six clés et qui répondait de sa voix particulière : « six ». Alex, mort en 2007, pouvait dire quel trousseau contenait le plus de clés et savait utiliser jusqu'à huit chiffres dans la conversation. Lorsqu'on lui présenta une première fois un plateau vide en lui demandant combien d'objets s'y trouvaient, il répondit : « aucun ». Stupeur des chercheurs par cette réponse inattendue puisque c'était la première fois qu'il était confronté à ce problème. Alex avait appris ce mot lors d'un autre exercice où il devait dire s'il y avait une différence entre deux objets ou « aucune » différence. Pour Irène Pepperberg qui menait ces recherches, il comprenait la notion du zéro sans jamais l'avoir appris.

Prépare pour Saint-Marcel tes graines nouvelles.

Un mois de janvier sans gelée n'amène jamais une bonne année.

lundi **15**

lever 08 h 38
coucher 17 h 37, +2

Rémi

quintidi 25 nivôse
Chat

Lorsqu'il est mort en 2007, la chercheuse venait de débuter les additions de trois tas d'objets et l'oiseau donnait la bonne réponse plus souvent que ne l'aurait fait le hasard.
La meilleure preuve de l'intelligence des oiseaux a été le comportement de cinq pies australiennes (*Gymnorhina tibicen*, appelée aussi le Cassican flûteur) pour lesquelles on avait fabriqué un harnais léger et solide avec des capteurs GPS pesant moins de 1 gramme. La revue Australian Field Ornithology a écrit : « Malgré les tests démontrant la résistance et la durabilité du harnais, les dispositifs ont été retirés quelques minutes à quelques heures après l'installation ». Les oiseaux avaient été habitués à revenir à une station d'alimentation où un aimant libérerait aussitôt l'appareil GPS. Ce fermoir aimanté d'à peine 1 millimètre de long était le seul point faible du dispositif. Quelques minutes après avoir équipé les derniers oiseaux, les chercheurs ont vu une femelle adulte picorer le harnais d'un juvénile immobile, trouver le point faible et le couper avec son bec. D'autres pies ont réitéré l'opération et tous les oiseaux furent libérés en moins de 3 jours.

L'étude des insectes a aussi donné des résultats probants

Les chercheurs de Toulouse et de Melbourne ont définitivement montré, en 2019, qu'une abeille peut additionner, soustraire et compter jusqu'à cinq. Après une centaine d'entraînements, leur taux de bonnes réponses a atteint 80%.

Chez les drosophiles (petit diptère appelé aussi la « mouche du vinaigre »), après un temps d'apprentissage de la même durée, des chercheurs canadiens les ont fait compter jusqu'à 7.

Avec les fourmis on est en présence de résultats étonnants car elles peuvent avoir 500 récepteurs tout puissants au bout de leurs antennes. « On pensait jusqu'ici que certaines espèces semblaient s'appuyer sur des indices visuels pour retrouver leur chemin, tandis que d'autres laissaient derrière elles une trace faite d'odeurs ». (Agence Science Presse du 3 juillet 2006). Cependant Matthias Wittlinger et Sarah Pfeffern de l'institut de neurobiologie de l'université allemande d'Ulm ont choisi d'étudier des fourmis du Sahara (du genre *Cataglyphis*) parce que les indices visuels y sont rares et que les odeurs disparaissent rapidement du fait des températures élevées.

Ces chercheurs pensent, d'après le comportement de certaines fourmis sahariennes, qu'elles possèdent une manière de podomètre interne ; elles ne compteraient pas au sens où on l'entend, mais elles garderaient en mémoire (mais comment ?) la distance à effectuer entre leurs nombreuses fourmilières satellites par exemple. Leurs déplacements se font par le portage d'ouvrières vivant à l'intérieur par des récolteuses aptes à circuler à l'extérieur.

L'ouvrière portée ne peut compter son nombre de pas, mais quand la paire est séparée en cours de route, la fourmi transportée retrouve son point de départ. Au cas où il y aurait quand même utilisation d'éléments visuels pour le repérage, on laisse cheminer une paire sur 10 m puis on bande les yeux de la fourmi portée qui tourne en rond et ne peut plus cheminer seule. Enfin les chercheurs ont utilisé deux lots d'individus porteurs égaux en nombre. Pour ceux du premier lot, ils ont rallongé leurs pattes d'un millimètre, pour ceux de l'autre lot, ils les ont raccourcies. Les premières ont parcouru une distance de 50% trop élevée, les secondes s'arrêtaient bien avant la fourmilière (mais comment sait-on qu'elles ne souffrent pas de leur opération ?).
Ils en ont tiré l'idée que les fourmis calculeraient le nombre de pas qui sépare le point de départ de leur point d'arrivée, le mémoriseraient, puis s'en serviraient pour le retrouver à coup sûr. Ceci en dehors d'autres systèmes éventuels de repérages pouvant exister chez les fourmis vivant sous d'autres climats.

à suivre le 2 mai

Jean-Mary Couderc

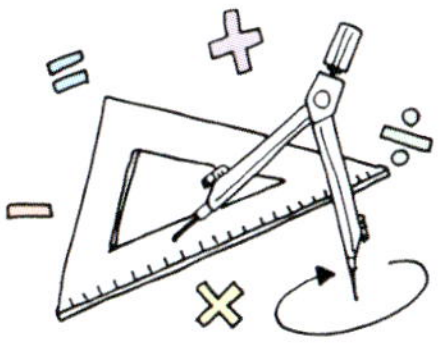

lever 08 h 38
coucher 17 h 38, +2

mardi **16**

Marcel

sextidi 26 nivôse
Étain

janvier
2024

Neige à Sainte-Prisca,
la belle année que voilà.

♑ Capricorne

L'apparition mariale de Pontmain (à l'est de la Mayenne)

Elle se déroule le 16 janvier 1871 et elle est unique.
Deux enfants travaillent dans la grange avec leur père, Eugène, 12 ans, et Joseph Barbedette, 10 ans. Eugène sort pour voir le temps ; il fait froid, les toits sont enneigés mais la nuit est claire. À six mètres au-dessus du toit de la maison d'en face, il voit une femme qu'il décrit comme une « belle dame » avec ses bras tendus et accueillants, au milieu d'un triangle de trois grosses étoiles ; sa robe bleue est parsemée d'étoiles d'or.
Son frère joseph le rejoint, puis ce seront Françoise Richer et Jeanne-Marie Lebossé.
Au total, sept enfants virent « la belle dame » mais seuls les avis des trois plus âgés seront pris en compte par l'Église.
L'apparition débute vers 19 heures et dure environ trois heures. Peu à peu les habitants du hameau sont venus voir les enfants en vision ; au total, il y aura une cinquantaine d'observateurs qui ne voient rien sinon les enfants en train de voir. Cette dame a une robe bleue et des chaussons bleus avec un nœud d'or. Cette robe bleue est constellée d'étoiles d'or. La dame a les yeux et les oreilles cachées par un voile noir (n'est-ce pas curieux ?) et sur la tête, elle porte une couronne d'or d'environ 20 centimètres. Serait-ce une vision de type hologrammatique ? Soit une vision de type hologrammatique comme on pourrait la réaliser de nos jours en enregistrant une image obtenue par interférence entre deux faisceaux laser dont l'un sert de référence et l'autre éclaire le sujet.
Les adultes pensent que les enfants inventent et tout le monde va dîner mais vite les enfants sortent pour voir « si on la voit encore ». C'est le cas et l'on va chercher la bonne-sœur Vitaline au village mais celle-ci ne verra rien.
Comme dans le cas d'un hologramme, les enfants décrivent des changements : un cercle bleu autour de la Vierge où s'inscrivent quatre chandeliers, deux à la hauteur des épaules, deux à la hauteur des genoux. Une petite croix rouge apparaît sur la poitrine de la Vierge.
Les modifications s'accélèrent : les étoiles de la robe bougent et se multiplient. Et voilà qu'une banderole colorée relie l'ovale marial et le toit de la maison. Les enfants lisent lettre après lettre : « Dieu vous exaucera, en peu de temps » puis : « Mon fils se laisse toucher ». Voici de curieux messages pour les seuls enfants. Par la suite, au milieu des chants religieux, les enfants voient la Vierge rire. L'inscription disparaît mais le visage marial soudain s'assombrit ; elle prend le crucifix dans ses mains l'élève et sa bouche remue.
Là encore, à la fin, la scène se recouvre d'un grand voile blanc ! À Pontmain, Fréteval et Fatima, la technique (holographique ?) est bien la même et les metteurs en scène semblent identiques à des époques différentes.
Lecteur, s'il vous faut davantage de détails, lisez J.-J. Loisel, *la Belle dame de Fréteval*, éditions du Cherche lune, 2011 (p 188-192) ou Laurentin (R.) et Durand (A.), *Pontmain, Histoire authentique*, Paris 1970.
La reconnaissance par l'Église de « L'apparition mariale de Pontmain » ne tarde pas : elle est officielle le 2 février 1872 et l'on se met à construire une grande église de pèlerinage.

Jean-Mary Couderc

mercredi **17**

lever 08 h 37
coucher 17 h 39, +2

Roseline

septidi 27 nivôse
Plomb

Présentation : Jean-Mary Couderc

Jean-Mary Couderc est né en 1939 en Indre-et-Loire. Il a été professeur agrégé de Géographie et maître de conférences de géographie et d'archéologie du paysage à l'UER de Sciences humaines de Tours. Il est auteur d'environ 300 travaux universitaires et 17 ouvrages de géographie régionale, histoire et littérature. Il a été membre du CSRPN (Conseil scientifique régional pour la nature (de la Région Centre), une quinzaine d'années. Il est Officier des Palmes Académiques et a obtenu la Médaille de l'environnement. Il vit à Saint-Avertin (37).

Une partie de ses travaux figurent dans cet almanach.

Principaux ouvrages

Ouvrages réalisés sous sa direction

Le dictionnaire des communes de Touraine, CLD, 1987, 800 p.
La Loire insolite, CLD, première édition 2001, Seconde édition complétée. 2006.

Autres ouvrages

La Touraine insolite, première partie, CLD,1989 1ère édition
La Touraine insolite, deuxième partie,CLD,1990
La Touraine insolite,troisième partie, 1995
Touraine-Orléanais, en collaboration, Christine Bonneton,1989,398 p.
Beaux villages de Touraine, CLD, 1990
Pontlevoy : un village de France (1902-1906), photographies de Louis Clergeau (1996)
Pontlevoy: A village in France, Louis Clergeau's photographic portrait of daily life in Pontlevoy (1902-1906) (2006), Abrams,New-York.
Touraine, en collaboration, Christine Bonneton, 1998, 432 p.
L'Anjou insolite avec Alain Schulé, CLD, 1999, 285 p.
Saint-Avertin insolite, 2000
Saint-Avertin avec Jean-Claude Bardet, Sutton,(2003)
Le Loiret insolite, CLD, 2005
Arbres remarquables en Touraine, Berger,2006
Saint Nicolas protège-nous du naufrage. Croyances et piété des mariniers de la Loire. Catalogue de l'exposition du musée de la Loire de Châteauneuf-sur-Loire, 2006, avec Christian Chenault, et Jean-Marie Roudier.
Le Berry insolite avec Régis Miannay, CLD, 2006
Berry, en collaboration, éditions Christine Bonneton, 2008
Les coups de cœur de Jean-Mary Couderc, tome 1 et 2, La Simarre,2010, 47 p.
Géographie et Archéologie des cupules, Académie des Sciences, Arts et Belles-Lettres de Touraine, 2016
Le bestiaire de Touraine, Sutton, 2020
Saint-Avertin, La Simarre, 2022, 161 p.

lever 08 h 37
coucher 17 h 41, +2

jeudi **18**

Prisca

octidi 28 nivôse
Zinc

janvier
2024

À la Saint-Vincent,
tout dégèle ou tout fend.

Saint-Vincent, claire journée nous annonce une bonne année.

À la Saint-Vincent, la sève monte dans les sarments.

À la Sainte-Agnès, l'hiver sans amour ne progresse.

Jour de Sainte-Agnès, jamais trop de froid ne laisse.

À la Saint-Sébastien, l'hiver reprend ou se casse les dents.

S'il gèle à la Saint-Sébastien, la mauvaise herbe ne revient.

Les curieux liens de certains saints avec des sources ou des rochers particuliers

La désignation des saints guérisseurs par homophonie

Si le nom du saint, quoique non écrit de la même façon, se trouvait à désigner une partie du corps humain, à évoquer une maladie ou à suggérer une fonction physiologique, la population en a fait *ipso facto* un saint guérisseur que l'on pouvait toucher par la prière où en buvant de l'eau d'une source à lui consacrée. En voici quelques exemples.

Saint Genouph, Genou (ou Genoufr)

Le premier nom qui se prononce « genou » est celui d'une paroisse de Touraine et du saint titulaire de l'église.
Au départ, c'était un hameau du bord de Loire où on avait construit une chapelle après le passage des reliques de ce saint du IIIe siècle. Au XVIIIe siècle, ce devint une paroisse portant le nom de Saint-Genouph. Le saint a été invoqué pour guérir les maux liés aux genoux, puis par extension aux membres inférieurs. La Saint-Genoufr était une fête religieuse importante à Selles-Saint-Denis en Sologne.

Saint Clair

Moine de Marmoutier, il y mourut en 296. Par homophonie, il a été invoqué pour des problèmes de vision. En contrebas de la colline du Sauvage, sur la commune tourangelle de Pussigny, à la frontière du Poitou, existe une fontaine désormais asséchée, la fontaine Saint-Clair où, le premier dimanche de septembre, nombre de gens se précipitaient pour laver leurs yeux enflammés. Puis la source s'assécha, même si en 1950 encore, le curé et sa bonne allaient porter, non sans efforts, des seaux d'eau vers la source loin du bourg, pour qu' à la procession du lendemain les malades puissent faire leurs ablutions.

Saint Marcoul ou Marcou

Né à Bayeux à la fin du Ve siècle, il aurait fait de nombreux miracles.
En Région Centre, son nom de Marcou explique qu'il ait été imploré pour les « marques du cou » et les maladies qu'on y rattachait : le croup (laryngite diphtérienne) et les écrouelles (inflammations des ganglions lymphatiques du cou.). Par extension, on lui attribuait le pouvoir de guérir les plaies scrofuleuses (ulcères fistuleux du cou ou de la mâchoire), en particulier grâce au plantain appelé l'herbe de Saint-Marcou.

à suivre le 2 février

Jean-Mary Couderc

lever 08 h 36
coucher 17 h 42, +2

vendredi **19**

Marius

nonidi 29 nivôse
Mercure

Quand le hasard décide

« Le hasard est le plus grand romancier du monde ; pour être fécond, il n'y a qu'à l'étudier ! » (Honoré de Balzac dans l'avant-propos de « La Comédie humaine »). Mohamed Mbougar Sarr, auteur d'un roman couronné par les Goncourt, *La plus secrète mémoire des hommes* a écrit p. 276 : « le hasard n'est qu'un destin qu'on ignore, un destin dont l'écriture est invisible. »

On peut distinguer plusieurs types de hasards, d'abord le hasard « subjectif » et le hasard « objectif ».

Le hasard subjectif est celui qu'on connaît bien. On lance par exemple une pièce de monnaie en l'air et on note pile ou face, ce qui peut se modéliser par le calcul des probabilités. Ce hasard est en fait un faux hasard, d'ignorance ou de simplification.

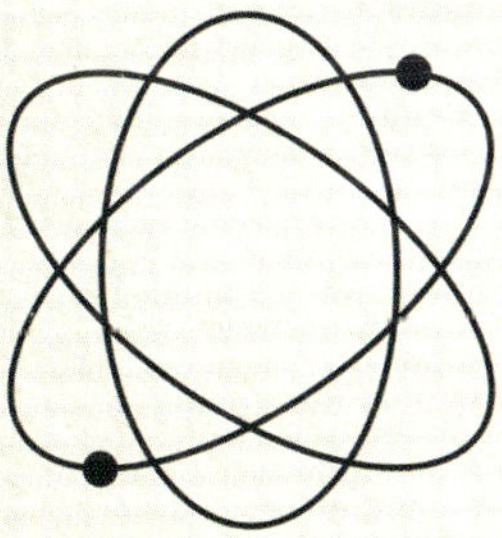

Dans le cas d'un hasard « objectif », les fondements sont instables. La radioactivité qui conduit à la désintégration de certains noyaux est un hasard objectif potentiel On ne sait pas quand un noyau particulier va se désintégrer ; le processus individuel de désintégration est imprévisible. La nature recèle une part de hasard objectif non calculable.

Il existe par ailleurs des hasards « ressentis », appréhendés non par le calcul ou par la science mais avec le « cœur ». On a parfois l'impression qu'on subit des séries de hasards défavorables ou que l'on jouit de hasards tellement favorables qu'ils pourraient relever d'actes volontaires d'êtres supérieurs comme par exemple les « anges gardiens ».

Jean-Mary Couderc

lever 08 h 35
coucher 17 h 43, +2

samedi 20

Sébastien

décadi 30 nivôse
Crible

lever 08 h 34
coucher 17 h 45, +2

dimanche 21

Agnès

primidi 1er pluviôse
Lauréole

Un jeu de l'oie dans le parc d'un château

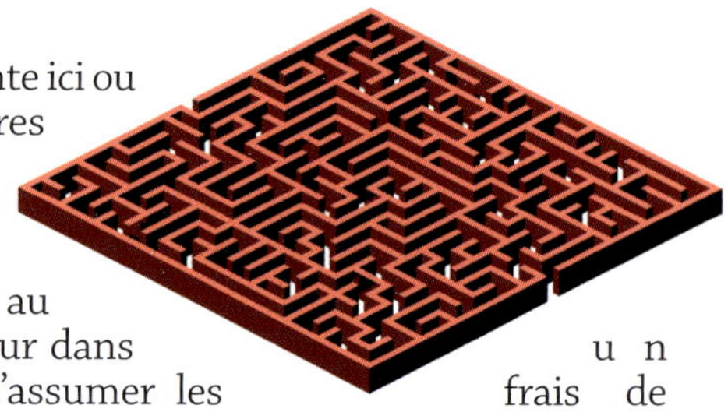

Depuis une cinquantaine d'années, on vante ici ou là, les mérites de labyrinthes éphémères conçus par d'habiles semeurs de maïs dans un certain nombre de départements de France. Grâce à la pousse rapide de ces maïs élevés (d'environ 2 mètres), on offre au public l'occasion de jouer ou de se faire peur dans un labyrinthe végétal, et aux promoteurs d'assumer les frais de la location du champ, de l'achat des semences et d'un savant semis, de rentrer d'abord dans leurs fonds, puis de jouir d'un revenu jusqu'à la transparence des plantations liée à l'assèchement automnal. On a connu des choses similaires avec la construction, dans les parcs de certains châteaux aux mains de très riches propriétaires, de jeux d'oie géants inscrits dans un bois et beaucoup plus étendus que les jeux d'échecs géants.

Tel a été le cas du jeu d'oye du parc du château de Chamarande (Essonne) sur la commune de Bordes, construit dans la vallée de la Juine. On possède un projet de ce jeu construit par Pierre Contant d'Ivry aquarellé, coloré en rose et vert, du premier septembre 1742, plus un dessin préparatoire à l'exécution, et un relevé de Crespin fils, daté de l'an VI.
Le premier est reproduit en noir et blanc dans le travail de Gabrielle Joudiou : « Les hôtels de Crozat et le château de Chamarande. Deux réalisations de Pierre Contant d'Ivry à Paris et en Île-de-France : les Hôtels Crozat, place Vendôme (1743-1747) ; le château de Chamarande et son parc (1739-1742) » (p. 115-133 ; 9 fig.), publié en 1987 dans le « Bulletin de la Société d'histoire de Paris et de l'Île-de-France ».

Inscrit dans un ovale, il est bordé d'un chemin en colimaçon où se trouvent soixante-trois alvéoles, qui s'enroulent et aboutit à « un gazon vert de quatre compartiments « en crochets » » au milieu duquel se dresse le socle d'une ancienne statue, jadis probablement abritée sous un temple de l'amour reposant sur quatre colonnes dont on peut voir le soubassement. Actuellement, on peut reconstituer le jeu en lisant sur chaque pierre grise, de chaque alvéole, le nom de la station.

On comprend pourquoi chacun, dans sa jeunesse, n'a jamais eu le temps de terminer une partie de jeu de l'oie, au point de ne jamais plus en commencer une nouvelle. Souvenons-nous : le but était d'arriver premier dans la 63e case où il fallait tomber juste, sinon on repartait en arrière pour un temps. De même, au cours de la progression, si on tombait sur une case occupée, on renvoyait le joueur sur sa base de départ. Pour cela, il avait fallu respecter les pièges (la pierre grise de chaque alvéole était signalée par un petit buisson) si la « mort » ne vous avez pas mis hors-jeu et si vous n'aviez pas été ralenti dans une des prisons.

*Fleur de janvier
ne va pas au panier.*

*Janvier le frileux, février
le grésilleux.*

*Autant de bonnes
journées en janvier,
autant de mauvaises
en mai.*

*Saint-Barnard ensoleillé
rend le vigneron gai.*

lever 08 h 33
coucher 17 h 46, +2

lundi **22**

Vincent

duodi 2 pluviôse
Mousse

Sur ce grand circuit naturel, les pierres « oyes », placées de 9 en 9, indiquaient une position protégée ; les « oyes » étaient des valets qui, pour progresser utilisaient des gros dés en bois, voire de grosses boules gravées.

Mais comment, évoluant parfois à plus d'une centaine de mètres les uns des autres, les valets pouvaient-ils communiquer pour jouer ? Par estafettes ou par signaux ?

D'autres châteaux, mais peu nombreux, possédèrent un jeu d'oie dans leur parc au mitan du XVIIIe siècle. Ainsi le château de Chantilly dont l'emplacement a été retrouvé, la plupart du temps sous les ronces,en 1984. Il a pu être reconstitué grâce à un plan de 1757 ; il mesure 200 m x 100 m. Dans le bosquet qui l'abrite, chaque alvéole est bordée d'une barrière en bois soutenant le panneau indiquant le nom de la station. Il est désormais ouvert à la visite (cf. Archéol. et hist. d'une attraction ludique de plein air du XVIIIe siècle cf Le jeu de l'oie grandeur nature du petit parc de Chantilly, Bernard (J.-L.), David (Christian) et Travers (Cécile), Web, 32-39, 8 fig.). Des fouilles minutieuses ont montré qu'il était plus luxueux que celui de Chamarande ; un certain nombre d'arrêts étaient sculptés comme les oies, le cabaret (n° 19), la prison (n° 61) ; on a découvert les fondations de ce qui devait être de véritables petits bâtiments où l'on pouvait rentrer s'asseoir sur des bancs cintrés en attendant son tour. Le pont (n° 6) toujours en état est une petite construction munie de trois arches.

Vu la longueur des parties, nous doutons que les grands aristocrates du cru ou leurs invités, aient terminé leurs parties. Il est vrai que le jeu de Chantilly a servi de jeu de bague ainsi que l'a indiqué un courtisan qui a séjourné à Chantilly en août 1739 au moment où était présente la reine Marie Leczinska :

« La reine alla au jeu d'oie, qui est un bosquet fait depuis un an ou deux, où il y a une course de bagues assis sur des chaises [à porteur], ou monté sur des oies. La reine se mit dans une de ces chaises et prit même un très grand nombre de bagues (Luynes, 1860, p. 3). » Le jeu de bague, héritier de certains tournois, consistait à retirer, avec une lance ou un bâton, un anneau placé sur une cible. Il se pratiquait à cheval ou à partir d'un manège tournant où on était assis comme celui de la reine Marie-Antoinette au petit Trianon.

Ces amusements très artificiels et à coup sûr fastidieux, n'ont pas été ce qu'on a fait de mieux pour amuser les grands. Ces jeux de plein air sur une grande surface, où les aristocrates eux-mêmes s'ennuyaient à mourir, nous laissent une bien mauvaise image de la façon dont ils géraient leur temps et leur argent.

Jean-Mary Couderc

lever 08 h 32
coucher 17 h 48, +2

mardi **23**

Barnard

tridi 3 pluviôse
Fragon

Mon premier enterrement comme maire

par Jean Lassalle

Il s'agit de l'homme politique béarnais bien connu pour ses talents de conteur.
Ce récit historique et historié concerne un événement arrivé dans sa jeunesse ; il est à la disposition de tous sur le Net mais sous forme d'enregistrements ; faute de texte, nous l'avons transcrit, en laissant de côté les réflexions incidentes.

« Trois jours après mon élection à la tête de Lourdios-Ichère… Premier acte officiel l'enterrement d'un ancien adjoint… J'étais un peu tremblant me rendant à cet enterrement… Alors ne voilà-t-il pas que l'enterrement battant son plein, je m'étais mis au 4e ou 5e rang, à côté de mon adjoint… qui avait une petite soixantaine d'années à l'époque…
Tout d'un coup, alors qu'on se dirigeait vers l'Élévation, le curé commence à manifester des signes de déséquilibre à l'autel ; je le vois très nettement osciller, il commence à bouger un petit peu dans tous les sens – il fait avec ses mains des signes de balancement à gauche et à droite – et ne voilà-t-il pas qu'arrive une chose incroyable, le curé tombe de toute sa longueur. Splash !
On entend un " Oh ! " comme quand un arbre tombe.
Qu'est-ce qu'il faut faire quand un curé s'effondre à la tribune pendant un enterrement ? C'est là que je commence à entendre des murmures du genre : " le maire voulait être maire, voilà de quoi il est capable, cela ferait longtemps qu'il serait secouru "…
J'ai dit à mon adjoint :
— il faut y aller.
— Pourquoi-faire ? me répond-il
Je lui dis :
— On va voir !
Nous nous dirigeons vers l'autel et on trouve le curé très profondément inerte et non seulement inerte mais très lourd ; on essaie de le prendre mais il s'échappait de partout ; c'est incroyable d'essayer de prendre un curé.
Je lui dis :
— Moi je l'attrape par la tête et toi par les pieds et on le traîne à la sacristie.
Il y avait son arrière-train qui était resté bloqué sur la dernière marche séparant le maître-autel de la sacristie. J'ai dit discrètement :
— Pousse ! et on l'a fait passer.
Il me dit :
— Mais je crois qu'il est très malade, je me demande même s'il est pas un peu mort.
Je lui réponds :
— Occupe-toi de lui, je vais trouver un nouveau curé et un médecin.
Le moment n'est pas au débat et je file à l'auberge de Lamothe car il n'y avait pas de téléphone à l'époque à la mairie.

*Garde-toi
du printemps
de janvier !*

*Compte bien, fin janvier,
que tu as mangé
la moitié de ton grenier.*

*À la Saint-Paul,
l'hiver s'en va
ou se recolle.*

*Le jour de la Saint-Paul,
l'hiver se rompt le col.*

*Sainte-Paule sec et beau,
remplit greniers
et tonneaux.*

mercredi **24**

lever 08 h 32
coucher 17 h 49, +2

François de Sales

quartidi 4 pluviôse
Perce-neige

La dame de Lamothe me dit :
— Qu'est-ce que tu fais là ? Tu n'es pas à l'enterrement ?
— Le curé s'est trouvé mal.
Je téléphone à Sarrance où il y avait un petit dépôt de curés, il y en avait quatre ou cinq, des bétharamites. Là je tombe sur une bonne-sœur et je lui dis qu'il nous faudrait un curé pour finir un enterrement – et le conteur de prendre une voie aiguë pour imiter la sœur :
— Un curé mais pourquoi faire ? Il travaille le curé, celui qui a commencé a qu'à le faire !
Je finis par obtenir le principe de l'arrivée d'un curé. Madame Lamothe me dit :
— Tu t'occupes du curé mais l'autre est peut-être en train de mourir ?
Je téléphone au médecin et cela ma donné le temps de faire une bande-annonce à l'assistance :
— Vous avez vu, le curé est tombé malade, nous le soignons avec l'adjoint.
J'ai entendu " Oh ! ", et nous attendons le médecin et un autre curé. Le médecin est arrivé vite et a traversé toute l'église.
Le curé remuait de temps en temps, on dit en Béarnais qu'il faisait « les dernières ».
Le médecin m'explique que c'est une attaque d'hémiplégie et que tout le côté droit est pris et qu'il allait l'emmener à l'hôpital. En fait, c'est nous qui l'avons mis dans la voiture car on en avait l'habitude.
Je vais sur le porche attendre le curé, il arrive. Je voulais lui expliquer où on en était rendu, mais non, c'était un curé pressé qui m'a négligé.
Un petit, costaud, râblé, qui monte les marches du porche quatre à quatre avec sa sacoche sous le bras. Il marche rapidement vers le maître-autel où on avait mis un tapis avec des attaches. Après avoir été exposé au soleil et en effectuant le virage un peu serré, il se prend le pied dans l'attache du tapis. Sa course se termine la tête en avant !
J'en ai entendu quelques-uns qui ont dit : " et de deux ! ".
Je fais signe à l'adjoint, on se met aux pieds et à la tête et nous le transportons à la sacristie .
Je lui dis : — Occupe-toi de son réveil, sa tête ruisselait de sang.
Il me dit :
— Ne tarde pas trop car c'est vraiment pénible.
Madame Lamothe me dit :
— Il n'est pas fini cet enterrement ?
— Mais on a le nouveau curé qui est blessé.
— Vous êtes complètement fous, qu'est-ce que vous leur faites aux curés ?
J'appelle d'abord le toubib, ce que je n'avais pas fait la première fois. La femme du toubib me dit :
— Je sais mon mari est déjà parti.
Je lui explique et elle dit :
— Je n'ai qu'un mari médecin, mais qu'est-ce que vous leur faites aux curés ?
Bref, je rappelle Sarrance, j'ai la même bonne sœur, je lui dis :
— Il me faudrait un nouveau curé, c'est pour l'enterrement, le second s'est blessé !
— Mais qu'est-ce que vous leur faites aux curés ? Ce sera le dernier qu'on vous envoie.

Il faut que je trouve deux mots et que je les aligne correctement, cela fait quand même 1 heure ¾ que les gens sont là.
— Vous avez vu ce qui s'est produit ; ce sont des événements qui nous dépassent ; ceux qui veulent se dégourdir les jambes le peuvent et rentreront quand arrivera le curé.
Ce dernier arrive. Je lui dis :
— Allez droit au but pour le mettre rapidement en terre. Attention, prenez aucun risque inutile, jamais deux sans trois.
Le premier est arrivé à l'Élévation, le second n'a rien pu faire. Il m'a semblé entendre au milieu des sanglots quelques rires...Tous ceux qui étaient partis à l'auberge ont entendu les premiers chants qui arrivaient du cimetière.
Ce jour là, je me suis dit tout est relatif. »

Ce récit d'un jeune maire, me rappelle une adresse contemporaine à l'un de ses collègues de la chambre des députés : « À la mairie vous êtes des moins que rien pour ne pas dire plus. »

Jean-Mary Couderc

lever 08 h 31
coucher 17 h 51, +2

jeudi **25**

Conversion de saint Paul

quintidi 5 pluviôse
Taureau

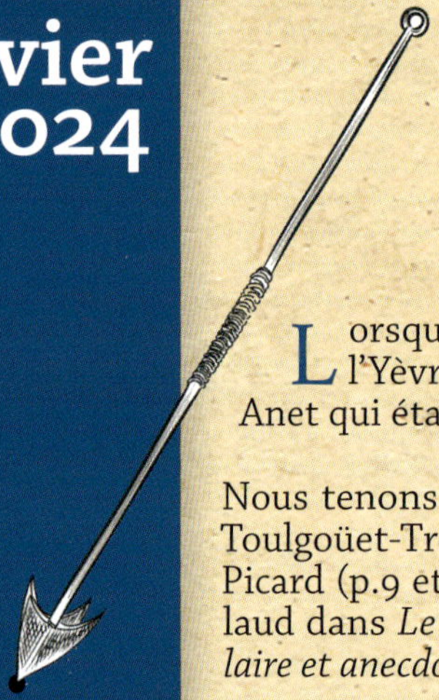

Le Cavalier enlisé

Lorsqu'en 1828, on creusa, à Vierzon, le canal de Berry, on trouva près de l'Yèvre les squelettes d'un cavalier et de son cheval, au bord du Champ-Anet qui était alors un marécage.

Nous tenons ce court et triste récit à la fois de Toulgoüet-Tréanna dans *Histoire de Vierzon*, Picard (p.9 et p.161), 1884, et de Charles Gabillaud dans *Le Berry historique, chronologie populaire et anecdotique* (p. 358-359) de 1928.

« Le cheval était sur ses pieds et le cavalier en selle » (Gabillaud, p. 360), « tous deux étaient comme moulés dans le gravier » (Toulgoüet-Tréanna, p. 161). Ce dernier ouvrage rapporte qu'à la hauteur de la ceinture du cavalier, on trouva un amas d'environ cent pièces de monnaies à l'effigie d'Édouard III. Pourquoi diable l'ouvrage plus récent de Gabillaud parle-t-il de pièces d'argent toutes frappées à Londres, « sous le règne d'Edwi, prince de la race saxonne qui occupa le trône d'Angleterre de 955 à 959 ». L'auteur a dû vouloir parler d'Edwin (parce qu'il était fils d'Edouard l'ancien) et qui a en fait régné de 924 à 933, mais qu'aurait fait en Berry un Anglais à cette période ?

Sous Edouard III commencent les grands conflits de la guerre de Cent Ans contre la France, couronnés de succès pour les Anglais., on voit comment peuvent se déformer les informations historiques.

Gabillaud ajoute : « vraisemblablement le cavalier anglais poursuivi de près s'y réfugia – dans le marécage – et fut enlisé »

Toulgoüet-Tréanna précise :
« À côté étaient les éperons et la lance du chevalier, espèce de pique d'environ vingt pouces à cinq branches barbelées ». S'agirait-il au contraire d'une foène de pêcheur mais le manche ne mesurait qu'une cinquantaine de centimètres ; on ne connaît pas d'arme de guerre avec cinq branches à ardillons. Cet Anglais, s'il en était un, n'aurait-il pas été à la pêche ?

Comme l'écrit Toulgoüet-Tréanna : « l'étrange, c'est qu'il soit resté à cheval et comme vissé sur sa selle... »

Jean-Mary Couderc

Après Sainte-Angèle, le jardinier ne craint plus le gel.

lever 08 h 30
coucher 17 h 52, +2

vendredi **26**

Paule

sextidi 6 pluviôse
Laurier-tin

lever 08 h 29
coucher 17 h 54, +3

samedi 27

Angèle

septidi 7 pluviôse
Amadouvier

lever 08 h 27
coucher 17 h 55, +3

dimanche 28

Thomas d'Aquin

octidi 8 pluviôse
Mézéréon

Une main humaine fossilisée ?

Quand je travaillais comme expert pour L'INAO, dans le domaine viticole, notre équipe s'est arrêtée le 29 janvier 2004 dans la commune de Sassay, en Loir-et-Cher, au domaine de Montigny chez Annabelle et Jean-Marie Michaud, producteurs de vins AOC Touraine (on dit maintenant AOP : appellation d'origine protégée).

Dans la conversation, voyant que j'avais quelques compétences en géologie, Madame Michaud m'a montré une curiosité ramassée dans une de ses vignes ; « la main de pierre ».
J'en ai eu trois photographies. Ce n'est évidemment pas un fossile humain. La roche paraît être un calcaire turonien (et ce serait un calcaire gris de Beauce, qu'il en serait de même), c'est-à-dire antérieur à l'apparition de l'homme sur la terre.

Par ailleurs, si on a l'impression de voir cinq doigts sur le cliché à fond bleuté, ni l'implantation des doigts, ni leur forme ne sont les mêmes que celles des doigts humains ; il n'y a ni paume, ni petit doigt, ni pouce. Ce serait par trop extraordinaire d'avoir ici un moulage de fin de membre antérieur de dinosaure à cinq doigts alors que leurs empreintes sont presque toujours des empreintes de membres postérieurs à trois doigts sur lesquels ils marchaient. Cela pourrait concerner un animal bien différent ou être un *lusus naturae* caractérisé.

J'avais promis d'enquêter auprès de mes collègues géologues, mais je n'avais plus de paléontologues parmi mes relations, seulement des stratigraphes et des géomorphologues. J'ai donc échoué et je n'ai pas répondu à la confiance qui m'avait été faite. J'espère qu'un jour, un collègue résoudra ce problème.

Jean-Mary Couderc

Janvier le fier
froid et frileux,
febvrier le court
et fiebureux,
mars poudreux,
apvril pluvieux,
may joly gay
et venteux,
dénotent.

Prends garde
à la Sainte-Martine,
car souvent l'hiver
se mutine.

Si le brouillard entoure
Saint-Martin (le 30),
l'hiver passe tout bénin.

lundi **29**

lever 08 h 26
coucher 17 h 57, +3

Gildas

nonidi 9 pluviôse
Peuplier

lever 08 h 25
coucher 17 h 58, +3

mardi 30

Martine

décadi 10 pluviôse
Cognée

janvier 2024

Il vaut mieux un chien enragé qu'un limaçon en janvier.

Les douze premiers jours de janvier indiquent le temps qu'il fera les douze mois de l'année.

mercredi 31

lever 08 h 24
coucher 18 h 00, +3

Marcelle

primidi 11 pluviôse
Ellébore

J'ai marché sur les eaux

Je vous rassure tout de suite, ce n'est pas exactement ce à quoi vous pensez et pourtant...
Seuls des naturalistes aguerris peuvent le faire quoique ce puisse être dangereux. Dans certaines régions froides ou fraîches de la France, surtout quelque peu élevées, comme le Jura, les Vosges, le centre du massif central et la Bretagne, aux eaux acides, des queues d'étangs ou de lacs peuvent être couvertes d'immenses radeaux de sphaignes. Il s'agit de mousses acidophiles capables de se développer sur plusieurs décimètres d'épaisseur et de flotter en coussins de plus en plus serrés puis en radeaux, formant ce que l'on appelle la tourbe, que pendant les périodes de guerre on extrayait, séchait et brûlait en lieu et place de charbon. J'ai emmené des étudiants ou des membres de sociétés de protection de la nature visiter certaines grandes tourbières du Massif Central comme celle de Chambedaze (mais sans y marcher), et avec mes collègues phytosociologues nous avons été sur certaines tourbières jurassiennes pour en étudier la flore.

Ce qui est extraordinaire, c'est qu'une telle tourbière existe, probablement unique, en Touraine alors que le climat de cette province est plutôt clément, et que les tourbières y sont rares, peu étendues et plus ou moins ancrées au fond des queues d'étangs.

Je ne la localiserai pas avec précision pour trois raisons : le danger, le fait qu'elle soit en propriété privée dans une zone forestière enclose et parce qu'il s'agit d'un milieu botanique à préserver en priorité. Disons qu'elle se trouve sur la commune de Pernay.

C'est un espace de 95 m de longueur et de 40 m de largeur, libre d'arbres, un ancien étang naturel entouré d'un fossé périphérique large de 1 à 3 m qu'il faut franchir avant de pouvoir marcher avec précautions sur le radeau général de sphaignes.

À l'époque où je l'ai étudiée, une phase climatique plus sèche avait permis à de jeunes bouleaux de se développer mais ils étaient en train de crever car leurs racines rencontraient le plan d'eau sous-jacent. En effet, le plancher instable de 20 à 70 cm d'épaisseur repose sur plusieurs mètres d'eau brun-noirâtre. La profondeur maximale rencontrée mesurait 3,50 m.

Ce qui était particulièrement impressionnant en marchant, c'était de voir ce plancher instable onduler et les bouleaux, devant soi, se balancer jusqu'à 5 m de distance. Il fallait savoir stationner sur les parties les plus épaisses signalées par les touffes de bruyères et éviter les parties plus superficielles à la flore de couleur plus verdâtre occupée par les linaigrettes, les plantes que vous voyez dans les marais ou dans les tourbières de montagnes dont les fruits s'entourent en été d'un joli toupet cotonneux.

J'ai pu découvrir parmi elles, quelques touffes de la linaigrette gracile inconnue en Touraine ainsi que plusieurs espèces de sphaignes encore jamais rencontrées en Indre-et-Loire.

Jean-Mary Couderc

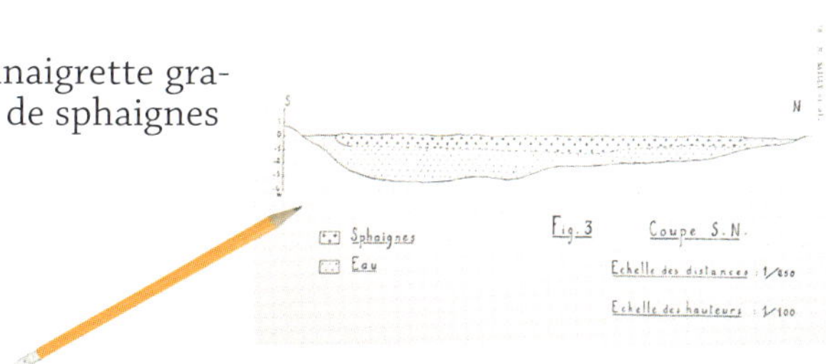

février

En latin, *februarius* vient de Februa, dieu de la Mort et de la Purification. C'est le mois du froid, du vent, nommé « ventôse » dans le calendrier républicain, et, selon les anciennes croyances paysannes, *« si février n'a pas de grands froids, le vent dominera tous les autres mois »*.

Sudoku

	1					7		3
		2		7			1	
	9	3	2		4		8	
		8	6					
	4			2	1	3		
	6	1		3		5	4	
	7	4			3	1	5	
	8		1		7	2		
		5						

	3					5		1
		6		1	8	9		
9		8	5		2			3
	7	1					5	
				8		2		
3				5	6	7	1	
8			7			3		
	9			3		8		
	6			9				2

février

Notes

Le ciel visible vers le 14 février à minuit.

février
2024

Le Loup en France de 1946 à 1994

Je me suis beaucoup intéressé à la présence du loup en France depuis la fin de la Seconde Guerre mondiale jusqu'à l'invasion du loup italien non comprise, à partir de 1987.

J'ai d'abord montré combien dans nos régions d'Anjou et de Touraine, les loups jadis créancés sur l'homme en raison des famines et des épidémies avaient pu s'attaquer à l'espèce humaine, du moins aux plus faibles, les tout jeunes enfants et les adolescents en particulier. Bien entendu, l'amélioration des conditions de vie et une meilleure situation sanitaire ne permettent plus cela. J'ai, comme d'autres historiens, lutté à ma modeste place, contre des hurluberlus qui prétendaient que les loups n'avaient attaqué des hommes que malades ou ivres.

J'entendis même un propriétaire d'un parc à loups qui prétendait devant ses visiteurs que la mortalité des jeunes due aux loups relevait de faits de pédérastie déguisée et de racontars de curés (sic !).

Aux XVIe et XVIIe siècles, les curés étaient souvent les seuls à écrire et rapporter les faits locaux. Ainsi le curé de Varennes-sous-Montsoreau nota-t-il de façon détaillée, à la fin de son registre paroissial de 1693, que les loups avaient dévorés plus de 200 personnes dans la vaste région forestière allant de la Chapelle-sur-Loire à Continvoir. Le travail de Marie Rose Souty (cf. *Bestiaire de Touraine*, J.-M. Couderc, 2020, Éd. Sutton, p.15) a en effet abouti au dénombrement de 200 personnes décédées mais en comprenant aussi les attaques de 1694.

La population a dû par ailleurs supporter les terribles méfaits causés par des loups enragés (ayant mangé des cadavres de chiens infectés), ceci jusqu'à la découverte du sérum antirabique par Pasteur.

C'est ainsi que le 11 décembre 1814, lors d'une sortie de messe de la vieille église de Cravant en Chinonais, une louve jaillie des bois mordit 21 personnes du même coup condamnées à une mort affreuse.

Jamais février
n'a passé sans voir
le groseillier feuillé.

Mieux vaut un loup
dans son troupeau
qu'un mois de février
beau.

Février, le plus court des
mois, est de tous le pire
à la fois.

Neige de février
vaut du fumier.

J'ai, avec patience, recensé les loups épisodiquement arrivés en France après la Seconde Guerre mondiale par hivers très froids, depuis l'Allemagne de l'Est et la Pologne, entre la fin de la guerre et 1994, non compris ceux qui commençaient à se répandre depuis l'Italie à partir de 1987.

On a considéré que le loup avait disparu de France en 1930, mais, lors des vagues de grands froids, de petits groupes de loups sont arrivés en moins de deux semaines sur notre territoire national.

Ce fut le cas de celui qui fut photographié en Sologne en février 1963 et qui avait été attiré par une carcasse animale..

Je suis arrivé à 51 sujets qui ont plus ou moins défrayé la chronique de 1945 à 1994. À ce propos, j'ai été conforté a posteriori dans mes assertions en découvrant une citation d'Erckmann-Chatrian dans *Le conscrit de 1813* (Messidor, Paris, 1990, 301 p.) :

« M. Goulden m'avertit de ne pas rentrer trop tard, parce que le froid augmente à la nuit, et qu'une grande quantité de loups devaient avoir passé le Rhin sur la glace ».

En 2019 on comptait 621 loups en France avec une croissance rapide depuis 2015. À la sortie de l'hiver 2021-2022, on estimait leur population à 921. On arrive à mieux à les dénombrer grâce aux caméras automatiques et à l'emploi de caméras mobiles à infrarouge. L'animal est bien implanté dans trois régions françaises (cf. *Le loup en France*, « Sciences et Avenir. La Recherche », n° 901, mars 2022, 56-61.) :

- Le sud -est, depuis Menton jusqu'au lac Léman.
- Le sud-est du Massif Central
- Les Vosges

Pour les autres régions, il n'existe que de petits groupes (comme dans les Pyrénées) ou d'individus isolés. L'ouest du Centre-Val de Loire est encore très peu concerné et la Bretagne seulement depuis la photographie automatique d'un jeune en mai 2022 à Berrien (Finistère), suivie de l'observation d'un autre à Lannéanou (à 20 km de Berrien), le 13 juillet. Sans doute des jeunes issus de meutes installées plus à l'est, obligés d'aller chercher à l'écart, un territoire de vie.

En Touraine, un siècle après la dernière observation, on a revu le premier animal le 26 novembre 2021, à Cinq-Mars-la-Pile ; il s'est d'ailleurs laissé photographier. C'est le sixième observé dans la Région Centre après le Loiret en 2018, l'Eure-et-Loir en 2019 et 2020, le Loir-et-Cher et l'Indre en 2020 (à Chasseneuil). Il a été vu deux fois dans la Vienne à Lathus et aux portes de Poitiers.

Jean-Mary Couderc

lever 08 h 23
coucher 18 h 01, + 3

jeudi **1er**

Ella
Dans le calendrier républicain :
duodi 12 pluviôse
Brocoli

février
2024

Les curieux liens de certains saints avec des sources ou des rochers particuliers

*Si février
est chargé d'eau,
le printemps n'en sera
que plus beau.*

*Le lendemain
de la Saint-Blaise,
souvent l'hiver s'apaise.*

Suite du 19 janvier

La désignation des saints guérisseurs par homophonie

Saint Ouen (Audœnus)

Évêque de Rouen en 641, ce saint ne pouvait que soigner la surdité. En Touraine à Saint-Ouen-les-Vignes, on se servait de l'eau de la fontaine portant son nom, face à l'église, et alimentant actuellement l'étang communal.

Saint loup d'Angers (IXe ou Xe siècle)

Il aurait été évêque d'Angers. Il était vénéré à la fontaine de saint Loup à Rillé (en Anjou, actuellement en Indre-et-Loire) proche de la rivière Lathan. L'eau soignait « la peur du loup » chez les enfants souffrant de troubles nerveux. On allait deux fois par an en procession boire l'eau de la fontaine guérisseuse.

Sainte Rose de Lima

Née au Pérou au XVe siècle, c'était une enfant de la famille Flores (fleurs). Elle était donc destinée à guérir « le mal de Sainte Rose », soit tout ce qui donnait des rougeurs ou des sensations de brûlures (eczéma ou boutons).

Saint-Greluchon

Cette fois, c'est un saint créé de toutes pièces mais dont les femmes en manque d'enfants avaient besoin et qui a été beaucoup vénéré dans l'actuelle Région Centre.

lever 08 h 21
coucher 18 h 03, + 3

vendredi 2

Chandeleur, Présentation

tridi 13 pluviôse
Laurier

D'autres saints phalliques artificiels furent créés, en Berry comme saint Phallier à Chabris et saint Génitour au Blanc aux noms caractéristiques d'un culte entretenu par les femmes stériles (la stérilité, dans les temps anciens, ne pouvant être que féminine !).
La guerluche ou greluche (venant de grêle) est en patois berrichon la verge du tout petit enfant.
À Gargilesse (Indre) les femmes ont commencé par gratter de la poussière d'une statue de saint Gueurluchon au niveau du membre, l'ont mélangée avec du lait et ingéré le mélange. Le curé excédé par ces pratiques emmura la statue derrière une dalle qui fut à son tour grattée.
Le culte s'est alors reporté à l'entrée de l'église sur le gisant de Guillaune de Naillac datant du XIIIe siècle. Pour éviter l'érosion du dit endroit que l'on a masqué, on a entouré le gisant d'une grille.
On a des exemples contemporains d'un tel culte avec des grattages, ou des frottements dans le cas de statues de bronze, comme sur l'emplacement du sexe devenu jaune et brillant de la statue du journaliste Victor Noir au cimetière du Père Lachaise).

Saint-Aignan

Cet évêque d'Orléans qui sauva la ville du siège d'Attila en 451 est devenu pour le peuple le saint guérisseur de la teigne mais pourquoi ? Tout simplement à cause de la liaison faite en prononçant son nom et selon l'évolution suivante :
Saintaignan ⇨ Sainteignant ⇨ Saint teignant
À Épeigné-les-Bois en Indre-et-Loire, sort d'une cavité large et profonde creusée dans le calcaire en direction de l'église Saint-Aignan,une abondante source Saint-Aignan dont l'eau est encore considérée comme apte à soigner les croûtes de lait jadis fréquentes sur le cuir chevelu des nourrissons. Des cars entiers de Belges, de Luxembourgeois et d'Allemands viennent périodiquement en pèlerinage à cette source.

D'autres pouvoirs de guérison ont été attribués à des saints en fonction d'événements relatifs à leur vie

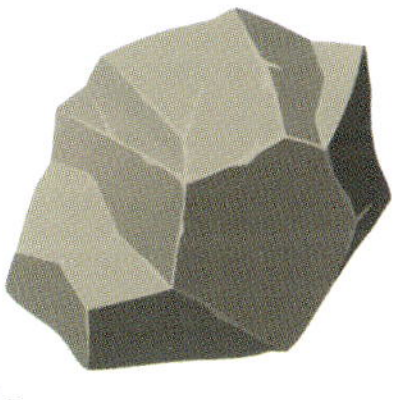

En voici des exemples tourangeaux.

« **Sainte Émérence** qui guérit du mal de panse », ancien proverbe angevin.
Cette sainte fut lapidée sous Dioclétien sur la tombe fraîchement refermée de sa sœur en 394. On dit aussi que les soldats l'éventrèrent. Aussi trouve-t-on des statues où elle porte des pierres dans son vêtement, d'autres où elle retient ses entrailles dans les plis de son manteau comme pour celle d'Épeigné-sur-Dême (Indre-et-Loire). C'est donc une sainte que l'on priait pour les douleurs du ventre.

Saint Mammès, son homoloque masculin, vivait en Cappadoce au IIIe siècle. Il fut constamment attaqué par les pouvoirs locaux ; il a été exposé aux bêtes dangereuses qui seraient venues se prosterner à ses pieds. De guerre lasse, le gouverneur ordonna à l'un de ses bourreaux de lui enfoncer un trident dans le ventre. Tenant ses entrailles entre ses mains, il quitta Césarée pour mourir dans une grotte ; ceci explique qu'on l'invoquait pour guérir les coliques, mais sans doute en raison de l'homophonie partielle « Mammès » « mamelles », on lui prêtait encore le pouvoir d'accorder aux femmes nouvellement accouchées une montée rapide de lait.

à suivre le 2 mars

Jean-Mary Couderc

lever 08 h 20
coucher 18 h 04, + 3

samedi 3

Blaise

quartidi 14 pluviôse
Avelinie

lever 08 h 19
coucher 18 h 06, + 3

dimanche 4

Véronique

quintidi 15 pluviôse
Vache

février
2024

Février avec de la neige
nous garantit un bel été.

À la Saint-Gaston,
trie la semence,
enlève tes bourgeons !

Les espèces invasives

Ce sont les espèces végétales ou animales provenant d'autres régions climatiques que la nôtre et qui s'installent de plus en plus fréquemment. Leur arrivée est surtout liée directement ou indirectement à l'homme. Une étude internationale, sur la propagation des nouvelles espèces animales et végétales en Europe montre que celles-ci peuvent ne devenir envahissantes que longtemps après leur introduction.
La multiplication des espèces invasives et la dégradation de la biodiversité sont les deux maux qui menacent nos milieux naturels auxquels s'ajoutent les modifications climatiques graves qui commencent à nous affecter. L'homme est bien entendu responsable de ces trois atteintes au milieu qui le fait vivre.

J'ai personnellement étudié ces problèmes dans les Mémoires de l'Académie des Sciences, Arts et Belles-Lettres de Touraine, avec « Les espèces invasives » dans le n° 25 de 2012, p. 269-306 et « La dégradation de la biodiversité » dans le n° 32 de 2019, p. 41-53.

Deux espèces invasives récentes d'amphibiens anoures
Il s'agit d'amphibiens sans queue à l'état adulte. : un petit crapaud et une très grosse grenouille.

Le Xénope lisse (*Xenopus laevis*, Daudin 1803)

Originaire d'Afrique australe, il a été relâché en France (voir plus loin), en particulier au nord du département des Deux-Sèvres à partir des années 80. Il est désormais présent en Maine-et-Loire, en Loire Atlantique, Deux-Sèvres, Vienne, Gironde et Pas-de-Calais. Aussi petit-soit-il, c'est un conquérant.

C'est un crapaud entièrement aquatique, nocturne, de couleur brun olivâtre à taches plus foncées, au ventre blanc. Le mâle mesure de 75,6 mm à 187,5 mm pour un poids de 65 g. Il est très aplati, a ses yeux sur le dessus, et possède une très grande bouche. Ses pattes postérieures sont larges avec de très longs doigts. Ses têtards ressemblent à des alevins de poissons-chats. Son taux de reproduction est élevé. Ses capteurs sensoriels lui permettent d'évaluer la taille, la vitesse et la position d'une proie. C'est donc un prédateur redoutable, présent dans une mare, il en fait le vide biologique.Il consomme des invertébrés aquatiques, les poissons tant au stade d'œufs qu'adultes. En compétition avec les amphibiens

lundi **5**

lever 08 h 17
coucher 18 h 07, + 3

Agathe

sextidi 16 pluviôse
Buis

autochtones, il est le porteur sain d'un parasite capable de les tuer, alors que 70% des amphibiens sont en déclin. Il peut vivre dans les eaux des stations d'épuration, c'est dire qu'il peut se répandre partout.

Cet animal servait jadis vivant pour les tests de grossesse féminins, mais il a été parfois rejeté dans la nature. C'est terminé depuis que l'on a élaboré des tests uniquement chimiques ; mais il s'est implanté.

La grenouille Taureau, *Rana Castesbeina*

Celle-ci est originaire de la côte sud-est de l'Amérique du Nord, introduite en 1968 (une dizaine de sujets), par un propriétaire qui voulait animer l'étang de son château à Arveyres (Gironde).
Cette introduction semble bien être à l'origine des nombreuses populations du sud-ouest de la France, en Gironde, Dordogne, mais des analyses génétiques récentes montrent que celles du Loir-et-Cher (Sologne) et du Bas-Rhin se rattacheraient aux colonies allemandes.

Ce gros animal de 400 à 500 grammes (pouvant peser jusqu'à 1 kg), mesurant 25 cm (et dont le têtard atteint 15 cm), fait entendre son chant profond jusqu'à 1 km d'où son nom. Elle entre en compétition avec les espèces locales car elle est beaucoup plus vorace s'attaquant aux têtards des autres amphibiens, à des poissons et à des reptiles.

Sa couleur varie du vert olive au brun avec parfois des taches plus foncées. Sa face ventrale de couleur jaune est plus ou moins tachetée de gris vers l'extérieur.

Cette grenouille est capable de transmettre le ranavirus et un champignon (le Chytride) aux hôtes des étangs. Comme son taux de reproduction est exceptionnel (20 fois plus élevé que celui d'une grenouille verte), qu'elle peut vivre 9 ans (exceptionnellement jusqu'à 16 ans), parcourir 5 km par an et qu'elle n'a aucun prédateur en Europe, son éradication est presque impossible !

Ces deux exemples montrent à l'instar de centaines d'autres espèces animales invasives, les problèmes que vivent nos espaces naturels déjà très attaqués par l'homme, malgré l'existence de quelques zones protégées. Je songe au drame que vivent actuellement un certain nombre d'habitants de Saumur devant l'invasion de la fourmi *Tapinoma magnum*, arrivant des régions méditerranéennes, qui est agressive et qui sent l'odeur de beurre rance quand on l'écrase.

Bien entendu, il en est de même pour l'invasion de certaines plantes dont les conséquences peuvent être parfois tout aussi dommageables. Ainsi le banal cactus *Opuntia* importé au Kenya par les Britanniques pendant la période coloniale, pose-t-il désormais d'énormes problèmes à l'équilibre écosystémique des pâtures au point que les bœufs et des espèces sauvages tombent malades. Le Kenya a d'ailleurs perdu 70 % de sa faune sauvage dans les 30 dernières années.

lever 08 h 16
coucher 18 h 09, + 3

mardi **6**

Gaston

septidi 17 pluviôse
Lichen

Vigne taillée en février
emplit de raisin
le panier

À la Sainte-Jacqueline,
froid et bruine.

À la Sainte-Apolline
présage certain,
l'hiver s'achemine
ou touche à sa fin.

Deux exemples de mammifères invasifs : l'arrivée en France du chacal doré et de l'écureuil de Pallas

Pour ne pas que vous croyiez qu'il n'y a que de petites espèces animales qui soient invasives, prenons deux exemples de mammifères récemment arrivés en France.

Le premier est *Canis aureus*, le chacal doré qui, contrairement au second, est arrivé spontanément et n'a pas été amené par l'homme.

Il pèse entre 8 et 15 kg, mesure de 65 à 85 cm de longueur sans la queue de 20 à 30 cm ; il jappe ou aboie. Il se distingue du loup par sa taille plus petite et par son museau plus pointu, et du renard par sa queue plus courte et ses oreilles arrondies.

Cette espèce, partie il y a longtemps de l'Inde, arrivée dans le Kazakhstan, est apparue en Turquie, puis dans les Balkans et la Grèce ; elle a atteint peu à peu la Vénétie julienne (Italie) en 1980, l'Estonie, l'Allemagne depuis 1997, l'Autriche et la Suisse en 2011, le Danemark en 2015, puis les Pays-Bas et tout récemment la France. En Bulgarie, 30.000 seraient abattus chaque année !

En France, il a été d'abord repéré dans le Chablais en Haute -Savoie le 15 décembre 2017 grâce à des pièges photos automatiques (mais avec cliché noir et blanc).

Il a été vu deux fois en un mois d'intervalle en Provence entre Salon et Sénas dans le cadre de la surveillance du franchissement souterrain de l'autoroute A 7 par écoduc, c'est à dire par un tunnel animalier permettant à la faune de passer sous l'autoroute. Il vient d'être signalé dans les Bouches-du-Rhône et dans les Deux-Sèvres.

mercredi **7**

lever 08 h 15
coucher 18 h 11, + 3

Eugénie

octidi 18 pluviôse
If

La France ne le considère pas comme une espèce exotique amenée par l'homme, qu'il faudrait éliminer ou combattre. Il se nourrit de proies de petite taille (rongeurs, insectes, reptiles, oiseaux), de fruits et de végétaux, mais c'est aussi un nettoyeur de carcasses.

La seconde espèce, l'écureuil de Pallas est un animal qui vit en Asie du SE et qui a dû être ramené de Taïwan en plusieurs exemplaires.. Il prolifère dans six communes des Alpes maritimes après être parti d'Antibes à la fin des années 1960. Plus agressif que notre écureuil, il le met en danger, un peu comme l'écureuil de Corée qui prolifère en Angleterre. Il le prive d'accès à certaines nourritures et surtout il le stresse, ce qui bloque sa reproduction. Récemment est apparue à Istres une autre population, probablement une autre sous-espèce (elles sont nombreuses) dont le pelage est gris vert et le ventre pâle alors que la sous espèce des Alpes maritimes (*Callosciurus erythraeus* ou « écureuil à ventre rouge »).possède un pelage brun olive parfois foncé et un ventre marqué par deux bandes longitudinales de roux acajou. Grands consommateurs de fruits, ces écureuils font de gros dégâts dans les vergers ; ils s'en prennent aussi à la petite faune aviaire et ils écorcent considérablement les arbres, ce qui amène la sève à couler, les rendant ainsi plus sensibles aux maladies et ce qui peut causer leur mort.

Ils rongent même les câbles électriques pour y trouver de l'amidon et les tuyaux d'arrosage ; enfin ils poussent de désagréables cris stridents.

Côté Provence, on régule leurs populations par la chasse, le piégeage et même l'empoisonnement, sans avoir l'espoir de pouvoir éliminer l'espèce. Cet écureuil n'a pas de prédateurs connus et on en a éliminé 6300 depuis 2012

Jean-Mary Couderc

Notes

lever 08 h 13
coucher 18 h 12, + 3

jeudi 8

Jacqueline

nonidi 19 pluviôse
Pulmonaire

février
2024

À mi-février,
bon merle doit nicher.

Dans la ferme solognote, le personnel au travail à la fin du XIXe siècle.

Suite du 3 janvier

Les Hommes

Fermiers, métayers ou locaturiers employaient plusieurs personnes payées à la semaine comme les journaliers, embauchés aux louées de la Saint Jean ou de la Toussaint, à l'origine, ceux qui pouvaient travailler sur un journal, mesure de terrain correspondant à ce qu'un homme « moyen » pouvait abattre comme travail en une journée. Ils étaient au moins requis pour les travaux exceptionnels comme la moisson et les vendanges ; on louait leurs seuls bras, ce qui les avaient fait appeler « brassiers » ailleurs, dans le passé.

Parmi le personnel spécialisé, à demeure, on comptait plusieurs charretiers et un ou deux vachers.

Tous deux couchaient dans l'écurie dans des lits en planches accrochés en hauteur sur la paroi. Dans le lit supérieur couchait le vacher, dans l'inférieur, le charretier parce que ce dernier devait se lever vers quatre heures du matin pour « affeter » les chevaux (c'est-à-dire les affener avec du foin ou de l'avoine). Fait exceptionnel, la Touraine du sud avait gardé un lit de ce type mais nous ne savons pas s'il existe encore.

Dans d'autres régions, les lits des vachers, charretiers et bergers, situés hors de la salle commune, étaient une sorte de très grande caisse placée dans un coin de l'étable, ce qui permettait l'hiver de profiter de la chaleur animale. Ces caisses fermaient par une porte ou par des volets coulissants. C'est ce qu'on appelait « la chambre d'étable » ou « la chambre d'écurie ». Deux spécimens ont été conservés dans une grange à Peyrusse-en-Cézallier (Cantal).

vendredi 9

lever 08 h 12
coucher 18 h 14, + 3

Apolline

décadi 20 pluviôse
Serpette

Le Personnel féminin

Il pouvait assurer la garde des bêtes au même titre que le hommes.

Si la bergère était celle qui s'occupait des moutons et qui partait le matin avec un chien, celle qui prenait soin des agneaux était appelée la raguelière, beaucoup plus rarement l'agnelière.

La fermière leur confiait de petits travaux de couture faisables en plein air : raccomodages et reprisages. Elles les mettaient pour cela dans leur « birialis » le sac qu'elle mettaient devant elle et qui s'attachait par derrière. Comme l'indiquait son nom, il se divisait en deux poches : l'une pour leurs travaux de couture avec la capote à tétière que l'on sortait en cas de pluie, l'autre pour le pain et la nourriture.
Au début de la période, si l'on confiait la garde des porcs à « une poque » (fille), celle-ci ne gagnait que sa nourriture et son entretien, mais si la maîtresse était contente d'elle, elle recevait à la Saint-Jean un écu de 5 francs en argent comme gratification. On comptait aussi des dindières et des dindiers car l'élevage des dindons était une spécialité solognote, et enfin des gardeuses d'oies ou asonnières (de oisonnières).

À la fin de la période, apparaissait au printemps « l'apprentie » qui apprenait à traire les vaches et à soigner les porcs dont la nourriture se composait de pommes de terre, de lait caillé et de pain rassis.

L'écrivaine Marguerite Audoux a mis ses propres souvenirs dans son roman « Marie-Claire » (prix femina 1910) lorsqu'elle s'occupait des porcs : « Je mettais les mains dans le seau pour bien mélanger le tout. J'avais un grand plaisir à leur faire attendre un instant leur nourriture ».

En cuisine, les servantes préparaient le déjeuner constitué d'une soupe au lait bouillie dans la soupière de la cheminée, pendue à la crémaillère. Elles la versaient dans une grande jatte en grès où avaient été mises des tranches de pain et des légumes. L'ordinaire n'était remplacé que par des omelettes au lard et au fromage. Le déjeuner de faisait en silence ; c'était le fermier ou le premier charretier qui coupait le pain. Quand le maître fermait son couteau, tous se levaient pour reprendre leur tâche.

Jean-Mary Couderc

lever 08 h 10
coucher 18 h 15, + 3

samedi **10**

Arnaud

primidi 21 pluviôse
Thlasp

lever 08 h 09
coucher 18 h 17, + 3

dimanche **11**

Notre Dame de Lourdes

duodi 22 pluviôse
Thimele

Les Britanniques en Touraine au XIXe siècle

Parmi les étrangers qui ont choisi cette province à la vie facile, aux paysages de vallées accueillantes, au parler français réputé, les Britanniques ont occupé une place particulière.
Les sources archivistiques publiques sont insuffisantes, mais certaines archives familiales et plusieurs cimetières comme Tours-La Salle, Saint-Symphorien et Saint-Cyr sont venus à notre secours ainsi que les travaux de Michel Laurencin (Mémoires de l'Académie de Touraine, 1991, 89-96) et de Francine Fellrath-Bacart, *Bulletin de la Société archéologique de Touraine*, LXIII, 2017, p. 141.
Certains étaient déjà établis en Touraine à la veille de la Révolution ; sept d'entre eux dans le district de Tours comme le lieutenant-colonel Nicolas Morris établi depuis 1729 et les Irlandais Jean Fuller à Rochecorbon et la famille Cane à Tours en 1776. James Cane contemporain et ami de Balzac, légua par testament un million de francs aux pauvres de Tours comme le rappelle l'épitaphe de sa tombe ; « Je donne et lègue par testament un million de francs aux pauvres de la ville de Tours ».

Après la rupture de la paix d'Amiens en 1803, il y eut une trentaine de familles anglaises ou irlandaises considérées comme prisonnières, surveillées mais traitées avec égards pour celles de haut rang ; tel fut le cas pour lord Beverly, de l'ingénieur William Armfield, acheteur d'un moulin à blé sur l'Indre à Loches afin d'y établir une filature de laine.

Signalons la duchesse de Newcastle et sa famille, le général Paget, et le contre-amiral Rogers, un prisonnier de guerre qui décéda du typhus car de mars à juin 1814, Tours avait été choisie comme dépôt général de la Grande armée.
Dès 1815, s'ajoutent aux militaires (plusieurs généraux) de nombreux « propriétaires », entendez des rentiers. Nous avons particulièrement étudié la présence (1815-1830) de Thomas Stanhope Hollond, né en Inde.

Venu pour acheter la forge de Château-la-Vallière où les méthodes anglaises ne furent appliquées qu'après son départ, il acheta le château du Vivier des landes à Courcelles qu'il modifia et agrandit en prenant les pierres du château féodal de Vaujours. Il dépensa beaucoup à la chasse à courre. Il avait une demeure à Tours. En 1822, il était déjà propriétaire des bâtiments où il installa une brasserie qui allait devenir plus tard la brasserie Saint-Éloi. En 1824, il acheta trois bâtiments proches qui ne furent payés que lentement. Il eut deux procès pour mauvaises relations de voisinage. Il finit par revendre les trois maisons en 1828 et le reste de la propriété en 1830 pour revenir en Angleterre, peut-être avec une fortune amoindrie.

Février trop doux,
printemps en courroux.

Février gelé,
l'homme au lit,
la femme au foyer.

Souvent
à la Saint-Valentin,
la roue gèle
avant le moulin.

Ciel clair à la Saint-Valentin annonce plénitude de biens.

lever 08 h 07
coucher 18 h 18, +3

lundi **12**

Félix

tridi 23 pluviôse
Chiendent

En 1841 est publié à Tours le « *Hand-Book for English visitors in Tours and Touraine* », un guide de 200 pages publié par Tisseron et Pornin (Paris et Londres). Dès 1842 paraîtra un second guide rédigé par John Hall Holdsworth résident à Tours.

Le premier indique des curiosités à visiter mais dans ses parties deux et trois se met au service de la population en recommandant des commerçants, par exemple l'hôtel de Londres, en donnant l'adresse des deux temples avec les heures de services, des deux clubs dont l'un réservé aux seuls Anglais (au 26 de la rue Royale), l'autre aux Fossés Saint-Georges.

« Les résidents anglais ont la satisfaction de se faire soigner par des messieurs qui ont fait leurs études de médecine en Angleterre, le Dr Whiteley, rue du Mail, le Dr Holdsworth, dans la Tranchée, et M. Garrett, diplômé du College Royal de chirurgie. »

Le même guide insiste sur la pureté de la langue française parlée à Tours et il est vrai que de plus en plus d'anglo-saxons arrivent pour apprendre ou mieux pratiquer notre langue.
Michel Laurencin évoque un article du *Morning Chronicle* de 1821 montrant comment vivent les anglais en Touraine. Le soir, ceux-ci vont se baigner dans la Loire « avec des mesures de précaution d'un nouveau genre ; chaque nageur, par exemple, tire derrière lui une lanterne flottante de manière à être aperçu en cas de danger »

Au recensement de 1881, la communauté anglaise représente 230 personnes et bientôt l'Entente cordiale va augmenter les relations avec la France et la Touraine.

Les localités choisies on été essentiellement Tours et son agglomération : Saint-Cyr-sur-Loire, Saint-Symphorien, Sainte-Radegonde, avec en plus Fondettes et Rochecorbon. Les cimetières sont des sources de documentation.Il existe un quartier anglais en bas du cimetière La Salle de Tours où la plupart des tombes, entourées de grilles métalliques correspondent à cette période.

En 1881, 102 Anglais sont à Tours, 60 à Saint-Symphorien, 16 à Saint-Cyr, 9 à Sainte-Radegonde, 9 à Saint-Avertin et 5 à Fondettes. Le coteau ensoleillé de la rive droite de la Loire est favorisé.

Citons la famille Haig à Beauséjour (Saint-Symphorien) ; à Saint-Cyr, la famille Campbell (à la Chanterie) et d'autres encore à La Mignonnerie, La Galanderie, Monthécla (les Murdock en 1872 et les Nicholson en 1876). Le vieux cimetière de Saint-Cyr abrite de belles tombes comme celle du Major general Thomas Peacoke, aide de camp de Wellington lors des campagnes du Portugal et d'Espagne, décédé en 1856 à l'âge de 80 ans. Cette appétence continuera au XXe siècle avec les combattants britanniques de la Première Guerre mondiale qui viendront se reposer et fuir les images d'horreur qu'ils avaient connues.

Je prendrai à titre d'exemple la famille Cardozo originaire de l'Inde anglaise. Le premier, soldat, choisit de vivre à Saint-Cyr-sur Loire en 1918, son fils Frederick fut parachuté par le SOE (*Special Operation Executive*), pour prêter main forte aux resistants français du Mont Mouchet où il eut une conduite brillante ; il termina sa carrière comme lieutenant-colonel et enfin, son fils, le colonel Cardozo qui fut présent dans les combats des Falklands et eut un rôle humanitaire considérable aux yeux des femmes argentines, en faisant identifier les corps de leurs proches morts aux combats, et en les faisant rapatrier en Argentine.

Jean-Mary Couderc

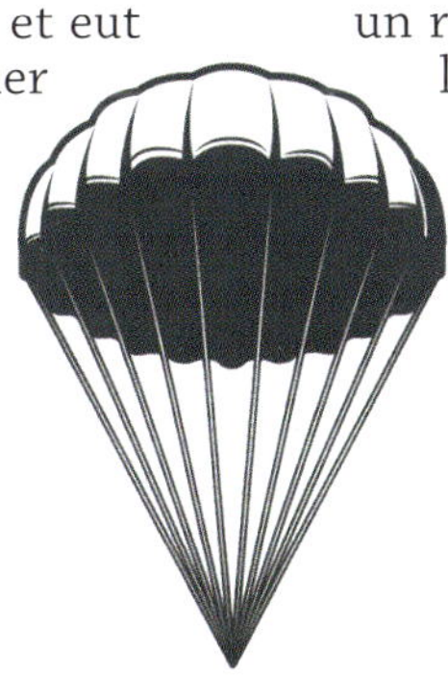

lever 08 h 06
coucher 18 h 20, + 3

mardi **13**

Béatrice

quartidi 24 pluviôse
Trainasse

février 2024

S'il tonne en février,
mets tes tonneaux
au grenier.

S'il tonne en février,
point de vin tiré.

Aquarius

lever 08 h 04
coucher 18 h 21, + 3

mercredi **14**

Valentin

quintidi 25 pluviôse
Lièvre

Chèvrefeuille

Clématite

Le langage des fleurs

Calcéolaire : mariage
Camélia blanc : beauté, dédain
Camélia du Japon : bonne chance
Camélia rose : fierté
Camélia rouge : reconnaissance de beauté
Camomille : affection
Campanule : coquetterie
Capucine : indifférence
Centaurée : félicité d'amour
Cep de vigne : amitié fidèle
Chardon : austérité
Chèvrefeuille : liens
Ciguë : bravoure
Cinéraire : deuil cruel
Clématite : artifice
Colchique : jalousie
Coquelicot : consolation
Crête-de-coq : impatience
Crocus : inquiétudes
Cyclamen : jalousie, beauté

Crocus

Coquelicot

Chardon

Camélia

lever 08 h 03
coucher 18 h 23, + 3

jeudi **15**

Claude

sextidi 26 pluviôse
Guède

À la Sainte-Bernadette, souvent le soleil est de la fête.

La Vénerie aux deux visages

Comme certaines activités de pêche, ou des fêtes traditionnelles conservées jusqu'à nos jours, la vénerie remonte à une époque très ancienne avec des techniques ancestrales élaborées, un vocabulaire spécifique et ses mythes particuliers. C'est un art né des activités de la classe noble. Mais c'est une pratique désormais mal comprise par notre société.

Je la vois comme incarnée par le dieu romain Janus bifrons, dont le buste comporte deux têtes accolées par l'arrière, l'une étant tournée vers le passé, l'autre vers l'avenir.

Quand j'ai été président de la SEPANT (Société pour L'étude, la Protection et l'Aménagement de la Nature en Touraine), j'ai eu l'occasion de travailler avec des veneurs de l'Anjou et de la Touraine lorsqu'avec les protecteurs de la nature, nous nous battions en 1978-1979 contre le projet de construire une autoroute Angers-Tours passant systématiquement à travers de grands massifs forestiers.
Parmi ces veneurs, je me souviens d'un homme petit, âgé, avec un corps de sportif et un visage bronzé et buriné. Il était la discrétion même et respecté de ses compagnons.

J'appris peu à peu qu'il pratiquait la courre au lièvre, à pied, avec ses chiens, et que son plaisir était de lutter pendant des heures avec un animal dont j'appris combien il était retors, c'est-à-dire intelligent ; il était capable de revenir vers sa piste et par un grand saut de la reprendre un temps à rebours pour égarer les chiens.

Un célèbre « piqueux » tourangeau, Louis-Émile Thouvenot dit « Daguet » a écrit dans son ouvrage : *Cinquante ans de vénerie* (Paris, 2007) :
« La chasse à courre du lièvre est pour moi la plus belle, la plus pure en vénerie [...] Le lièvre est un animal intrépide, dur à la fatigue, robuste, énergique. Il peut courir plusieurs heures devant une meute de chiens rapides, sans être forcé...Il faut un équipage bien créancé dans cette voie pour le prendre [...] Il ne fuit pas droit devant soi, sans autre souci que de donner son maximum de vitesse, comme s'il avait perdu la tête. Il revient en arrière, coupe sa piste et n'arrête le savant entrecroisement de sa course que quand serré de trop près, il est obligé de filer tout droit... Le chevreuil est avec le lièvre, de tous les animaux de vénerie, celui dont la chasse est la plus fine, la plus difficile ».

Madame Bizard, héritière du célèbre équipage tourangeau de Champchevrier, m'invita à une chasse, en tant qu' écologiste défenseur de nos forêts.

Un piqueur comme Daguet, eut mérité d'être classé comme trésor vivant de l'humanité comme le font les Japonais pour les détenteurs de techniques savantes ou de « coups de mains artisanaux » risquant de se perdre. Il explique son travail en toute modestie : « La veille de la chasse, le piqueur, les valets de limiers vont en reconnaissance en forêt où le lendemain on donnera rendes-vous. Ce travail

vendredi **16**

lever 08 h 01
coucher 18 h 24, + 3

Julienne

septidi 27 pluviôse
Noisetier

de reconnaissance [on dit qu'ils « font le bois »] consiste à rechercher et à déterminer le nombre de hardes d'animaux qui peuplent la forêt ; puis dans la harde le nombre de cerfs qui la compose, et surtout à étudier au sol leur importance, c'est-à-dire leur tête [leur sexe et leur âge].

En effet, ces hommes en sont capables, pour les grands animaux, par l'observation de leur retard (le pied de derrière en recul du pied de devant) et de leur balancement (l'envergure des bois et leur importance). « On choisit ainsi la bête que l'on va donner à courre en mettant des brisées » [branches cassées mais non séparées dés troncs pour qu'elles ne soient pas entrainées par le vent] sur la piste d'entrée, repères visuels de la trace sur laquelle on va lancer les chiens le lendemain.

Le piqueur ou le valet de limier fait son rapport au maître d'équipage : « J'ai eu à tel endroit connaissance d'un cerf que par le pied et les allures, je crois être un dix cors ; il doit être rembûché dans tel quartier… ». Bien entendu, et c'est l'autre visage du dieu Janus, une chasse réussie se termine par la mort de la bête pourchassée « qui est aux abois ». Elle va chercher à se mettre dans un étang pour se rafraîchir et éviter d'être entourée par la meute quoique certains chiens l'entourent s'ils ont pied. La bête souffre et elle va être hélas « servie » dans les règles, par un chasseur muni d'un poignard mais qui met parfois beaucoup de temps à aller chercher un bateau pour cette opération.

Parfois, au terme d'une longue course qui peut durer une journée entière, la bête sortie du bois ne va pas dans un étang mais vers des habitations se rencogner dans un jardin ou une cour ; en général, elle est tuée par les chasseurs qui prétendent lui éviter de souffrir.

De nos jours, une telle scène devient insupportable. De la même façon que les corridas portugaises épargnent toujours le taureau (à la différence des corridas espagnoles), il conviendrait d'arrêter la chasse dès que la bête arrive dans une zone habitée. On a trop vu de ces scènes désolantes en Touraine ou dans les parages de la forêt de Compiègne par exemple.

Enfin pourquoi ne pas tuer au fusil la bête engagée dans une pièce d'eau et mettre rapidement fin à sa souffrance ?

Jean-Mary Couderc

lever 07 h 59
coucher 18 h 26, + 3

samedi **17**

Alexis

octidi 28 pluviôse
Cyclamen

lever 07 h 58
coucher 18 h 27, + 3

dimanche **18**

Bernadette

nonidi 29 pluviôse
Chélidoine

février
2024

J'ai assisté au travail des éhouppeurs dans la réserve de Colbert en forêt de Tronçais

*À la Saint-Pierre-Damien,
l'hiver reprend
ou s'éteint.*

Profitant du lieu de retraite de mon beau-père, dans un village voisin de la forêt de Tronçais, j'ai beaucoup parcouru cette célèbre forêt et j'y ai même trouvé des emplacements de forges gallo-romaines en profitant des tempêtes successives qui, à partir de novembre 1982, y déracinèrent des arbres.

Un matin de Toussaint de 1989, nous décidâmes d'aller faire un tour dans la réserve de Colbert qui était alors en pleine exploitation car il ne fallait pas laisser davantage vieillir des arbres plantés 320 ans auparavant. Le travail d'abattage de ces très grands chênes (et aussi de quelques hêtres) mesurant 35 mètres de hauteur (exceptionnellement 40) est toujours confié à l'élite des élagueurs, les éhouppeurs.
Ce sont les seuls habilités à monter très haut, à juger s'il convient de couper d'un seul coup le houppier ou plutôt de le faire branche par branche, ce qui est le plus fréquent.

En effet, quand l'arbre chute avec son houppier certaines branches peuvent répercuter leurs fractures à l'intérieur du tronc, ce qui serait désastreux pour ces bois les plus chers destinés au placage, à l'ébénisterie, aux merrains destinés à faire des tonneaux neufs pour des vins de marques et à la lutherie ; mais cet ébranchage d'altitude est dangereux. Un de ces grands chênes sur pied vaut jusqu'à plusieurs milliers d'euros s'il est à grain fin, ce qui se devine par la régularité et la finesse de l'écorce. Enfin l'expérience des éhouppeurs est nécessaire pour couper les troncs avec une tronçonneuse plus lourde et éviter, autant que faire se peut que les sections des troncs ne se brisent lors de leur chute.
Nous étions ce jour-là, plusieurs personnes, sur le plateau au-dessus de la forge de Morat à (à Saint-Bonnet-Tronçais), sur le bord droit de la route menant à Tronçais.

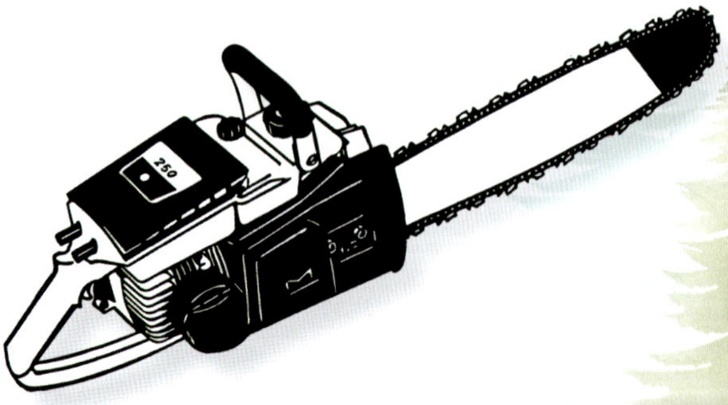

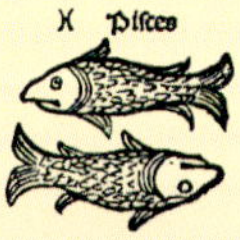

lever 07 h 56
coucher 18 h 29, + 3

lundi **19**

Gabin

décadi 30 pluviôse
Traîneau

Nous avions avec nous un garde, deux techniciens et visiblement le propriétaire de ces derniers grands arbres isolés à exploiter dans cette parcelle. Nous avions admiré successivement la fixation des fourches de l'éhouppeur, puis du long câble passant derrière son dos pour lui permettre de grimper les jambes écartées avec une tronçonneuse pendue à un autre câble derrière lui, un spectacle superbe dans le beau soleil du matin.

Arrivé tout là-haut, il coupe précautionneusement chaque longue branche du houppier et bientôt la bille apparaît insolitement nue. Descente à terre du héros, on lui passe à boire, il échange sa tronçonneuse avec une autre et il remonte, silence total, coupe de la première bille d'environ cinq à six mètres, elle tombe droite, parfait ! la deuxième tombe… mal : on entend « Crac ! » puis un « oh » de dépit. Le propriétaire venait de perdre une lourde somme. Ce travail est incontestablement délicat et l'on sait aussi au restaurant de la maison forestière du rond Gardien que circulent des cas d'accidents corporels très graves parmi ces chevaliers des fûts qu'il faut saluer pour leur travail de haut niveau.

Leur activité a redoublé en France depuis qu'ont été choisis les grands arbres nécessaires à la construction de la voûte et surtout de la flèche de Notre-Dame de Paris.

Dans la forêt de Loches (Indre-et-Loire), une productrice de vieux chênes au grain de grande qualité, les premiers des 30 chênes d'une moyenne de 200 ans, choisis à cette fin pour leur rectitude, ont déjà été coupés, par des spécialistes venus de l'Orne et de la Sarthe, en avril 2022. Le plus âgé, de 270 ans et d'une quarantaine de mètres de hauteur, va fournir 8m^3 de bois.

Jean-Mary Couderc

lever 07 h 54
coucher 18 h 30, + 3

mardi 20

Aimée

primidi 1er ventôse
Tussilage

Trois mois de la vie estivale d'une boîte à livres spontanée

En Bretagne, dans un paysage de villas bordant peu ou prou les rives du golfe du Morbihan (à Kerassel, commune de Sarzeau, Morbihan), j'ai eu la chance que quelqu'un d'astucieux ait osé amener sur le banc d'un abri-bus des années soixante fermé sur trois côtés, qui n'est fonctionnel qu'une partie de l'été, trois cartons de livres divers, bientôt suivis, sous le banc, de trois autres cartons pleins, de taille plus modeste, et enfin en période de pointe, de trois autres petits cageots superposés aux premiers et que cette même personne ait créé un panneau avec écrit : »Boîte à Livres ». J'ai su que cette personne inconnue avait laissé un papier expliquant que son geste était motivé par la crise du Covid qui ne permettait plus de se rendre dans les bibliothèques.

Certes, les ouvrages ne sont pas toujours faciles à consulter mais les stocks arrivent régulièrement et partent dans les foyers ou sur les stands des brocantes. Il m'est arrivé de retenir un temps des collections complètes destinées au stand de brocante de mon frère mais ce dernier refuse en général de s'en embarrasser parce que « c'est trop lourd » ! C'est ainsi que j'ai vu passer « l'œuvre complète » d'Agatha Christie en 6 volumes, plus de 7 000 pages ! « L'histoire de la littérature française « en quatre volumes de Paul Guth et de belles parties des « Œuvres complètes » de Victor Hugo. Cette boîte étant à trente mètres de mon portail, je la visite deux fois par semaine ; je prends, je lis, je ramène, c'est la loi du genre. Mais cette fréquentation m'a amené à remarquer certaines choses, même si je n'ai pas voulu faire une étude littéraire ou sociologique comme le ferait un collègue des sciences humaines.
C'est simplement le fruit d'une fréquentation au long cours et de longs séjours à la cape en cas de gros temps, pour reprendre une terminologie de voileux qui se porte bien dans ces parages puisque l'on se situe à 100 m du rivage du golfe du Morbihan. En cas d'une brutale migration d'ouvrages., on s'y ancre volontiers. Certains livres parcourront quelques mètres et d'autres partiront pour de lointains horizons.

Une visite m'a permis un jour d'engager la conversation avec un couple de routiers chevronnés en bicyclette, originaires de Parthenay, leurs « bikes de randonnée » m'ont paru ultra-perfectionnés. En effet, ils avaient « fait » Paris-Budapest et retour et s'apprêtaient à faire le Cap Nord en bicyclette. Moi qui ai séjourné plus de trente fois dans la capitale hongroise et qui ai appris les rudiments de la langue magyare, je les ai interrogés sur ce qu'ils avaient retenu de plus intéressant ; ils ne m'ont cité que les bains chauds naturels de l'hôtel Gellert et la visite du château. Pour la Norvège, ils resteront terriens et ne pousseront pas jusqu'au Svalbard (le Spitzberg, comme on dit en France). Mais l'homme avait à la main une conquête précieuse : un précis d'électricité que j'avais vu depuis au moins 15 jours et datant d'environ soixante ans.

Mois de février, vin, pain, feu et viande salée.

Qui veut se défaire de sa moitié, qu'il la promène au mois de février.

S'il gèle à la Sainte-Isabelle, encore quarante jours d'hiver.

Neige à la Sainte-Isabelle fait la fleur plus belle.

mercredi **21**

lever 07 h 53
coucher 18 h 32, + 3

Pierre Damien

duodi 2 ventôse
Cornouille

Il m'a expliqué que s'il était maintenant mécanicien en bicyclettes, il avait fait des études en électricité.

Les ouvrages de lycée et de faculté sont nombreux et partent plus ou moins vite ; les classiques Larousse sont les proies des jeunes lycéens., On rencontre fréquemment le produit du « desherbage » des bibliothèques locales, terme maintenant fréquemment employé.

Cette fréquentation régulière m'a permis de distinguer les ouvrages qu'on lit mais qu'on ramène, de ceux que l'on prend et que l'on garde. Dans la première catégorie se trouvent les ouvrages de guerre et les policiers, dans la seconde se placent les grands titres de la littérature française et mondiale, les monographies sur les grands artistes et les grands personnages, chanteurs, généraux, et vedettes de cinéma. Ainsi l'ouvrage de Jean-Claude Brialy : *J'ai oublié de vous dire* (éditions ixopéditions).
On retrouve, parfois froissés, des ouvrages jadis montés au pinacle, comme « *Le jour où le Chine s'éveillera* » d'Alain Peyrefitte.

Une boîte à livres, c'est aussi un lieu de vie comme les cafés ; il y a moins de monde et d'ailleurs on n'aime pas trop y trouver quelqu'un, c'est un peu la même chose que pour les coins à champignons. Par contre, si le visiteur emmène des ouvrages très spécialisés, on apprécie le délestage…
Je me suis posé la question de sa mise en place ; qui a eu l'éclair de génie d'utiliser cet abri-bus en ciment et surtout d'organiser la boîte ? Qui peut être à ce point encombré par les livres pour concevoir une telle solution ? un vendeur de livres anciens ? le nombre relativement important des ouvrages en anglais, américain et allemand m'a poussé un jour à demander à mon voisin, un colonel anglais, s'il n'était pas à l'origine de ce rendez-vous culturel de la place des Venètes. Il me répondit que cette bienfaisante institution n'était pas sienne et qu'il n'y avait jamais apporté un livre. Depuis, je soupçonne, mais sans aucune preuve, un autre voisin descendant d'une grande famille, un « agro », un ancien d'une grande école d'agriculture, car les ouvrages sur l'agriculture ont été nombreux.

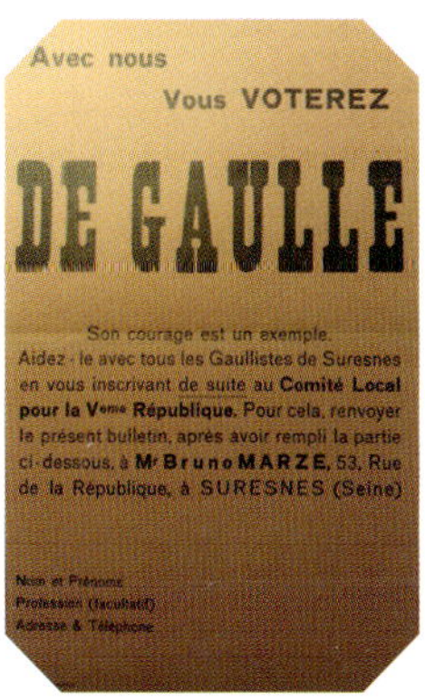

On ne peut avoir que des idées fragmentaires sur la provenance des ouvrages mais il nous reste les dédicaces, et plus rarement les marque-pages qui peuvent être une carte postale reçue par le possesseur du livre et qui l'y a oubliée ou que la mort a surpris. C'est ainsi que nous avons pu voir en combinant adresses et noms de propriétaires sur les pages de garde, qu'un très gros lot d'ouvrages provenait de la succession d'une vieille dame qui habitait au centre d'Arzon. On trouve parfois des marque-pages qui sont de véritables documents historiques. Il nous est arrivé de découvrir des affichettes électorales qui précisent l'âge et les opinions politiques de l'ancien propriétaire. Id. pour des cartes de visite anciennes et d'assez fréquents tickets de métro parisien ou de bus.
Sauf cas particulier, le livre d'occasion ne vaut plus rien et aux brocantes locales (celles du Crouesty par exemple), les livres se vendent parfois 1 euro pièce. Pour certains enfants d'une succession, il est trop douloureux de mettre les ouvrages de leur parent « à la benne » comme on dit élégamment…

La boîte à livres héberge parfois des objets et souvent surprenants, ce qui révolte un peu dans le cas d'une boîte privée installée en squatter dans un lieu public. C'est de surcroît une tendance un peu générale.
J'ai pu voir une fois, pendant la période de circulation du bus que,sans doute par un jour de mauvais temps, les caisses de livres avaient été entassées par des personnes qui entendaient bien profiter du banc abrité en attendant le car.
Quelle réaction auraient eu ces personnes si elles avaient trouvé ce jour-là, comme je l'ai vu plus tard, une paire de chaussures d'été féminines. Ou ensuite, un crucifix en bronze de style passe-partout ; comment aurait réagi un représentant de la municipalité s'il avait découvert un assez grand tableau au cadre doré, une reproduction ancienne de *La lettre* de Jean-Baptiste Corot selon un procédé allemand respectant même l'épaisseur de la couche picturale ?

lever 07 h 51
coucher 18 h 33, + 3

jeudi **22**

Isabelle

tridi 3 ventôse
Violier

Au mois de février,
chaque herbe
fait son pied.

En fait, les employés municipaux passent surtout pour apposer sur le côté de l'abri (« côtier » bien sûr) les horaires des cars estivaux et les déposer dès qu'arrive septembre.

J'ai même pensé que les objets qui aboutissent là et qui restent d'ailleurs très peu de temps, avaient pu être évacués par des personnes qui ne tiennent pas à ce que ce soit un prétexte pour qu'on supprime la boîte.

Sans aller jusqu'à un véritable travail scientifique ou littéraire, on peut essayer d'établir un classement grossier entre les ouvrages selon leur nature et selon la durée de leur séjour.

Outre les livres scolaires, du CM2 jusqu'à l'Université (de droit et de sciences politiques essentiellement), les BD sont l'objet des départs les plus rapides. Arrive ensuite la littérature française en collections, parfois complètes, ou en separata. comme certains ouvrages de Charles Péguy ou de Proust. Puis les ouvrages biographiques de personnages politiques du XXe siècle ou les essais d'économistes ou de journalistes à la mode ; puis les gros ouvrages des littérateurs adulés par le public comme ceux de Lévy ou de Werber. Ensuite, ce sont les ouvrages, en anglais ou traduits, surtout des classiques comme ceux de Charlotte Brontë (*Jane Eyre*), Jane Austen (*Orgueil et Préjugés*), Virginia Woolf (*Mrs Dalloway*), de l'américain Henri Miller (Daisy Miller) ou des ouvrages américains,comme *Lolita* de Nabokov, et *Gatsby le Magnifique* de Scott Fitzgerald. Parmi les chefs d'œuvre étrangers, citons : *Lire Lolita à Téhéran* d'Azar Nafisi. (collection 10/18, 2005) qui a le mérite de nous apprendre indirectement de combien de morts et d'emprisonnements, la dictature religieuse iranienne a été responsable.

La littérature érotique se fait remarquer ; certains ouvrages ne semblent pas réapparaître dans la boîte comme *Emmanuelle*, d'autres si, comme *Vénus erotica* d'Anaïs Nin ; certains de bien moindre intérêt reviennent pour stagner comme *Zone érogène* de Philippe Djian. Sont présents les romans d'auteures qui ont au départ touché à la littérature érotique comme ceux de Régine Deforges et de Virginie Despentes.
Pour les départs les plus rapides, rappelons les BD, les polars et les livres de petites classes de lycée de l'ancienne génération, les Malet et Isaac, en Histoire et en littérature, les Chevalier et Audiat pour les plus vieux, et les Lagarde et Michard pour la génération suivante.

Partent ensuite les romans d'amour, surtout en collection « Poche » Nous avons par contre vu stagner deux ouvrages sur la langue médiévale française et d'auteurs différents (Gaston Zink : *Morphologie du Français médiéval* et A. Queffelec et R.Bellon : *Linguistique médiévale*) signe qu'un vieux professeur de lettres classiques, avec peut-être un certificat de langue romane, a dû décéder dans le secteur.
J'ai faite mienne une autre publication savante, ancienne possession isolée d'un parisien cultivé : un numéro annuel de *La Société d'histoire de l'Île de France* qui m'a amené deux sujets pour cet ouvrage.

Longue vie à cette boîte à livres originale et merci à celui, celle, ou ceux qui l'ont fait naître !

Jean-Mary Couderc

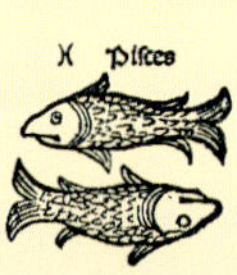

vendredi **23**

lever 07 h 49
coucher 18 h 35, + 3

Lazare

quartidi 4 ventôse
Troène

lever 07 h 47
coucher 18 h 36, + 3

samedi 24

Modeste

quintidi 5 ventôse
Bouc

lever 07 h 46
coucher 18 h 38, + 3

dimanche 25

Roméo

sextidi 6 ventôse
Asaret

L'histoire française des cépages américains

Parleriez-vous du « Noah » à quelqu'un que ce serait pour lui de l'hébreu sauf s'il était viticulteur, ampélographe ou alors âgé de plus de quatre-vingts ans. La personne âgée aurait, j'en suis sûr, aussitôt en bouche, le goût foxé du jus et cette sensation de pulpe molle et grasse, se détachant d'un coup de la pellicule du grain blanc verdâtre ; nous, gamins, nous raffolions de ces découvertes gustatives d'autant que dans certaines familles on faisait en plus du vin, de la gelée et de la tarte de Noah.

De la fin du XIXe siècle à 1960, on a planté beaucoup d'hybrides américains (Othello et Noah surtout) importés pour greffer sur eux les vieux plants français (*Vitis vinifera*) dans la mesure où ceux-ci s étaient révélés victimes de plusieurs maladies américaines.
Il est vrai qu'on connaissait depuis longtemps de rares hybrides américains comme l'Isabelle, rapportés au début du XIXe siècle par des botanistes et des missionnaires catholiques préoccupés par la fourniture de vin de messe.
C'est d'ailleurs en important les premiers plants américains pour éviter les traitements par le soufre contre l'oïdium à partir de 1847, puis contre le mildiou à partir de 1878, et contre une troisième maladie cryptogamique, le blackrot à partir de 1885, que l'on a introduit malencontreusement le phylloxera, très petit puceron américain ravageur (*Phylloxera vastatrix*) de trois quarts de millimètre de long qui envahit peu à peu toute la France à partir de 1882.
On était tellement touché que l'on chercha par tous les moyens à enrayer sa progression et parfois par des procédés délirants et inutiles.
On avait songé à l'emploi du jus de tabac, au badigeonnage des souches à la naphtaline, à l'huile lourde, au pétrole dilué et à la chaux vive. Un pharmacien de Limeray (Indre-et-Loire) avait proposé de mettre du guano au pied des ceps et dans le Midi, un propriétaire proposa un vaccin qui, au moment de la taille, se répandait dans la sève, empoisonnant l'insecte… et la plante.
Au début de 1893, l'abbé Verdun, curé de Pouligny-Saint-Pierre, près du Blanc (Indre) inonda la presse locale de communiqués sur sa découverte qui devait révolutionner la lutte contre le puceron.
Il avait eu l'idée de se servir des propriétés insecticides du camphre ; cela fonctionnait avec le badigeonnage de chaque pied de vigne mais voulant un procédé plus facile et pas trop coûteux, il fit produire une petite briquette plate de ciment contenant du camphe, de 13 cm de côté en forme de croix.
Outre que cette briquette portait son nom (le collier Verdun), ses quatre faces étaient incurvées de manière à ce que l'on puisse enserrer le pied d'un cep à l'aide de deux briquettes pour éviter au phylloxéra de monter vers les feuilles. Bien entendu le ciment empêchait le camphre de se répandre ; ces colliers Verdun étaient très solides puisqu'on en a encore trouvé dans les vignes autour de 1960 !
On parla beaucoup du vicomte de Poix du château de Bénavent (Indre) qui se ruina pour soutenir les efforts de l'abbé Verdun.

Février neigeux,
été avantageux.

Quand février
commence en lion,
il finit en mouton.

À la Sainte-Honorine
bourgeonne l'aubépine.

lundi 26

lever 07 h 44
coucher 18 h 39, + 3

Nestor

septidi 7 ventôse
Alaterne

Après la crise, s'ajoutèrent aux premiers noms d'hybrides importés, ceux de certains hybrideurs français,ainsi les Baco (cf. le Baco noir), le Seibel dont le n° 4986 dit « Rayon d'or » ou l'Oberlin. L'utilisation d'hybrides directs (non greffés avec des plants français) donnait des vins modestes acides et peu alcoolisés parfaits pour couper les vins d'Algérie. L'ennui est qu'on privilégia la quantité en choisissant les plants les plus producteurs de France, au détriment de la qualité.

Le Noah fut le plant le plus cultivé qui donnait un vin plus alcoolique et qui avait la réputation de rendre fous et aveugles ceux qui en buvaient beaucoup. En fait, on devait cette mauvaise réputation aux technocrates qui parlaient aussi de « petits vins » pour assainir un marché encombré par une superproduction.. Un premier décret du 24 janvier 1935 interdit la culture des cépages Noah, Isabelle, Othello, Clinton, Jacquez et Herbemont. Un second, en 1953, imposa dans un délai de 3 ans (avant le 1er décembre 1956), l'arrachage des ceps interdits, décret motivé par la lutte contre l'alcoolisme.

On ne peut donc plus trouver de pieds d'hybrides que résiduels en des lieux isolés ou alors dans des vignobles conservatoires, qui gardent pour l'avenir des souches génétiques. Ainsi à Saint-Lambert-du-Lattay (Maine-et-Loire), à Châteauvieux (Loir-et-Cher) et à Tranzault (Indre).

Jean-Mary Couderc

lever 07 h 42
coucher 18 h 40, + 3

mardi **27**

Honorine

octidi 8 ventôse
Violette

La Dernière Quincaillerie

C'est une longue façade de caissons de bois vermoulu portant des lettres d'un autre siècle où il faut, avec quelque application, deviner une ancienne raison sociale « La Cloche d'Or ».

Quand on abaisse le bec de cane, le « cling-clang » de la porte vous fait pénétrer dans le monde de votre enfance, celui des bonbons puisés par une vieille épicière dans de profonds bocaux en verre. On progresse d'un endroit à l'autre à l'aide de marches en bois et d'un parquet à lames irrégulières pour arriver devant un vieux comptoir en bois sombre installé après la guerre franco-prussienne.

Les vitrines, plus récentes, datent de la Libération comme le montrent d'anciennes publicités pour les piles Leclanché et les colliers Serflex. L'odeur des lieux est celle des vieux ateliers : mélange d'huiles, de rouille et de poussières grasses. Les tiroirs bruns de crasse, ne peuvent être tirés que par le maître de céans.

Lui seul sait qu'il lui faut tirer le premier avec douceur, le second avec force. Certains bloqués depuis des lustres permettent, lorsqu'on recoure à l'effraction, d'offrir aux clients des pièces absentes chez tous les concurrents, parfois devenues d'un intérêt inestimable et pourtant vendues ici au rabais.

Les propriétaires, l'homme au sarrau gris et son double féminin, sont hors d'âge et figés par le froid ; comment chauffer de telles salles ou l'air froid passe par les fenêtres ?

Quand on pense que Fernandel entra un jour ici, curieux, mais avec le prétexte d'acheter une vis, ce que lui fournit gratuitement le patron qui l'avait fort apprécié comme comique troupier…

Jean-Mary Couderc

Beau ciel
à la Saint-Romain,
il y aura des denrées
et du bon vin.

Qui ne veut pas
se tromper
doit se marier
le 30 février.

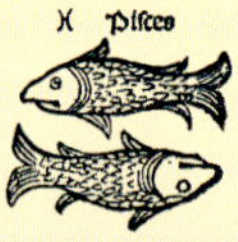

mercredi 28

lever 07 h 40
coucher 18 h 42, + 3

Romain

nonidi 9 ventôse
Marceau

Le langage des fleurs

Dahlia : reconnaissance
Datura stramonium : charmes trompeurs
Digitale : ardeur
Dispacus : soif de l'autre

lever 07 h 39
coucher 18 h 42, + 3

jeudi 29

Auguste

decadi 10 ventôse
Bêche

mars

Mars était à l'origine le premier mois du calendrier romain, puisque le retour des beaux jours marquait le début de la période des guerres. Ainsi, les Romains avaient baptisé ce mois *Martius*, en l'honneur du dieu de la Végétation et de la Guerre, Mars. Père des jumeaux Romulus et Remus, ce dieu sanguinaire, qu'on oppose souvent à Vénus, a pour couleur le rouge, et les pierres précieuses qui lui sont associées sont le rubis, le grenat et la cornaline. Il a naturellement donné son nom à la planète Mars, appelée aussi la planète rouge, terre chaude et féroce, liée, dans la symbolique astrologique, aux tyrans et à la guerre.

Sudoku

	3			2				
5		9		7				
		8		9		2	5	1
6	8			3		4		
		7	4		6		2	
		1				7		9
		5			1			6
7		3			8			
		4		5	9	1	3	

		4			2		6	
	9			1	3			4
5						2		7
		1		2		7	4	
		2		9				
3	8		7			1		
	4	5			7	8		2
		9		5				
		8	1	3		6	9	

mars

Notes

Le ciel visible vers le 15 mars à minuit.

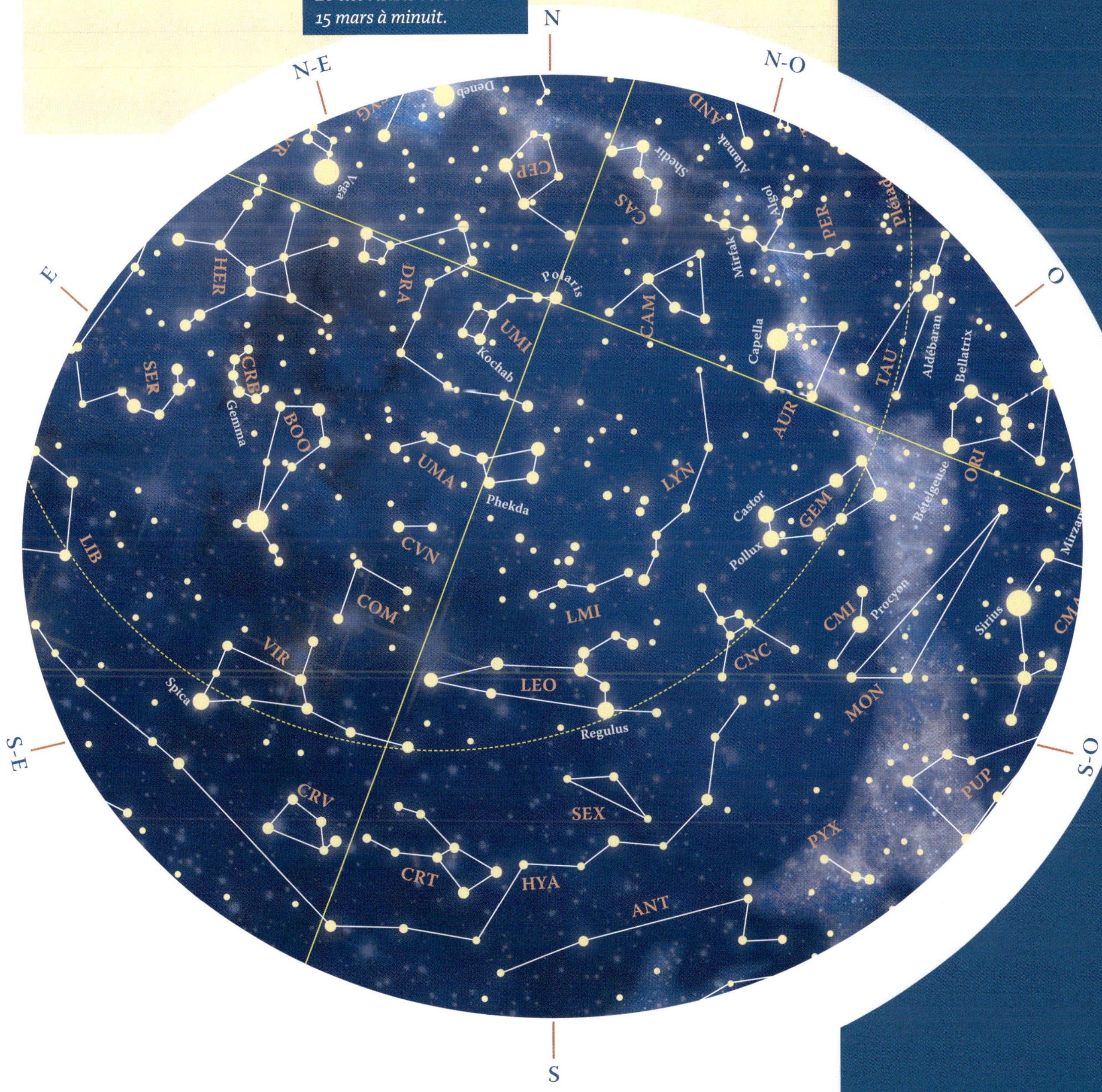

mars
2024

Le langage des fleurs

Érable

Edelweiss : noblesse
Églantine : poésie, discrétion
Épine-vinette : aigreur, rencœur
Érable : réserve
Euphorbe : amour novice

Églantine

Euphorbe

Épine-vinette

Églantine

*S'il gèle
à la Saint-Guénolé,
au taureau
ferme le pré !*

*Des fleurs qui s'ouvrent
en mars, on n'en a que
le regard.*

*Le soleil de mars
marque le visage
pour sept ans.*

*Mars bon ou méchant,
Ton bœuf à l'herbe
et ton chien dedans.*

*Taille tôt, taille tard,
rien ne vaut la taille
de mars.*

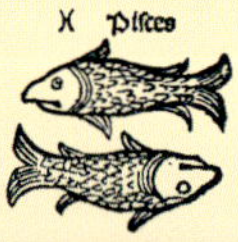

vendredi 1er

*lever 07 h 38
coucher 18 h 43, + 3*

Aubin
Dans le calendrier républicain :
primidi 11 ventôse
Narcisse

Les curieux liens de certains saints avec des sources ou des rochers particuliers

Suite du 2 mars

Sainte Apolline
Apolline vivait à Alexandrie au milieu du IIIe siècle, sous l'empereur Dèce. En 248 elle fut arrêtée et frappée avec des cailloux ; elle eut les dents et la mâchoire brisée. Elle donc devenue la sainte qui pouvait éteindre les maux de dents. On la représente accompagnée de tenailles et les dentistes en ont fait leur patronne.

Le saint Antoine de Touraine (saint Antoine du Rocher) serait venu en Gaule avec saint Maur vers 543. Ermite réfugié dans une grotte devant laquelle on a construit une chapelle, il est représenté par une statue couchée en céramique d'Avisseau.
La source attenante a eu la réputation de guérir l'eczéma et le feu de Saint-Antoine [le grand] dû à l'ergot de seigle qui brûle cruellement la peau.

Bien des sources et pas toujours guérisseuses ont reçu le nom de saints en vertu de critères spécieux.

Si l'Église a eu recours au nom de certains saints pour christianiser des sources ou des fontaines sacrées pour les païens, selon les critères examinés plus haut, d'autres leur ont été rattachées à l'aide de critères « tirés par les cheveux » ou même sans aucune raison particulière.
En voici trois exemples :
Dans certaines fontaines, les pierres du fond sont de couleur rouge parce que recouvertes de micro-algues incrustantes de la famille des Rhodophycées et du genre Hildenbrandia (de l'espèce *rivularis* par exemple).

Tel est le cas à la fontaine Saint-Julien à 1,5 km de Brioude sur la route de Clermont. Ce saint a eu la tête tranchée à Brioude en 304 et l'on a dit que les soldats de Crispinius, ses assassins, avaient lavé sa tête dans la dite fontaine.
En Touraine, on en connaît deux exemples proches : à Esves-le-Moutier, les « Fontaines rouges », et à la Chapelle-Blanche-Saint-Martin, « la fontaine rouge ».
On raconte que le saint avait été blessé à La Varenne à deux kilomètres au SE de La Chapelle parce qu'il avait effrayé un attelage de mulets et que les muletiers irascibles l'avaient bastonné avant de reconnaître leur erreur. Le thaumaturge aurait lavé ses plaies, 300 m plus loin à la fontaine devenue ensuite la fontaine Saint-Martin.
À Nouâtre, et à Noyers, ancienne commune qui dépend maintenant de la première, on venait à l'occasion de journées de pèlerinage essayer de guérir des malades atteints du « mal de Noyers », des personnes affectées de troubles mentaux.. Les uns recevaient à l'abbaye bénédictine de Noyers de nombreux signes de croix à l'aide d'une noix coupée en deux en prononçant à chaque fois la formule magique : « Ante, entêté, superbe entêté » (d'après Jean-Robert Maréchal, *Les saints de Touraine Guérisons, légendes*, H. de Chivré, 2010).
La noix était en liaison avec le nom du site de l'abbaye de Noyers mais il y aurait eu un lieu entre la forme du cerneau de noix et celle du cerveau humain.
Le 12 septembre, une procession allait à la fontaine de saint Révérend, titulaire de la paroisse de Nouâtre (maintenant dans une propriété privée). On peut encore voir dans la nef de l'église les clous de fer où étaient attachés les malades les plus turbulents.

Jean-Mary Couderc

à suivre le 1er avril

lever 07 h 37
coucher 18 h 45, + 3

samedi 2

Charles le Bon

duodi 12 ventôse
Orme

lever 07 h 35
coucher 18 h 46, + 3

dimanche 3

Guénolé

tridi 13 ventôse
Fumeterre

mars 2024

Et le soleil s'endormit sur l'Adriatique, Joachim-Raphaël Boronali

En mars,
quand il fait beau,
prends un manteau.

En mars,
qui sème trop dru
récolte menu.

De Casimir la douceur
fait peur aux jardiniers
et aux laboureurs.

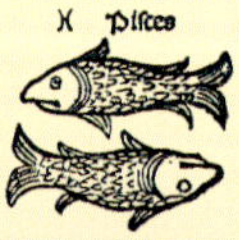

Remèdes contre les pseudosciences et les arts frelatés

De nos jours, on est plus que surpris par la mise en exergue de personnages qui se disent, ou que l'on considère, comme scientifiques et qui ne respectent pas les critères de la science qui doit être critique, collective, pluridisciplinaire, logique et dont les résultats doivent être reproductibles. C'est encore plus surprenant quand ce sont des membres connus de grandes disciplines scientifiques ou médicales qui font preuve de dérives évidentes. Il y a même un courant de pensée dit « postmoderniste » qui rejette la raison, les tests empiriques, et qui traite les sciences comme une construction sociale.

Dans le domaine des arts, surtout de la peinture, on voit, on sait, on sent que tout est possible et que la moindre « installation » peut-être une provocation scandaleuse, parfois élevée au pinacle.
Il y a eu une tentative de remède mais qui n'a guère changé les choses. En 1910, au salon des indépendants de Paris, un jeune peintre italien inconnu : Joachim Raphaël Boronali a exposé une toile intitulée *Et le soleil s'endormit sur l'Adriatique*, œuvre que l'on reconnut comme relevant de « l'excessivisme ».
Cette toile intéressa les critiques d'art et le public averti. Mais Roland Dorgeles leur apprit que le tableau avait été peint par la queue de l'âne Lolo du Lapin agile (Aliboron = Boronali), à laquelle on avait attaché un pinceau.
À chaque fois qu'on lui donnait une carotte, il remuait activement la queue et tout avait été fait en présence d'un huissier le 8 mars 1910. Dans *Au beau temps de la Butte* (Albin Michel, 1963, p. 43 et 275), Roland Dorgeles raconte qu'il fut engagé à *L'homme libre*, journal de Clémenceau, grâce à la caution de cet artiste montmartrois qui venait de se rendre célèbre !

lundi **4**

lever 07 h 33
coucher 18 h 48, + 3

Casimir

quartidi 14 ventôse
Vélar

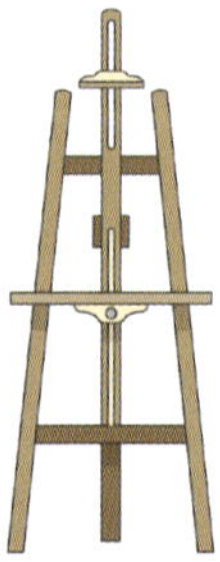

Dès 1882 le dramaturge Paul Bilhaud avait signé une feuille noire intitulée *Combat de nègres pendant la nuit*, mais la réponse artistique lui sera donnée un siècle plus tard par le peintre Soulages. En 1889, Alphonse Allais présente ses monochroÏdes et si un rouge est par exemple sous-titré *Récolte de la tomate par des cardinaux apoplectiques au bord de la mer Rouge*, ce n'est pas l'œuvre d'un peintre, mais du plus grand humoriste de cette période avec des textes qu'en Val de Loire et de Vienne nous apprécions depuis Rabelais.

Le *Carré blanc sur fond blanc*, de Kasimir Malevitch apparaît bien tardif (1918) et, loin du courant précédent, il n'enrichit guère le courant abstrait qui se développe.

En matière d'art, il est, de nos jours encore, fréquent de trouver beau ce qui est réputé l'être.
Le remède que j'évoquais au départ est donc le canular, méthode qui avait déjà fait à la même période des ravages parmi les hommes politiques conviés à un prétendu rendez-vous à Poil (Nièvre) pour les obsèques d'un soi-disant grand Français que plusieurs politiciens avaient prétendu avoir bien connu.

En matière scientifique, Alain Sokal, professeur de physique à l'université de New-York, a publié dans la revue américaine *Social Text*, un texte délirant. Son contenu était absurde mais rédigé dans le style habituel du courant postmoderne et deux mois plus tard, il a révélé la supercherie démontrant l'irresponsabilité de certaines revues de sciences humaines. Jean Bricmont, physicien de l'université de Louvain s'est joint à Sokal pour publier l'ouvrage *Impostures intellectuelles* (Sokal et Bricmont, 1997).

François Vazeille, directeur de recherche en physique à l'université de Clermont-Ferrand (dans *Science et pseudosciences : comment et pourquoi nous en sommes arrivés là ?*, Bulletin historique et scientifique de l'Auvergne, n° 818-819, 2018) a donné des exemples d'autres canulars.

Celui de Jean-Pierre Tremblay, sociologue à l'université Laval du Québec, autre auteur fictif (en fait Manuel Quinon et Arnaud Saint-Martin) qui a publié dans la revue *Sociétés* une véritable parodie : « Automobilités post modernes... » Ce qui ne mit même pas dans l'embarras le directeur de la revue.

Citons encore de Benedetta Tripoli, philosophe roumaine de l'université Alexandru Ioan Cuza, un article en fait rédigé part deux chercheurs français (Philippe Haneman et Anouk Barberousse) dans la revue anglo-saxonne « *Badiou Studies* ». La vérité fut révélée le 1er avril 2001.

Les auteurs voulaient lutter contre la prolifération de « discours supposément profonds » en dénonçant « la mystification autour de la personne et de l'œuvre de Badiou », celui-là même qui était membre du comité éditorial de la revue portant son nom.

Jean-Mary Couderc

Carré blanc sur fond blanc, Kasimir Malevitch

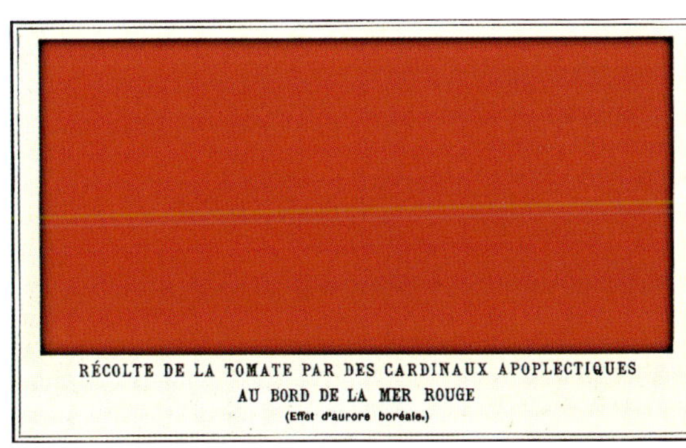

Récolte de la tomate par des cardinaux apolectiques au bor de la mer Rouge, Alphonse Allais

lever 07 h 31
coucher 18 h 49, +3

mardi 5

Olive

quintidi 15 ventôse
Chèvre

mars
2024

Monsieur Beyle n'aimait pas la Touraine

Disons-le tout de suite, Stendhal est un râleur, la France l'indispose, seule l'Italie lui complaît. Il n'est bien nulle part et son séjour en Touraine en est un bel exemple.

Revenant de Châteauroux vers Tours en diligence, il nous apprend qu'il a lu César jusqu'à Châtillon. « Je faisais querelle, dans mon esprit à George Sand qui nous a fait de si belles descriptions des bords de l'Indre. C'est un ruisseau pitoyable, qui peut avoir vingt-cinq pieds de large et quatre de profondeur... ». Le géographe que je suis sait que l'Indre du pays de George Sand est pourtant plus modeste que celle de Châtillon. Cette fois, il s'en prend à la Touraine : « Je cherchais de tous mes regards la belle Touraine, dont parlent avec emphase les auteurs qui écrivaient il y a cent ans, et ceux qui de nos jours les copient. J'étais destiné à ne pas la trouver,cette belle Touraine n'existe pas. ».

La diligence arrive dans les faubourgs de Loches. Il converse avec deux arrivants dont il remarque la gaieté. « Je leur demandais toujours où était la " belle Touraine " ; ils me répondaient que je verrais les bords de la Loire et quand j'ai été au bord de la Loire et que je me suis plaint des rangées de saules et de peupliers qui en font tout l'ornement, on m'a parlé de l'incomparable beauté des plaines arrosées par l'Indre et par le Cher que je venais de parcourir [...] ; du Cher à la Loire, le pays n'est qu'un marais fertile où l'on trouve des blancs de Hollande de belle venue. »

Le voilà à Tours, logé à l'hôtel de la Caille, pensez-vous qu'il s'y sente bien ? « Ma chambre est bien ; mais j'ai failli mourir de faim au maigre dîner de la table d'hôte ».Il sort avant le dessert pour aller voir « le pont qui fait l'orgueil de Tours ». Enfin on va le voir prononcer quelques compliments ? Pas du tout. « Comme tout ce qu'on fait en France depuis cinquante ans, ce pont est fort commode et manque absolument de physionomie. Il faut être journaliste payé ou rédacteur d'un annuaire départemental, pour avoir le front d'appeler cela beau. »

Après la dépréciation constante de la France arrive comme à l'habitude l'admiration de l'Italie et combien injuste ici : « Le plus exigu des centaines de ponts que Napoléon a fait construire en Lombardie donne le sentiment de la grâce ou de la beauté, mais ces gens-là ne prennent pas Constantine d'assaut comme nous ». On aurait presque envie d'ajouter « et toc ! »

Quand mars
bien mouillé sera,
beaucoup de fruits
cueilleras.

Mars remue
les humeurs du corps.

mercredi **6**

lever 07 h 29
coucher 18 h 51, + 3

Colette

sextidi 16 ventôse
Épinard

« Comme je m'ennuie à Tours, ce que j'écris doit être bien pâle. Combien ne serait-il pas plus agréable et plus facile d'écrire un voyage en Italie ! Ce beau pays a ses paysages sublimes, ses lacs de lombardie, son Vésuve, les tableaux de Raphaël et la musique [...]. En Italie, mon âme demeurerait sans cesse. »

Suit une longue diatribe sur la France des arts, et au contraire, une exaltante description de la naissance des arts en Italie vers l'an 1400.
Je ne veux pas terminer sans vous apprendre ou vous rappeler combien notre province s'est vengée sur Monsieur Beyle des attaques répétées de Stendhal. Et c'est l'écrivain lui même, qui nous raconte plus loin comment.
« J'avais bien recommandé à l'hôtel qu'on m'éveillât à quatre heures et demie du matin afin de ne pas manquer le bateau à vapeur qui part pour Nantes. » Le quai est alors au bout de la rue Maufumier, l'actuelle rue de Jérusalem.

Stendhal s'est réveillé à quatre heures ; comme convenu la veille, il a réveillé le portier pour porter son sac. Ce dernier a manifesté sa mauvaise humeur même une fois payé. « À cinq heures et demie, les roues du bateau se sont mises en mouvement. Au bout de 10 minutes, nous nous sommes bravement arrêtés sur un banc de sable qui continue l'île de la Loire, laquelle commence au-dessus du beau pont. Le chef du bateau s'est mis à jurer horriblement contre ses subordonnés, leur dit qu'ils devaient bien savoir qu'on ne devait pas passer en ce lieu, que la veille au soir encore, le bateau arrivant d'en bas avait été obligé de passer le long de la rive droite.

Le triste, c'est que nous avons passé deux heures et demie immobiles sur ce banc de sable et au milieu d'une humidité insupportable ; car, au bout de dix minutes, il est survenu un brouillard tellement épais, que nous ne voyions plus les bords de la Loire. Nous étions pénétrés de froid, les dames avaient peur. Notre machine a failli se briser parce qu'on a voulu faire tourner les roues, dont une était prise dans le sable. Le désordre le plus complet régnait parmi les mariniers : tous juraient à la fois, aucun ne se donnait le temps de penser à ce qu'il fallait faire [...] » Pour alléger le navire, les hommes ont descendu dans une nacelle qui faisait eau. « À force de crier comme des énergumènes depuis une heure et demie, nos matelots n'avaient plus de voix ; ils ne pouvaient répondre aux plaisanteries des bateaux à rames qui descendaient rapidement le grand courant de la Loire et se moquaient d'eux en passant [...] Enfin le comptable du bateau à vapeur s'est décidé à héler un grand bateau monté par un enfant de quinze ans ; nous nous sommes transvasés dans ce bateau qui était sec [...], ce bateau une fois chargé a failli partir tout seul : nouveau redoublement de cris. « On l'a attaché solidement au bâtiment à vapeur ; les mariniers sont venus ramer sur le bateau, ils l'ont exposé au courant d'une certaine façon, et enfin notre malheureux navire a repris un peu de mouvement ».

Ce n'est pas tout : « À ce moment de grands cris se font entendre sur le devant du bateau [...] un grand bateau qui remontait la Loire rapidement, remorqué par huit chevaux au trot, venait sur nous et allait nous choquer. Les cris et le désordre ont été au comble ; les chefs du bateau s'injurient entre eux, le petit comptable était pâle comme la mort ; enfin on a essayé de faire jouer la machine, au risque de briser une des roues toujours engagée dans le banc de sable. Le bâtiment a fait un mouvement de côté et s'est éloigné d'environ six pieds de son ancienne position ».

À partir de là, les voyageurs vont reprendre la route pour Nantes. Ce texte est remarquable et unique sur la folle navigation à vapeur d'alors sur la Loire et pour nous offrir en même temps d'exceptionnels matériaux sur la psychologie de l'écrivain.

(Extraits de *Mémoires d'un touriste*, ouvrage que Stendhal a consacré à son voyage de Bourges à Nantes publié dans *Voyages en France*.

Jean-Mary Couderc

lever 07 h 27
coucher 18 h 52, + 3

jeudi **7**

Félicité

septidi 17 ventôse
Doronic

mars
2024

Le langage des fleurs

Feuilles mortes : mélancolie
Fleur de la Passion : fidélité
Fougère : fascination, sincérité
Fraxinelle : feu
Fritillaire : admiration
Fuchsia : gentillesse

S'il gèle aux Quarante Martyrs (le 10), il gèlera encore quarante nuits.

Quand l'abricot
est en fleur,
jours et nuits
ont même longueur.

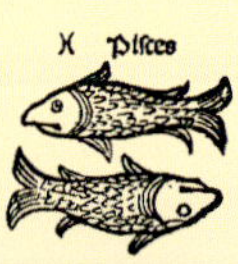

vendredi **8**

lever 07 h 25
coucher 18 h 53, + 3

Jean de Dieu

octidi 18 ventôse
Mouron

Une nouvelle police privée

Commodes les premières ouvertures nocturnes d'hypermarchés, mais regagner sa voiture de nuit, en poussant son chariot, sur un parking désert, n'était quand même pas rassurant.

C'est exactement ce que se disait une petite dame en arrivant à sa voiture quand une paire de blue jeans bloqua son caddy. Levant la tête, elle vit un loubard et une loubarde en habits de cuir, l'un faisant tournoyer une chaîne, l'autre sortant un couteau et disant : « Ton fric ! ! ». Elle crut défaillir. En s'excusant, elle murmura d'une voix à peine audible qu'elle venait de faire ses courses et n'avait presque plus rien. Son cœur battait la chamade, lorsqu'elle vit sur sa droite, un second duo d'individus avec vêtements de cuir cloutés, crânes rasés à crêtes d'Iroquois, collection d'anneaux divers et mines on ne peut plus patibulaires. La pauvre pensa qu'elle arrivait au terme d'une vie ingrate, sa bouche restait ouverte et ses oreilles sonnaient fortement.

Elle crut entendre une apostrophe mystérieuse : « Alors mémère, on a des ennuis ? ».

Muette, elle vit les derniers arrivés coller aux premiers une magistrale raclée. Récupérant ses sens, elle n'attendit point l'épilogue ; elle referma son coffre en toute hâte et partit en tremblant.

Désormais, elle demeura éperdue de reconnaissance pour les Iroquois qui, ce soir-là, et pendant toute une période, firent la police sur le parking du grand hypermarché tourangeau.

Déjà obsolète paraît notre récit car il remonte à 1990. Depuis sont arrivées des formes plus contemporaines de rapports sociaux : meurtre au couteau pour une place de parking, règlements à la Kalachnikov, automobile dynamitée pour solde de tout compte, etc.

Jean-Mary Couderc

La poudre d'escampette

Le jeune Jean-Jacques Rousseau qui désirait tant aller en Italie alors qu'il n'avait pas les moyens nécessaires, se fit pour cela bateleur. C'est en exhibant sur les places publiques une petite machine volante mue par de la poudre enflammée qu'il avait recueilli l'argent nécessaire à la poursuite de son voyage. En somme il jetait de la poudre aux yeux pour pouvoir prendre la poudre d'escampette.

Jean-Mary Couderc

lever 07 h 23
coucher 18 h 55, + 3

samedi 9

Françoise

nonidi 19 ventôse
Cerfeuil

lever 07 h 22
coucher 18 h 56, + 3

dimanche 10

Vivien

décadi 20 ventôse
Cordeau

Les images de l'écolier : des bons points à la « réclame »

LES RÉCOMPENSES

Citation

« Le succès n'est pas ce qui importe. Ce qui importe, c'est l'effort, car c'est là ce qui dépend de l'homme, de l'élève, ce qui le rend content de lui-même ».

Théodore Jouffroy, philosophe

*Quand mars fait avril,
avril fait mars.*

*À la Sainte-Justine,
toute fleur s'incline.*

Dans les manuels de pédagogie et les règlements scolaires, récompenses et punitions ne sont pas tarifées de la même manière : alors qu'ils se complaisent à énumérer tous les cas possibles et inimaginables dans lesquels une sanction devait être appliquée, ils se montrent très peu prolixes sur ceux qui méritent une récompense.

Dès le début du xviiie siècle, dans « *la conduite des écoles chrétiennes* », le pédagogue Jean-Baptiste de la Salle pensait qu'il convenait de récompenser chez l'écolier les trois qualités qui sont à la source de toutes les autres : la piété, la capacité et l'assiduité.

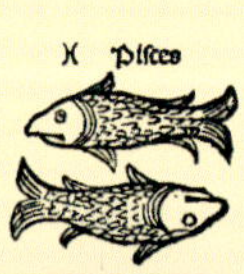

lever 07 h 20
coucher 18 h 58, + 3

lundi 11

Rosine

primidi 21 ventôse
Mandragore

Dès lors, le matériel pédagogique va se développer pour illustrer et agrémenter la panoplie des récompenses accordées. En parcourant les récompenses de la plus simple à la distinction suprême, on trouve :

Les notes

Sur 10 ou sur 20, devoirs et leçons recevaient de la main de l'instituteur ou de la maîtresse les notes fatidiques et leurs appréciations associées. Ce sont ces notes qui en fin de trimestre décideront de l'attribution du tableau d'honneur et en fin d'année du passage dans la classe supérieure.

Notes

lever 07 h 18
coucher 18 h 59, + 3

mardi **12**

Justine

duodi 22 ventôse
Persil

mars
2024

Les images de l'écolier : des bons points à la « réclame »

ÉLOGE DE L'ART ET DU SENTIMENT NATIONAL :

Suite aux recommandations, autour des années 1900, de la commission de l'imagerie scolaire et de la Société de l'art à l'école, dont on a découvert les activités et les prérogatives dans les chapitres précédents, les premiers bons points images à parvenir dans les écoles de la République sont proposés par l'éditeur Alcide Picard.

Ces premières récompenses illustrées représentaient les chefs-d'œuvre des peintres français exposés dans les grands musées comme Paul-Émile Boutigny au Petit Palais, Pierre-Charles Comte au Palais du Luxembourg ou encore Jacques-Louis David au Louvre.

D'autres bons points images de plus petites tailles seront édités en couleurs par Hachette. Les tableaux ainsi reproduits viennent de la célèbre galerie des batailles du Château de Versailles. Les images flattent le sentiment national et rendent gloire aux grands combats de l'armée française.

Mars qui rit sous les averses prépare en secret le printemps.

Pisces

mercredi **13**

lever 07 h 16
coucher 19 h 00, + 3

Rodrigue

tridi 23 ventôse
Cochléaria

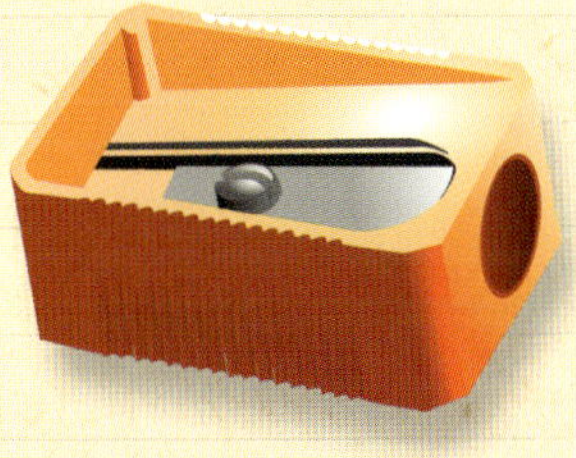

lever 07 h 14
coucher 19 h 02, + 3

jeudi 14

Mathilde

quartidi 24 ventôse
Pâquerette

mars
2024

« Roti-cochon ou Méthode très facile pour bien apprendre les enfants à lire en Latin et en Français »

Un titre pour le moins singulier choisi pour cette méthode de lecture qui se veut « plaisante et agréable ». Pour ce faire, elle fait évoluer l'élève dans l'univers et le vocabulaire de la gourmandise et des plaisirs de la table illustrés par d'affriolantes images de nourriture. Il faut préciser que l'auteur-éditeur de ce livre est bourguignon et qu'il s'adressait en 1676 à une population censée être « *la plus gourmande de la France* ». Ne dit-on pas dans la région que « *mieux vaut bon repas que bel habit.* »

Ce manuel, de conception primitive mais originale, utilise comme support de ses très nombreuses illustrations et ce pour des raisons économiques, des gravures sur bois déjà utilisées, on dirait aujourd'hui « recyclées », rachetées à vil prix à d'autres éditeurs. Ici, peu importe la qualité des images, c'est leur nombre qui compte. Pour la première fois, les images sont ici omniprésentes, ce qui était jusqu'alors, vu leurs prix élevés, l'apanage des seuls catéchismes et autres ouvrages religieux écrits en latin.
Dès la préface, le ton badin et rieur du livre met le jeune lecteur à l'aise avec cette image du maître d'école qui « perd souvent son temps à enseigner les paresseux et négligents. »
Quand on ouvre ce livre, on entre aussitôt dans « *un incroyable pays de cocagne avec ses alouettes rôties, ses montagnes de beurre, ses rivières de miel avec à satiété des fruits de toutes les espèces, des sucres en pain, des tartes et des flancs.* »

En parcourant les pages de ce véritable « *menu* » de restaurant, on trouve :

« Cuisine garnie : bouillie pour abattre la grosse faim, avec le rôti pour le festin »
« L'appétit trouve tout bon : les tartes et flans sont plus aisés à manger qu'à servir à table d'autant qu'il n'y a point d'os. »
« Les gaufres et beignets récréent ceux qui en mangent parce qu'ils semblent être en carnaval. »

Sème des pois
à la Saint-Patrice,
tu en auras
à ton caprice.

Quand mars
se déguise en été,
avril prend
ses habits fourrés.

En mars, les giboulées
ne se perdent jamais.

Mars gris,
avril pluvieux,
font l'an fertile
et plantureux.

vendredi 15

lever 07 h 12
coucher 19 h 03, + 3

Louise

quintidi 25 ventôse
Thon

Pour résumer la méthode très inattendue utilisée dans « *Roti-cochon* », une série de maximes et de bons mots, faciles à retenir, joliment illustrés par des figures fort expressives dans leur naïveté.

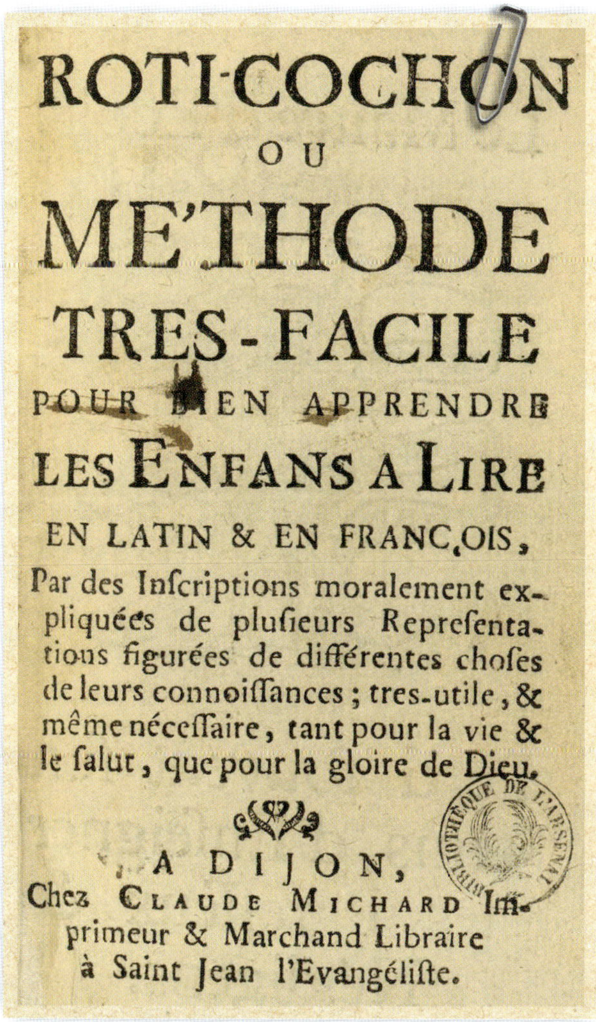
ROTI-COCHON
OU
ME'THODE
TRES-FACILE
POUR BIEN APPRENDRE
LES ENFANS A LIRE
EN LATIN & EN FRANÇOIS,
Par des Inſcriptions moralement expliquées de pluſieurs Repreſentations figurées de différentes choſes de leurs connoiſſances ; tres-utile, & même néceſſaire, tant pour la vie & le ſalut, que pour la gloire de Dieu.
A DIJON,
Chez CLAUDE MICHARD Imprimeur & Marchand Libraire à Saint Jean l'Evangéliſte.

Roti-cochon ou Méthode très facile pour bien apprendre les enfants à lire en Latin et en Français. Paris, 1676.

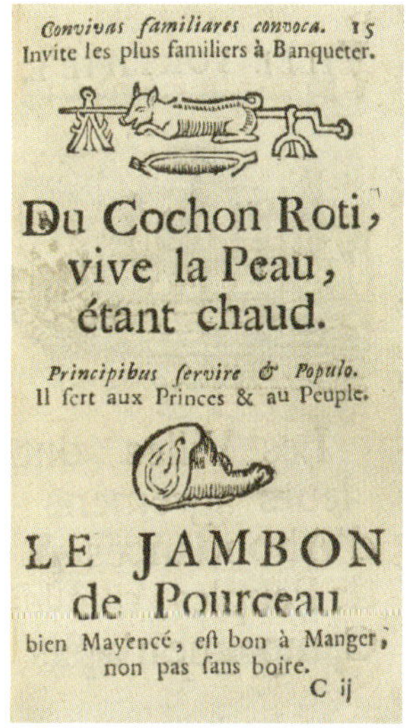
Convivas familiares convoca. 15
Invite les plus familiers à Banqueter.
Du Cochon Roti, vive la Peau, étant chaud.
Principibus ſervire & Populo.
Il ſert aux Princes & au Peuple.
LE JAMBON de Pourceau bien Mayencé, eſt bon à Manger, non pas ſans boire.
C ij

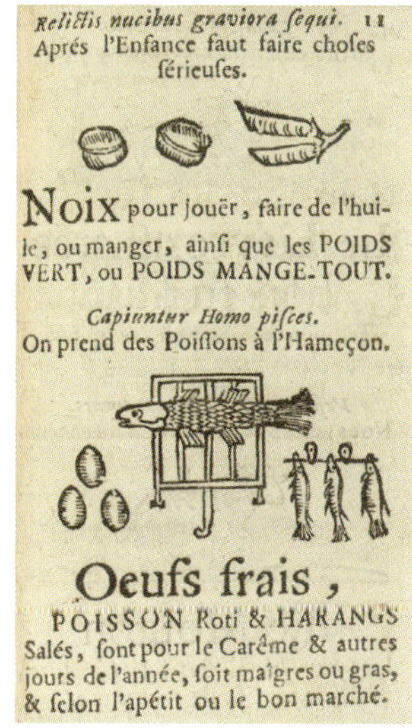
Relictis nucibus graviora ſequi. 11
Aprés l'Enfance faut faire choſes ſérieuſes.
Noix pour jouër, faire de l'huile, ou manger, ainſi que les POIDS VERT, ou POIDS MANGE-TOUT.
Capiuntur Homo piſces.
On prend des Poiſſons à l'Hameçon.
Oeufs frais, POISSON Roti & HARANGS Salés, ſont pour le Carême & autres jours de l'année, ſoit maigres ou gras, & ſelon l'apétit ou le bon marché.

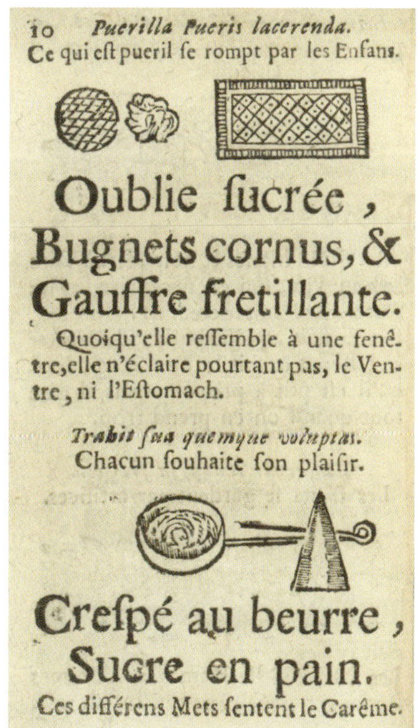
10 *Puerilla Pueris lacerenda.*
Ce qui eſt pueril ſe rompt par les Enfans.
Oublie ſucrée, Bugnets cornus, & Gauffre fretillante.
Quoiqu'elle reſſemble à une fenêtre, elle n'éclaire pourtant pas, le Ventre, ni l'Eſtomach.
Trahit ſua quemque voluptas.
Chacun ſouhaite ſon plaiſir.
Creſpé au beurre, Sucre en pain.
Ces différens Mets ſentent le Carême.

lever 07 h 10
coucher 19 h 05, + 3

samedi **16**

Bénédicte

sextidi 26 ventôse
Pissenlit

lever 07 h 08
coucher 19 h 06, + 3

dimanche **17**

Patrice

septidi 27 ventôse
Sylvie

mars
2024

L'Homme sauvage et l'homme vert

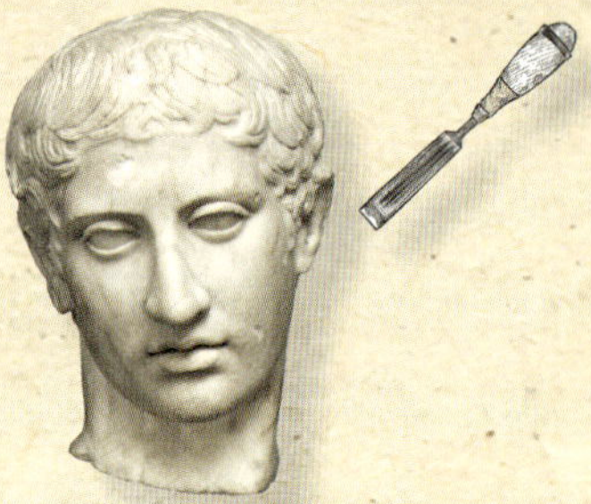

Ce sont deux types de sculptures connues en histoire de l'art, qui nous interpellent et qui paraissent avoir des racines anciennes.

L'Homme sauvage

Ce personnage apparaît au XIe siècle et disparaît au XVIe. C'est un homme nu, très velu, habitant des bois, représenté dans l'iconographie et surtout dans le décor architectural de la France et des pays voisins.
On le trouve dans deux enluminures de Jean Bourdichon (1457-1530) pour le livre de Henri Baude : *Quatre états de la société* (vers 1505). Il arbore une massue à très long manche, il est avec sa compagne et un enfant devant une anfractuosité de rocher qui lui sert d'abri.

Dans les décors sculptés, la famille entière est très rarement représentée, sauf sur les stalles de l'église d'Ambierle (Loire). On en possède une belle sculpture (« l'homme des bois ») sur une maison médiévale de Thiers (62).

Au départ, il apparaît comme un homme primitif, non encore évolué. Il inspire la force et on possède plusieurs représentations où il essaie d'entraîner une femme. Ainsi dans les *Taymouth Hours*, f. 62 (1325-1335) où la femme s'accroche à un arbre pour résister.
Ce personnage avait reçu en Angleterre le nom de Woodehouse, celui qui vit en forêt. À partir de la fin du XIVe siècle et au xve siècle, il incarne une humanité déviante, dégradée ; il s'oppose aux chevaliers dont les exploits sont dictés par l'amour et le dévouement à la dame.

D'où vient-il ? Il peut être le dérivé de personnages antiques où ont évoqué les « *fauni* », les « *silvestres* », les « *pilosi* ».

La pilosité a-t-elle été inspirée par la gent simiesque ? Les peintures ne montrent pas de têtes simiesques mais au contraire des têtes barbues régulières, parfois comparables à celle du Christ Aurait-on eu vent de l'existence de ces êtres velus du Caucase (qui ont sans doute disparu de nos jours ?). C'est peu probable. Ce qui est curieux, c'est qu'il y avait un saint, saint Onuphre, qui vivait autour de 400 dans le désert égyptien avec des anachorètes et dont la nudité était dissimulée par l'abondance de sa pilosité, de sa barbe et de sa chevelure.

Le chaud
à la Saint-Joseph,
l'été sera bref.

À la Saint-Joseph
va et vient l'hirondelle.

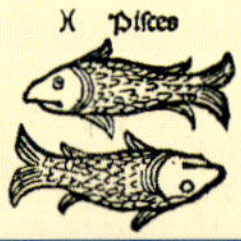

lundi **18**

lever 07 h 06
coucher 19 h 07, +3

Cyrille

octidi 28 ventôse
Capillaire

L'Homme vert

On appelle homme vert, homme feuillu ou masque feuillu, les représentations sculptées ou dessinées d'un visage d'homme orné de feuillages qui parfois sortent de sa bouche ou de tous les orifices du visage. Nous en avons de bons exemples sur les miséricordes des stalles des abbayes bénédictines de Vendôme et de Beaulieu-les-Loches. On le trouve comme ornement dans des églises ou même sur des bâtiments séculiers, et le motif est très fréquent en Angleterre. Ce personnage est lié à la nature et au printemps, et c'est une image très ancienne du renouveau et de la renaissance. Il y en a par ailleurs des représentations très anciennes en Asie : Irak, Inde, Népal, Bornéo.

Certaines coutumes celtes font référence à l'homme vert qui représente l'énergie vitale et la fertilité. Il est proche du dieu cerf : cernunnos. Le personnage anglais *Jack-in-the-Green*, lors des fêtes de mai, fait semblant d'être mort, puis à un moment ressuscite brutalement pour danser avec la reine de mai. C'est l'image d'une sortie endormie de l'hiver avec la brutale arrivée du printemps et de la fécondité.

Jean-Mary Couderc

lever 07 h 04
coucher 19 h 09, + 3

mardi **19**

Joseph

nonidi 29 ventôse
Frêne

mars 2024

Brouillard en mars,
gelée en mai.

Quand mars
mouillé sera,
bien du vin
tu récolteras.

mercredi 20

lever 07 h 02
coucher 19 h 10, + 3

Printemps, **Herbert**

décadi 30 ventôse
Plantoir

lever 07 h 00
coucher 19 h 12, + 3

jeudi **21**

Clémence

primidi 1er germinal
Primevère

mars 2024

En mars, la verdure
est de mauvais augure.

Quand à glace il gèle
à la Saint-Victorien,
en pêches, en abricots
il n'y aura rien.

S'il pleut
à la Saint-Victorien,
on ne ramassera
que du foin.

La Fin du Zénith

En 1875, la dramatique chute, à proximité de Ciron (Indre) d'un ballon dont les records étaient suivis avec attention par la population française, a été, dans le village, l'objet d'un monument commémoratif à l'angle de la route du Blanc et de la route du château de Romefort.

224 LE MONDE ILLUSTRÉ

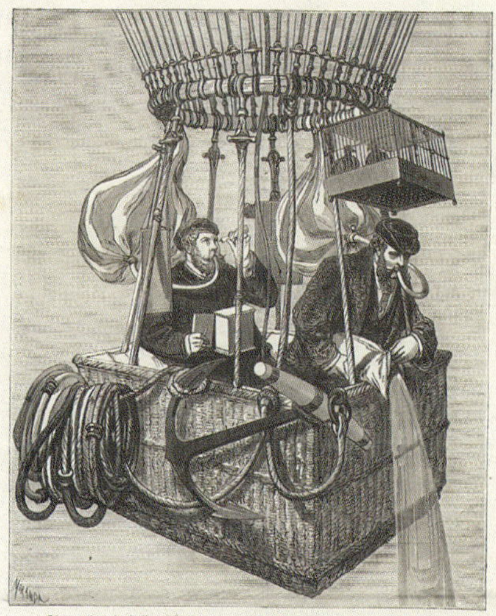

L'ascension du ballon l'*Étoile polaire*. — Les aéronautes respirant de l'oxygène à une hauteur de 6,000 mètres. — Le baromètre marque 35 centimètres et le thermomètre 20° au-dessous de zéro. — (Dessin de M. Miranda). — (V. l'article Sciences, p. 214.)

Parmi les défricheurs des immensités aériennes, les pilotes Henri Théodore Sivel et Joseph Eustache Crocé-Spinelli avaient déjà réalisé une première ascension à grande hauteur le 22 mars 1874 avec un ballon de 2800 m³ de gaz de houille et déjà emmené des sacs à oxygène pour pallier la raréfaction de l'air.

En 1875, ils obtiennent de La Nouvelle Société Française de Navigation un ballon de 3000 m³, le Zénith. Avec Gaston Tissandier, son frère Albert et le mécanicien Claude Jobert, ils s'envolent de l'usine à gaz de La Villette le 23 mars 1975 à 18h 30 pour tenter un record de distance et de durée. Ce vol est accompagné d'observations spectroscopiques, hygrométriques, barométriques, sur l'électricité atmosphérique, les vents d'altitude etc.

Les aérostiers lancent des imprimés sur lesquels ils ont inscrit la pression atmosphérique du bord demandant aux réceptionnaires éventuels d'envoyer les résultats au siège de la société.

À la tombée de la nuit du jour suivant, ils décident de descendre parce qu'ils survolent le bassin d'Arcachon et ils atterrissent durement sur une pinède. Ils ont battu tous les records de durée avec une ascension de 22 heures et 40 minutes, battant de 18 heures le record de l'Anglais Charles Green.

Maintenant ces deux pilotes veulent battre le record d'altitude des aérostiers anglais Coxwell et Glaisher qui, en 1862, ont sans doute légèrement dépassé 8800 m ! Pour réduire le poids, ils ne partent qu'avec Gaston Tissandier. Ils quittent terre à 11h35 et à 16 heures, le ballon désemparé heurte la terre ramenant deux morts et un blessé : Gaston Tissandier. D'après l'analyse des documents et des mesures, ils ont atteint 8600 m. Mais que s'est-il donc passé ?

En atteignant 7000 m, les aérostiers avaient ressenti un malaise dû à l'altitude. Sur le carnet de bord de Crocé-Spinelli, on a pu lire : 11 h 57 minutes... légère douleur dans les oreilles. Un peu oppressé. C'est le gaz !

vendredi 22

lever 06 h 58
coucher 19 h 13, + 3

Léa

duodi 2 germinal
Platane

Il est un peu difficile de croire que le gaz fuyait par l'orifice de l'appendice au point de les incommoder. Le ballon redescend, ils respirent mieux. Tissandier a ensuite griffonné : J'ai les mains gelées -10°, 1h20 [13h20]... Crocé souffle. Nous respirons oxygène. Sivel ferme les yeux. Crocé aussi. Sivel est assoupi... 1h25. Temp. -11°... Sivel jette lest.

Ces derniers mots à peine lisibles peuvent relater une action ultérieure. Tissandier a ensuite raconté que Crocé-Spinelli, brutalement réveillé et pour une raison inconnue, aurait jeté tout ce qui lui tombait sous la main en criant : Jetez du lest, nous descendons ! D'où une montée brutale au point qu'il n'a pu saisir le tube à oxygène et que l'engourdissement devint général. Il s'évanouit alors qu'il lisait 8000 m sur l'aiguille du baromètre. De ce coma général, Tissandier fut le seul à sortir au cours de la descente qui suivit. Redevenu peu à peu conscient, il vit ses compagnons, le visage noir, inertes et la bouche en sang : ils avaient cessé de vivre ! La chute fut brutale malgré ses efforts. Les trois petits ballons d'oxygène à 70% préparés selon les prescriptions du physicien Paul Bert ne pouvaient améliorer la respiration que pour une heure mais l'absence de masque entrainait énormément de pertes. Ils n'ont donc pu en respirer à nouveau lors de la dernière et brutale remontée.

Maurice Dreyfus qui avait été l'éditeur de Gaston Tissandier, écrit dans un livre de souvenirs au moment de la Grande Guerre que l'aéronaute survivant lui aurait révélé certains détails qu'il avait jusqu'alors cachés au public. Ce serait Stivel et non Crocé-Spinelli qui serait à l'origine de la brusque et mortelle remontée du ballon, conformément aux dernières notes portées sur son carnet.
D'après lui, Stivel qui avait la charge de contrôler à chaque instant l'altitude sur le baromètre, aurait été victime de sa myopie et il aurait cru lire que le Zénith allait toucher terre.
En tout cas, c'est lui qui aurait lancé par dessus bord tout ce qu'il avait à portée de mains. Si nous ne croyons pas à la myopie en raison du bon déroulement des vols précédents, nous penchons pour les conséquences d'une hypoxie sur leur organisme mis à mal par les effets de l'altitude.
Le pauvre Tissandier revint à Paris le 18 avril en compagnie des dépouilles de ses compagnons et assista à leurs obsèques le 20 avril au cimetière du Père Lachaise. Leur tombeau fruit d'une souscription publique qui rapporta 91848 francs or et dont une partie permit de venir en aide aux familles des victimes, est tout à fait étonnant.

On y voit Sivel et Crocé-Spinelli les mains entrecroisées, le haut du corps nu dépassant d'un linceul qui retombe, cachant partiellement avec un très bel effet de relief, l'épitaphe suivante :
Ballon le Zénith 15 avril 1875
Crocé-Spinelli et Sivel
Morts à 8600 m d'altitude
Devenu sourd depuis l'accident, Gaston Tissandier effectuera avec son frère de nouvelles tentatives avec L'Icare un ballon muni d'une cabine pressurisée.
Ils réaliseront des ascensions de plus en plus hautes et des vols d'une durée de plusieurs jours.

Les salles de spectacles portant le nom de Zénith doivent indirectement leur nom à ce ballon. En 1981, Jack Lang, ministre de la culture, décide de concevoir une salle de grande capacité à l'extérieur de Paris, adaptée au rock et aux musiques populaires. Elle fut construite au parc de la Villette à l'emplacement du site d'envol, et fut nommée Le Zénith par le ministre. Ensuite, d'autres grandes villes comme Nantes, Amiens, ou Orléans adoptèrent ce type de grande salle nouvelle qui porta désormais le même nom.

Jean-Mary Couderc

lever 06 h 56
coucher 19 h 14, +3

samedi 23

Victorien

tridi 3 germinal
Asperge

lever 06 h 54
coucher 19 h 16, +3

dimanche 24

Catherine de Suède

quartidi 4 germinal
Tulipe

La Conscription des filles sous Napoléon Ier

Jean-Mary Couderc

Ce n'est pas exactement ce à quoi vous pensez, sans doute. À l'occasion de son mariage avec Marie-Louise d'Autriche, le 25 mars 1810, Napoléon a, ce même jour, pris un décret dans le but de marier 6000 militaires avec « des épouses choisies par les autorités ». En Indre-et-Loire, l'annexe du décret permettait aux villes de Tours, Amboise et Loches, et un peu plus tard de Chinon, de doter comme ailleurs en France, de six cents francs les filles à marier. C'est le ministre de l'Intérieur Savary qui a donné ce nom au recensement des « demoiselles de famille » accompagné d'un questionnaire assez complet dans l'idée de donner en mariage à ses soldats, mais aussi à sa nouvelle noblesse afin qu'elle perdure, des filles de bonnes mœurs et de bonne fortune (ou en espérance d'héritage) en particulier.

Une lettre confidentielle du 10 juillet 1810, puis des circulaires des 19 septembre, 21 octobre 1810, et encore du 7 février 1811, ont été adressées aux préfets pour préciser les buts de l'enquête et réclamer les précisions suivantes :
« Un tableau des plus riches héritières non encore mariées, divisé par colonnes, devra indiquer : le nom de la demoiselle, son âge bien certain, les noms de ses père et mère, leurs qualits anciennes et leur état actuel, leur fortune en distinguant le revenu mobilier et le revenu annuel foncier, la dot présumée de chacune de leurs filles et les espérances d'héritages, le lieu de situation des biens fonds et leur nature.
Une colonne d'observations sera réservée pour indiquer les agréments physiques ou les difformités, les talents, la conduite et les principes religieux, de manière qu'on puisse se faire une idée de ce qui les regarde personnellement. »
Officiellement c'était un « Tableau nominatif des Demoiselles de famille dans l'âge de 14 ans et au-dessus, prises parmi les plus riches héritières non encore mariées ».
En 2005, les cercles généalogiques ont enquêté et retrouvé plus de 2000 mariages dotés de 600 francs dans l'ensemble de la France, ce qui est plus élevé que ce qu'avait évoqué le spécialiste de la période napoléonienne, Jean Tulard. Il est vrai que beaucoup de sous-préfets ont fait la sourde oreille au point que Savary insistera par une nouvelle dépêche du 11 novembre 1811.

Comme l'a écrit Danielle Gautreau (*Bulletin de la Société de Chinon, Vienne et Loire*, XI, n° 9, 2015, p. 933) : « Certains pères de famille avertis par les préfets marièrent rapidement leurs filles ne souhaitant pas les réserver à un homme des Tuileries. ».
Pour le département de la Vienne, trois sous-préfets se dérobèrent, à Loudun : « Notre pays offre peu de fortunes et je ne connais aucune demoiselle dans le cas d'être portée sur le tableau que vous demandez », à Montmorillon : « Je ne puis vous faire à ce sujet qu'une réponse négative, car je ne connais dans cet arrondissement, aucune demoiselle ayant les qualités et la fortune que vous paraissez désirer d'y montrer. » Ce fut une réponse semblable à Châtelleraut. À Civray, on n'avança que trois noms, et seulement 8 à Poitiers.
Le général Bertrand rapporta ces phrases de Napoléon dites à Sainte Hélène lorsqu'il aborda la question avec l'empereur : « Laides, juives,ou de la dernière classe, peu importe, si l'on est riche ! Il fallait donc que j'enrichisse les miens. En général, je ne les ai pas assez favorisés. »

Mars venteux,
pommiers plantureux.

S'il gèle à la Saint-Humbert (le 25),
les prairies diminuent d'un quart.

lundi **25**

lever 06 h 52
coucher 19 h 17, + 3

Humbert

quintidi 5 germinal
Poule

lever 06 h 50
coucher 19 h 18, +3

mardi **26**

Larissa

sextidi 6 germinal
Bette

mars
2024

Apprendre à lire

Les Abécédaires

« L'abécédaire des petits enfants dédié aux mères de famille »

C'est une magnifique réalisation par la finesse de ses traits et l'éclat de ses couleurs. Ses huit gravures, sans signature, ce qui est très souvent le cas, portent le cachet du Second Empire.

Abécédaire des petits enfants dédié aux mères de famille. Jullien frères éditeurs à Genève, 1870.

La vigne me dit :
en mars me lie,
en mars me taille,
en mars il faut
qu'on me travaille !

Le temps
de Saint-Gontran
voit l'hirondelle
arrivant.

lever 06 h 48
coucher 19 h 20, + 3

mercredi 27

Habib

septidi 7 germinal
Bouleau

lever 06 h 46
coucher 19 h 21, +3

jeudi **28**

Gontran

octidi 8 germinal
Jonquille

mars
2024

Les images à partager pendant la classe

Si la « *Commission de la décoration des écoles et de l'imagerie scolaire* » créée en 1880 par le ministre Jules Ferry avait tenté de dessiner les contours d'une illustration adaptée aux livres scolaires, pour celle destinée aux murs de la classe, faute d'avoir trouvé une réponse, elle avait délégué ses prérogatives, près de trente ans plus tard, précisément en 1907, à la « *Société nationale de l'Art à l'école* ».

L'objectif ambitieux de cette association était de « *Faire aimer à l'enfant la nature et l'art, rendre l'école attrayante* ». Pour tenter d'y parvenir, elle entendait se donner comme moyens d'action : « *l'embellissement des locaux scolaires, la décoration permanente ou mobile de l'école, la diffusion de l'imagerie scolaire appropriée à l'âge et aux facultés de l'enfant, et à son initiation à la beauté des lignes, des couleurs, des formes, des mouvements et des sons.* »

À la Saint-Benjamin,
les frimas prennent fin.

vendredi 29

lever 07 h 44
coucher 20 h 22, + 3

Gwladys

nonidi 9 germinal
Aulne

Dès lors des sommes considérables sont allouées dans les budgets d'équipement des écoles, un chapitre spécial de « *décoration scolaire* » est désormais intercalé dans les catalogues de fournitures scolaires et les éditeurs fourmillent d'idées pour proposer les créations de leurs auteurs. Seuls signes visibles immédiatement sur les murs des écoles : les chromolithographies quasi-officielles de Hugo d'Alesi « *qui déforment la nature par trop de joliesse et de préciosité* » sont remplacées par celles d'Henri Rivière « *qui la font comprendre avec plus de vérité* ».

Hugo d'Alési,
le port de Toulon.

Hugo d'Alési :
la côte d'azura

lever 07 h 42
coucher 20 h 24, + 3

samedi 30

Amédée

décadi 10 germinal
Couvoir

lever 07 h 41
coucher 20 h 25, + 3

Pâques

dimanche 31

Benjamin

primidi 11 germinal
Pervenche

avril

« En avril, ne te découvre pas d'un fil… » Le quatrième mois du calendrier est pourtant celui de l'amour, des plaisirs et de la beauté, puisque son nom latin, aprilis, qui signifie « ouvrir », rend hommage à la déesse Aphrodite. Mois de la légèreté qui s'ouvre, dans chaque région de France, mais aussi dans de nombreux pays, par le « jour des Fous », de tradition païenne, où circulent blagues et canulars, notamment dans la presse, et poissons d'avril dans le dos des personnes à qui l'on veut jouer un tour.

Sudoku

		1	2					9
				7				
2	4			5		6	3	8
4	9		6	2		3	7	
	5				3		9	
			7			2		
				4				
3	2				9	8		
1				8		5	2	

6				5				
	3	5		1				7
		4		6	8	2	3	
	4			8	9			
	5		3	7		4	8	
	9					6		3
		3				7	2	
	8	1	5	3				
			6				5	

avril

Notes

Le ciel visible vers le 15 avril à 1 h.

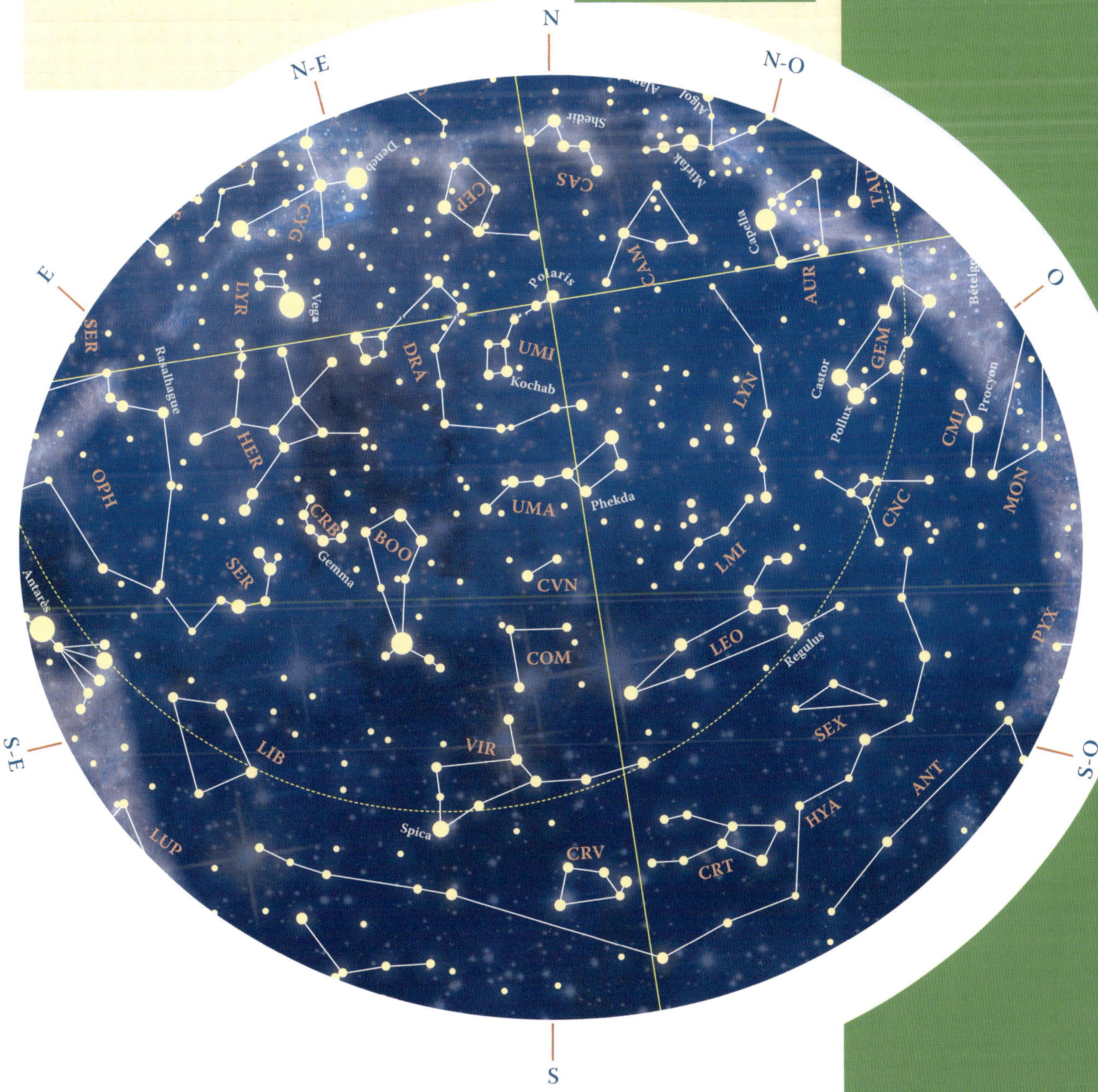

avril
2024

Suite du 2 et 3 mars

Les curieux liens de certains saints avec des sources ou des rochers particuliers

Quelques exemples de liens de saints avec des pierres ou des rochers.

Comme cela s'est produit pour les sources, on peut signaler la christianisation de cultes païens attachés à certains mégalithes en les rattachant à des déplacements ou à des épisodes de la vie des saints. Nous en avons en Touraine plusieurs exemples ; mais à nos yeux le plus intéressant est celui de la Pierre Saint-Martin de Brèches. Ce menhir (ou stèle ?), situé à 750 m au sud-est du bourg sur la route de Sonzay recevait encore au début du XXe siècle, dans sa cavité supérieure, des offrandes diverses : pièces de monnaie, fruits, pain et fromage. Georges Couillard, historien de Château-la-Vallière qui mourut âgé, me l'a d'autant plus assuré que pour aller à l'école, il passait chaque jour au pied et se servait au passagepour consommer des offrandes.

Le même phénomène s'est déroulé, quoique moins fréquent pour certains rochers. Citons le cas moins connu des légendes des fauteuils de pierre.
Ainsi le fauteuil de Saint-Martin à Cinais (Chinonais) dans le « Camp des Romains », en fait un plateau occupé à la protohistoire au-dessus du village actuel. On raconte que saint Martin fatigué par la construction de la première église était monté pour jouir de la vue et s'était reposé sur un bloc qui prit alors la forme d'un fauteuil confortable (ce qui paraît d'ailleurs douteux !). Après on attribua à ce rocher la vertu de soulager les maux de reins de ceux qui s'y asseyaient.
La pierre de saint Fiacre de Meaux en Seine-et-Marne.
Ce saint d'origine irlandaise avait de gros soucis. Un jour qu'il s'assit sur un rocher où il avait l'habitude de méditer, la pierre s'amollit sous le poids de ses soucis et prit la forme d'un siège. Elle est désormais conservée près de son tombeau à l'église Saint-Fiacre de Meaux. Cette légende expliquerait qu'on attribuât au saint le mérite de guérir « le flux de sang », les hémorroïdes, appelées aussi le mal de saint Fiacre.

*En avril,
le sureau doit fleurir,
sinon le paysan
va souffrir.*

*Avril tantôt pleure,
tantôt rit !*

*Quand avril commence
trop doux,
il finit pire que tout.*

lundi 1er — Lundi de Pâques

lever 07 h 39
coucher 20 h 27, + 3

Hugues
Dans le calendrier républicain :
duodi 12 germinal
Charme

Nombre de pierres à cupules ont été dédiées à des saints.
Il s'agit de rochers portant soit des cavités naturelles irrégulières et parfois allongées, soit des demi-sphères parfois très évasées, creusées depuis la fin de la préhistoire, les unes en relation avec l'au-delà, les autres pour demander des guérisons ou la naissance d'un enfant (cf. mon ouvrage en ligne sur le site de l'Académie des Sciences, Arts et Belles-Lettres de Touraine : *Géographie et archéologie des cupules*, 2010, 400 pages).
L'eau subsistant dans des cavités naturelles de rochers et venant donc du ciel était parfois considérée par les païens comme sacrée. Or, comme le rappellent en particulier les canons du premier concile de Tours (en 567) et les suivants, l'Église était opposée aux cultes païens des pierres, des eaux et des arbres. La riposte chrétienne consista partout en Gaule et en France à encourager (ou créer ?) des légendes de traces de passages de saints ayant laissé des marques sur les rochers : empreintes de leur pas, de leur canne, des pieds de leur âne ou de leur mulet etc...le tout en fonction de la taille apparente et de la profondeur des trous ou des dépressions.

Ainsi en Touraine, sur la commune de Cléré-les-Pins, sur le bord nord de la route de Savigné, le petit rocher appelé « le pas de Saint-Brice, du nom de l'évêque successeur de Saint-Martin avec 2 ou 3 cupules naturelles et 2 ou 3 d'origine humaine.

De même avec le pas de Saint-Martin à 1250 m au nord de Sublaines, à 300 m à droite du bord d'un chemin prenant à droite de la route de Bléré (avant un dépôt de matériel), un rocher avec l'empreinte du pas, de la canne, et du pied de l'âne du grand saint tourangeau.

« La pierre Saint-Martin » de Sainte-Gemme (Indre) qui est une dalle de sépulture du Bronze ancien possède huit cupules (2 pas du saint, trois empreintes du pas de sa mule et trois empreintes de son bâton (celles-là creusées par l'homme).

À Nieul-l'Espoir (Vienne), les pèlerins venaient sur la « tombe à Laurent ». Suivant la croyance populaire, ce monument abritait la tombe de saint Laurent. Il était composé d'une pierre brute plantée en terre, d'une dalle grossière et d'une troisième (les trois sont aujourd'hui à plat. On venait implorer le saint (martyrisé sur des charbons ardents) pour la guérison des furoncles et des douleurs liées à des maladies du sang. On mettait encore au XIXe siècle des piécettes dans les cupules.

La pierre de sainte Nonne à Dirinon (Finistère) est un rocher à cupules, de nos jours presque toujours recouvert de croix faites de baguettes de bois, d'herbes tressées ou d'alignements de petits cailloux matérialisant ou appuyant des demandes à la sainte ; dépôts plus importants au mois de juin, période des examens scolaires et universitaires. En Morbihan, à Lanester, la pierre à cupules de saint Guénael est placée à côté de la source.

Jean-Mary Couderc

Notes

lever 07 h 37
coucher 20 h 28, + 3

mardi **2**

Sandrine

tridi 13 germinal
Morille

avril
2024

Connaissez-vous les vieux trottoirs urbains à pustules visibles dans le goudron ?

On n'a pas hiberné tant qu'avril n'est pas passé.

En avril,
s'il pleut le trois,
il pleuvra tout le mois.

Ici nous ne faisons que constater, faute d'avoir pu trouver une personne ou un service compétent capable de nous fournir des explications plus complètes.

Dans les villes où existent depuis très longtemps des trottoirs revêtus de goudron, on assiste localement à de curieux phénomènes. À l'aplomb des murs de maisons, on remarque parfois de curieux alignements de pustules rondes de 2 à 3 cm de diamètre, hautes de 1 à 3 cm, qui frappent par leur régularité et forment des bandes parallèles au pied des murs avec un espacement régulier entre les pustules. À un point tel que l'explication physique se double peut-être d'une explication anthropique.

Cela concerne des rues et des secteurs d'habitats anciens ; le phénomène serait donc lié à un lent dégazage, sous-jacent au goudron, Nous pensons à une remontée de méthane issu des caves ou plus profondément d'horizons organiques et humides.

Bien entendu, on ne peut pas confondre ces pustules avec une poussée, de « l'agaric des trottoirs » (*Agaricus bitorquis*), un champignon blanc, cousin du champignon de Paris, qui finit par apparaître, en faisant sauter son chapeau de goudron. Cette pousse très localisée ne peut concerner que des trottoirs récemment goudronnés.

Prenons l'exemple de deux sections du trottoir nord de la rue Victor Hugo de Tours, en direction de l'ouest, une fois passée la rue George Sand, entre les n° 29 et 41 et entre les numéros 49 à 59.

Nous pensons au méthane (CH_4), gaz à effet de serre, produit partout sur notre planète, soit en grande quantité pour des raisons géologiques ou géomorphologiques (les pergélisols en train de fondre), des raisons biologiques (les rizières, les fermentations gastriques des vaches) ; soit en petite quantité, par les milieux anaérobies comme les marais et pourquoi pas certains terrains urbains à la fois très humides et organiques.

lever 07 h 35
coucher 20 h 29, + 3

mercredi **3**

Richard

quartidi 14 germinal
Hêtre

En somme, en dehors des feux follets dans les anciens cimetières, maintenant disparus, et des marais (avec le phénomène de la combustion spontanée) pour ce qui est des campagnes, ce pourrait être la seule trace visuelle laissée en ville, par des émanations spontanées de méthane ou d'hydrates de méthane.

Ces gaz produits par des bactéries de milieux anaérobies, pourraient sans doute pénétrer dans le goudron et en déformer la surface lorsqu'il devient plastique par les fortes chaleurs estivales.

Mais là, comme nous le faisons parfois, nous laissons à des lecteurs plus compétents que nous le soin d'expliquer cette observation et surtout d'expliquer les alignements presque réguliers des pustules, soit en quatre alignements, soit en deux, au point que leur disposition s'expliquerait peut-être par la nature d'un matériau laissé en surface avant le goudronnage. Ces pustules ne sont pas toujours alignées, ainsi celles qui sont visibles sur le côté nord de la route de Larçay à Saint-Avertin (À 80 m à l'est du carrefour central).

Vous n'êtes pas obligés de lire la longue digression qui va suivre, car c'est une tentative de relier le phénomène décrit ci-avant, à une situation hydrologique particulière dans le cas de Tours.

La densité des pustules, est peut-être liée à des circulations d'eau souterraines connues en certains endroits du sous-sol de la ville comportant des masses de sables et de vases fermentescibles dont on s'est plaint au cours de l'histoire.

Tours s'est en effet construite sur un marais avec de nombreuses circulations d'eau superficielles ou non. Certaines étaient encore partiellement à l'air libre comme j'ai pu le voir au milieu du XXe siècle en un certain point du côté est de la rue de la Tour d'Auvergne. Si l'on consulte le cadastre napoléonien de la ville, on peut voir que les quartiers Saint-Étienne, Prébendes et Rabelais sont striés par un maillage bleu de circulations hydrologiques souterraines et de « boires ». Il existe deux axes majeurs : le ruisseau de la Dolve ou ruisseau de Ceinture au centre, et le ruisseau ou ruau de l'Archevêque au sud, le premier se jetant dans le second à l'ouest de la ville.

« Le fossé des Remparts ou de Ceinture » où l'on rejeta depuis 1597 les eaux usées du tiers central de la ville, passait au sud de la Porte de fer (future place Jean-Jaurès) englobant le ruisseau de la Dolve au pied du rempart d'Henri IV, d'où le nom de la rue de la Dolve (la Douve) et de la rue de la Dolve prolongée qui plus tard fut appelée Victor Hugo (rue où nous avons pris nos exemples).

Ceux qui voudraient davantage de détails sur le nombre et le cours des ruisseaux souterrains peuvent prendre connaissance des deux travaux suivants :

- Jean-Mary Couderc, « Rencontre avec les ruisseaux de la ville [de Tours] », *La Touraine insolite*, IIe série, CLD, 1990, p. 72-76.
- Pierre Audin, « La varenne [de Tours] et ses ruisseaux », *Mémoire de l'Académie des Sciences, Arts et Belles-Lettres de Touraine*, 2013, n° 26, p. 153-167.

Un cours d'eau souterrain plus ou moins busé suit donc le côté nord de la rue Victor Hugo ; il a été coupé au niveau de la Trésorerie générale au profit d'un passage directement sous l'alignement de la rue jusqu'à sa terminaison. Voyez le plan n° 8, p. 329 et surtout le n° 12, p. 332 du travail d'Audin.
Le ruisseau se rapproche davantage de la rue aux deux endroits où nous avons repéré les ensembles de pustules cités.
Ce ruisseau avait d'ailleurs été reconnu comme envasé et ensablé en 1840 d'où la construction jusqu'en 1843 d'un radier en pierre pour que les caves de cette zone soient moins inondées en périodes humides. Ce ne fut pas un succès et on autorisa les propriétaires riverains à vouter à leurs frais des tronçons de la Dolve (AD 37 ; 20 261-101). On voit que ce ruisseau est loin d'être totalement busé.

Le goudron, ancien produit noir brillant, issu de la distillation du charbon (et non des hydrocarbures comme les bitumes), n'est plus employé depuis 1980, au profit du bitume ou de l'asphalte.

Jean-Mary Couderc

lever 07 h 33
coucher 20 h 31, + 3

jeudi **4**

Isidore

quintidi 15 germinal
Abeille

avril
2024

Apprendre à lire

Les Abécédaires

« L'Alphabet gymnastique dédié aux enfants studieux »

Des images en noir et blanc, bien sûr, aux contours mal définis car il s'agit toujours d'images gravées sur du bois, toujours plus nombreuses, ici 28 : c'est en quelques traits les caractéristiques de cet abécédaire paru dans la période 1830-1848.

On y trouve notamment un petit tableau historique et amusant des principaux jeux de l'enfance, « propres à exercer leurs corps et à récréer leur esprit. »

Le 5 avril, le coucou chante mort ou vif !

A. L'ARC :

Une moitié de cerceau et une corde bien tendue aux deux bouts pour y poser la flèche, afin qu'elle ne vacille d'aucun côté : voilà pour l'arc et la flèche. Le but, mettre la flèche dans un rond noir situé au milieu d'un carton blanc, et c'est celui qui a piqué dans le rond noir, ou le plus près, qui a le prix.

lever 07 h 31
coucher 20 h 32, + 3

vendredi **5**

Lundi de Pâques, Irène

sextidi 16 germinal
Laitue

C. Le CERCEAU:

Ce jeu ne peut s'exécuter que dans un emplacement vaste et bien uni. On fait 40 tours avec le cerceau comme une roue, en l'entretenant toujours dans le même mouvement. On se sert pour cet effet d'un petit morceau de bois avec lequel on pousse le cerceau, pour accélérer sa marche ou la diriger.

D. Le DIABLE:

Ce jeu est d'invention moderne ; celui qui le jouet a deux petits bâtons liés par un cordonnet ; il les écarte un peu pour que le diable se soutienne en équilibre dans la courbure du cordon ; il élève alternativement les mains pour lui imprimer le mouvement.

E. Les ÉCHASSES:

Ce sont deux espèces de perches ou bâtons, longs de cinq ou six pieds, qui ont à une certaine hauteur, un morceau de bois qui fait une espèce d'étrier, sur quoi on pose le pied pour être plus élevé en marchant, et qui aident à marcher dans les lieux marécageux. On prend les échasses, soit comme un soldat saisit son fusil, soit en les passant derrière le bras. Il faut avoir soin de tenir le corps dans une position verticale, et les pieds fortement fixés sur les appuis.

lever 07 h 29
coucher 20 h 33, + 3

samedi **6**

Marcellin

septidi 17 germinal
Mélèze

lever 07 h 27
coucher 20 h 35, + 3

Pâques dimanche **7**

Jean-Baptiste de La Salle

octidi 18 germinal
Ciguë

Quand avril
est froid et pluvieux,
les moissons
n'en sont que mieux.

À la Saint-Gautier,
jamais le jour entier
ne passe sans quelques
giboulées.

Lune d'avril nouvelle
ne passe pas sans gel.

lundi **8**

lever 07 h 25
coucher 20 h 36, +3

Julie

nonidi 19 germinal
Radis

Le langage des fleurs

Garance : calomnie
Gardénia : sincérité
Genêt : propreté
Gentiane : douleur
Géranium : amour
Géranium rose : préférence
Géranium rouge : sottise
Giroflée : dignité
Glaïeul : rendez-vous à (nombre de fleurs) heures
Glycine : tendresse
Gui : adversité, triomphe

Glycine

Garance

Glaïeul

Giroflée

Géranium

lever 07 h 23
coucher 20 h 37, + 3

mardi **9**

Gautier

décadi 20 germinal
Ruche

Apprendre à calculer

Des images pour comprendre le calcul

Qui ne se souvient de son cours de mathématiques du lundi matin où il fallait trouver le volume d'eau restant de cette satanée baignoire dont le robinet fuyait et dont l'eau qu'elle contenait, s'évaporait…

L'enseignement de l'arithmétique, appelé calcul dans le Primaire et mathématiques dans les grandes classes, commence par les additions : s'il est difficile de prime abord de se représenter ce que signifie « 2+2=4 », cela parle déjà plus clairement à la compréhension des plus jeunes lorsque l'on montre l'image d'un panier contenant déjà deux œufs dans lequel on ajoute deux nouveaux œufs, la compréhension est immédiate : le panier contient désormais quatre œufs.

Malheureusement pour les écoliers, pour des raisons de coût d'impression, les éditeurs mettront des années avant de publier les premières gravures permettant de faciliter aux enfants, les opérations de calcul.

Le premier livre de calcul comportant quelques illustrations, on le trouve en 1880, écrit par des professeurs, frères des écoles chrétiennes. Comme on l'a vu pour les premiers livres de lecture, il s'agit d'un petit opuscule d'à peine plus de dix centimètres de haut.

*Fleur d'avril
ne tient qu'à un fil.*

*À la Saint-Fulbert,
on reçoit les giboulées
pour l'hiver.*

*S'il gèle à la Saint-Stanislas, on aura
deux jours de glace.*

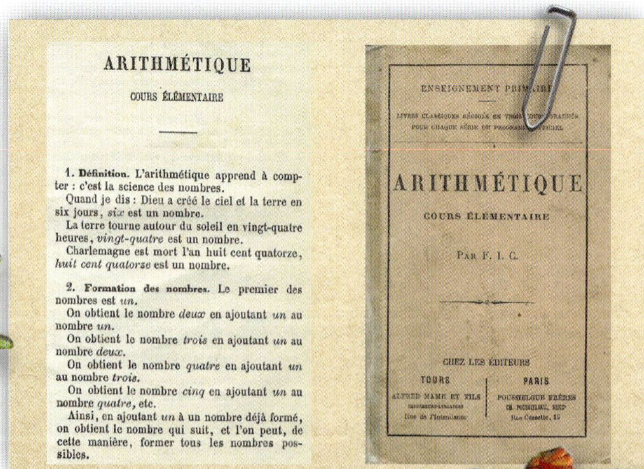

ARITHMÉTIQUE

COURS ÉLÉMENTAIRE

1. Définition. L'arithmétique apprend à compter : c'est la science des nombres.

Quand je dis : Dieu a créé le ciel et la terre en six jours, *six* est un nombre.

La terre tourne autour du soleil en vingt-quatre heures, *vingt-quatre* est un nombre.

Charlemagne est mort l'an huit cent quatorze, *huit cent quatorze* est un nombre.

2. Formation des nombres. Le premier des nombres est *un*.

On obtient le nombre *deux* en ajoutant *un* au nombre *un*.

On obtient le nombre *trois* en ajoutant *un* au nombre *deux*.

On obtient le nombre *quatre* en ajoutant *un* au nombre *trois*.

On obtient le nombre *cinq* en ajoutant *un* au nombre *quatre*, etc.

Ainsi, en ajoutant *un* à un nombre déjà formé, on obtient le nombre qui suit, et l'on peut, de cette manière, former tous les nombres possibles.

ENSEIGNEMENT PRIMAIRE

ARITHMÉTIQUE

COURS ÉLÉMENTAIRE

PAR F. I. C.

CHEZ LES ÉDITEURS

TOURS
ALFRED MAME ET FILS

PARIS
POUSSIELGUE FRÈRES
Rue Cassette, 15

Arithmétique, cours élémentaire par les frères des écoles chrétiennes, Mame & Poussielgue, 1880.

Aries

mercredi **10**

lever 07 h 21
coucher 20 h 39, + 3

Fulbert

primidi 21 germinal
Gainier

Les illustrations de la première édition de la célèbre méthode d'arithmétique de Pierre Leyssenne décrivent à merveille l'objet final de l'enseignement de l'arithmétique : des scènes de la vie courante où la connaissance du système métrique et la maîtrise du calcul sont indispensables :

- *L'écolier calcule au tableau noir,*
- *Le boucher effectue une pesée,*
- *Le voyageur achète un billet de chemins de fer,*
- *Le paysan vend sa bête au marché.*

La première année d'arithmétique pour le cours moyen, *Pierre Leyssenne, Armand Colin, 1899.*

Dans les livres de calcul, tous les problèmes proposés ont trait aux choses usuelles. Les exemples des calculs sont empruntés aux réalités familières du travail, de la vie à la campagne et à la ville, les problèmes sont déjà des problèmes vécus à la mesure de l'expérience enfantine et pourraient s'intituler : à la maison, à l'école, au magasin, au marché, à la ferme, en voyage, etc.

Problème n°1

Les 97 élèves d'une cantine paient chacun 36 f pour leur repas de midi. Les 97 repas coûtent 6.208 f. Quel est le prix de revient d'un repas ?
La commune paie la différence entre ce prix de revient et la somme versée par chaque enfant. Quelle somme verse la commune à la cantine par repas et par enfant ?

lever 07 h 19
coucher 20 h 40, + 3

jeudi 11

Stanislas

duodi 22 germinal
Romaine

Apprendre l'Histoire

Des images pour illustrer l'Histoire de France

Le vent d'avril n'a pas d'asile.

À la Saint-Jules, mauvais temps n'est pas installé pour longtemps.

Citation

« L'enseignement de l'histoire aux tout petits doit être une suite d'histoires comme en racontent les grands-pères à leurs petits-enfants. »

Ernest Lavisse

Comme dans les autres matières, les premiers livres d'Histoire de France étaient des petits formats. Ici, l'ordre chronologique des règnes y était respecté et on y découpait l'Histoire de France en trois «*races*», Mérovingiens, Carolingiens et Capétiens, elles-mêmes agrémentées du portrait de chaque souverain: en fait, et pour cause, ces visages étaient créés de toutes pièces pour enjoliver le récit et le tour était joué…

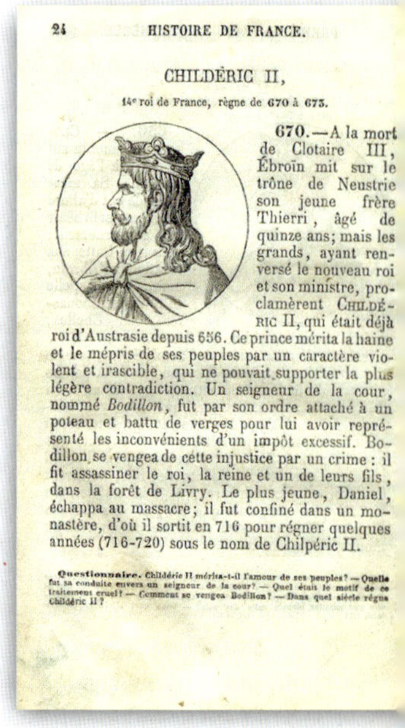
24 HISTOIRE DE FRANCE.

CHILDÉRIC II,

14e roi de France, règne de 670 à 673.

670.—A la mort de Clotaire III, Ébroïn mit sur le trône de Neustrie son jeune frère Thierri, âgé de quinze ans; mais les grands, ayant renversé le nouveau roi et son ministre, proclamèrent CHILDÉRIC II, qui était déjà roi d'Austrasie depuis 656. Ce prince mérita la haine et le mépris de ses peuples par un caractère violent et irascible, qui ne pouvait supporter la plus légère contradiction. Un seigneur de la cour, nommé *Bodillon*, fut par son ordre attaché à un poteau et battu de verges pour lui avoir représenté les inconvénients d'un impôt excessif. Bodillon se vengea de cette injustice par un crime : il fit assassiner le roi, la reine et un de leurs fils, dans la forêt de Livry. Le plus jeune, Daniel, échappa au massacre; il fut confiné dans un monastère, d'où il sortit en 716 pour régner quelques années (716-720) sous le nom de Chilpéric II.

Questionnaire. Childéric II mérita-t-il l'amour de ses peuples? — Quelle fut sa conduite envers un seigneur de la cour? — Quel était le motif de ce traitement cruel? — Comment se vengea Bodillon? — Dans quel siècle régna Childéric II?

Histoire de France *de Laure de Sai Ouen, Hachette, 18*

Jusqu'aux années 1880, les livres d'Histoire sont dépourvus de toute illustration. Les raisons en étaient la cherté de l'impression des images, la méfiance des pédagogues qui estimaient que l'image distrayait les élèves et représentait un frein à l'apprentissage, mais surtout à cause de la fameuse habitude de l'enseignement «*par cœur*» des textes qui rendait toute gravure inutile, voire superflue.

vendredi 12

lever 07 h 17
coucher 20 h 41, + 3

Jules

tridi 23 germinal
Marronnier

lever 07 h 16
coucher 20 h 43, + 3

samedi **13**

Ida

quartidi 24 germinal
Roquette

lever 07 h 14
coucher 20 h 44, + 3

Pâques

dimanche **14**

Maxime

quintidi 25 germinal
Pigeon

Apprendre
la géographie

Des images pour faire « s'évader » les enfants

L'ENSEIGNEMENT PAR L'IMAGE...

Là encore, les auteurs proposent d'habituer les enfants à observer et à réfléchir sur une multitude de gravures coloriées de teintes vives et gaies et de cartes simples et claires. Cet exercice d'observation par demandes et réponses est destiné à amener les enfants à se rendre compte de l'illustration placée sous leurs yeux. Onésime Reclus, un géographe reconnu, va moderniser et rendre plus attrayants les livres de géographie en multipliant et en soignant la qualité des illustrations en les confiant à un dessinateur de renom, Ferdinand Raffin. Il va avoir pour la première fois le souci d'établir des liens avec d'autres disciplines : la rédaction, le dessin et naturellement l'histoire, qui met en valeur l'étendue et la rapidité du progrès technique, depuis la diligence de 1830 jusqu'au récent aéroplane des frères Wright.

La géographie vivante apprise par l'image, l'observation et la carte *pour le cours élémentaire d'Onésime Reclus, 1930 et 1936.*

Jamais pluie
de printemps
n'a passé
pour mauvais temps.

Quand de saint Paterne
vient la saison,
la chaleur vient
pour de bon.

lundi **15**

lever 07 h 12
coucher 20 h 46, + 3

Paterne

sextidi 26 germinal
Lilas

L'ENSEIGNEMENT PAR LA CARTE…

L'omniprésence de la cartographie dans l'enseignement et dans l'apprentissage de la Géographie va être désormais la règle d'or de cette discipline et ce, pour de très nombreuses années. La cartographie va être sans nul doute la chasse réservée de l'éditeur Armand Colin symbolisé par son petit écolier qui parcourt des yeux le globe terrestre. L'éditeur aura deux auteurs fétiches, Pierre Foncin pour le contenu pédagogique des manuels et Paul Vidal de la Blache dit Vidal-Lablache pour le dessin et la précision minutieuse des cartes murales. Dans sa « marche à suivre » dans l'étude de la géographie, l'éditeur préconise **5 étapes**.

Géographie pour le Cours moyen *de Pierre Foncin, Armand Colin, 1921.*

Étapes

« **1°**- L'enfant ne devra pas lire un seul mot géographique sans regarder immédiatement sur la carte et l'y chercher.

2°- L'enfant répondra d'abord oralement, puis par écrit, et en consultant la carte, aux questions qui sont posées dans le livre et qui servent de devoirs.

3°- L'enfant sera souvent envoyé au tableau, où il tracera à main levée les limites d'une contrée, le cours des fleuves, la place des principales villes.

4°- Comme jamais un enfant ne réussira à connaître la Géographie s'il ne dessine pas de cartes, il écrira des cartes muettes jusqu'à ce qu'il puisse les écrire de mémoire.

5°- Autant que possible la classe sera pourvue d'un globe terrestre, de cartes murales, et surtout de tableaux noirs sur lesquels seront peintes à l'avance les cartes muettes de la France, de l'Europe et de la Mappemonde ».

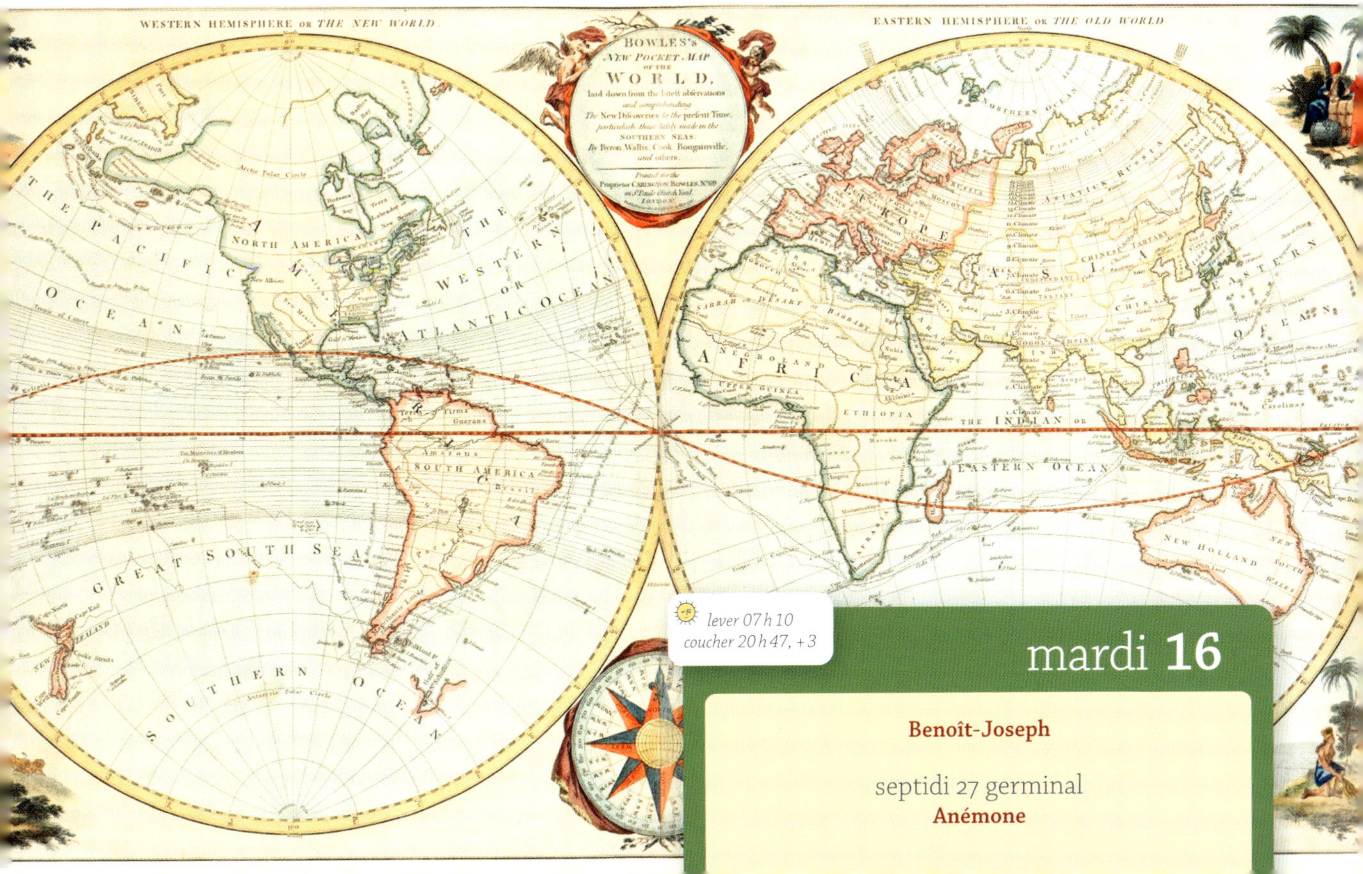

lever 07 h 10
coucher 20 h 47, + 3

mardi 16

Benoît-Joseph

septidi 27 germinal
Anémone

avril 2024

L'ENSEIGNEMENT PAR LA CARTE...

Les poussins
du mois d'avril sont
toujours rabougris.

À la Saint-Anicet,
le coucou chante
s'il ne fait pas trop frais.

mercredi **17**

lever 07 h 08
coucher 20 h 48, + 3

Anicet

octidi 28 germinal
Pensée

Apprendre la géographie

Des images pour faire « s'évader » les enfants

L'ENSEIGNEMENT PAR LES YEUX…

L'enseignement de la géographie, au fil des réformes, va peu à peu se structurer. Pour tenter de coller au plus près à l'attente des élèves, tout en leur prodiguant un savoir équilibré et adapté, l'apprentissage de la géographie et donc la présentation des livres devront répondre à certains critères. Après « *l'enseignement par l'aspect* » des origines, on va inculquer « *l'enseignement par les yeux* ».

Avec le développement de la couleur dans les livres scolaires, les manuels de géographie deviennent de véritables livres de leçons de choses :

> « Il est fait appel à l'esprit d'observation de l'enfant, en lui mettant sous les yeux une série de gravures coloriées. Avec un peu de réflexion, l'enfant retrouve sur ces gravures ce qu'il a vu maintes fois : une colline, un cours d'eau, une plaine, etc. Et s'il n'a pas vu les autres accidents géographiques, l'image les fixera dans son imagination ».

Notes

lever 07 h 06
coucher 20 h 50, + 3

jeudi **18**

Parfait

nonidi 29 germinal
Myrtille

*Chaque goutte d'avril
en vaut mille.*

La Géographie enseignée par les yeux *pour le cours moyen d'Alcide Lemoine et Amédée Marlot, Le Soudier, 1915.*

vendredi 19

lever 07 h 05
coucher 20 h 51, + 3

Emma

décadi 30 germinal
Greffoir

Houx

Houblon

Le langage des fleurs

Héliotrope : enivrement, je vous aime
Hortensia : vous êtes froide
Hortensia en bouton : laisse-moi de l'espoir
Houblon : injustice
Houx : prévoyance
Hyacinthe : jeu

Hyacinthe

Hortensia

Hyacinthe

Hortensia

lever 07 h 03
coucher 20 h 52, + 3

samedi 20

Odette

primidi 1er floréal
Rose

lever 07 h 01
coucher 20 h 54, + 3

dimanche 21

Anselme

duodi 2 floréal
Chêne

avril
2024

Apprendre
*à **calculer***

Pluie de Saint-Georges,
sur cent cerises
en reste quatorze.

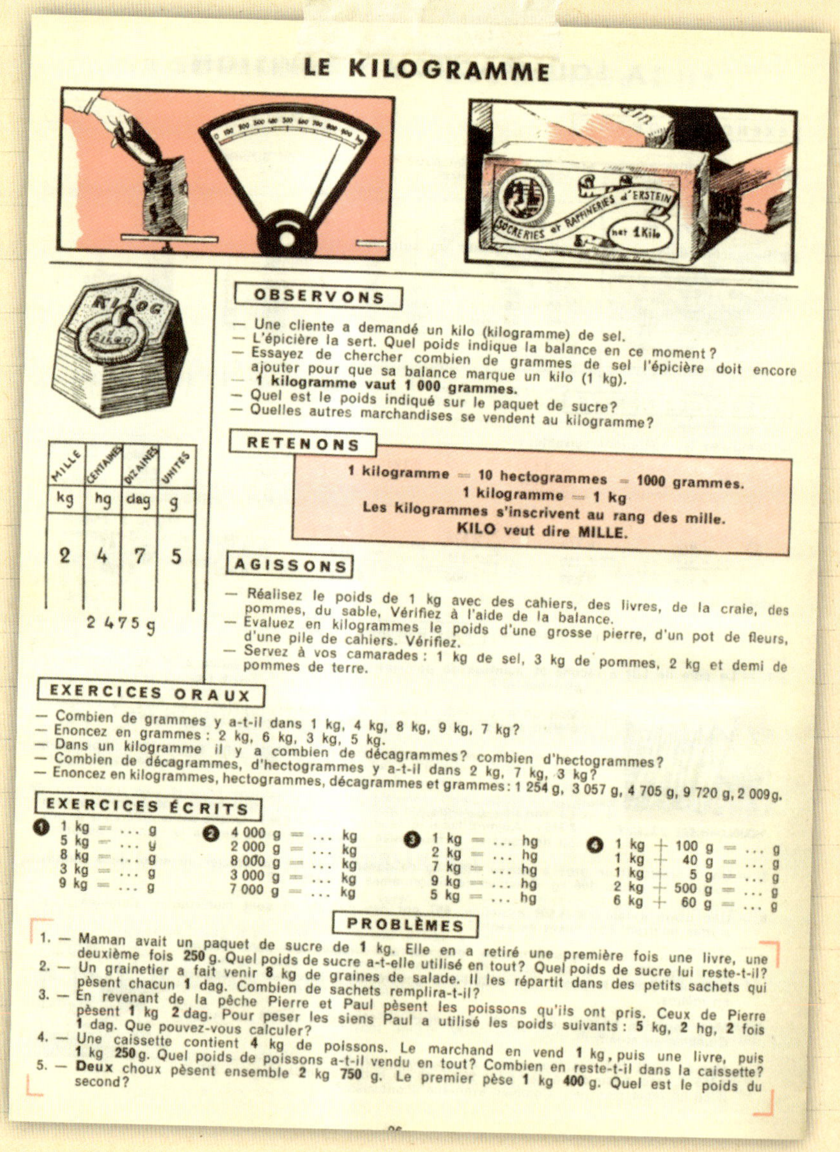

LE KILOGRAMME

OBSERVONS

— Une cliente a demandé un kilo (kilogramme) de sel.
— L'épicière la sert. Quel poids indique la balance en ce moment?
— Essayez de chercher combien de grammes de sel l'épicière doit encore ajouter pour que sa balance marque un kilo (1 kg).
— **1 kilogramme vaut 1 000 grammes.**
— Quel est le poids indiqué sur le paquet de sucre?
— Quelles autres marchandises se vendent au kilogramme?

MILLE	CENTAINES	DIZAINES	UNITÉS
kg	hg	dag	g
2	4	7	5

2 475 g

RETENONS

1 kilogramme = 10 hectogrammes = 1000 grammes.
1 kilogramme = 1 kg
Les kilogrammes s'inscrivent au rang des mille.
KILO veut dire MILLE.

AGISSONS

— Réalisez le poids de 1 kg avec des cahiers, des livres, de la craie, des pommes, du sable, Vérifiez à l'aide de la balance.
— Evaluez en kilogrammes le poids d'une grosse pierre, d'un pot de fleurs, d'une pile de cahiers. Vérifiez.
— Servez à vos camarades : 1 kg de sel, 3 kg de pommes, 2 kg et demi de pommes de terre.

EXERCICES ORAUX

— Combien de grammes y a-t-il dans 1 kg, 4 kg, 8 kg, 9 kg, 7 kg?
— Enoncez en grammes : 2 kg, 6 kg, 3 kg, 5 kg.
— Dans un kilogramme il y a combien de décagrammes? combien d'hectogrammes?
— Combien de décagrammes, d'hectogrammes y a-t-il dans 2 kg, 7 kg, 3 kg?
— Enoncez en kilogrammes, hectogrammes, décagrammes et grammes : 1 254 g, 3 057 g, 4 705 g, 9 720 g, 2 009 g.

EXERCICES ÉCRITS

❶	❷	❸	❹
1 kg = ... g	4 000 g = ... kg	1 kg = ... hg	1 kg + 100 g = ... g
5 kg = ... g	2 000 g = ... kg	2 kg = ... hg	1 kg + 40 g = ... g
8 kg = ... g	8 000 g = ... kg	7 kg = ... hg	1 kg + 5 g = ... g
3 kg = ... g	3 000 g = ... kg	9 kg = ... hg	2 kg + 500 g = ... g
9 kg = ... g	7 000 g = ... kg	5 kg = ... hg	6 kg + 60 g = ... g

PROBLÈMES

1. — Maman avait un paquet de sucre de **1** kg. Elle en a retiré une première fois une livre, une
deuxième fois **250** g. Quel poids de sucre a-t-elle utilisé en tout? Quel poids de sucre lui reste-t-il?
2. — Un grainetier a fait venir **8** kg de graines de salade. Il les répartit dans des petits sachets qui
pèsent chacun **1** dag. Combien de sachets remplira-t-il?
3. — En revenant de la pêche Pierre et Paul pèsent les poissons qu'ils ont pris. Ceux de Pierre
pèsent **1** kg **2** dag. Pour peser les siens Paul a utilisé les poids suivants : **5** kg, **2** hg, **2** fois
1 dag. Que pouvez-vous calculer?
4. — Une caissette contient **4** kg de poissons. Le marchand en vend **1** kg, puis une livre, puis
1 kg **250** g. Quel poids de poissons a-t-il vendu en tout? Combien en reste-t-il dans la caissette?
5. — **Deux** choux pèsent ensemble **2** kg **750** g. Le premier pèse **1** kg **400** g. Quel est le poids du
second?

Double-page :
Par Étape de 100
à 100000 *pour le*
cours élémentaire de
Morgenthaler, Mathieu et
Huntzinger, Istra 1960.

lever 06 h 59
coucher 20 h 55, + 3

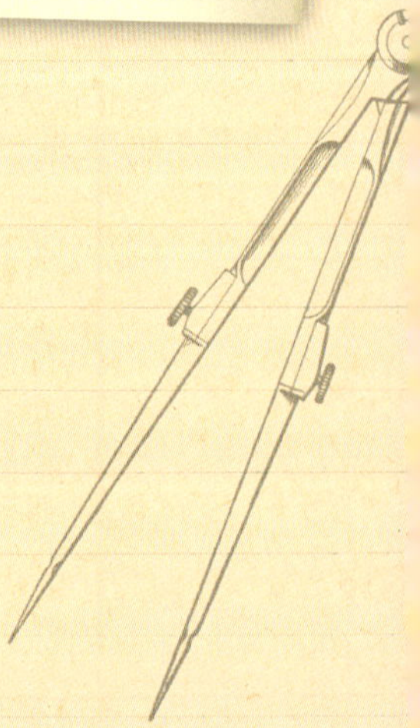

lundi **22**

Alexandre

tridi 3 floréal
Fougère

HEURES ET MINUTES

DÉPARTS DES TRAINS

CALAIS	Rap.	0 h 24
PARIS	Rap.	8 h 15
NANCY	Omn.	9 h 05
BRUXELLES	Expr.	11 h 28
BALE	Dir.	12 h 45
PARIS	Expr.	14 h 52
LYON	Aut.	16 h 33
EPINAL	Omn.	18 h 00
METZ	Expr.	20 h 50
COLMAR	Omn.	21 h 09
MARSEILLE	Rap	23 h 40

MAGASIN FERMÉ

de  à 

OBSERVONS

1. — Le maître vient de donner le signal de la rentrée du matin. Quelle heure est-il?
   — A quelle heure les élèves sortiront-ils en récréation?
   — A quelle heure rentreront-ils à la maison?
   — De quelle heure à quelle heure seront-ils en classe l'après-midi?
   Le jour est divisé en heures.

2. — Observons la figure 2
   — La petite aiguille indique les heures. Combien de temps met-elle pour aller d'un chiffre à l'autre? Combien d'heures y a-t-il de minuit à midi? de midi à minuit?
   — Combien de fois la petite aiguille doit-elle faire le tour du cadran en un jour?
   Un jour a 24 heures.

3. — A quoi sert la grande aiguille?
   — En combien de temps fait-elle le tour du cadran?
   — Combien de petites divisions ou minutes parcourt-elle en une heure?
   L'heure a 60 minutes.

RETENONS

Le jour a 24 heures (24 h).
L'heure a 60 minutes (60 mn).
La petite aiguille des montres, des pendules et des horloges indique les heures, la grande aiguille indique les minutes.

AGISSONS

— Regardez attentivement une montre pendant une minute.
— Pendant une minute sentez battre votre cœur et comptez les battements.
— Essayez de ne pas respirer pendant une minute.
— Marchez pendant une minute ; quelle distance avez-vous parcourue à peu près?
— Combien d'heures passez-vous en classe par jour? — Pendant combien d'heures dormez-vous?
— Combien de kilomètres parcourez-vous en une heure si vous marchez du même pas que votre papa?

EXERCICES ORAUX

— Combien de minutes y a-t-il dans une heure, dans une demi-heure, dans un quart d'heure?
— Combien de minutes y a-t-il dans 2 heures, 5 heures, 8 heures, 2 heures et demie, 1 heure 20 minutes?
— Combien d'heures y a-t-il dans une demi-journée? dans 2 jours? dans 60 minutes? dans 180 minutes? dans 240 minutes?
— Il est 9 h 45. Dans combien de minutes sortirez-vous en récréation?
— Le train de Paris devait arriver à 10 h 25. Il a 15 minutes de retard. A quelle heure arrivera-t-il?
— Une école est partie en excursion à 6 h du matin. Elle est rentrée à 7 h du soir. L'excursion a duré combien d'heures?
— Un enfant dort en moyenne 10 h par jour. Il passe 6 h à l'école. Combien d'heures lui reste-t-il pour les jeux et les repas?
— Un tour de manège dure à peu près 2 minutes. Combien de tours de manège fait-il en une heure, s'il faut compter une minute d'arrêt après chaque tour?
— Une séance de cinéma dure 2 heures et demie. Elle commence à 14 heures. A quelle heure sera-t-elle terminée?

lever 06 h 58
coucher 20 h 56, + 3

mardi **23**

Georges

quartidi 4 floréal
Aubépine

Nature

Des images pour découvrir les choses qui nous entourent

Le hanneton vedette de l'illustration scolaire

Inconnu des enfants des villes, le hanneton est omniprésent dans tous les livres de leçons de choses. Un insecte nuisible pour les cultures, mais inoffensif pour l'homme. Le hanneton est souvent le premier pensionnaire des boites d'entomologie des musées scolaires.

Premiers pourquoi, premiers comment
pour le cours élémentaire de Charbonnier et Nallet, l'école 1955.

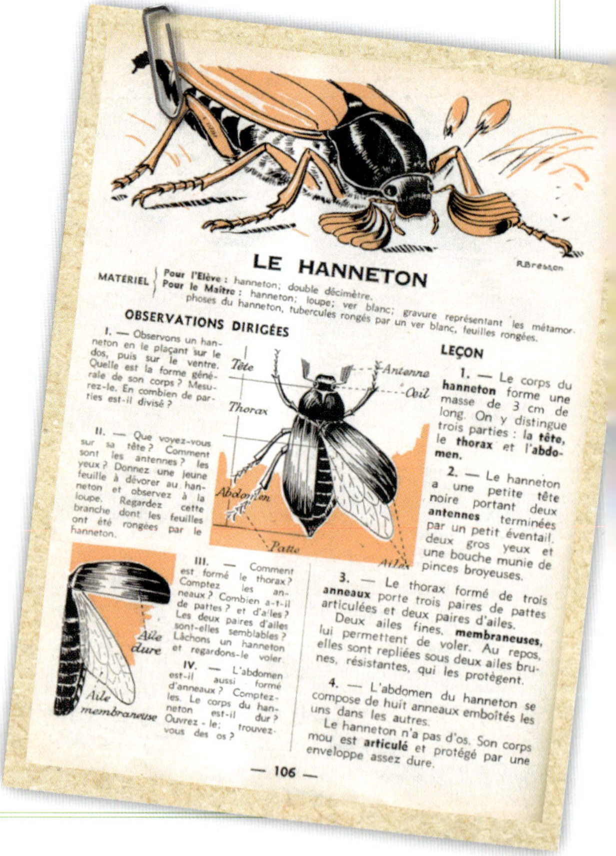

LE HANNETON

R.Bresson

MATÉRIEL
Pour l'Elève : hanneton; double décimètre.
Pour le Maître : hanneton; loupe; ver blanc; gravure représentant les métamorphoses du hanneton, tubercules rongés par un ver blanc, feuilles rongées.

OBSERVATIONS DIRIGÉES

I. — Observons un hanneton en le plaçant sur le dos, puis sur le ventre. Quelle est la forme générale de son corps ? Mesurez-le. En combien de parties est-il divisé ?

II. — Que voyez-vous sur sa tête ? Comment sont les antennes ? les yeux ? Donnez une jeune feuille à dévorer au hanneton et observez à la loupe. Regardez cette branche dont les feuilles ont été rongées par le hanneton.

III. — Comment est formé le thorax ? Comptez les anneaux ? Combien a-t-il de pattes ? et d'ailes ? Les deux paires d'ailes sont-elles semblables ? Lâchons un hanneton et regardons-le voler.

IV. — L'abdomen est-il aussi formé d'anneaux ? Comptez-les. Le corps du hanneton est-il dur ? Ouvrez-le : trouvez-vous des os ?

LEÇON

1. — Le corps du **hanneton** forme une masse de 3 cm de long. On y distingue trois parties : **la tête,** le **thorax** et l'**abdomen.**

2. — Le hanneton a une petite tête noire portant deux **antennes** terminées par un petit éventail, deux gros yeux et une bouche munie de pinces broyeuses.

3. — Le thorax formé de trois **anneaux** porte trois paires de pattes articulées et deux paires d'ailes.

Deux ailes fines, **membraneuses,** lui permettent de voler. Au repos, elles sont repliées sous deux ailes brunes, résistantes, qui les protègent.

4. — L'abdomen du hanneton se compose de huit anneaux emboîtés les uns dans les autres.

Le hanneton n'a pas d'os. Son corps mou est **articulé** et protégé par une enveloppe assez dure.

— 106 —

Caprice d'avril
fait tomber les fleurs
et trembler
les laboureurs.

Saint-Marc
mouillé au petit jour,
c'est de la pluie
pour tout le jour.

mercredi **24**

lever 06 h 56
coucher 20 h 58, + 3

Fidèle

quintidi 5 floréal
Rossignol

Lecture

La nuit tombe. Vroum, vroum ! Des hannetons volent lourdement d'arbre en arbre pour dévorer les feuilles. D'autres se posent à terre « Ils pondent, dit le père de René. Dans un mois, chaque oeuf donnera un ver blanc qui restera trois ans sous terre avant d'en sortir hanneton. Arrache cette laitue fanée ; elle n'a plus de racine : un ver blanc l'a coupée. Ces larves sont parfois si nombreuses qu'elles ravagent les cultures ; elles sont très nuisibles. »

Résumé :

Le hanneton mange des feuilles ; sa larve ou ver blanc, se nourrit de racines. C'est un insecte nuisible qu'il faut détruire.

À retenir

1. Dans le corps du hanneton on distingue trois parties : la tête, le thorax et l'abdomen.

2. Le thorax du hanneton porte six pattes et quatre ailes. Deux ailes sont coriaces, les deux autres sont très minces.

3. Le hanneton est un insecte. Il n'a pas de squelette, mais son corps est protégé par une armure.

4. Le hanneton pond des œufs dans la terre. De chaque œuf sort un ver blanc qui vit dans le sol ; au bout de deux ans, le ver blanc devient une nymphe. De la nymphe sort un hanneton.

lever 06 h 54
coucher 20 h 59, + 3

jeudi **25**

Marc

sextidi 6 floréal
Ancolie

La foudre en boule

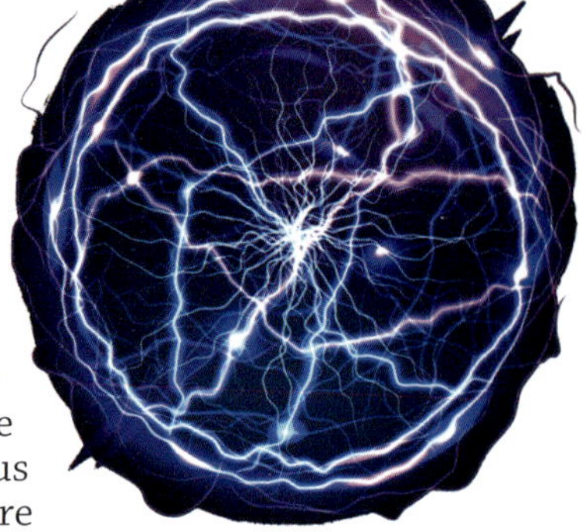

Beaucoup plus rare que l'éclair, la foudre peut se manifester sous forme d'une boule de lumière intense de couleur souvent jaune (de l'énergie sous forme de plasma ?) dont le déplacement peut être très irrégulier, tantôt rapide, parfois plus lent, souvent en zig-zag.

Son comportement terrifiant si l'on est à proximité, peut être dangereux. Hergé, le père de Tintin y a fait allusion dans un de ses albums : *Les sept boules de cristal*.

J'ai observé de loin ce phénomène pendant plusieurs minutes. J'étais dans un immeuble élevé d'Échirolles, dans la banlieue de Grenoble ; j'avais une large vue vers le nord, le ciel était noir d'orage et les éclairs se succédaient. Soudain, nous vîmes par plusieurs fois, de grosses boules de lumière se former au sommet des pylônes portant les câbles à haute tension des deux lignes arrivant de l'est en direction de la ville. Le plus étonnant était de voir certaines boules descendre en roulant sur les câbles avant de disparaître.

On a déjà signalé des boules parcourant à grande vitesse le câble aérien d'une ligne électrique de 220 000 volts en faisant le bruit d'une baguette scintillante. On a même évoqué des cas de boules « remontant » lentement sur des fils électriques.

Le 26 avril 1991, vers 18h30, un de mes voisins se rend dans son garage pendant un orage pour veiller au bon écoulement des eaux de pluie, quand une boule rouge d'environ trente centimètres de diamètre apparaît à proximité de son compteur électrique et éclate presque aussitôt avec un fracas de tonnerre.

Nous étions absents mais lorsque nous avons interrogé nos voisins, plusieurs ont déclaré avoir entendu des coups de tonnerre sans avoir vu d'éclairs préalables. Ces boules, tantôt jaunes ou tirant sur l'orange, tantôt rouges ou bleues, peuvent entrer dans une maison par la porte fermée ou par la cheminée ; elles se déplacent au hasard, frôlant les habitants ; elles peuvent s'introduire dans un placard, casser une assiette sur deux dans une colonne (le phénomène a été enregistré à Saint-Cyr-sur-Loire), ou déformer toutes les queues d'une pile de casseroles.

L'écrivain périgourdin Léonce Bourliaguet, dans l'excellent roman *La Forêt sereine*, nous a laissé cette description :
« Une masse d'un violet étincelant coule le long du fût de l'arbre et se brise sur le sol en une seconde et puissante explosion, éparpillant autour du pied, sur les mousses, une vingtaine de petites sphères qui courent horizontalement et s'évanouissent à notre vue. »

Oscar Wilde l'avait dit : « La nature imite l'art ».

Jean-Mary Couderc

*D'avril les ondées
font les fleurs de mai.*

vendredi **26**

lever 06 h 53
coucher 21 h 00, + 3

Alida

septidi 7 floréal
Muguet

lever 06 h 51
coucher 21 h 02, + 3

samedi 27

Zita

octidi 8 floréal
Champignon

lever 06 h 49
coucher 21 h 03, + 3

dimanche 28

Valérie

nonidi 9 floréal
Hyacinthe

avril
2024

Apprendre à lire

Les Vocabulaires

LES IMAGIERS

Le vocabulaire, c'est le dernier passage obligé pour l'enfant avant de se plonger dans le grand bain de la lecture courante. On va ainsi progressivement lui faire assimiler un certain nombre de mots : un millier à l'âge de trois ou quatre ans jusqu'à plusieurs milliers en fin de scolarité. L'imagerie couleur naissante va aider à promouvoir le développement spectaculaire dans deux types d'ouvrages : les Imagiers et les vocabulaires.

Ces petits livres qui apparaissent à la fin du XIXe siècle sont des livres d'un genre nouveau qui permettront, en reproduisant les mêmes images que celles montrées en classe, de poursuivre la discussion, mais cette fois dans le cadre familial. Ces imagiers vont revêtir différentes formes : série d'images muettes ou légendées, accompagnées ou non d'une historiette explicative, images à caractère moral, documentaire ou familier, histoires sans parole ou histoires à dire… les exemples sont légion. S'il fallait n'en présenter qu'un seul, c'est sans aucun doute, « *L'imagier de l'enfance* », série d'albums en couleurs à l'usage des écoles maternelles, des classes enfantines et des cours élémentaires de l'école primaire qu'il faudrait ne pas manquer de mettre en avant. En tout huit livrets, merveilleusement illustrés par Ferdinand Raffin qui permettent à l'enfant de découvrir en images, accompagnées de textes simples, le monde qui l'entoure. L'occasion aussi pour lui de parler et de nommer les choses qu'il voit.

À la Saint-Robert,
tout arbre est vert.

La pluie, le jour
de la Saint-Robert,
de bon vin remplira
ton verre.

Imagiers de l'enfance, *série de 8 albums en couleur, librairies-imprimeries réunies, 1905-1906.*

lundi **29**

lever 06 h 48
coucher 21 h 04, + 3

Catherine de Sienne

décadi 10 floréal
Râteau

Des images pour faire aimer la lecture

Après cette découverte des rudiments de la lecture, l'enfant va devoir se familiariser avec l'orthographe, les mots, puis la construction des phrases et leurs ponctuations jusqu'à ce qu'il soit capable de s'approprier le texte, c'est-à-dire d'être capable de le déchiffrer, mais aussi et surtout de le comprendre.

Ainsi après la lecture « courante », ce sera finalement la lecture « expressive » qui fera vivre le texte à voix basse, pour lui-même, et à haute voix, pour la classe tout entière. Les tout premiers livres de lecture étaient à l'origine des livres de petit format non illustrés, sortes de catéchismes au service de la foi chrétienne… On en trouve un exemple avec la série de cinq volumes des « *Lectures graduées de l'abbé Gaultier* » paru en 1816. Ces livres mesuraient à peine plus de 10 centimètres de haut ! Dans l'ensemble des matières enseignées, sauf la grammaire, les illustrations en noir et blanc, on l'a vu, feront leur apparition dans les années 1880.

24 Méthode Brunot-Bony.

141. RÉCITATION : **Marchand de peaux de lapins.**

Le dos rond, traînant le sabot,
Voilà père François qui passe
Conduisant la charrette basse,
Que tire son vieux bourricot.
Entendez son cri sur les routes !
Il n'achète pas que les peaux,
Mais les fers, les chiffons, les os,
Les vieux habits, les vieilles croûtes.
Ma mère, quand il vient chez nous,
Vend tous nos déchets au bonhomme.
Elle dit, en femme économe :
« Pour faire un franc, il faut vingt sous ! » A. Noël.

EXERCICE SUR LA RÉCITATION

142. Complétez le récit suivant : L'âne du père — tire la —. Le marchand achète les —, les —, les —. Une femme vend des — au —.

143. VOCABULAIRE : *Les vêtements.*

Pantalon, gilet, paletot, veste, veston, chemise. Robe, jupe, jupon, fichu, camisole.

EXERCICES SUR LE VOCABULAIRE

144. Copiez ces noms en mettant *les* devant. *Les pantalons.*

145. Remplacez les tirets par les noms convenables : Je mets des — pour avoir chaud. Sur le corps, j'ai une —. Un petit garçon met un — et un —, une petite fille porte des — et des —.

Méthode de langue française, premier livre *De Brunot et Bony*, *Armand Colin*, 1905.

Notes

lever 06 h 46
coucher 21 h 06, + 3

mardi **30**

Robert

primidi 11 floréal
Rhubarbe

mai

Mai vient du latin *maius*, célébrant la déesse Maïa, l'aînée des Pléiades dans la mythologie grecque. Période des baptêmes et des communions, mai est un mois joyeux où l'on fête le travail (1er mai), l'armistice de 1945 (8 mai), la Vierge Marie (Ascension et Visitation), et où se forment les couples. On vénère pendant le mois de mai l'esprit de la végétation. Dans les pays de l'Est, il apparaît sous la forme d'un homme couvert de branchages, que l'on appelle le Feuillu. Des quêteurs d'œufs chantent et brandissent des rameaux d'aubépine. En Lorraine, ces quêtes se nomment trimazos.

Sudoku

	5				9			
2		4			8			
		3	2		5	9	1	7
		9	1		4			
		1	8			4	9	
		5				3	2	
		8	3				7	
9			5		7			
		6				2	8	5

9	6			7			3	
		1	2				8	
				4			9	
				2	5		6	
	1	9		8		5		7
2	3				6			1
			4	5				6
5	2							8
	7	6	8			2		

mai

Notes

N
N-E
N-O
E
O
S-E
S-O
S
Mirfak
Shedir
Capella
AUR
CAS
LAC
CAM
GEM
Castor
Pollux
CEP
Deneb
Polaris
DEL
LYN
CNC
UMI
VUL
CYG
Altaïr
Kochab
AQL
SGE
Vega
DRA
Phekda
LMI
LYR
UMA
LEO
Regulus
SEX
SER
Rasalhague
CVN
HER
CRB
BOO
HYA
Gemma
COM
OPH
SER
VIR
CRT
CRV
SCO
Antarès
LIB
Spica
NOR
LUP

mai
2024

Le langage des fleurs

Immortelle

Immortelle : regrets éternels
Impériale : puissance
Iris : message
Iris bicolore : amour heureux
Iris jaune : passion
Ixia : constance

Iris

Ixia

En mai, fleurit le hêtre
et chante le geai.

Les pluies d'avril
donnent le grain,
celles de mai
du fourrage.

mercredi **1er**

lever 06 h 44
coucher 21 h 07, + 3

Fête du Travail
Dans le calendrier républicain :
duodi 12 floréal
Sainfoin

Bien des animaux savent compter

Suite du 15 janvier

D'autres chercheurs allemands ont, sur ce même sujet, révolutionné les milieux de la recherche éthologique.

Ce fut en avril 2022, en publiant dans la revue *Scientific Reports* leurs travaux sur deux espèces de poissons d'eau douce, une raie d'Amérique du sud, et le zèbre bleu africain (un Cichlidé).

Deux couleurs ont été associées pour l'expérimentation dans un aquarium divisé en deux parties : le bleu pour l'addition et le jaune pour la soustraction. Dans la première partie, on présente au poisson une série de panneaux avec de 1 à 5 figures de couleur, des carrés, des ronds et des triangles ; le poisson passe dans la seconde partie. Si les figures étaient bleues, sa bonne réponse, récompensée par de la nourriture, sera le nombre déjà présenté plus un. Si elles étaient jaunes, ce sera le nombre présenté moins un. Les chercheurs ont obtenu entre 80 et 94% de réussite pour les raies et 80% pour le zèbre bleu.. Mais il faudrait lire les détails de l'expérience pour s'assurer que les poissons ne s'intéressent qu'à l'emplacement de la figure ajoutée ou disparue. Or l'expérience fonctionne encore en la complexifiant avec l'utilisation de la forme des panneaux.

Voilà un aperçu des travaux réalisés depuis 50 ans sur les possibilités mathématiques des animaux qui montre que l'on a encore bien des choses à découvrir et que le mépris de l'homme pour l'animal est totalement injustifié. C'est d'autant plus injustifié que dans les zoos ou les labos, on voit les primates tellement singer l'homme qu'ils en attrapent les gestes, attitudes et mimiques au grand dam de leur santé !

Ainsi au zoo de Chicago en avril-mai 2022, AMAR un gorille des plaines de l'Afrique est devenu « accro » aux smartphones, c'est-à-dire aux écrans photos des visiteurs qui collent leur appareil sur la vitre de l'abri des singes, pour les prendre en photo. Le singe a pris goût aux images et sans doute à la beauté des couleurs puisque les gens font défiler pour lui les images.

Par ailleurs, les primates portent intérêt à leur congénère. Peu à peu, AMAR, attend que les touristes lui tendent un téléphone au point qu'il « ne socialise plus » avec les autres singes qui finissent par l'attaquer. Il ne réagit d'ailleurs plus quand ils l'agressent et bouge de moins en moins. On a seulement mis une corde pour le tenir davantage à distance des écrans. Il est désormais malade des écrans et c'est un parfait reflet d'un membre quelconque de la société humaine.

Jean-Mary Couderc

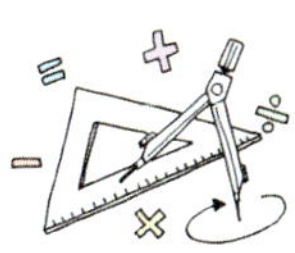

lever 06 h 43
coucher 21 h 08, + 3

jeudi **2**

Boris

tridi 13 floréal
Bâton-d'or

mai
2024

Les Apparitions mariales de Neubois-Frankenbourg en Alsace

À partir du dimanche 7 juillet 1872 et sur 10 mois, même encore jusqu'en 1877, on note autour de 150 apparitions d'une dame blanche sur les pentes du Schlossberg. Quatre fillettes entre 8 et 11 ans d'abord, puis 121 à 127 voyants, font état de visions mariales, mais qui ne seront pas reconnues par l'Église.

Celui qui a la fièvre en mai, toute l'année demeure frais et gai.

Quand il tonne en mai, les vaches ont du lait.

La situation est particulière : l'Alsace vient de tomber aux mains de l'ennemi allemand et ces petites prient pour ne pas être forcées de devenir protestantes. La dame blanche s'avance vers elles, avec sur la poitrine une croix lumineuse et sur la tête une couronne d'or. « *Kommet, kommet* », dit-elle en alsacien, venez, venez… Le public grossit à ce point que l'administration allemande s'inquiète parce que la Vierge apparaît comme venant libérer l'Alsace du joug allemand.

À noter, lors des premières visions, une étonnante toile de fond animée de soldats coiffés de shakos prussiens, un emprunt à de l'histoire plus ancienne !

lever 06 h 41
coucher 21 h 10, + 3

vendredi **3**

Philippe, Jacques

quartidi 14 floréal
Chamérisier

Les Apparitions de Fréteval (1873)

Un homme : Romanet du Caillaud, a copié le récit des deux enfants rapporté par une troisième qui n'avait rien vu, appelé « Procès-verbal fait par les enfants de l'école des sœurs », qu'il a retrouvé aux archives diocésaines de Blois, seize ans après les apparitions de 1873. Le 5 mai, Louise Colas voit « du monde dans le temps » depuis le pas de sa porte, dans une prairie. Le même jour, Angèle Pecquet voit « une belle-dame ».

Elles jouent avec Eugénie Vallée qui ne voit rien et ne verra rien des apparitions mais rapportera pourtant les visions de ses amies dans un cahier. Tout se passe au bord des Emprunts, des fossés creusés le long de la ligne de chemin de fer.
Ces deux fillettes de 11 et 12 ans, ont pour père un garde barrière pour l'une, et un ouvrier de la fonderie pour l'autre.

Le 9 mai, elles voient « une dame brillante » qui semble seule, non loin de la voie ferrée et de la maison de garde-barrière n°II.

Le 19 mai, cette dame apparaît avec « l'enfant-Jésus sur son bras gauche ».

Le 2 août 1873, Frédéric Romanet du Caillaud écrit à sa mère : « La Sainte Vierge leur apparaît tous les jours entre six heures et huit heures du soir, elle disparaît et elle réapparaît quelquefois 14 ou 15 fois de suite pendant cinq minutes ou même un quart d'heure... ». Cette deuxième partie de la phrase est un grand point d'originalité des apparitions de Fréteval !

Bien entendu, il y a des personnes qui assistent aux visions et aux remarques des fillettes ; peu au départ, en nombre variable ensuite. Le jour des communions à Fréteval. Frédéric Romanet est là mais ne voit rien. Seules les enfants voient la belle dame, ce qui sera le cas à La Salette (1846), à Lourdes,en 1858 (et encore seulement Bernadette Soubirous !) ; idem à Fatima (Portugal) et à l'Île-Bouchard en Touraine, mais au XXe siècle.

lever 06 h 40
coucher 21 h 11, + 3

samedi **4**

Sylvain

quintidi 15 floréal
Ver à soie

lever 06 h 38
coucher 21 h 12, + 3

dimanche **5**

Judith

sextidi 16 floréal
Consoude

Pages 55-56, Jean-Jacques Loisel note tous les détails des apparitions qui varient très souvent, en nous fournissant les dates correspondantes. On voit la Vierge debout, à genoux, ou assise, avec une fois semble-t-il une chaise derrière elle. (encore une chose étonnante !). L'enfant Jésus tient d'abord la Vierge « par-dessus le cou » ; il est ensuite debout, devant ou à côté de sa mère.

Encore fort intéressant : la fin d'une apparition se terminait parfois par une « forme semblable à un nuage ou à une étoile ».

Je ne puis m'empêcher de penser à Fatima, où, après les phénomènes solaires ou atmosphériques inexpliqués du 13 août 1917 et à la fin de la cinquième apparition du 13 septembre 1917, plusieurs témoins ont déclaré avoir vu un petit nuage venu de l'est se positionner sur le petit chêne vert (lieu de la première observation de « la dame »), puis repartir et disparaître.

Rien de figé dans les contacts ente la Vierge, l'enfant Jésus et les fillettes ; le 1er juillet, l'enfant sourit et « de plus en plus le garçon l'emporte sur le bébé ».

Bientôt la Vierge elle-même s'anime de jour en jour comme un personnage qui devient familier avec ses interlocuteurs.

QUELQUES DONNÉES SUR LES ÉCHANGES AVEC LES FILLETTES.

Au départ, les enfants lui parlent et elle répond par divers signes. Le 2 juillet les échanges oraux débutent et ce sont d'abord des phrases que j'oserais appeler « classiques » : « Venez à moi. Priez beaucoup. Priez pour la France ». Les demandes des fillettes sont de même ; par exemple « Faites un miracle ». Elle répond seulement « priez beaucoup ».

On aborde un registre bien connu ailleurs, l'annonce de malheurs et surtout de la guerre.

« Mes enfants, il y aura de grands malheurs ». La septième fois les filles lui demandent « quels malheurs ? » et elle répond « La guerre ».

Cette fois nous ne comprenons plus. La guerre est terminée depuis deux ans. Certes la situation est mauvaise mais il n'y a plus de guerre. On peut penser à la guerre civile, car on a vu dans des conditions similaires la Vierge s'attaquer à des oppositions menaçant l'Église (dans les apparitions de Tilly-sur-Seulles particulièrement).

Pourtant le 6 juillet elle dit « Mes enfants, il y aura de grands malheurs et une grande guerre ! ». Une grande guerre, nous connaissons, c'est dans 41 ans !

Du mois de mai
la chaleur de tout l'an
fait la valeur.

lundi **6**

lever 06 h 37
coucher 21 h 14, + 3

Prudence

septidi 17 floréal
Pimprenelle

Avouons notre surprise, mais c'est un langage connu dans d'autres apparitions et qui désigne en fait des troubles intérieurs. Il ne faut certainement pas prendre le terme dans son sens premier comme le montrent ailleurs les paroles de la Vierge. Si nous étions naïfs : on dirait que ces paroles ont déjà été prononcées à une autre époque ou selon un calendrier qui n'a pas encore cours !, il est trop tard ou bien trop tôt !

Mais si c'est bien un mot qui désigne des troubles intérieurs contre l'Église, quel acharnement bien peu virginal et céleste !

Une autre réflexion suit instantanément. Voilà que la Vierge confie des secrets, l'un à Louise sans qu'Angèle ne l'entende et réciproquement ! Mais nous aurons la même chose 44 ans plus tard à Fatima, avec trois secrets confiés aux petits bergers de 10, 9 et 7 ans. Ils seront bien difficiles à traduire et à comprendre ; l'Église y a vu la fin de la Première guerre mondiale et l'effondrement du communisme, puis dans celui révélé en juin 2000 par le Vatican, la mort du pape Jean-Paul II alors que ce dernier n'est décrit que comme un évêque vêtu de blanc « à moitié tremblant, d'un pas vacillant, affligé de souffrances et de peines...tué par un groupe de soldats qui tirèrent plusieurs coups... ».

à suivre le 5 juillet

Jean-Mary Couderc

lever 06 h 35
coucher 21 h 15, + 3

mardi 7

Gisèle

octidi 18 floréal
Corbeille d'or

Un peu d'histoire

Histoire de France, premier livre de A. Aymard, Hachette, [illegible].

Dans ce « Panthéon » bien ordonné par les livres d'Histoire de France, plus que Vercingétorix, Charlemagne ou Bonaparte, c'est bien **Jeanne d'Arc** qui en est la « *super star* ».

« Jeanne d'Arc avait redonné aux Français courage et confiance. Tous : nobles, soldats, paysans étaient venus en grand nombre s'enrôler sous sa bannière. Après sa mort, les Anglais étaient chassés de France ; ils ne conservaient plus que Calais. La France était sauvée. Souvenez-vous, Français, que chez nous la patrie est née au cœur d'une femme. »

Autre éloge de la bergère de Domrémy, figure incontournable des livres d'Histoire de France :

Jeanne d'Arc, la fille au grand cœur « c'est la martyre du patriotisme ! C'est la plus touchante héroïne qui ait jamais paru sur terre. Aucun peuple n'a, dans son histoire, une Jeanne d'Arc. Aujourd'hui, les Français, émus par les grandes actions de la douce fille de Lorraine, la glorifient, lui élèvent des statues. Jeanne d'Arc, c'est la patronne de la France. En grandissant, petit enfant, tu apprendras à connaître mieux, et tu admireras cet être…

Mai ensoleillé rend
le paysan orgueilleux.

Au mois de mai,
arrache pelisse,
chapeau et manteau.

mercredi 8

lever 06 h 34
coucher 21 h 16, + 3

Victoire de 1945

nonidi 19 floréal
Arroche

…de bonté, de dévouement, qui montra au monde que l'on doit savoir, s'il le faut, souffrir, se dévouer et mourir pour la patrie ! Et ton cœur se soulèvera d'indignation contre les mauvais juges qui condamnèrent injustement Jeanne d'Arc, et contre le roi qui lâchement l'abandonna. Et tu aimeras de toute ton âme mon enfant, la martyre de la Patrie, la patronne de la France : Jeanne d'Arc ».

Avec le développement de l'impression couleur devenue désormais accessible à l'édition scolaire, les livres d'Histoire de France, plus que toute autre matière, va se prêter à une mise en image d'une très grande finesse et d'une étonnante véracité réalisée avec la plus grande minutie par les illustrateurs. Désormais omniprésents, les plus grands vont s'affronter aux portes des éditeurs pour remporter le juteux marché. À cet égard, il est intéressant de comparer la vision qu'avaient les différents artistes des mêmes faits réels de l'Histoire de France et d'en regarder les résultats tels que les divers éditeurs les ont proposés à l'examen des élèves. Pour le Cours Gauthier-Deschamps qu'on vient de voir chez Hachette, ce sera Jean-Louis Bozon.

Lecture

La bonne Française.

87. *LECTURE.* — LA MORT DE JEANNE D'ARC

La délivrance d'Orléans donna du courage aux Français. Jeanne d'Arc mena Charles VII à Reims pour le faire sacrer roi de France. Partout où elle passait, les Anglais se sauvaient en disant : c'est une fille du diable ! Au contraire, les Français avaient tant de confiance en elle qu'ils la suivaient partout. Dans la cathédrale de Reims, Jeanne, son étendard à la main, eut la joie de voir poser la couronne sur la tête de son Roi.

En voulant chasser les ennemis du nord de la France, Jeanne d'Arc fut prise dans un combat. Charles VII oublia Jeanne. Les Anglais qui en avaient peur la menèrent à Rouen, où elle fut jugée et condamnée à être brûlée vive.

La *figure 39* représente la place où a été élevé un bûcher.

Jeanne a croisé les mains, elle prie. Elle est si calme, si douce, que les Anglais ne pensent plus à l'insulter. La flamme brille, la fumée enveloppe la courageuse jeune fille qui va

Notes

lever 06 h 33
coucher 21 h 17, + 3

Ascension **jeudi 9**

Pacôme

décadi 20 floréal
Sarcloir

Apprendre
la géographie

1930-1960

L'ÂGE D'OR DES DESSINATEURS

Malgré les avancées technologiques réalisées par les industriels, les photographies resteront, jusque dans les années 1960, majoritairement en noir et blanc dans les livres de classe.
Les photographies couleur restant donc onéreuses et difficiles techniquement à reproduire, elles laisseront la place pendant de nombreuses années aux illustrateurs qui peuvent en outre répondre à des demandes de compositions bien ciblées et centrées uniquement sur le message à délivrer. Avec la multiplication des belles images couleur, « l'enseignement par les yeux » prôné par « l'école de Jules Ferry » pouvait ainsi réellement prendre tout son sens.
Dès lors, les éditeurs de manuels scolaires et spécialement des livres de géographie vont attirer à eux les meilleurs illustrateurs du moment afin de rendre les livres le plus attrayants possible :

Chez Belin Andréchanson...

Première géographie documentaire *de Louis Planel, Belin,* [illegible].

*À la Saint-Achille,
herbe à pleine faucille.*

*Saint Mamert (le 11),
saint Pancrace (le 12)
et saint Servais (le 13)
sont les saints de glace.*

*Servais, Pancrace
et Mamert font à trois
un petit hiver.*

Notes

lever 06 h 31
coucher 21 h 19, + 3

vendredi **10**

Solange

primidi 21 floréal
Statice

Chez l'éditeur Mame...

Fig. 60. — Le Rhône à Avignon.

Voici le célèbre « Pont d'Avignon » ; il se nomme le pont St-Bénezet et l'on peut apercevoir sur la gravure la petite chapelle très ancienne du saint patron. Des crues violentes ont emporté successivement les piles qui le reliaient à l'île de la Barthelasse. Au fond, la cité d'Avignon, enserrée dans ses remparts, est dominée par son majestueux Palais des Papes.

Géographie pour le cours moyen
de Jean Brunhes, maison Alfred Mame, [illegible]

Et à la Société universitaire d'éditions et de librairie, des scènes d'une très grande fraîcheur...

Mon premier livre de géographie *pour le cours élémentaire de Blin, Kuhn et Ozouf, Delagrave,* [illegible].

lever 06 h 30
coucher 21 h 20, + 3

samedi **11**

Estelle

duodi 22 floréal
Fritillaire

lever 06 h 29
coucher 21 h 21, + 3

dimanche **12**

Achille

tridi 23 floréal
Bourrache

mai
2024

Apprendre la géographie

1930-1960

L'ÂGE D'OR DES DESSINATEURS

Terminons cette liste non exhaustive des artistes qui ont donné un peu de leur talent pour le plus grand bonheur des enfants de l'après-guerre par…

Raylambert chez Hachette…

Promenons-nous géographie *pour le cours élémentaire de Géron et Rossignol, Hachette,* [illegible]

Mai pluvieux, l'année abondante en grains.

Quand au printemps la lune est claire, peu de noix espère.

lundi **13**

lever 06 h 27
coucher 21 h 23, + 3

Rolande

quartidi 24 floréal
Valériane

Et enfin, Clérice chez Hatier…

Grâce à eux les livres d'école auront pris définitivement des couleurs.

Notes

Géographie pour le cours élémentaire *de Mayeux, Hatier,* [illegible].

Un peu d'histoire

La naissance de l'illustration scolaire

La petite école n'ayant intéressé ni les Révolutionnaires, ni Napoléon, il faudra attendre l'avènement de la Troisième République et surtout la nomination de Jules Ferry comme ministre de l'instruction publique et des beaux-arts pour qu'une imagerie scolaire dédiée aux enfants remplace sur les murs de la classe, les piètres coloriages religieux et les rares cartes de géographie surannées.

à suivre le [illegible] mai

Notes

lever 06 h 26
coucher 21 h 24, + 3

mardi **14**

Matthias

quintidi 25 floréal
Carpe

mai 2024

Peu avant la fin de siècle, ce sera au tour des livres de classe de profiter de cette arrivée massive des illustrations qui seront bientôt en couleur.
Pour y parvenir, Jules Ferry eut l'idée de créer en 1879 la « *Commission de l'enseignement par l'image.* ». Selon lui, « Ne conviendrait-il pas de réformer l'imagerie scolaire et enfantine, d'en tirer tous les services qu'elle peut rendre indirectement à l'instruction populaire ? Serait-il impossible de substituer aux grossières enluminures, aux images niaises, aux bons points et aux accessits en papier gaufré, une ou plusieurs séries de récompenses consistant en bonnes gravures de grandeur différente, depuis celle qui servirait de récompense hebdomadaire jusqu'à la grande feuille reproduisant, par exemple, un des chefs-d'œuvre de la chalcographie du Louvre, qui serait donnée en prix, et qui, soigneusement conservée dans les familles, introduirait dans les plus humbles demeures comme un reflet des musées ? »

Brouillard de mai,
chaleur de juin
amènent la moisson
à point.

À la Saint-Honoré,
s'il fait gelée,
le vin diminue de moitié.

Notes

mercredi **15**

lever 06 h 25
coucher 21 h 25, + 2

Denise

sextidi 26 floréal
Fusain

Cette commission, finalement appelée « Commission de la décoration des écoles et de l'imagerie scolaire » s'intéressera à organiser non seulement l'imagerie proprement dite, mais encore la décoration murale des écoles et lycées, la constitution des petites collections artistiques pour les musées scolaires, et l'emploi des projections lumineuses comme moyen d'enseignement. Pour cette commission, « La première révélation de la beauté qui se fait à l'enfant par les yeux ; c'est toujours par les yeux que nous recevons de la beauté l'impression la plus forte et la plus sûre. Il faut encore faire de l'école elle-même un musée, une sorte de sanctuaire où règnent la beauté aussi bien que la science et la vertu. Il faut que l'art vienne à lui pour ainsi dire de toutes parts comme l'air ambiant qu'il respire, afin que chaque jour, de ces sources délicieuses, la vie et la beauté descendent dans son cœur. »

à suivre le ⊠ mai

lever 06 h 24
coucher 21 h 26, + 2

jeudi **16**

Honoré

septidi 27 floréal
Civette

La commission poursuit : « L'une des voies les plus fécondes qui soient offertes à l'éducation publique pour répandre le culte du beau, ce sont les bons points, distribués chaque semaine aux élèves dont le travail a été satisfaisant ; ce sont aussi les prix et les accessits décernés le jour de la distribution solennelle, à la fin de l'année scolaire. Pourquoi ne distribuerait-on pas de temps en temps désormais, comme prix, des albums d'estampes ; comme accessits, des estampes ? Déjà les bons points sont partout des images. L'enfant les rapporte à la maison. La famille entière les examine et se réjouit à regarder l'image, en même temps qu'elle s'instruit à lire la légende qui y est jointe. Souvent l'image est avec un clou accrochée à la muraille blanchie à la chaux : ce n'est pas l'enfant seulement qui profite de cette leçon de goût, c'est la maisonnée tout entière, grands et petits. »

Les grands principes de la réforme étant posés, il fallait définir avec précision quels types d'illustrations on souhaitait désormais voir accrochés aux murs de la classe : pour ce faire, elle invite les éditeurs à se mettre au travail. Ils répondent avec divers bonheurs à l'appel d'offres : Larousse proposera des estampes de Moreau Nélaton, l'imprimeur Charles Verneau, des affiches en couleurs d'Hélène Dufau, son frère, une série de toiles d'Henri Rivière et d'autres des peintures d'André Dauchez ou d'Augustin Hanicotte… Quinze années plus tard, à l'aube du XIXe siècle, à côté de ces ballons d'essai lancés par les éditeurs, rien n'est encore décidé si ce n'est de distribuer en abondance les paysages en couleur de Hugo d'Alesi dans les écoles. Seuls véritables succès d'édition, les 6 tableaux de la civilisation française d'Ernest Lavisse à la Librairie Armand Colin, et les désormais célèbres cartes murales, « parlantes sur une face et muettes de l'autre » de Paul Vidal de La Blache, chez Armand Colin et Cie.

Après des d'années de discussion, et la tenue d'une exposition à Paris sur « *l'art à l'école* » la Commission clôturera définitivement ses travaux en recommandant « qu'il y aurait lieu d'établir, par une collaboration volontaire entre les artistes et les éducateurs, un accord sur le choix des sujets qui peuvent convenir à la décoration et à l'imagerie scolaires. »

À la Saint-Yves,
le beau temps
ôte au laboureur
ses dents.

S'il tonne au jour
de la Saint-Pascal,
sans grêle,
ce n'est pas mal.

Notes

vendredi 17

lever 06 h 22
coucher 21 h 27, + 2

Pascal

octidi 28 floréal
Buglosse

lever 06 h 21
coucher 21 h 29, + 2

samedi 18

Éric

nonidi 29 floréal
Sénevé

lever 06 h 20
coucher 21 h 30, + 2

Pentecôte dimanche 19

Yves

décadi 30 floréal
Houlette

mai
2024

Apprendre les **sciences**

Les tableaux de sciences

ÉMILE DEYROLLE :

Un peu d'histoire

C'est Émile Deyrolle qui, à partir des années 1870, est le premier éditeur à se lancer dans la publication d'affiches scolaires sur les Sciences. Il s'agit de planches murales très colorées et entourées d'un large ruban noir. Cette collection qui touche l'ensemble des éléments intéressant la sphère scientifique est publiée sous le nom de « Musée scolaire Deyrolle. »

Ces planches étaient destinées aux différents niveaux d'études : des leçons de choses pour les plus jeunes à l'éventail complet des matières scientifiques pour les plus grands.

Ce matériel scientifique composé de plus d'une centaine de planches différentes est reconnu comme étant d'une grande qualité scientifique. Il continue à être distribué dans le monde entier.

Chaleur de mai
fleurit ta haie.

Bourgeon de mai
remplit le chai.

S'il gèle
à la Saint-Bernardin,
tu peux dire adieu
à ton vin.

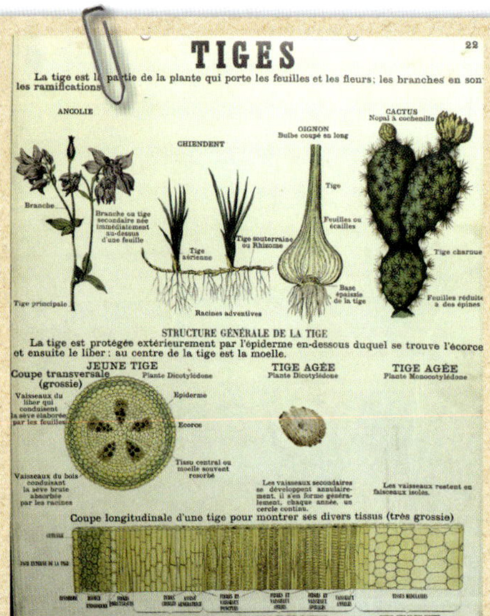

Double-page :
Diverses planches du « Musée scolaire Deyrolle » publiés entre [illegible] et [illegible].

Notes

lever 06 h 19
coucher 21 h 31, + 2

lundi **20** Lundi de Pentecôte

Bernardin

primidi 1er prairial
Luzerne

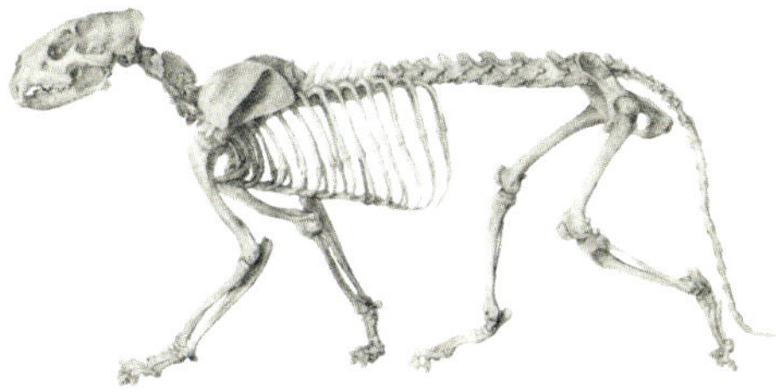

Citation

« L'éducation par les yeux est celle qui fatigue le moins l'intelligence, mais cette éducation ne peut avoir de bons résultats que si les idées qui se gravent dans l'esprit de l'enfant sont d'une rigoureuse exactitude. »

Émile Deyrolle

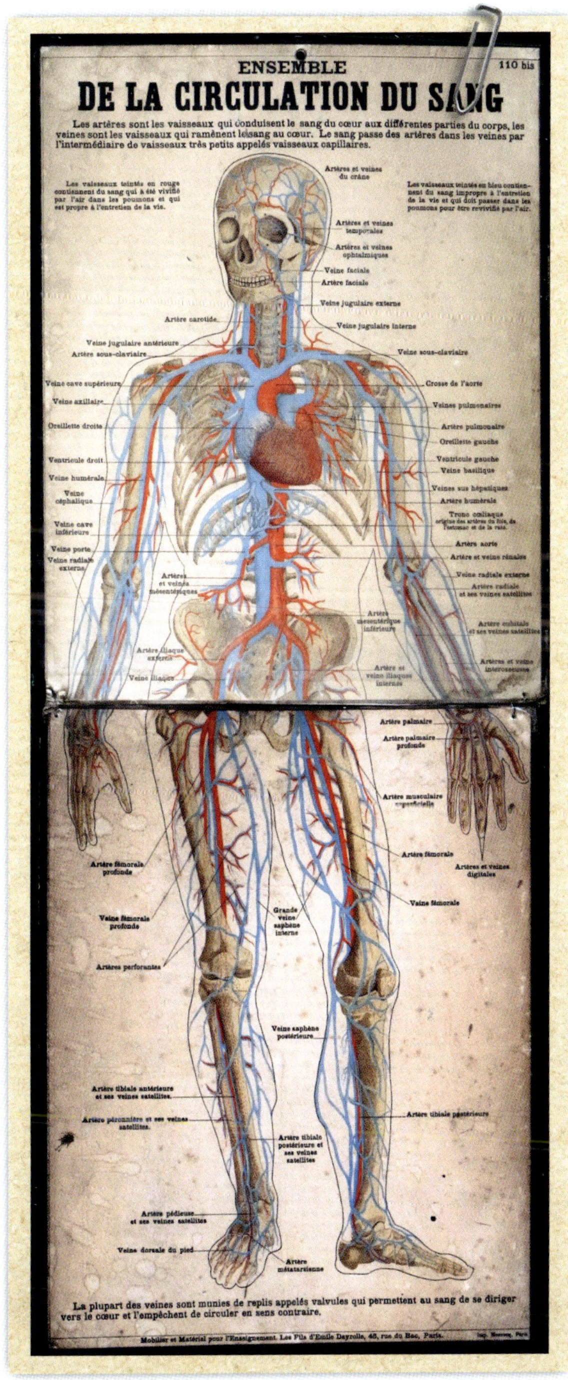

lever 06 h 18
coucher 21 h 32, + 2

mardi 21

Constantin

duodi 2 prairial
Hémérocalle

mai 2024

Apprendre les **sciences**

Mai mouillé,
foin au pré.

Beau temps
de Saint-Émile
donne des fruits
à la folie.

Qui sème les haricots
à la Saint-Didier
en cueillera par milliers.

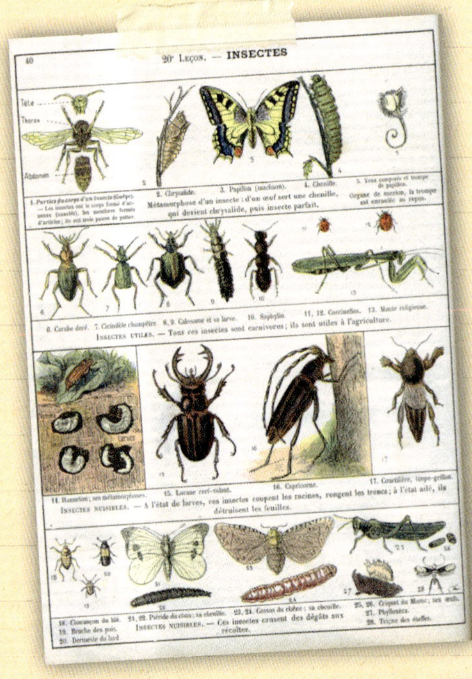

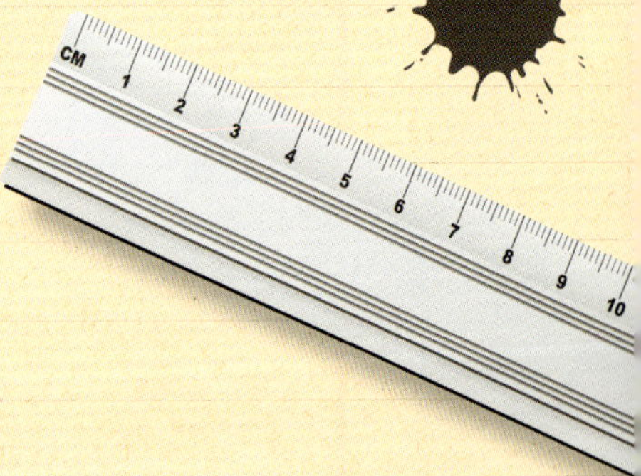

mercredi 22

lever 06 h 17
coucher 21 h 33, + 2

Émile

tridi 3 prairial
Trèfle

Le langage des fleurs

Jacinthe : bonheur profond
Jacinthe blanche : amour indiscret
Jacinthe rose ou rouge : amour pénétrant
Jasmin : bonheur, sensualité, volupté
Jasmin d'hiver : tu me manques
Jasmin odorant : attachement
Jonc : docilité
Jonquille : désir, mélancolie
Joubarbe : refroidissement
Jusquiame : défaut

Jusquiame

Joubarde

Jacinthe

Jonquille

Jasmin

lever 06 h 16
coucher 21 h 34, + 2

jeudi **23**

Didier

quartidi 4 prairial
Angélique

mai
2024

Apprendre
les **sciences**

Des images pour découvrir les choses qui nous entourent

COMPRENDRE, DÉCOUVRIR ET OBSERVER

Citation

« *Une simple pomme prise dans le panier du goûter, un marron ramassé dans la cour de l'école, un hanneton, un morceau de craie, tout objet usuel est bon pour ouvrir les portes de la connaissance scientifique chez l'écolier. Observer avec attention les choses qui nous entourent, les grandes théories ce sera pour plus tard. Le professeur mettra, toutes les fois que cela sera possible, les objets sous les yeux des élèves.* »

Les saisons et les mois *de Cuissart et Cavayé, Alcide Picard & Kaan,* [illegible].

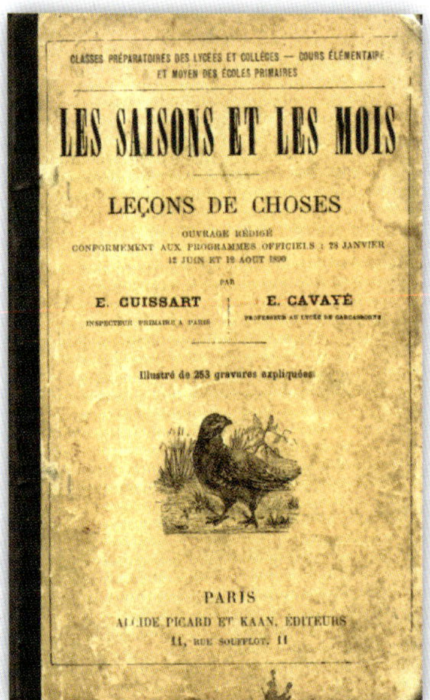

Leçons de Choses : Les Saisons et les Mois *pour le cours élémentaire et moyen de Cuissart et Cavayé, Alcide Picard & Kaan,* [illegible].

Mai sans roses
rend l'âme morose.

Petite pluie de mai
rend tout le monde gai.

Notes

vendredi **24**

lever 06 h 15
coucher 21 h 35, + 2

Donatien

quintidi 5 prairial
Canard

En revanche, pour observer un lion d'Afrique, des éponges naturelles ou un cèdre du Liban, le livre de Leçons de choses prendra toute son importance.

On doit cette dénomination « Leçon de choses » à Madame Pape-Carpantier, l'initiatrice en France de ce qui allait devenir l'école maternelle. Appelées à l'origine « Connaissance sur les objets usuels », cette matière avait comme finalité d'habituer les enfants à utiliser leurs sens pour observer l'objet qu'on leur présentait sous les yeux.

Introduit de façon timide à partir des années 1870, l'enseignement des sciences à l'école primaire ne sera codifié que vingt ans plus tard. Ainsi, à 8 ans, l'enfant doit connaître les sciences de toutes natures, un peu de géologie, de cosmographie et de botanique. L'ensemble est regroupé sous le nom de leçons de choses. Cette découverte des choses, présentes dans un monde étranger et parfois à mille lieues de l'école, l'enfant va cependant pouvoir y avoir accès grâce au développement spectaculaire de l'imagerie scolaire :

Comme cet enseignement doit être essentiellement « intuitif et pratique », les éditeurs vont complètement modifier l'aspect et la taille des manuels et proposer désormais des formats plus grands et plus lisibles et donc mieux adaptés à la présentation pratique des grands thèmes scientifiques.

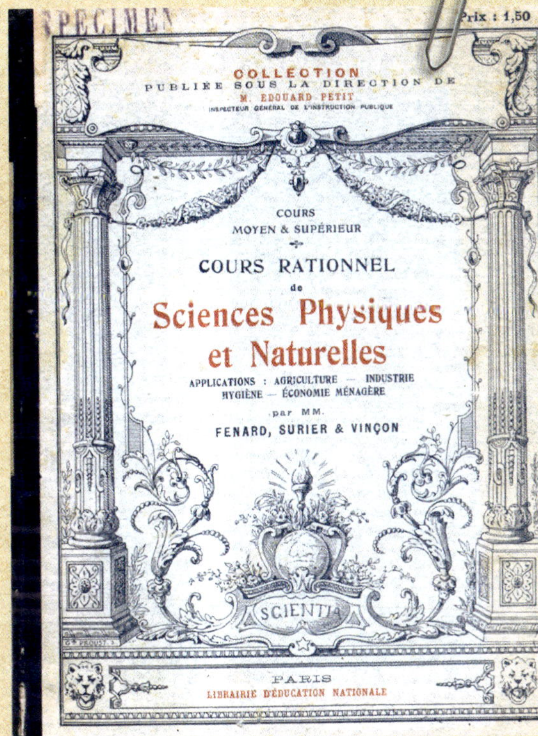

Cours de Sciences Physiques et Naturelles *pour le cours moyen et supérieur de Fénard, Surier et Vinçon, Librairie de l'Éducation,* [illegible].

lever 06 h 14
coucher 21 h 37, + 2

samedi **25**

Sophie

sextidi 6 prairial
Mélisse

lever 06 h 13
coucher 21 h 38, + 2

dimanche **26**

Fête des mères, Bérenger

septidi 7 prairial
Fromental

Henri de Monfreid, le solitaire d'Ingrandes

Dans cette bourgade de l'Indre, vécut de 1947 à 1974, un homme hors du commun qui ne laissa personne indifférent. N'avait-il pas été, pour certains, le pirate audacieux et sans scrupule qui, pour s'enrichir, affrontait sur la mer Rouge, à bord d'un boutre (petit voilier construit dans ces régions en vue du transport), les caprices du vent, l'hostilité des populations locales et les représentants des gouvernements ?
Cet aventurier qui consacrait des livres à succès et des conférences à des récits d'événements presque incroyables, dont il avait été le héros, c'était Henri de Monfreid (1879 – 1974).

Henri de Monfreid

UN AVENTURIER EN RETRAITE

Ingrandes célèbre désormais sa mémoire dans un petit musée installé dans sa demeure que Monfreid fit acheter par sa femme, Madeleine Villaroge quand il décida de revenir en France. Sa haute taille et sa maigreur, ses traits burinés empreints d'une énergie indomptable, son habitude de marcher nu-pieds, souvent en rasant les murs, sa tenue vestimentaire négligée, sont restés dans les mémoires. Sa nourriture frugale comportait curieusement la consommation quotidienne d'une grande quantité de miel. On a dit qu'il dérobait des noix, des pommes ou des châtaignes dans les jardins du voisinage et qu'il faisait régulièrement peser ses sachets de drogue par l'épicier du village. En 1951, la presse locale lui consacra des articles à propos d'une affaire de stupéfiants où il avait été dénoncé pour usage de drogue. Il est vrai que toute sa vie révéla un dédain des règles et de l'administration ce qui lui valut une réputation quelque peu scandaleuse.
En 1958, à 79 ans, il disparut sur un petit bateau pendant plusieurs jours, avec son fils Daniel, entre la Réunion et l'île Maurice. Toute la France parla de l'événement jusqu'à ce qu'il reparût à Tamatave, port de Madagascar.

Mai fait le blé, juin fait le foin.

Soleil de Saint-Germain promet du bon raisin.

lundi **27**

lever 06 h 13
coucher 21 h 39, + 2

Augustin

octidi 8 prairial
Martagon

LES VOYAGES

En 1911, commença sa grande aventure africaine qui devait durer près de 40 ans.
À Marseille, il prit un bateau, l'Oxus pour aller sur les rivages de la mer Rouge. Pour le compte d'une société de Djibouti, il se lança dans le commerce du café et du cuir en Abyssinie. Ce jeune homme se tint tout de suite à l'écart de la société européenne et de l'administration coloniale qui le traita donc avec suspicion. Comme Lawrence d'Arabie, Il adopta un genre de vie semblable à celui des populations locales pour la nourriture et les vêtements. Il apprit l'arabe, pratiqua les règles de la religion musulmane et vécut avec des femmes de la région que, selon la coutume, il avait achetées. Inflexible et rude, il sut aussi se faire apprécier en donnant des consultations médicales et en distribuant des médicaments. Avec un équipage d'hommes fidèles jusqu'à la mort, il sillonna bientôt la mer Rouge à son compte pour des expéditions commerciales risquées, mais fructueuses : les armes, les perles et le haschisch. Ces voyages étaient souvent aussi des missions d'exploration ou même d'espionnage, car ces territoires étaient peu fréquentés par les Européens et souvent convoités par plusieurs puissances concurrentes. Sur son boutre, il était alors le maître souverain, avec droit de vie et de mort. Il sut utiliser toutes les possibilités de ces bateaux à l'équipage réduit ; il en vint même à en construire lui-même. Il apprit à connaître les vents, les passes entre les îles la configuration et le relief des rivages, les diverses ethnies qui y vivaient et leurs mœurs. Pour réaliser ses projets, il lui fallut ruser avec la douane, les concurrents, les représentants du Négus Hailé Sélassié qui régnait sur l'Éthiopie, les Turcs et les Anglais.

LE REBELLE

En 1913, il fut incarcéré pour trafic d'armes à Djibouti. En 1918, les Anglais l'arrêtèrent pour le même motif. Il fit naufrage l'année suivante. En 1928 il fut mis en prison pendant cinq mois pour trafic de stupéfiants et assassinat ; il fut finalement libéré à la suite d'un non-lieu.

L'HOMME D'AFFAIRES ET L'HOMME DE LETTRES

En 1933, devenu célèbre en France grâce à un reportage de Joseph Kessel et à la publication de ses premiers livres, il fut expulsé d'Éthiopie par Haïlé Sélassié. N'avait-il pas accusé le Négus, dans *Vers les terres hostiles de l'Éthiopie*, de favoriser l'esclavage et divers trafics pour s'enrichir personnellement. Mais il était très attaché à l'Abyssinie où il avait acquis une maison à Araoué et fondé une usine d'électricité et une minoterie à Diré-Doua. Il y revint comme correspondant de guerre lors de l'invasion italienne ; il récupéra ses biens mais fut de nouveaux arrêté à la suite de l'intervention britannique accusé cette fois d'espionnage, et déporté dans un camp au nord du Kenya. Il attendit d'avoir l'accord des représentants de la France libre pour rentrer en Europe prendre sa revanche et réussir par tous les moyens.
Il pouvait paraître insensible avec les femmes ; il rompit brutalement avant son départ avec la compagne qui lui avait donné un fils et il fit beaucoup souffrir Armgart, son épouse d'origine allemande. Son petit-fils Guillaume de Monfreid a fait publier sa correspondance : elle révèle un homme plus proche et plus complexe qu'on pourrait le penser. Cet homme d'action fut aussi un artiste : peintre d'aquarelle ; il fut un photographe dont l'œuvre est maintenant présentée dans des expositions et il jouait du piano même au Kenya.

Jean-Mary Couderc

lever 06 h 12
coucher 21 h 40, + 2

mardi **28**

Germain

nonidi 9 prairial
Serpolet.

Double-page :
Le Porte-feuille des enfans : *mélange intéressant d'animaux, fruits, ⊠eurs, habillements, plans, cartes et autres objets. Dessinés et gravés en ⊠⊠⊠ sous la direction* de Cochin.

« Le porte-feuille des enfans »

En cette fin du XVIIIe siècle, « le siècle des Lumières », l'heure est au développement spectaculaire du savoir encyclopédique, qu'il soit scientifique ou culturel. Ce genre littéraire s'adressera aussi aux enfants et à leur famille à qui l'éditeur va distiller, semaine après semaine toute une série de fascicules couvrant l'ensemble des connaissances d'alors.

Pour les auteurs de cette encyclopédie ô combien imagée « *les objets qui la composent ont l'avantage de parler aux yeux : c'est le plus sûr moyen de captiver l'attention de l'enfance et de lui déguiser l'instruction sous la forme d'un simple amusement.* »

Mai mouillé,
foin au pré.

lever 06 h 11
coucher 21 h 41, + 2

mercredi **29**

Aymar

décadi 10 prairial
Faux

Les planches étaient publiées en vrac, dans des séries à suivre (quadrupèdes, poissons, costumes, géographie, etc.), de manière à inciter l'enfant à inventer lui-même son mode de classement. Dans chacune des livraisons qui s'échelonnaient de mois en mois 5 à 6 planches gravées et 1 ou 2 tableaux explicatifs et didactiques. En tout 24 numéros qu'on pouvait classer soit par parution, soit par matière, soit dans l'ordre que décidait l'enfant. Premier ouvrage de ce genre, novateur à plusieurs niveaux de pédagogie, le Portefeuille constitue l'une des prémices de la presse pour enfant et participe au processus de démocratisation de l'instruction. Il faut dire que pour les 117 planches gravées que rassemblait l'encyclopédie, l'auteur avait fait appel à de grandes signatures : Buffon pour les quadrupèdes et les oiseaux, Réaumur pour les insectes ou Duhamel pour les poissons sans oublier un certain nombre de grands érudits des Arts et métiers et de l'Académie des Sciences.

lever 06 h 10
coucher 21 h 42, + 2

jeudi 30

Ferdinand

primidi 11 prairial
Fraise

mai
2024

Apprendre à lire

Les tableaux d'élocution, de vocabulaire et de langage

APPRENTISSAGE DE LA LECTURE

Dès lors, dans toutes les matières enseignées à l'école primaire, les maisons d'édition vont là encore, comme pour les livres scolaires, rivaliser d'imagination, pour proposer des tableaux les plus attractifs pour les élèves et les mieux adaptés au programme scolaire pour les maîtres.

S'il pleut à la Sainte-Pétronille (le 31), les raisins deviennent grappilles ou tombent en guenilles.

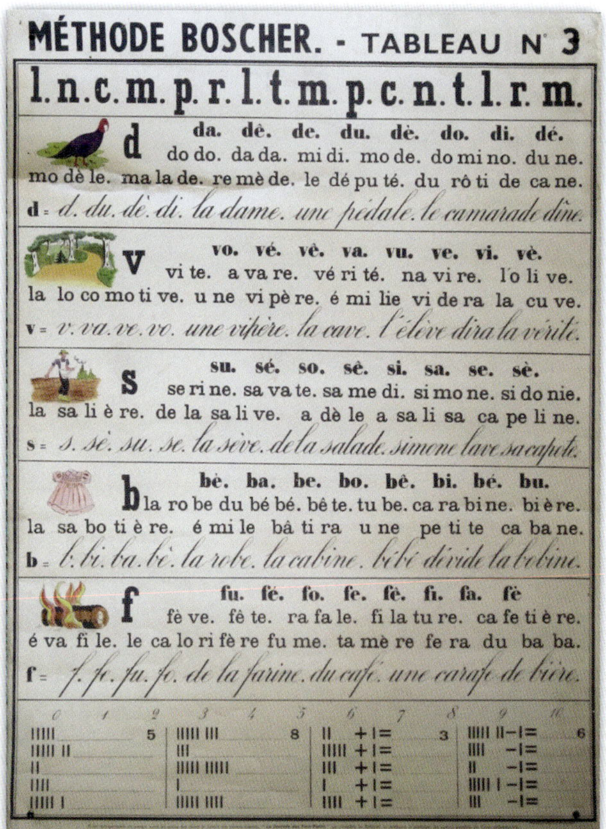

Méthode de lecture Boscher *en tableau, à partir de* [illegible]

Notes

lever 06 h 10
coucher 21 h 42, + 2

vendredi **31**

Visitation

duodi 12 prairial
Bétoine

Méthode Boscher

En matière d'apprentissage de la lecture, comme on n'est jamais aussi servi que par soi-même, un instituteur va à son tour devenir éditeur. C'est le cas de Martin Boscher, un instituteur de Saint-Barnabé, un petit village près de Loudéac en Bretagne qui propose avec sa méthode des panneaux originaux pour les murs de sa classe. Ce sera un énorme succès et aujourd'hui, plus de cent ans après sa création, sa méthode est toujours éditée par Belin.

Am-stram-gram

L'éditeur de Saint-Germain-en-Laye, dans les Yvelines actuelles, La Maison des instituteurs (MDI) fera appel, à la fin des années 50, au talent du dessinateur Raylambert pour illustrer sa série de quarante-huit tableaux muraux Am-Stram-Gram.

Am-Stram-Gram ou la ronde des mots *en [illegible] tableaux illustrés par Raylambert à la Maison des instituteurs (MDI),* [illegible]

juin

Juin apporte l'été et, dans son sillage, bonheur et fertilité. Du latin *junius*, en hommage à Junon, déesse romaine du Mariage et de la Fécondité, juin célèbre de nombreuses unions. Mois de soleil, d'abondance au potager et au verger, mois des fraises et des cerises, des journées nationales « Rendez-vous aux jardins » un peu partout en France, juin célèbre l'arrivée de l'été. Du 1er au 21, les jours continuent de rallonger et, depuis des siècles, les hommes se rassemblent lors du solstice d'été, comme encore aujourd'hui le 21 juin pour la Fête de la musique, ou le 24 juin pour sauter par-dessus les feux de la Saint-Jean.

Sudoku

9		3	6			8	7	
	6		8		1			3
		5			9			
2		7					4	
	3		2	1	4	9		
				5				6
		6	7	9			3	
								5
7	8		5	6		4	2	

	7			8	5		9	4
	2	9		7				
			4			1		
	1		6	2			5	9
		4		1			3	
		5		4				6
	8		1				4	
7	4			9				3
	9		7			6		

Dans le ciel

Ce mois-ci, vous en apprendrez plus sur les constellations du Bouvier, de la Couronne Boréale, d'Andromède, de la Balance et du Loup.

Le ciel visible vers le 15 juin à 1 h.

Des images pour faire « s'évader » les enfants

Citation

« L'enfant n'aimera sa classe que si, de cette chambre austère et grise, sa pensée s'envole vers des choses extérieures. »

Si en juin vient
un grand chaud,
tous les blés seront
creux et chauds.

C'est ce qu'écrivait en 1882 Franz Schrader, géographe et plus tard auteur avec Henri Lemonnier de très nombreux manuels scolaires de géographie chez Hachette. L'idée était ici, comme on l'a vu en Histoire de France, de prendre le contre-pied du «*par-cœur*» qui jusqu'alors demandait à l'élève d'ânonner d'interminables listes stéréotypées de lieux inconnus, sans avoir à les situer précisément sur une carte. Dans ce catalogue bourré d'embuches, les fleuves et leurs affluents, des montagnes classées par altitude ou des préfectures et sous-préfectures classées par ordre alphabétique : autant de causes de punitions ou de listes de noms «*insoupçonnés*» à recopier à la maison...

Pour le géographe, il fallait libérer l'esprit des enfants en leur proposant «*des faits palpables avec leurs formes visibles comme les esquimaux poursuivant les phoques, les grands fleuves d'Amérique roulant des forêts arrachées, des avalanches recouvrant des villages ou des éruptions volcaniques au plus près des cratères, tout cela avec des images ou des vues projetées sur les murs de la classe.*»
Ce que préconisait le pédagogue, c'était de transformer les petites géographies indigestes, impersonnelles et tristes en de grands livres d'images présentant aux enfants des lieux inconnus et souvent lointains dans lesquels la plupart d'entre-eux n'iraient d'ailleurs jamais...

Éléments de Géographie pour le cours élémenta
de Franz Schrader et Henri Lemonnier, Hachette, 18

Amérique Cataracte du Niagara.

La Géographie de l'abbé Gaultier

Le précurseur de l'idée que la Géographie doit être une matière vivante et concrète, c'est l'abbé Gaultier pour qui « *L'étude la géographie a été, jusqu'à ce jour, aussi pénible qu'infructueuse pour la plupart des enfants : on n'a fait que surcharger la mémoire de mots techniques, sans exercer les yeux sur la carte. Pour habituer les yeux des enfants à distinguer et à reconnaître les différents endroits de la terre, nous les exerçons sur des cartes emblématiques où rien n'est écrit (carte sans légende) et qui offrent seulement les contours des contrées, des provinces, des îles, des caps, des villes, et autres endroits remarquables du globe. Les enfants, à la fin de chaque leçon, répètent sur la carte emblématique tout ce qu'ils ont appris sur la carte écrite (carte avec légendes) : cet exercice se trouve disposé de manière qu'il semble devenir pour eux un objet de pur amusement.* » Les manuels de géographie de l'abbé Gaultier, publiés pour la première fois en 1788 seront réédités pendant plus de cent ans et connaîtront ainsi un succès considérable pendant tout le XIXe siècle.

Paysage dans une île d'Océanie.

lever 06 h 09
coucher 21 h 43, + 2

samedi 1er

Justin
Dans le calendrier républicain :
tridi 13 prairial
Pois

lever 06 h 08
coucher 21 h 44, + 1

dimanche 2

Blandine

quartidi 14 prairial
Acacia

juin
2024

LES GRAFFITIS DE LA CHAPELLE DE BAVALAN (À AMBON, MORBIHAN)

Il s'agit, pour la Bretagne, d'un rare ensemble de graffiti de navires, gravé partie sur des pierres de tuffeau encadrant les ouvertures, et partie sur un enduit mural – des bateaux de guerre et de commerce des XVIIe et XVIIIe siècles – pour une région de roches éruptives ou de schistes où les graffitis sont en principe absents. Ces graffitis avaient été signalés par notre collègue Josiane Berrier dans une étude de la chapelle (1999, 53-64). Elle en avait publié trois dessins et une photographie.

À la Sainte-Clotilde,
de fleur en buisson,
abeille butine à foison.

Le temps qu'il fait
en juin le 3
sera le temps du mois.

LES PRINCIPALES CARACTÉRISTIQUES HISTORIQUES ET ARCHITECTURALES DE LA CHAPELLE

La chapelle privée de Bavalan (où des visites sont parfois autorisées) liée à l'ancienne seigneurie de *Bazvalan* (en breton : le genêt) est presque l'unique témoin d'un ancien manoir situé au nord-ouest de l'étier de Billiers traversé par la rivière de Saint Éloi, au SW de Muzillac. Le bâtiment est inscrit à l'Inventaire supplémentaire de Monuments historiques depuis 2009.
La chapelle est de plan rectangulaire ; elle mesure 10,30 m de longueur, 6,70 m de largeur, et sa hauteur est de 4 m jusqu'à l'arase des élévations nord et sud. La charpente s'appuie sur des sablières moulurées et sculptées. Elle date au moins du XVe siècle comme l'indique un texte gravé sur la sablière nord où se trouve la date de 1466.

En très mauvais état, il y a quelques années, cette chapelle a été restaurée par son nouveau propriétaire qui, aidé par la DRAC de Bretagne, le Conseil général, la Fondation du Patrimoine et La Sauvegarde de l'Art français, y a consacré beaucoup de soins.

Elle présente deux curiosités architecturales :

◆ Un étage inférieur en forme de cave. On y accède par une porte à gauche du portail après une descente de cinq marches. Là on ne trouve, dans une trouée de lumière,(côté NW), que deux graffitis dégradés de bateaux gravés sur un encadrement de tuffeau autour de ce qui serait une crédence pour Martine Nicolas[1], ou plutôt un placard comme le pense L. Goas-Straaijer, architecte du patrimoine. Cette cave est souvent remplie d'eau ; une certaine tradition, qui reste à authentifier, rapporte qu'elle aurait servi de prison à des marins, les auteurs des graffitis pour d'aucuns, alors que ces derniers sont pratiquement tous à l'étage supérieur à fonction religieuse. Trois énormes poutres soutiennent le

lundi 3

lever 06 h 08
coucher 21 h 45, + 1

Kévin

quintidi 15 prairial
Caille

plancher de la chapelle, deux d'entre elles reposent en partie sur un mur de soutènement. Plusieurs traces de murs arasés perpendiculaires au côté sud, évoquent l'existence d'anciens caveaux comme dans une cave à provisions ou à vin. D'ailleurs, le propriétaire, nous a rapporté l'avis d'un conservateur des Monuments historiques qui lui a dit que la porte d'accès au sous-sol, plus large (1,02 m) que celle de la chapelle (0,98 m), avait la taille nécessaire pour faire entrer le module courant de tonneau qui servait naguère au transport du vin en Bretagne.

◆ Un appentis sur toute la longueur du côté nord à l'intérieur duquel se trouve la base d'un espace plus restreint (long de 2,75 m) accolé à l'extérieur du mur nord avec deux traces d'arrachage sur le mur gouttereau. On l'a interprété comme un ancien oratoire seigneurial donnant sur la nef par deux baies inégales, de nos jours murées.

1. *Ancienne chargée d'étude à la Conservation régionale des monuments historiques (DRAC de Bretagne).*

L'EMPLACEMENT DES GRAFFITIS.

Techniquement, une première partie des graffitis, profondément gravée, est liée à la présence d'encadrements de fenêtres ou de niches en tuffeau de Touraine ou d'Anjou. La richesse de la Bretagne au XVe siècle et les circuits commerciaux de l'époque ont amené des livraisons de tuffeau à Nantes par la marine de Loire, tuffeau réparti ensuite en Bretagne-sud par cabotage marin. Sur ces encadrements, se trouvent surtout des navires ventrus de commerce du XVIIe siècle, s'apparentant aux cocas méridionaux, ou bien des navires de guerre sommaires.

Une seconde partie de graffiti, occupant une surface plus importante, de style et d'époque différente, a été gravée à la pointe fine sur un enduit ancien à base de chaux et de coquilles marines pilées. Ce sont surtout des bateaux de guerre du XVIIIe siècle dont deux mesurent plus d'un mètre de long.

Sur 137 graffitis au total, il y a un peu plus d'une trentaine de graffiti navals suffisamment développés ou détaillés pour être dignes d'étude.

Nous avons montré que les grands graffitis de navires de guerre du XVIIIe siècle (J.-M. Couderc, Les graffiti navals de la chapelle de Bavalan à Ambon (Morbihan), *Mémoires de la Société polymathique du Morbihan*, 2016, 142, 125-153) pourraient avoir été réalisés par un témoin ou un marin des navires de guerre réfugiés dans l'estuaire de la Vilaine à Arzal après le combat des Cardinaux contre les Anglais, en 1759

Jean-Mary Couderc

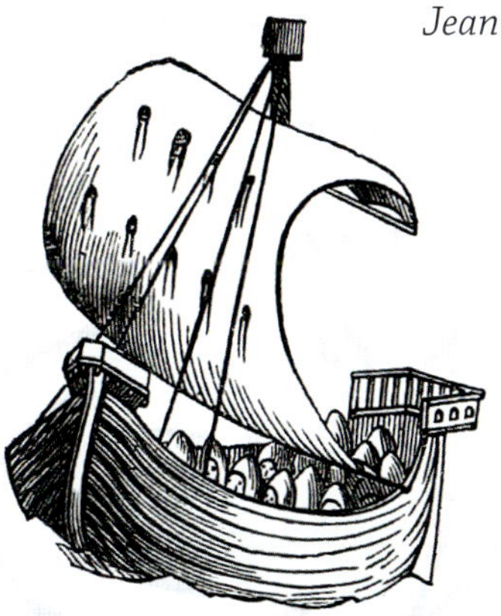

lever 06 h 07
coucher 21 h 46, + 1

mardi 4

Clotilde

sextidi 16 prairial
Œillet

Des images pour découvrir les choses qui nous entourent

Les classes promenades

Cette découverte des sciences de toutes natures peut-être aussi un voyage sur le terrain, à deux pas de l'école : c'est le concept des « *classes-promenades* » *qui doivent être envisagées comme « une approche transdisciplinaire – Sciences, Histoire ou Géographie –, à visée éducative*. »

Les sorties scolaires vont ainsi se développer à partir des années 1930. De grandes promenades dans la nature au cours desquelles on herborise et rapporte de nombreux spécimens. Échantillons de minéraux, de végétaux ou d'insectes qui trouveront naturellement leur place dans le fameux musée scolaire. Un endroit magique qui sera en fin d'année la fierté des élèves et de leur maître qui ne manqueront pas de le montrer aux parents lors de la cérémonie de fin d'année de la remise des prix et de la journée « porte ouverte de l'école » avant la lettre.

Seule obligation pour ces espaces de temps passés hors de l'école : l'enseignement doit y privilégier l'observation, la manipulation, l'écoute et l'odorat.

« Après avoir traversé le village, au lieu de suivre la grande route, nous prenons les petits chemins qui longent les champs de blé, les sentiers qui coupent les prairies. Nous passons le pont et nous gravissons les coteaux qui se trouvent de l'autre côté. Enfin nous allons dans le bois cueillir des fraises ou des mûres sauvages et faire des bouquets. Au bout du village, nous trouvons la plaine, c'est-à-dire une grande étendue de terrain dont la surface est à peu près plane, de sorte que l'on voit les maisons et les arbres jusqu'à 1'horizon où le ciel semble toucher la terre. La Terre est une énorme boule. Par conséquent les parties de sa surface qui semblent planes sont en réalité bombées. Voilà pourquoi en traversant la plaine pour venir au village, on voit d'abord le clocher, puis l'église, puis les maisons. En rentrant, nous sommes bien étonnés d'avoir appris beaucoup de choses nouvelles et d'avoir fait autant de découvertes ».

Les bains que prend saint Norbert inondent toute la terre.

mercredi 5

lever 06 h 07
coucher 21 h 47, + 1

Igor

septidi 17 prairial
Sureau

« La classe-promenade ne sera fructueuse que si le maître connaît parfaitement lui-même son sujet. C'est à ce prix seulement qu'il pourra fournir sur place, à ses élèves, toute explication utile. Il est nécessaire, de ce point de vue, que le maître ait fait seul, auparavant, la visite qu'il reprendra en compagnie des enfants ; qu'il se soit convenablement documenté sur le genre d'activité qu'il s'agit d'observer. Sans cette précaution élémentaire, non seulement il serait bien difficile au maître de guider de façon rationnelle les observations des élèves et de contrôler sérieusement les résultats obtenus, mais il lui arriverait encore d'être fâcheusement embarrassé par les questions que les enfants pourraient lui poser devant tel fait qu'ils s'expliquent mal ».

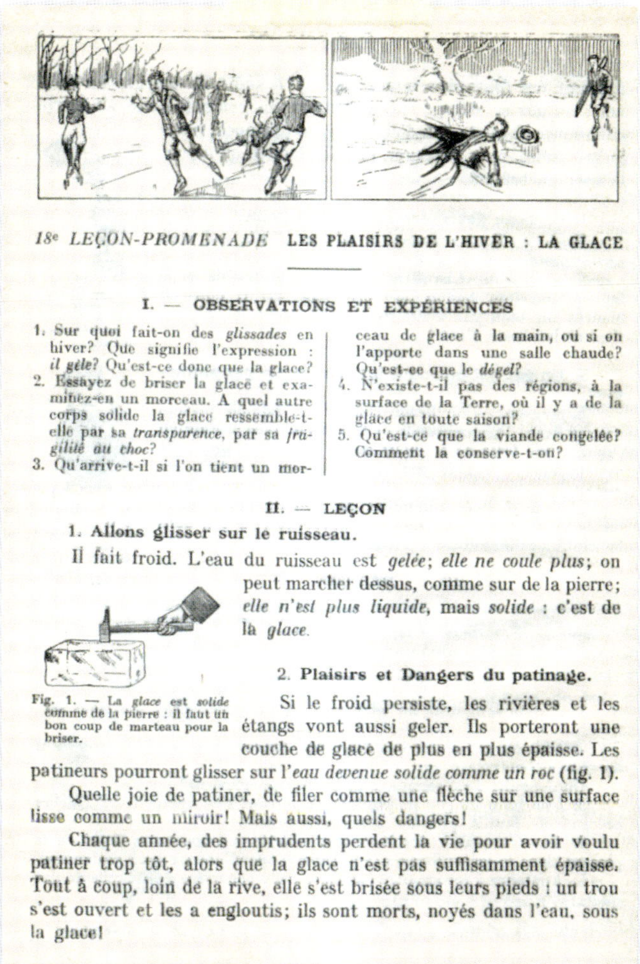

18e LEÇON-PROMENADE **LES PLAISIRS DE L'HIVER : LA GLACE**

I. — OBSERVATIONS ET EXPÉRIENCES

1. Sur quoi fait-on des *glissades* en hiver? Que signifie l'expression : *il gèle?* Qu'est-ce donc que la glace?
2. Essayez de briser la glace et examinez-en un morceau. A quel autre corps solide la glace ressemble-t-elle par sa *transparence*, par sa *fragilité au choc*?
3. Qu'arrive-t-il si l'on tient un morceau de glace à la main, ou si on l'apporte dans une salle chaude? Qu'est-ce que le *dégel*?
4. N'existe-t-il pas des régions, à la surface de la Terre, où il y a de la glace en toute saison?
5. Qu'est-ce que la viande congelée? Comment la conserve-t-on?

II. — LEÇON

1. Allons glisser sur le ruisseau.

Il fait froid. L'eau du ruisseau est *gelée*; *elle ne coule plus*; on peut marcher dessus, comme sur de la pierre; *elle n'est plus liquide*, mais *solide* : c'est de la *glace*.

Fig. 1. — La *glace* est *solide* comme de la pierre : il faut un bon coup de marteau pour la briser.

2. Plaisirs et Dangers du patinage.

Si le froid persiste, les rivières et les étangs vont aussi geler. Ils porteront une couche de glace de plus en plus épaisse. Les patineurs pourront glisser sur l'*eau devenue solide comme un roc* (fig. 1).

Quelle joie de patiner, de filer comme une flèche sur une surface lisse comme un miroir! Mais aussi, quels dangers!

Chaque année, des imprudents perdent la vie pour avoir voulu patiner trop tôt, alors que la glace n'est pas suffisamment épaisse. Tout à coup, loin de la rive, elle s'est brisée sous leurs pieds : un trou s'est ouvert et les a engloutis; ils sont morts, noyés dans l'eau, sous la glace!

Leçons de choses en classe et en promenade pour les cours élémentaire et moyen 1ère année de Pastouriaux et Le Brun, Delagrave, 1938.

Apprenons à Observer *pour le cours élémentaire de Paspouriaux, Le Brun et Régnier, Delagrave, 1940.*

lever 06 h 06
coucher 21 h 48, + 1

jeudi **6**

Norbert

octidi 18 prairial
Pavot

juin 2024

Les Abécédaires

l'ABC de Jean Bedel illustré par Ferdinand Raffin

« J'ai 4 ans et je sais lire », c'est le sous-titre de ce magnifique « ABC » illustré dans sa première version de 1901 par Ferdinand Raffin. On retrouvera sa signature dans de très nombreux vocabulaires édités par Hachette. Cet album très coloré présente à chaque page une lettre nouvelle avec des illustrations en couleurs des mots correspondants que l'on peut former avec cette lettre.

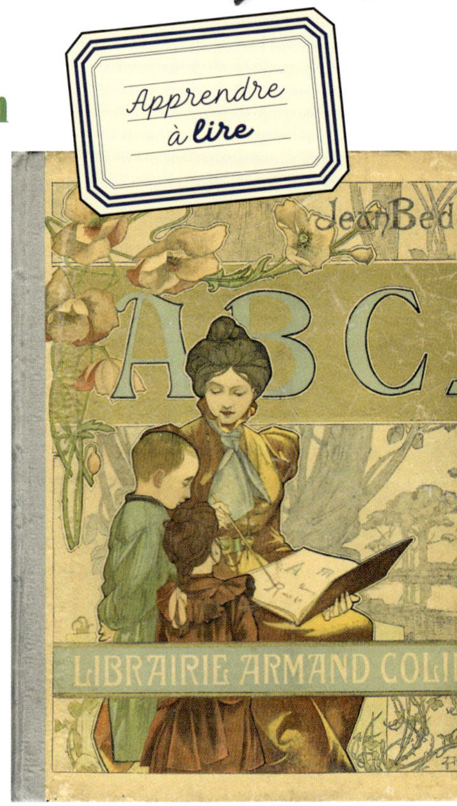

J'ai 4 ans et je commence à lire.
ABC de Jean Bedel, Armand Colin, 1901.

Qui en juin se porte bien
au temps chaud
ne craindra rien.

S'il pleut
à la Saint-Médard,
la récolte diminue
d'un quart.

Du jour de Saint-Médard, s'il fait beau,
sois tout certain d'avoir
abondance de grain.

vendredi 7

lever 06 h 06
coucher 21 h 48, + 1

Gilbert

nonidi 19 prairial
Tilleul

« Mon alphabet en images illustré par Henri Thiriet »

C'est le cas pour cet autre très bel album publié en 1933 et illustré par un artiste de renom. Désormais les illustrateurs de livres scolaires étaient bien sortis de l'anonymat. Bientôt les éditeurs de livres pour enfants feront appel à leur talent et chacun aura son personnage fétiche : ce seront Bécassine, Babar ou Bibiche.

12 COLLECTION ENFANTINE JEAN BEDEL

1. Gorille 2. Gardien 3. Gâteaux 4. Gazelle

G g — Ga Gu Go / gau gou gau / ge gi gè

Prononcez : Gue devant a, o, u — Ge devant e, i

ga ge ca ge

ba ga ge bo ca ge â ge dé ga ge

gu e / é è ê / i — figue bague / digue dague / fougue guide

Prononcez : gu[e]

Pour apprendre à parler. — 1. Que représente la gravure ? (un coin du Jardin des Plantes). — 2. Que représente la fig. 1 ? — 3. Qu'est-ce qu'un **gorille** (grand singe d'Afrique). — 4. Dans quoi est enfermé le gorille que représente l'image ? — 5. Que représentent les fig. 2, 3, 4 ? — 6. Pourquoi y a-t-il des gardiens dans les jardins publics ? —7. Qu'est-ce qu'une **gazelle** ? (quadrupède qui vit en Afrique).

Ci-dessous et page suivante :
Mon alphabet en images, *collection des beaux albums, Martinet, 1933.*

« J'AI 4 ANS, ET JE COMMENCE A LIRE » 21

Les jeux

Kermesse

Noël

Pour lire à Bébé.

1. **Les Jeux.** — Voyez Petit Paul campé sur ses *échasses.* Il préfère ce jeu à la *marelle* et à *colin-maillard.* Pourtant, il finira par s'en fatiguer et sera bien aise de faire une partie de *ballon.*

2. **Kermesse.** — Allons à la *kermesse,* et tâchons de nous bien placer pour voir la fête de *gymnastique.* Ce soir, ce sera beau : tout sera *illuminé !*

3. **Noël !** — C'est Noël ! L'arbre est couvert de *joujoux* de toutes sortes... jusqu'à un *hochet* que la maman donne à son bébé... Après la *dînette,* le papa a promis de montrer la *lanterne magique* à ses enfants ! Oh ! quelle fête !... quelle joie !..

lever 06 h 06
coucher 21 h 49, + 1

samedi 8

Médard

décadi 20 prairial
Fourche

lever 06 h 05
coucher 21 h 50, + 1

dimanche 9

Diane

primidi 21 prairial
Barbeau

juin
2024

Le langage des fleurs

Lys

Lila

Laitue : refroidissement
Laurier-rose : douceur
Lavande : méfiance
Lierre : amitié, fidélité, mariage
Lilas blanc : jeunesse
Lilas mauve : mon cœur est à toi
Lilas rose : vanité
Lis : majesté
Lis blanc : douceur
Lis jaune : gaité, gratitude
Liseron : humilité, importun
Lupin : sérénité

Lavande

S'il pleut à la Saint-Médard et que saint Barnabé (le 11) ne lui coupe le pied, il pleut quarante jours plus tard.

Laurier-rose

Lys

Lupin

lundi **10**

lever 06 h 05
coucher 21 h 50, + 1

Landry

duodi 22 prairial
Camomille

Le langage des fleurs

Magnolia : force
Marguerite : j'y songerai
Mauve : peine de cœur
Mélilot : douceur
Mélisse : plaisanterie
Menthe : chaleur de sentiment
Millepertuis : patience
Mimosa : sensibilité excessive
Mouron : rendez-vous
Muguet : coquetterie, retour du bonheur
Mûrier blanc : chance, sagesse
Myosotis : ne m'oubliez pas
Myrte : amour

Magnolia

Menthe

Myosotis

Mauve

Marguerite

lever 06 h 05
coucher 21 h 51, + 1

mardi **11**

Barnabé

tridi 23 prairial
Chèvrefeuille

Quand Jeanne combattait sur la Loire

Notre fleuve et l'épopée de Jeanne sont liés à plus d'un titre. Au printemps 1428, les Anglais souhaitent franchir la Loire, ligne de défense naturelle du royaume de Bourges, pour s'emparer de l'Auvergne et du Limousin qui les séparent de leur position Aquitaine. Une alternative se pose à eux : doivent-ils passer par Orléans ou par Angers ? Le conseil opte contre Bedford pour la première solution et John Montacute, Comte de Salisbury vient mettre le siège devant Orléans alors « capitale de la France libre ». À l'époque, on pense que si la ville tombe c'est qu'elle n'a pas les faveurs du ciel ; or, Orléans c'est un symbole : c'est la ville du duc Charles en captivité et de Louis assassiné.

C'était une des plus fortes places du royaume qui formait au nord de la Loire un rectangle entouré de remparts au large fossé, réuni à la rive gauche du fleuve par un pont de 19 arches. Ce pont été successivement défendu, au sud, par un ouvrage en terre, le « boulevart des Tourelles », par un large fossé ou coulait les eaux de la Loire, et par la « bastille des Tourelles » (à l'aplomb du quai actuel) séparée de la rive par un pont-levis. Les Tourelles avaient pour symétrique nord, la porte de la Herse munie de tours. Par ailleurs la ville possédait une artillerie neuve de 71 canons.

C'est la prise des Tourelles, le 7 mai 1429 qui délivra Orléans en provoquant le lendemain, la retraite miraculeuse des Anglais. Quoi de plus insolite de penser que les fortifications qui encadraient l'entrée méridionale du pont, ont été prises par une jeune fille ? Le fait de confier à une bergère de 17 ans le commandement de l'armée et la direction des opérations militaires n'était pas, comme on peut le penser, dans l'ordre les choses. Comment expliquer ce dont parlent si bien Huysmans dans *Là-bas* (p. 72) : « Cet incroyable épisode d'une vierge menant paître, ainsi que de docile ouailles, les la Hire et les Xaintrailles… tous ces vieux fauves qui bêlent à sa voix… ? »

Franchir les tourelles n'était pas une partie de plaisir et les Anglais ne s'en étaient pas emparés facilement. La population orléanaise qui était venue, le 21 octobre 1428, soutenir les défenseurs, les avait arrosés de graisse et d'eau bouillante ainsi que de cercles de tonneaux rougis au feu. Les Anglais s'étaient d'abord repliés avec 250 blessés et de nombreux morts. Salisbury avait réussi à pénétrer avec difficultés le 24, mais les Orléanais s'étaient protégés en rompant une arche au milieu du pont.

Saint-Antoine sec et beau remplit caves et tonneaux.

À la Saint-Antoine-de-Padoue, toujours du temps doux.

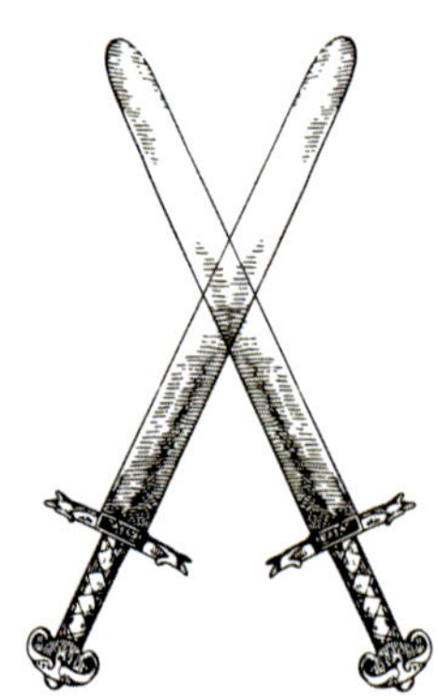

lever 06 h 05
coucher 21 h 51, + 1

mercredi **12**

Guy

quartidi 24 prairial
Caille-lait

Malgré la mort de Salisbury qui permit aux Orléanais d'avoir le temps de raser 21 églises et des maisons pour dégager le champ de tir, la situation semblait désespérée quand parvint la rumeur d'une jeune fille arrivée de Lorraine pour lever le siège. On finit par reprendre espoir et suivre sa progression. Les Anglais, enfermés dans leurs bastilles, la laissèrent prendre contact avec la population à la porte de Bourgogne, le 29 avril au soir. Ce fut une liesse générale qu'un premier fait merveilleux décupla : l'armée, revenue de Blois, passa à travers les lignes. On décida le 4 mai, d'attaquer la bastille Saint Loup, au bord de la Loire, à l'est de la ville. La place était forte et l'affaire tournait mal pour les Français quand Jeanne, prévenue tard, se précipita vers la porte de Bourgogne ; les hommes la suivirent et la bastille fut prise et livrée aux flammes. Le 6 mai, Jeanne, suivie par le peuple, sort par la porte de Bourgogne, à l'est, alors que les capitaines avaient programmé une diversion à l'ouest, sur la bastille Saint-Laurent. Elle traverse la Loire avec ses soldats et des Orléanais, et se dirige vers les Tourelles. Il faut la journée pour prendre la bastille des Augustins et le soir, une grande flamme annonce à la ville que la bastille est prise. Alors que les 7, les capitaines jugent impossible la prise du fort, elle déclare : « En nom Dieu, Je prendrai le fort demain et retournerai en ville par le pont ».Le journal du siège précise qu'elle dit à son chapelain : « Tenez-vous prêts de grand matin, car j'aurais beaucoup à faire et plus que jamais je n'ai eu, et mon sang coulera ».

Jeanne réitère le lendemain matin. Le « boulevart » ne se laisse pas prendre et un carreau d'arbalète la frappe entre l'épaule et la gorge alors qu'elle est sur une échelle ; on veut retraiter, elle s'y oppose en promettant la prise du fort. Après avoir prié durant un quart d'heure, elle confie son étendard à un gentilhomme et lui dit : « Donnez-vous garde quand la queue de mon étendard touchera contre le boulevart ». Il lui dit peu après : « Jeanne ! La queue y touche ! » Alors elle s'écria : « Tout est vôtre et y entrez ! » Ce qui déclencha la ruée. « De grands capitaines, français – ajoute le chroniqueur Cousinot de Montreuil – nous dirent et affirmèrent que après que ladicte Jeanne eut dict les paroles dessus dites, ils montèrent contremont le boulevart, aussi aisément comme par un degré ». Tout cela n'est-il point insolite ?

Les Orléanais ayant amené un brûlot sous le pont-levis qu'ils embrassent et quand les Anglais descendent du boulevard dans la basse-cour des tourelles pour rentrer dans la forteresse, le pont s'effondre sous eux. Tous ardent, se noient où se livrent. Le capitaine Glasdale qui, la veille, quand Jeanne lui criait : « Classidas rends-ti, rends-ti ! » avait traité Jeanne de ribaude et de putain se noie le jour même dans la Loire, sous les yeux de Jeanne émue jusqu'aux larmes. Le soir même, la Pucelle rentre en ville par le pont sommairement réparé, au milieu du peuple en liesse et du bruit des cloches sonnant à toute volée. Le lendemain 8 mai, un dimanche, les Anglais se sont rangés en ordre de bataille mais Jeanne refuse l'attaque et... miracle : les Godons lèvent le siège !

Après la délivrance d'Orléans, les Anglais perdent complètement l'initiative des opérations au profit de Jeanne ; n'est-ce pas étonnant ? Le bon sens commandait de mettre immédiatement à profit l'affolement de l'ennemi devant " La Pucelle " qui a usé de faux enchantements et de sorcellerie (Lettre écrite en 1434 par Bedford au roi Henri VI).

lever 06 h 04
coucher 21 h 52, + 1

jeudi 13

Antoine de Padoue

quintidi 25 prairial
Tanche

juin
2024

Jeanne pressait le roi de marcher sur Reims mais les troupes de Talbot occupaient Meung et Beaugency, Suffolk tenait Jargeau. On ne pouvait les laisser derrière soi. Bedford eut, hélas ! Le temps d'organiser un corps d'escorte qu'il confia à Falstaff.

Quand le roi accepte enfin de chasser d'abord les Anglais des rives du fleuve, Jeanne déclenche à toute vitesse les opérations le long du coude de la Loire. Elle ne dispose que de 4 à 5000 hommes contre environ 5000 Anglais qui tiennent les trois places fortes. Le 10 juin 1429, prévenant l'arrivée de l'armée de secours de Falstaff, elle prend d'assaut, avec le duc d'Alençon, Jargeau défendu par Suffolk et les meilleures troupes d'Angleterre. « À trois coups de l'une des bombardes d'Orléans, dite Bergère, firent choir la plus grosse tour qui y fût (*Journal du siège*) ». Elle enlève la place, une fois encore en négligeant les hésitations des capitaines.

Gagnant de vitesse l'armée de renforts, elle attaque le 15 juin venant de Sologne, le pont de Meung tenu par Scales qu'ont rejoint les restes des troupes de Salisbury. « Je vueil demain après disner aller voir ceux de Meung. Faites que la compagnie soit preste de partie à ceste heure » (Perceval de Gagny). La forteresse des deux rives du fleuve est enlevée d'un seul élan. Dès le lendemain venant du Sud, elle se retourne contre Beaugency ou Talbot attend le renfort de Fallstaff arrivant de Janville. Elle fait elle-même sa jonction avec Richemont. La place aussitôt attaquée, capitule dans la nuit du 17 au 18 juin et Suffolk, resté l'un des derniers sur le pont, est fait prisonnier. Ce pont sans cesse réparé est celui que vous pouvez admirer de nos jours.

La grande victoire de Patay est presque miraculeuse (2200 Anglais tués contre deux français).

Régine Pernoud a montré par divers textes dans « La libération d'Orléans » que les soldats anglais étaient terrifiés devant la Pucelle et qu'ils n'avaient plus de courage devant son étendard. N'oublions pas que le détail de certains événements du siège annoncé par elle, s'était révélé exact.

Après Patay, Jeanne boute les Anglais hors de la région, mais elle n'a pas, hélas, sur les Grands de l'entourage royal, le même pouvoir de conviction que sur les chefs de guerre. L'héroïne connaîtra des déboires (Paris, la Charité-sur-Loire) qui s'achèveront à Compiègne avec sa capture, puis à Rouen avec son procès et sa mort. Mais les Orléanais n'oublient pas Jeanne, fêtée chaque année depuis 1430, par la procession du 8 mai.

Jean-Mary Couderc

Juin bien fleuri,
vrai paradis.

vendredi **14**

lever 06 h 04
coucher 21 h 53, + 1

Élisée

sextidi 26 prairial
Jasmin

lever 06 h 04
coucher 21 h 53, + 1

samedi **15**

Germaine

septidi 27 prairial
Verveine

lever 06 h 04
coucher 21 h 53, + 0

dimanche **16**

Fêtes des pères, Jean-François Régis

octidi 28 prairial
Thym

juin
2024

En juin, juillet, août,
ni gros ni petit chou.

Les tableaux d'élocution, de vocabulaire et de langage

ÉLOCUTION, LANGAGE ET VOCABULAIRE

Rossignol :

De 1950 aux années 1970, près de dix-huit millions d'élèves et plusieurs dizaines de milliers d'enseignants vont utiliser quotidiennement l'une des six-cent-vingt-cinq images créées par un instituteur, André Rossignol. Certaines de ces affiches seront utilisées dans les années 1980 et même au-delà...

Dès 1953, André Rossignol sort trois séries de tableaux d'élocution destinées au cours élémentaire. Certaines de ces affiches sont signées comme cette cour de récréation de René Bresson. D'autres, la plupart, sont anonymes mais sont devenues réellement immortelles...

Le grand magasin, le garage ou la visite du docteur... Ces multiples scènes de la vie quotidienne vont servir à l'enfant à s'exprimer et et aussi à les commenter : toutes ces images que des générations d'écoliers, de la plume Sergent Major au stylo Bic, ont connu ont égayé les murs des écoles dès les années 50. Elles constituent, aujourd'hui encore, une œuvre patrimoniale et quasiment artistique du monde de « *La Communale* ».

Page suivante :
Série d'affiches d'élocution, Rossignol, 1953.

lundi **17**

lever 06 h 04
coucher 21 h 54, + 0

Hervé

nonidi 29 prairial
Pivoine

lever 06 h 04
coucher 21 h 54, + 0

mardi **18**

Léonce

décadi 30 prairial
Chariot

*Celui qui plante
un jardin
plante le bonheur.*

*Série de 72 affiches de Paul Derambure,
MDI, années 70.*

♊ Gemini

mercredi 19

lever 06 h 04
coucher 21 h 54, +0

Romuald

primidi 1er messidor
Seigle

MDI, la Maison des instituteurs :

MDI, la Maison des instituteurs, c'est le grand concurrent direct de Rossignol en matière de planches murales d'élocution et d'apprentissage du vocabulaire. Elle va, dans les années 70, confier au dessinateur Paul Derambure le soin de réaliser une série de soixante-douze affiches sur des scènes de la vie quotidienne : ce sera autant d'images pour questionner l'élève, lui apprendre des mots de vocabulaire et ainsi, pour « le faire parler. » On remarquera les dessins en trois couleurs, orange, gris et noir, caractéristiques de l'époque…

Autre série de MDI, sur la prévention des différents risques d'accident, à l'école ou à la maison et par tous types de cause, chute, feu, foudre etc…

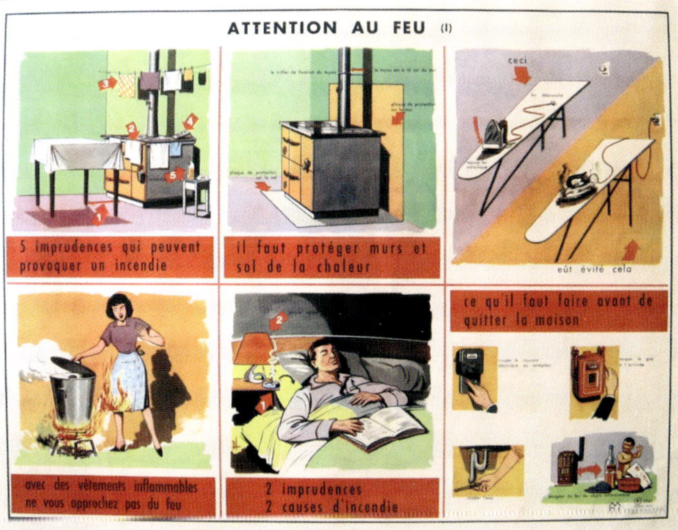

Prévention des accidents, *MDI, années 70.*

Tableaux de vocabulaire et de leçons de choses.
Illustrations Marcel Lecoultre, Armand Colin, vers 1900.

Armand Colin :

Armand Colin va proposer une petite série de planches d'excellente qualité en carton épais verni avec des gravures couleur réalisées en chromolithographie. Chaque tableau est composé de quatre scènes sur un même thème : l'école, la ville, la campagne etc…

lever 06 h 05
coucher 21 h 55, + 0

jeudi 20

Été, **Silvère**

duodi 2 messidor
Avoine

Nathan :

Sur une idée de Jean Perrot illustrée par Fernand Fau, Nathan va proposer une série de trente « histoires en images sans paroles pour bien faire parler les petits ». Chaque planche est composée sous forme chronologique verticale de trois historiettes, thème de l'affiche.

Dans les années 70, Nathan va se lancer à son tour dans la publication d'une série d'affichettes illustrant les scènes de la vie courante. Là encore des images pour faire parler l'enfant et lui permettre à avoir accès à un plus large vocabulaire.

30 histoires en images sans paroles pour bien faire parler les petits, Nathan, vers 1910.

Scènes de la vie courante, Nathan, années 70.

lever 06 h 05
coucher 21 h 55, + 0

vendredi 21

Rodolphe

tridi 3 messidor
Oignon

lever 06 h 05
coucher 21 h 55, + 0

samedi 22

Alban

quartidi 4 messidor
Véronique

♋ Cancer

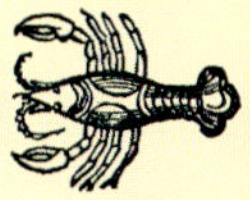

lever 06 h 05
coucher 21 h 55, + 0

dimanche 23

Audrey

quintidi 5 messidor
Mulet

juin 2024

La vie enfantine :

La vie enfantine est une très belle série de vingt-quatre tableaux peu connus et rarement présentés dans les livres traitant du « *scolaire ancien* ».

Cette série de tableaux didactiques destinée aux écoles maternelles a été éditée par Delagrave vers 1900. Ces gravures, d'après les aquarelles de Bertrand et Dutriac, ont été tirées en six couleurs. Ces tableaux ont été utilisés en maternelle et peut-être dans les premières années du primaire.

Picard et Kaan :

La leçon de morale pouvait aussi être l'occasion de faire décrire aux enfants les scènes très symboliques qu'on leur présentait. La « Morale par l'exemple » parue vers 1900 chez Picard et Kaan était constituée de vingt tableaux muraux imprimés en huit couleurs associés au programme officiel pour l'éducation morale et civique.

Prends tes habits légers
le vingt-quatre juin,
Et reprends ceux d'hiver
le lendemain.

Les herbes
de Saint-Jean
gardent leurs vertus
tout l'an.

Après la Saint-Jean,
si le coucou chante,
l'année sera rude
et méchante.

Pluie de Saint-Jean,
pluie pour longtemps.

de Saint-Jean
gardent leurs vertus
tout l'an.

Avant la Saint-Jean,
pluie bénite ;
Après la Saint-Jean,
pluie maudite.

♋ Cancer

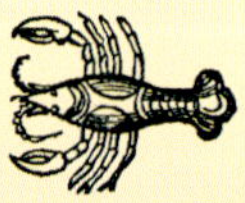

La vie enfantine, *série de 24 tableaux de Belot et Melle Camescasse, Delagrave, vers 1900.*

lever 06 h 06
coucher 21 h 55, + 0

lundi **24**

Jean-Baptiste

sextidi 6 messidor
Romarin.

lever 06 h 06
coucher 21 h 56, + 0

mardi **25**

Prosper

septidi 7 messidor
Concombre

*Temps de
la Saint-Fernand,
chaleur et soleil riant.*

♋ Lancer

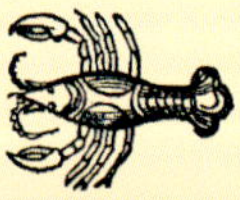

mercredi 26

lever 06 h 06
coucher 21 h 56, + 0

Anthelme

octidi 8 messidor
Échalote

Double-page :

La morale par l'exemple, *série de 20 tableaux de Lecerf et Démoulin, Picard et Kaan, vers 1900.*

lever 06 h 07
coucher 21 h 56, + 0

jeudi **27**

Fernand

nonidi 9 messidor
Absinthe

Les Abécédaires

Un peu d'histoire

De longue date, les colporteurs, ces libraires ambulants, chargés de livres de piètre qualité, étaient nombreux à sillonner les rues de villes et des bourgades ou les chemins des campagnes à la recherche de clients-lecteurs. Outre les catéchismes et les livres de prières, ils avaient désormais, à partir de 1810 dans leur baluchon, les premiers alphabets richement illustrés. Les plus belles éditions de ces « *livres de lecture pour la maison* » étaient destinées aux enfants des familles les plus nanties, les autres devant se contenter des pauvres éditions éculées en noir et blanc qu'ils trouvaient sur les bancs de l'école.

Ces petits fascicules, tout en images, qu'on les appelle « *abécédaires* », « *ABC* » ou « *alphabets* » étaient des compléments pour la maison des lettres apprises dans les salles d'asile et plus tard à l'école maternelle ou à la communale.

Abécédaire des campagnes à l'usage des petites écoles avec figures. *Blanchard, libraire pour l'éducation, 1810.*

*À la Saint-Pierre,
coq chantant
est présage
de mauvais temps.*

Saint-Pierre et Saint-Paul pluvieux est pour trente jours dangereux.

*Pour Saint-Martial,
la faux est au travail.*

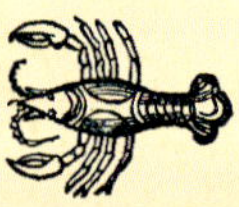

vendredi **28**

lever 06 h 07
coucher 21 h 55, + 0

Irénée

décadi 10 messidor
Faucille

« L'ABÉCÉDAIRE DES CAMPAGNES À L'USAGE DES PETITES ÉCOLES »

C'est un des premiers « *abécédaires* » qui soit parvenu jusqu'à nous. Publié en 1810, c'est un petit bijou merveilleusement illustré en couleurs qui est par ailleurs remarquable par sa présentation à caractère encyclopédique très en faveur à l'époque.

lever 06 h 08
coucher 21 h 55, - 1

samedi 29

Pierre, Paul

primidi 11 messidor
Coriandre

lever 06 h 08
coucher 21 h 55, - 1

dimanche 30

Martial

duodi 12 messidor
Artichaut

juillet

Juillet vient de *Julius*, en hommage à Jules César. Juillet est considéré comme le mois le plus chaud de l'année. D'ailleurs, selon le calendrier républicain, le 19 juillet se termine messidor et commence thermidor, dont la racine grecque – des mots « thermes », « thermomètre » – signifie « chaud ».

Sudoku

								4
	2		8	6				3
	8	4	7	9			2	
6								
2		7	4		6	5		
		3	2	8		9	7	
				2			8	
8					9	3		1
4	1		5	3		2		

2					3	4		
6	1			2	4	3		8
	8							
	5	2			1	8		
7			3	9				2
					5			1
							5	7
5		6		8	2		1	
1	9		4					3

Dans le ciel

Ce mois-ci, vous en apprendrez plus sur les constellations d'Hercule, d'Ophiuchus, du Scorpion, de l'Écu et du Sagittaire.

Le ciel visible vers le 15 juillet à 1 h.

juillet 2024

À la chasse à l'OVNI

J'ai raconté ailleurs mes deux observations d'OVNIS et j'ai montré que les individus qui en ont vu de très près étaient, comme vous pouvez le penser, restés marqués à vie. Cette observation est plus récente.

Je venais de quitter Châtillon-sur-Indre (Indre) pour me diriger vers Cléré-du-Bois quand je vis en l'air, à l'horizon, en direction du sud, une forme ovalaire qui paraissait stationnaire. Je décidai aussitôt de quitter mon itinéraire et de me mettre en chasse.

Première surprise, cette forme n'avait rien de rapide et bientôt paraissait même immobile ; le ciel était gris et l'observation difficile.

J'ai dû traverser le village de Paulnay quand j'ai pensé que ce devait être un ballon d'où pendait quelque chose. J'arrivai au cœur de la Brenne quand je compris que c'était un aéronef accroché à un câble que je finis par apercevoir. Alors je compris, c'était le ballon-antenne de secours du Centre de transmissions de la marine nationale de Rosnay. Ce centre communique sur de très basses fréquences avec nos sous-marins nucléaires tapis dans les profondeurs des océans et qui assurent une menace permanente de réplique nucléaire contre un ennemi qui se permettrait de nous frapper d'une bombe nucléaire.

Mis en service le 1er juillet 1971, ce centre émet à l'aide d'antennes soutenues par 13 pylônes métalliques dont 6 de 270 m de hauteur et un de 357 m. Toutefois, si la base était victime d'une attaque nucléaire pulvérisant les antennes, le personnel survivant grâce à un bunker souterrain muni de deux portes blindées pesant chacune 40 tonnes, pourrait lancer un ballon captif gardé intact dont le câble porterait une antenne de secours permettant de lancer l'ordre de riposte nucléaire réceptionné par nos sous-marins en immersion périscopique.

Quand j'arrivai devant la base, je vis le ballon ramené à terre non loin de la porte. Je venais donc d'assister à une manœuvre d'entretien de l'antenne de secours, opération très rare en temps de paix.

Jean-Mary Couderc

Chaud juillet
sur frais juin,
peu de blé,
mais bon vin.

Si juillet est chaud,
prépare tes tonneaux.

Quand la lune
vient par l'eau,
trois jours après
il fait beau.

♋ Cancer

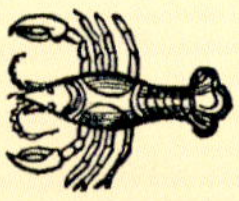

lundi 1er

lever 06 h 09
coucher 21 h 55, -1

Thierry
Dans le calendrier républicain :
tridi 13 messidor
Giroflée

Jules Voisin aux Dardanelles

Le beau-père du grand oncle Chanrion de mon gendre a combattu aux Dardanelles en 1915. Un jour qu'il se trouvait abrité dans une maison turque à demi-détruite, il vit quelques papiers d'allure officielle et pour lui très étranges puisqu'en caractères arabes (Bien sûr Mustapha Kémal n'avait pas encore fait adopter l'alphabet latin à son pays).

Il les mit dans sa musette et puis rentra en France comme tous les survivants de cette expédition que les Turcs avaient bloquée. Il les retrouva plus tard et les mit de côté. Il se décida bien après le conflit à les porter au consulat de Turquie de Paris. Beaucoup plus tard, Il fut un jour extrêmement surpris de recevoir une invitation à ce consulat.

On lui présenta une famille turque qui le remercia alors qu'il ne comprenait pas pourquoi, quand le Consul lui expliqua que son geste avait permis à une famille de retrouver sa propriété et ses terres, ce qui lui était contesté faute de preuves. Il fut même embrassé.

Jean-Mary Couderc

La très récente invasion d'une fourmi à la piqûre insupportable

Voilà que vient d'apparaître en 2022, dans le sud-est de la France, la fourmi « électrique » ou « fourmi de feu », appellations liées à la piqûre très douloureuse de son dard, destinée à neutraliser d'autres animaux mais capable de provoquer des chocs anaphylactiques chez des humains allergiques. C'est comme une piqûre d'ortie en plus fort qui peut perdurer de deux à trois heures ! C'est dans une résidence en bord de mer, à Toulon, que *Wasmannia auropunctata*, qui n'avait été observée qu'une fois en Europe à Malaga, a été observée. C'est une fourmi jaunâtre L'espèce est rangée parmi les pires envahisseuses du monde ; elle a déjà colonisé l'Australie, Tahiti et la Nouvelle Calédonie.

Jean-Mary Couderc

lever 06 h 09
coucher 21 h 55, - 1

mardi 2

Martinien

quartidi 14 messidor
Lavande

juillet
2024

La longue histoire de la construction d'une machine à remonter les bateaux à contre-courant, créée au XVIIIe siècle, peu avant l'application de la machine à vapeur aux bateaux fluviaux

Ce fut, comme la célèbre machine de Marly, créée pour remonter l'eau de la Seine jusqu'au parc du château de Versailles afin de fournir de l'eau aux fontaines, une dernière tentative complexe d'utiliser l'énergie hydraulique pour remplacer l'énergie animale. Cette machine a rendu de grands services à la communauté des mariniers de la Seine et au trafic fluvial parisien dans l'espace étroit aux eaux rapides situé entre la perspective des Invalides et le Pont Royal.

Jusque-là, on utilisait des chevaux pour haler les bateaux depuis les berges. Mais il fallait entretenir des chemins de halage en éliminant le moindre arbre ou buisson poussant à la limite de l'eau. Le halage était difficile à l'intérieur des villes, en raison des encombrements portuaires et des causes d'accidents dus aux câbles. Ce sont ces difficultés qui ont donné l'idée d'utiliser de très longs câbles d'un diamètre pas trop important, savamment enroulés sur les tambours d'un moulin situé sur un bateau très bien ancré sous une des arches d'un pont servant de lieu d'arrivée.

C'est un avocat et un financier, François Tavernier de Boullongne mû, depuis 1704, par la passion des machines hydrauliques qui avait analysé la cause des échecs précédents (il y avait donc eu des tentatives dès le XVIIe siècle !) qui a étudié le moyen de se passer de la force animale est mit au point une machine sur bateau avec roues à aubes et tambours sur lesquels un câble de traction s'enroulait sans frottements ou distorsion. Muni d'une maquette, il sollicita du roi un privilège d''exploitation. Le souverain renvoya l'inventeur devant le Prévôt des Marchands et les échevins de Paris qui fixèrent une expérimentation le 1er mai 1708 mais le propriétaire du bateau désigné refusa de prêter son embarcation ! L'inventeur qui avait de nombreuses obligations ne revint à la charge qu'en 1724 ! Louis XV le renvoya devant l'Académie Royale des Sciences.

« Il construisit cette fois deux machines qui, installées sur un moulin-bateau, firent remonter un navire, en mai 1726 depuis la perspective des Invalides jusqu'au Pont Royal où le câble était fixé » (cf. « Tavernier de Boullongne, le père de Beaumarchais et la machine à remonter les bateaux sur la Seine, Guy Antonetti, *Bulletin de la Société de l'histoire de Paris et de l'Île-de-France*, 1985, 97-114 »).

L'expérimentation fut concluante, mais c'est à partir de ce succès qu'intervint la concurrence et en particulier celle de l'horloger André Charles Caron, le père du dramaturge Beaumarchais. De plus on s'interrogea : qu'en serait-il avec des bateaux lourdement chargés et un courant faible ?

Qui veut bon navet
le sème en juillet.

Qui dort en juillet
jusqu'au soleil levant
mourra pauvre
finalement.

♋ Cancer

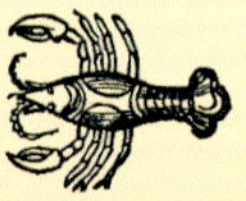

mercredi **3**

lever 06 h 10
coucher 21 h 55, - 1

Thomas

quintidi 15 messidor
Chamois

Tavernier réussit à construire la machine dont l'Académie avait exigé l'expérimentation. À partir du 7 mars 1729, cette machine remonta plusieurs bateaux vides, puis un bateau « chargé à blocs » (de pierre) de plus de 1200 milliers, et au total de 27 bateaux à pleine charge.

Cependant, avant de payer, le contrôleur général des finances imposa une nouvelle épreuve ! Le 8 juillet 1730, un bateau pesant neuf cents milliers, fut remonté grâce à quatre roues de moulins, depuis un moulin-bateau ancré entre la 3e et la 4e arche du Pont Neuf jusqu'à l'arche du pont Notre-Dame ! Alors que Tavernier triomphait, trois compétiteurs assez peu honnêtes, intervinrent : Duquesne, le colonel de Mondran et, le plus redoutable, l'horloger André Charles Caron d'Ailly, plus jeune et bien en cour, qui s'était inspiré de la machine de Tavernier. Ce dernier fut cependant reconnu comme le véritable inventeur. Dernier contretemps, sa machine fut emportée par les glaces au cours de l'hiver 1744. C'est là que, considérant cette machine comme très utile, les commissaires du Commerce accordèrent le privilège demandé. La machine réparée put ainsi fonctionner longtemps encore, au moins jusqu'au règne de Louis XVI (1774) !

L'invention de Tavernier de Boullongne s'était heurtée à trop d'incuries, d'administrations obsolètes et de concurrences déloyales. Ce fut le bateau à vapeur de Denis Papin qui datait déjà de 1707, qui offrit cette liberté de trajet qui manquait tant au projet de Tavernier. Mais signe d'une grande invention, il fut rejeté par les bateliers de la Weser à Fulda qui voulaient continuer à travailler à l'ancienne. Le problème fut en quelque sorte réglé par l'Américain Robert Fulton qui fit flotter en 1803 le premier bateau à vapeur sur les eaux de la Seine, bateau mû par une « pompe à feu ».

Jean-Mary Couderc

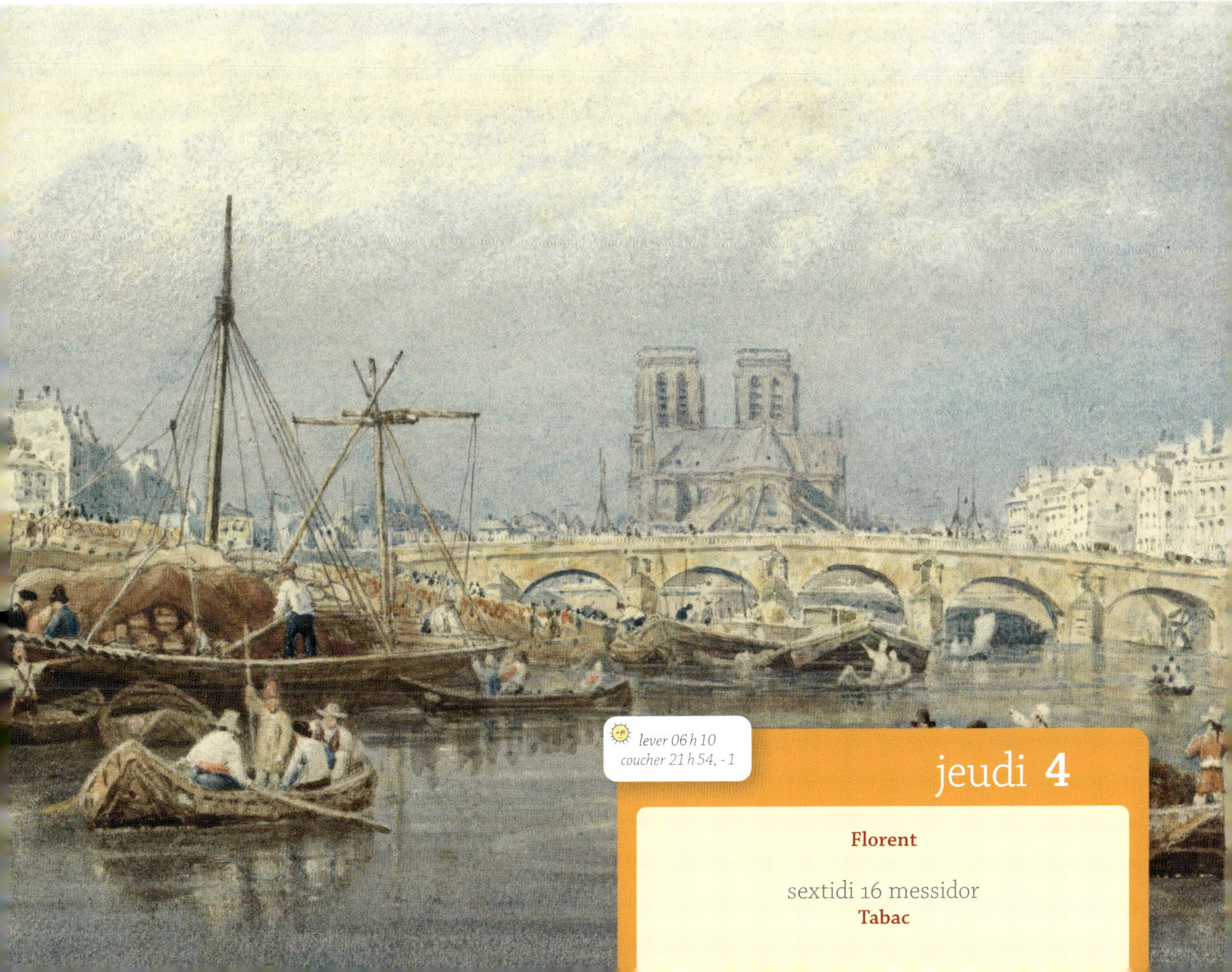

lever 06 h 10
coucher 21 h 54, -1

jeudi **4**

Florent

sextidi 16 messidor
Tabac

Les Apparitions de Fréteval (1873)

Suite du 4 mai

À propos des contacts physiques dans l'apparition mariale de Fréteval

« La dixième fois, la Sainte Vierge a touché aux mains de Louise et aux chapelets qu'elle tenait [...], la onzième fois, c'est l'enfant Jésus qui a touché aux chapelets ». Ces gestes se répètent les jours suivants. Les mentions sont innombrables (pages 66,67,68) dans l'ouvrage de J.-J. Loisel.

Le 9 août, nouvelle tentative de prise d'otage (p. 69) Angèle et Louise avaient bien pris l'enfant Jésus à bras-le-corps, mais il a glissé entre leurs bras en s'élevant.

Eh ! Oui ! les personnages peuvent s'élever, comme ils peuvent rétrécir (cf. les apparitions de Sassay ! voir plus loin), ou ils peuvent rester en suspension (voir les cas de Pontmain et de Knock).

Les apparitions de Fréteval ne furent pas reconnues par l'Église.

Pour mémoire, on a signalé deux autres apparitions en 1873. L'une à La Réole, en Gironde, un peu avant Fréteval (le 27 avril). Dans la chambre de Berguille condamnée par un cancer, survient avec une grande clarté, une dame vêtue de blanc qui va la guérir.

L'autre en même temps qu'à Fréteval (8 juin et 8 juillet), à Saint-Bauzille-de-la-Sylve (Hérault) ; une femme en blanc avec couronne dont l'observateur aurait été télétransporté deux fois vers la croix où elle apparaissait. La dame elle-même quitta les lieux « montant verticalement comme un aérostat ». La seconde fois, lors d'un rendez-vous en public : l'expression « à la vitesse de la foudre » revient dans la plupart des témoignages. Auguste Arnaud en a fait lui-même le récit : « J'étais, dit-il, à 45 ou 50 mètres de la croix, lorsque tout à coup, à deux mètres de moi, j'aperçus la personne de la première apparition. À peine l'eus-je vue que, rapide comme l'éclair, elle fut sur la croix et moi je me trouvais toujours devant elle, à la distance de deux mètres. »

Les apparitions de Pellevoisin (Indre)

Elles prirent place à partir du 14 février 1876 dans la chambre d'Estelle Faguette atteinte de péritonite tuberculeuse.

Cette grande malade aurait vu plusieurs fois la face grimaçante du diable mais toujours suivie de la Vierge annonçant bientôt sa guérison. Il y aura d'autres apparitions en juillet, septembre, novembre et décembre. Estelle guérie, travaille sur un scapulaire demandé par la Vierge, « le scapulaire du Sacré-Cœur ». L'ensemble des apparitions ne sera pas approuvé mais pas condamné par l'Église (Cf. Yves Chiron, *Enquêtes sur les apparitions de la Vierge*, Perrin 2007,427 p.).

Jamais, en juillet,
sécheresse n'a causé
la moindre détresse.

Quand la nouvelle lune
vient par beau temps,
trois jours après il pleut.

♋ Cancer

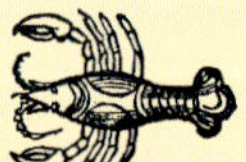

lever 06 h 11
coucher 21 h 54, - 1

vendredi 5

Antoine

septidi 17 messidor
Groseille

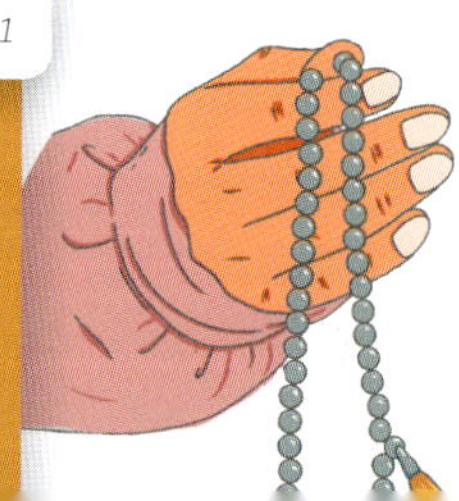

Les apparitions de Sassay (Loir-et Cher) en 1873

Je ne les aborde que maintenant malgré leur contemporanéité avec celles de Fréteval parce qu'elles se révèlent à la fois proches des précédentes et par certains côtés tout à fait particulières.

Nous sommes ici au sud de Contres, à l'orée occidentale de la Sologne. Il s'agit de « prétendues » apparitions dit le document de base trouvé dans les papiers du chanoine Gombault de Blois et conservé aux archives diocésaines, car elles n'ont pas été reconnues par l'Église. Nous devons beaucoup à Jean-Jacques Loisel de nous avoir fait connaître ce document.

Les apparitions eurent lieu le 11 juin, la veille du jour de la Fête-Dieu, dans l'église du bourg. Les filles s'y confessaient alors pour la fête du lendemain quand une image apparut à plusieurs d'entre elles au-dessus de la chaire. P. 176 : « Rapportant cette vision au curé, elles dirent que ce devait être l'âme d'Adèle Bouchet, une fillette de l'hospice récemment décédée et qui avait fait sa première communion avant de mourir... » la Sainte-Vierge a l'enfant Jésus sur les bras. Sa robe est blanche avec des couronnes de marguerites blanches (J.-J. Loisel, p. 178). À partir de là suivent des scènes surprenantes. « Certains assistants réclament des fleurs de la couronne de la Vierge, des cheveux aussi [...].

Le 26 juin et le 6 juillet pour avoir des cheveux et des fleurs de la couronne de la Vierge, il fallait prier, se confesser, communier.

Plus tard, « Pour mériter les fameuses fleurs, la Vierge présente une série de curieuses épreuves : embrasser le sol de l'église jusqu'à cent fois, embrasser les chaises, les bancs, les croix qui étaient accessibles... faire s'embrasser tous les garçons et les filles » Je pense qu'aucun enfant n'a eu fleurs ou cheveux, ce qui apparaît comme logique, si on avait affaire à une projection spéciale. Reste totalement inexplicable la sensation de relief au toucher du bras de l'enfant par exemple.

Nous passons sur beaucoup de détails surprenants évoqués par J.-J. Loisel. Le curé invite-t-il les fillettes à baiser les pieds de la Vierge qu'elles ont senti le contact et des parfums excellents.

« On a vu l'enfant Jésus rapetisser pour pénétrer par la porte du tabernacle semblant ouverte ».

Ici, on aborde soit le domaine de la magie soit de techniques parfaitement inconnues. Tout le reste est à l'avenant, dépassant de loin le cadre des seules apparitions de Fréteval. La Vierge, l'enfant Jésus et le public par exemple rient de concert et de bon cœur.

Il n'est donc pas surprenant qu'une des voyantes effrayée par l'aspect ludique des choses succédant à de curieuses contraintes, ait fini par considérer que les assistants aient été manipulés par le diable.

à suivre le 2 octobre

Jean-Mary Couderc

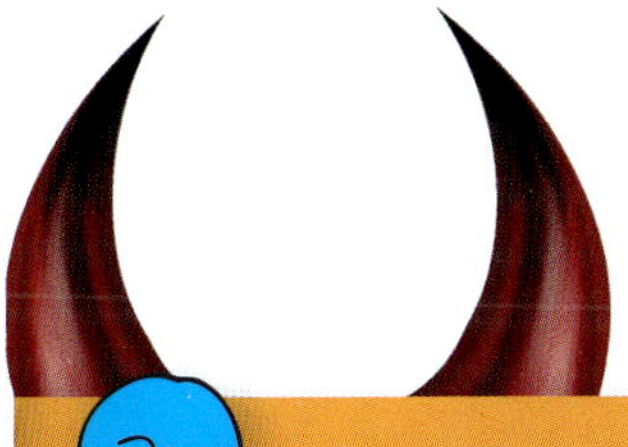

lever 06 h 12
coucher 21 h 54, - 1

samedi 6

Mariette

octidi 18 messidor
Gesse

lever 06 h 13
coucher 21 h 53, - 1

dimanche 7

Raoul

nonidi 19 messidor
Cerise

juillet 2024

Juillet ensoleillé
remplit caves et greniers.

Au mois de juillet,
on met la faux au sillon.

♋ Cancer

Apprendre la géographie

Des images pour faire « s'évader » les enfants

L'ENSEIGNEMENT PAR LES YEUX...

L'enseignement de la géographie, au fil des réformes, va peu à peu se structurer. Pour tenter de coller au plus près à l'attente des élèves, tout en leur prodiguant un savoir équilibré et adapté, l'apprentissage de la géographie et donc la présentation des livres devront répondre à certains critères. Après « l'enseignement par l'aspect » des origines, on va inculquer « l'enseignement par les yeux ».

Avec le développement de la couleur dans les livres scolaires, les manuels de géographie deviennent de véritables livres de leçons de choses :

« Il est fait appel à l'esprit d'observation de l'enfant, en lui mettant sous les yeux une série de gravures coloriées. Avec un peu de réflexion, l'enfant retrouve sur ces gravures ce qu'il a vu maintes fois : une colline, un cours d'eau, une plaine, etc. Et s'il n'a pas vu les autres accidents géographiques, l'image les fixera dans son imagination ».

lundi **8**

lever 06 h 13
coucher 21 h 53, - 1

Thibaud

décadi 20 messidor
Parc

La Géographie enseignée par les yeux *pour le cours moyen d'Alcide Lemoine et Amédée Marlot, Le Soudier,* 1915.

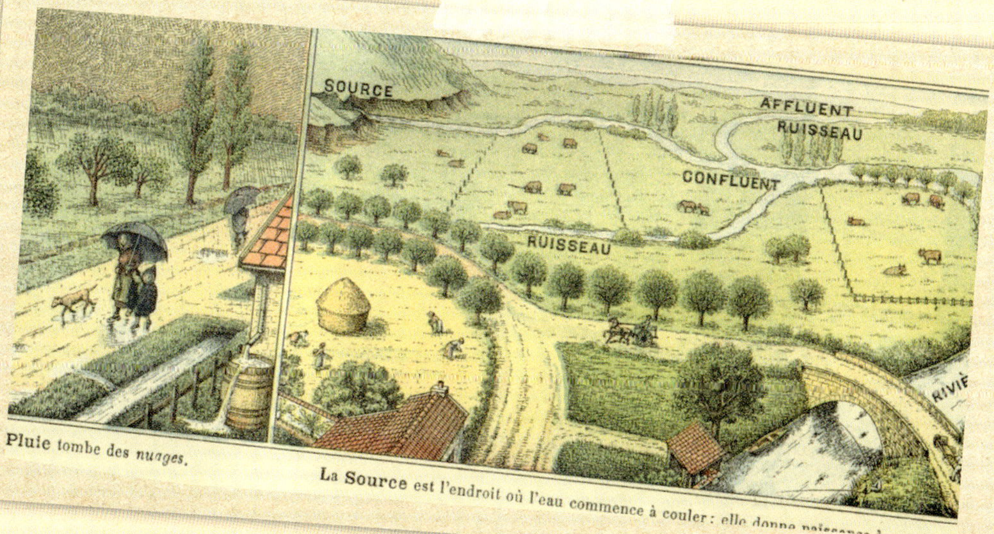

lever 06 h 14
coucher 21 h 52, - 1

mardi 9

Amandine

primidi 21 messidor
Menthe

Un peu d'histoire

La naissance de l'illustration scolaire

La commission poursuit : « L'une des voies les plus fécondes qui soient offertes à l'éducation publique pour répandre le culte du beau, ce sont les bons points, distribués chaque semaine aux élèves dont le travail a été satisfaisant ; ce sont aussi les prix et les accessits décernés le jour de la distribution solennelle, à la fin de l'année scolaire. Pourquoi ne distribuerait-on pas de temps en temps désormais, comme prix, des albums d'estampes ; comme accessits, des estampes ? Déjà les bons points sont partout des images. L'enfant les rapporte à la maison. La famille entière les examine et se réjouit à regarder l'image, en même temps qu'elle s'instruit à lire la légende qui y est jointe. Souvent l'image est avec un clou accrochée à la muraille blanchie à la chaux : ce n'est pas l'enfant seulement qui profite de cette leçon de goût, c'est la maisonnée tout entière, grands et petits. »

Les grands principes de la réforme étant posés, il fallait définir avec précision quels types d'illustrations on souhaitait désormais voir accrochés aux murs de la classe : pour ce faire, elle invite les éditeurs à se mettre au travail. Ils répondent avec divers bonheurs à l'appel d'offres : Larousse proposera des estampes de Moreau Nélaton, l'imprimeur Charles Verneau, des affiches en couleurs d'Hélène Dufau, son frère, une série de toiles d'Henri Rivière et d'autres des peintures d'André Dauchez ou d'Augustin Hanicotte... Quinze années plus tard, à l'aube du XIXe siècle, à côté de ces ballons d'essai lancés par les éditeurs, rien n'est encore décidé si ce n'est de distribuer en abondance les paysages en couleur de Hugo d'Alesi dans les écoles.

En juillet,
mois d'abondance,
le pauvre a toujours
sa pitance.

Si le début de juillet
est pluvieux,
tout le mois
sera douteux.

♋ Cancer

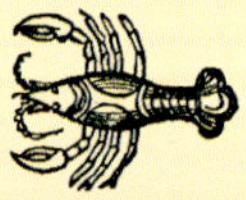

Notes

mercredi 10

lever 06 h 15
coucher 21 h 52, - 1

Ulrich

duodi 22 messidor
Cumin

Seuls véritables succès d'édition, les 6 tableaux de la civilisation française d'Ernest Lavisse à la Librairie Armand Colin, et les désormais célèbres cartes murales, « parlantes sur une face et muettes de l'autre » de Paul Vidal de La Blache, chez Armand Colin et Cie.

Après des d'années de discussion, et la tenue d'une exposition à Paris sur « l'art à l'école » la Commission clôturera définitivement ses travaux en recommandant « qu'il y aurait lieu d'établir, par une collaboration volontaire entre les artistes et les éducateurs, un accord sur le choix des sujets qui peuvent convenir à la décoration et à l'imagerie scolaires. »

lever 06 h 16
coucher 21 h 51, -1

jeudi **11**

Benoît

tridi 23 messidor
Haricot

juillet
2024

La technique de reproduction de certains hyménoptères par une ponte déposée à l'intérieur de larves vivantes d'autres insectes

Parmi l'ordre des hyménoptères (la grande famille des guêpes), existent des endoparasites dont les femelles possèdent des oviductes parfois très longs et très fins (une tarière abdominale creuse qui laisse passer leurs œufs) avec lequel elles perforent un autre insecte ou une larve qui peut être une chenille beaucoup plus grosse qu'elles, pour y introduire leurs œufs qui se développeront jusqu'à la mort de l'hôte.

Ce sont certains Symphytes, certains Térébrants, les Sphégiens, les Pompiles, et les Ichneumonidés, insectes pouvant atteindre une grande taille.

Le comportement reproductif des Ichneumonidés apparaît comme très savant parce que les femelles, avec leurs très longues tarières, paralysent de très grosses chenilles velues en piquant leur unique ganglion. Si l'on prend le cas de certains Ichneumonidés comme *Perithous sciura*, ses proies sont des larves cachées dans le bois d'un arbre sous son écorce ; il parcourt rapidement le tronc, s'arrête, recule un peu et enfonce rapidement son oviducte long de 7,4 cm qui tombe en général exactement sur la larve cachée et son centre nerveux.

Ces endoparasites trouvent leurs insectes hôtes grâce à un puissant odorat dont les capteurs se trouvent dans leurs antennes, en général fortement développées. Mais comment peuvent-ils de surcroit viser les centres nerveux ?

Un ichneumon comme la femelle de l'espèce *Rhyssa persuasoria*, mesurant près de trois centimètres, possède un oviducte de la même longueur que son corps pour parasiter les larves du Sirex géant, et seulement de cette espèce ! À travers l'écorce et une partie du bois de l'arbre où il se développe ! Elle le détecte grâce à ses deux longues antennes.

Or le Sirex géant est lui-même un ichneumonidé muni d'une tarière en forme de scie qui l'a fait appeler la « mouche à scie » et qui lui permet d'agrandir des fentes d'arbres pour y déposer ses œufs dans des larves ainsi découvertes !

Jean-Mary Couderc

De juillet chaud vient un automne pendant lequel souvent il tonne.

Pluie à la Saint-Henri ne met pas le travailleur au paradis.

♋ Cancer

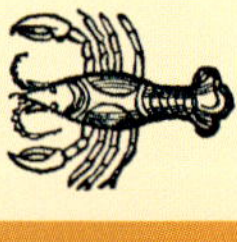

lever 06 h 17
coucher 21 h 50, -2

vendredi **12**

Olivier

quartidi 24 messidor
Orcanète

lever 06 h 18
coucher 21 h 50, -2

samedi **13**

Henri, Joël

quintidi 25 messidor
Pintade

lever 06 h 19
coucher 21 h 49, -2

dimanche **14**

Fête nationale, Camille

sextidi 26 messidor
Sauge

juillet
2024

Comment traitait-on les vers de l'homme, à Tours, au XVe siècle ?

En 1492, un certain Toussaint Billault, vendait un remède vermifuge pour lequel il avait su faire une propagande de type moderne.

Dans les dépôts de manuscrits de notaires de Tours du XVIe siècle (ADIL, cote 3E1), on trouve dans le fonds Jaloignes qu'un marchand (le mot apothicaire n'est pas écrit) « vendant sur un banc, publiquement en la ville de Tours » une poudre blanche vermifuge, avait fait convoquer des témoins pour enregistrer leur déposition et prouver ainsi les bons effets de son remède.

« Nicolle Chartier, notaire, secrétaire du roi et garde du scel [sceau] royal » nous apprend que le 28 janvier 1491 [1492, n. s.] se sont présentés en personne sept témoins (parlant surtout pour leurs enfants) par devant Jean Jaloignes et Jean Rousseau, notaires, « à la suite de la requête à eux faite » par Maître Toussaint Billault « de dire la vérité sur ce qui s'ensuit ».

Les témoignages des parents qui en ont administré à leurs enfants comme les Duquesnoy à leur fils âgé de quatre ans, sont formels et se ressemblent : « La poudre a fait vuyder a leur filz et a une foiz par le bas le nombre de XXX vers qu'il avoit en son corps... et qu'il fut aussitôt et de présent, est sain et en bon point... »

Un adulte témoigne des mêmes choses pour lui-même.

La similarité des réponses fait quelque peu douter des témoignages, mais le marchand a obtenu le sceau royal sur « les seings manuels » et « les présentes faictes avoient été en notre présence ».

Ne doit-on pas reconnaître là à Toussaint Billault, au moins une certaine « science » de la vente ?

Jean-Mary Couderc

*Juillet est le mois
de la moisson,
vite on dépouille
les sillons.*

♋ Cancer

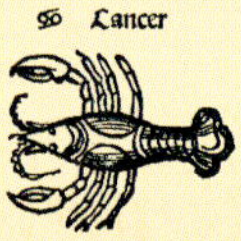

lundi **15**

*lever 06 h 20
coucher 21 h 48, - 2*

Donald

septidi 27 messidor
Ail

Les Dernières Grenadières

On appelait ainsi les femmes qui brodaient avec des fils d'or ou d'argent, à l'origine pour confectionner les grenades sur les uniformes des gendarmes. Mille femmes environ travaillaient ainsi au début du XXe siècle dans le canton de Noirétable dans le Haut-Forez (Loire).

De nos jours, leur nombre s'est réduit à moins d'une dizaine alors qu'il y a toujours des pièces de broderies à réaliser sur les casquettes des préfets, des commissaires, sur les képis des officiers généraux, et sur les habits d'académiciens.

Citons les feuilles de chêne avec glands, d'olivier avec olives, des feuilles variées, des aigles, des ancres sur les tenues d'amiraux etc. Certaines grenadières travaillent à la reconstitution d'habits anciens et participent à de la haute-couture ou réalisent désormais des bijoux.

Le fil d'or ou d'argent est ce qu'on appelle une cannetille, un minuscule petit cylindre où doit passer le fil de la brodeuse ; le fil d'or est en fait en cuivre revêtu d'or, vendu en spirale à l'instar d'un ressort mais qui ne reprend pas sa place après avoir été étiré. Il vaut cher (800 € le kilo) et tout l'art de la brodeuse est d'estimer la longueur exacte dont elle a besoin, de l'adapter au point choisi et de le couper net.

Le métier de brodeuse d'art est un métier de rigueur et de patience, et l'une d'entre elles, Marine Ferrand est la seule qui possède le titre de « maître d'art ». À Rochefort en Charente, elle réalise des *pin's*, divers bijoux dont des boucles d'oreilles et des bagues. Certaines réalisent des incrustations d'or et d'argent dans les manches de couteau de prix.

La mémoire des brodeuses expertes est conservée depuis 2002 dans la « Maison des Grenadières », un atelier-musée de la broderie à Cervières (42440), 5 rue Marchande, où en 2022 une exposition « Grenadières et Cie » a duré presque jusqu'à la fin de l'année 2022.

Jean-Mary Couderc

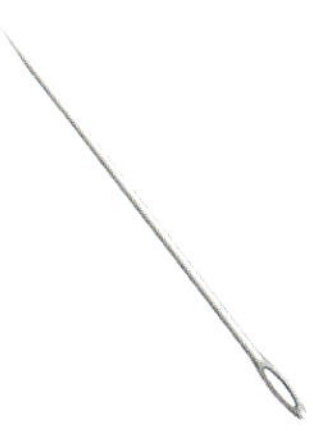

lever 06 h 20
coucher 21 h 47, -2

mardi **16**

Notre Dame du Mt-Carmel

octidi 28 messidor
Vesce

juillet 2024

Le langage des fleurs

Narcisse : égoïsme, vanité
Navet : charité
Nénuphar : éloquance
Noisetier : réconciliation

Navet

Nénuphar

Narcisse

Quand la grange
sent le foin,
orage pas loin.

Noisetier

Navet

♋ Cancer

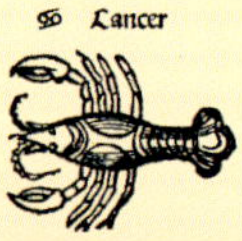

lever 06 h 21
coucher 21 h 47, - 2

mercredi **17**

Charlotte

nonidi 29 messidor
Blé

Le langage des fleurs

Œillet : ardeur, amour vif et pur
Œillet blanc : bonne fortune
Œillet de poète : finesse, humilité
Œillet d'Inde : séparation

Les œillets

lever 06 h 22
coucher 21 h 46, - 2

jeudi **18**

Frédéric

décadi 30 messidor
Chalemie

juillet 2024

Apprendre à **lire**

Des images pour apprendre à lire

Un peu d'histoire

Suivant la lignée des précurseurs comme Coménius qui entendait « *parler aux yeux* » des enfants, la pédagogie par l'image de la fin du XIXe et du début du XXe siècle est synonyme pour l'école républicaine d'une école populaire destinée au plus grand nombre et en corollaire, la fin des privilèges pour les plus nantis.

Cette introduction de l'image dans les livres scolaires et sur les murs de la classe ne va être rendue possible que par le développement spectaculaire des techniques d'impression des gravures et des dessins. Finies les impressions imparfaites sur bois ou celles très onéreuses sur plaques de cuivre : désormais les éditeurs disposent de la lithographie et bientôt de la chromolithographie avec la possibilité des premières impressions en couleur.

À la fin du XIXe siècle, les illustrations sont pour la plupart d'entre elles de simples vignettes en noir et blanc insérées dans le texte. On trouve cependant, plus rarement, des planches pleine page et les premières signatures des illustrateurs scolaires en bas de page comme Philippoteaux, Robida, Ferdinand Raffin, Lemaistre, Frédéric Massé, Mas et surtout Georges Dascher.

Le livre des enfants sages, ou l'ABC de Mimi bon cœur. 1874.

S'il pleut à la Saint-Victor, la récolte ne sera pas d'or.

♋ Cancer

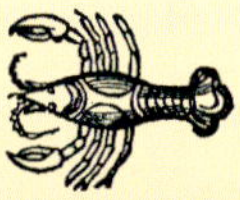

vendredi **19**

lever 06 h 24
coucher 21 h 45, - 2

Arsène

primidi 1er thermidor
Épeautre

Les premiers à bénéficier de ces avancées technologiques vont être les tout-petits accueillis d'abord dans des «*salles d'asile*» appelées bientôt «écoles maternelles». L'initiateur des «*salles d'asile*» à Paris, Jean-Mary Cochin recommande qu'on présente à ces enfants «*une collection d'images variées comme des quadrupèdes, des oiseaux, des poissons, des insectes ou des fleurs. Ces gravures devront être coloriées afin de se rapprocher davantage de la nature.*» Même opiniâtreté pour Marie Pape.

Carpantier, une directrice de «*salle d'asile*» qui militera pour la présence dans chaque salle «de belles images bien cartonnées», des images «à expliquer» servant de support au dialogue entre le maître et l'enfant et à l'apprentissage du langage.

ABC de la jeune écolière,
Pinot Épinal, 1875.

lever 06 h 25
coucher 21 h 44, -2

samedi **20**

Marina

duodi 2 thermidor
Bouillon-blanc

lever 06 h 26
coucher 21 h 43, -2

dimanche **21**

Victor

tridi 3 thermidor
Melon

Des images pour illustrer l'Histoire de France

Apprendre l'Histoire

Avec les programmes de 1882 qui prônaient « *l'enseignement par l'aspect* » et surtout sous l'impulsion, d'Ernest Lavisse, celui qu'on appellera « *l'instituteur national* », les images trouveront désormais leur juste place dans les manuels d'Histoire de France du Primaire :

Citation

« La leçon est toujours très courte ; elle comprend un texte de quelques lignes, voilà pour la mémoire ; un récit et une gravure, voilà pour l'imagination. L'enfant doit s'approprier le fait historique. »

Ernest Lavisse poursuit :

Citation

« On ne connaît pas un pays dont on ne sait pas l'histoire, et comment aimer un pays qu'on ne connaît pas ? »

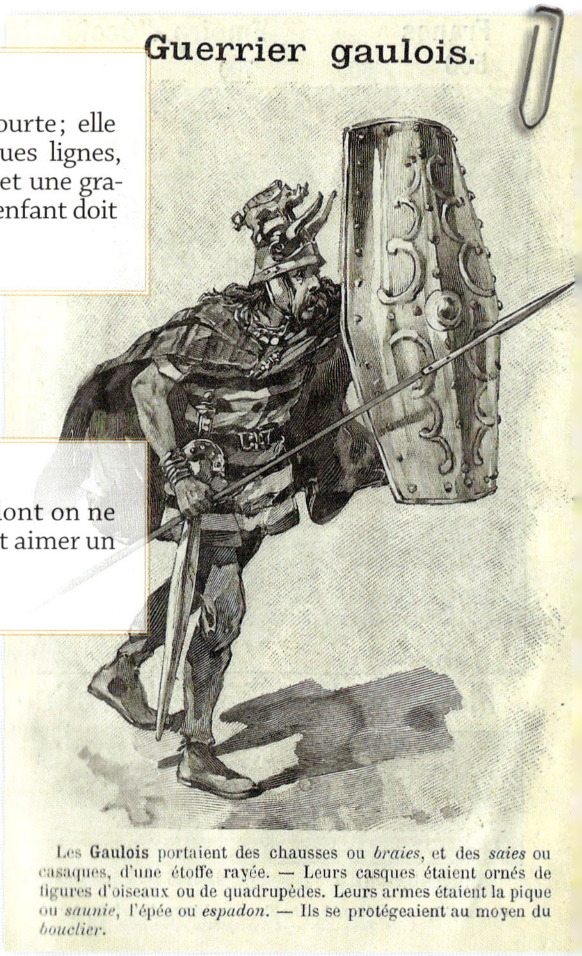
Guerrier gaulois.

Les **Gaulois** portaient des chausses ou *braies*, et des *saies* ou casaques, d'une étoffe rayée. — Leurs casques étaient ornés de figures d'oiseaux ou de quadrupèdes. Leurs armes étaient la pique ou *saunie*, l'épée ou *espadon*. — Ils se protégeaient au moyen du *bouclier*.

L'année enfantine *d'Histoire de France de Jean Bedel, Armand Colin, 1898.*

À la Sainte-Madeleine,
l'amande est pleine,
le raisin coloré, la figue
mûre et le blé rentré.

Pour la Sainte-Madeleine,
la noisette est pleine.

Nuages
à la Sainte-Brigitte,
par le soleil
sont chassés vite.

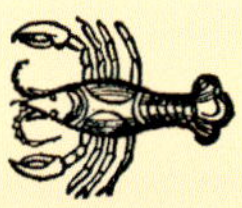

lundi **22**

lever 06 h 27
coucher 21 h 42, - 2

Marie-Madeleine

quartidi 4 thermidor
Ivraie

Ce chantre de la France unie et républicaine voulait, à l'instar du ministre Jules Ferry, faire de l'Histoire de France une véritable histoire sainte et de chaque manuel, un catéchisme. Il entendait diffuser une morale républicaine qui remplacerait la morale religieuse, mais aussi des valeurs chères à Lavisse, comme l'épargne, le travail ou l'éducation.

Les « *Lavisse* », comme on les appelait, connaîtront une longévité exceptionnelle : publiés pour la 1re fois en 1882, ils seront réédités à soixante-quinze reprises jusque dans les années 1950... Le « *Petit Lavisse* », comme on dit le « *Petit Larousse* » sera le livre d'histoire scolaire français le plus vendu.

Avec la défaite cuisante de 1870 qui est encore dans toutes les mémoires, les sentiments de haine vis à vis des Allemands et de fierté nationale au regard des actes héroïques accomplis par « *nos braves soldats* », vont entraîner un fantastique engouement pour les livres d'Histoire de France. Cela explique le formidable développement de l'édition scolaire sous la IIIe République et la prolifération des exemplaires et de leurs auteurs.

Si tous les grands pédagogues de la IIIe République sont unanimes pour affirmer haut et fort que l'histoire est une matière incontournable, difficile pour eux de se mettre d'accord sur la méthode à employer. Faut-il graver inlassablement ces dates dans la mémoire des enfants ou les inviter à la réflexion ? À chaque auteur de manuels scolaires une conception personnelle de la manière d'enseigner l'histoire, point de vue qu'ils défendent farouchement dans chacune des préfaces de leurs ouvrages.

16 COLLECTION ENFANTINE **JEAN BEDEL.**

Les Normands pillaient les côtes.

6e *récit.* — **Les Normands.**

1. Les pirates **normands** venaient des rivages stériles du nord de l'Europe.

2. Montés sur leurs barques légères, commandés par un chef ou *roi de mer*, ils allaient gaiement sur « la route des cygnes », ne craignant ni le flot ni la tempête.

3. Ils remontaient les fleuves, pillaient les côtes, saccageaient les églises. Ils appelaient cela « *chanter la messe des lances* ».

4. Leur joie, c'était de mourir au milieu du cliquetis* des armes.

Alors, croyaient-ils, s'ouvrait pour eux le paradis appelé *Walhalla*, où l'on boit à jamais l'hydromel* à la place d'honneur.

L'ANNÉE ENFANTINE D'HISTOIRE DE FRANCE. 17

7e *récit.* — **Le château féodal.**

1. Imaginons que nous vivons au 10e siècle.

Sur la colline, nous apercevons les pauvres cabanes des paysans, groupées autour du **château féodal**, aux murailles épaisses, flanqué de grosses tours, entouré de fossés pleins d'eau.

2. Un **pont-levis*** s'abaisse. Nous passons. Nous franchissons trois murailles, trois fossés, trois ponts-levis. Nous voici dans la cour carrée du château.

3. Au milieu de la cour, une tour appelée **donjon**, où le seigneur met ses trésors. En haut du donjon, une **tourelle** où se tient un **guetteur** qui veille, car sans cesse on craint l'attaque des ennemis.

lever 06 h 28
coucher 21 h 41, - 2

mardi 23

Brigitte

quintidi 5 thermidor
Bélier

juillet 2024

À la Sainte-Christine
mûrit l'aubépine.

À la Sainte-Christine,
les blés perdent
leurs racines.

Si Saint-Jacques
est serein,
l'hiver sera dur
et chagrin.

56 28e Leçon. — MALADIES MICROBIENNES

1. *Pasteur*, bienfaiteur de l'humanité, par ses découvertes sur les maladies microbiennes.

2. *Microbe de la fièvre typhoïde*. On le trouve dans les déjections des malades, dans les eaux contaminées.

3. *Microbe du choléra*. Il existe chez le rat, qui, croit-on, le passe à l'homme.

4. *Microbe du croup*. Il se trouve dans les fausses membranes qui se forment à la gorge des malades.

5. *Microbe de la tuberculose*. On le trouve dans les crachats des malades et dans les poussières de l'air.

6. Les infiltrations des fosses d'aisances contaminent une source et sont la cause de maladies épidémiques.

7. Les mains propres, la boisson filtrée ou bouillie préservent des épidémies.

8. *Poumon de tuberculeux*; le germe en se développant altère le tissu.

9. *Coupe de poumon tuberculeux* montrant les cavernes de pus.

10. Les poussières qu'on agite répandent le germe de la tuberculose.

11. Par balayage humide, par frottement, on enlève les poussières sans les disséminer.

12. Dans un i... crache... Crachoir public. ... de chambre et de poche pour les malades. ...tendire de

Apprendre les sciences

Les sciences physiques et naturelles *pour les cours moyen et supérieur* de Lacabe-Plasteig, Martinet, 1904.

mercredi 24

lever 06 h 29
coucher 21 h 40, - 2

Christine

sextidi 6 thermidor
Prêle

« Par ses gravures, le livre est un véritable album scientifique en couleurs, très agréable à feuilleter et à étudier. Grâce au concours de l'illustration ainsi comprise, le texte qui accompagne chaque leçon a pu être allégé de la partie descriptive, si fastidieuse à lire pour l'enfant ».

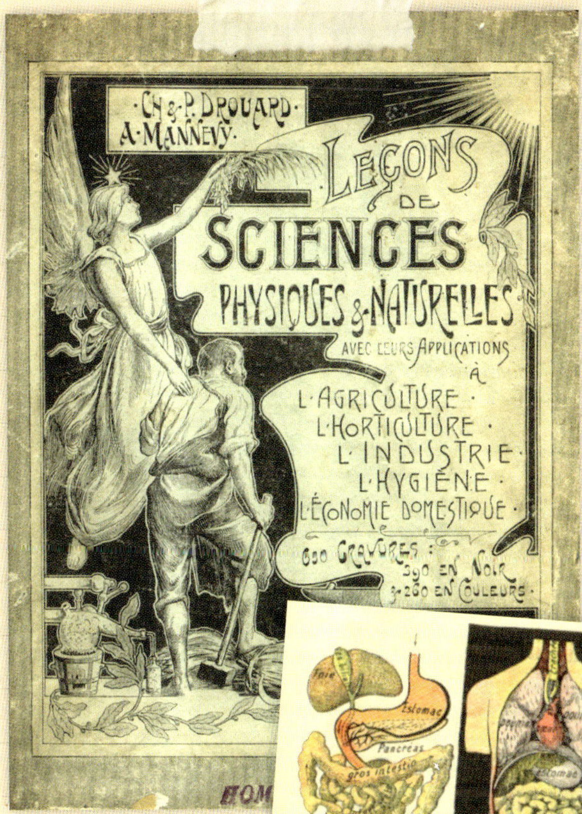

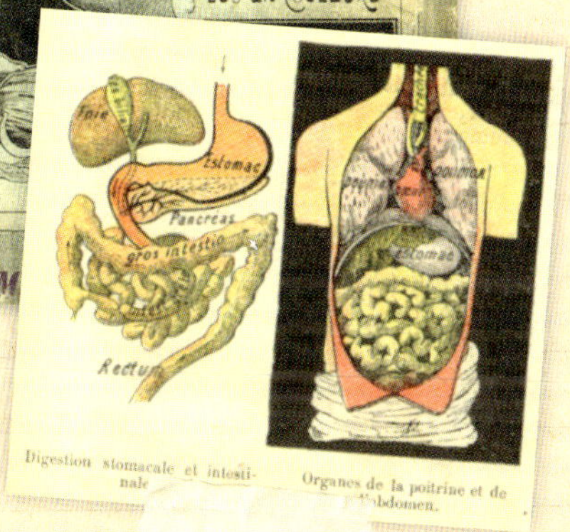

Sciences Physiques et Naturelles *pour les cours moyen et supérieur de Drouard et Mannevy, André Lesot, 1900.*

Les Sciences Physiques et Naturelles à l'école primaire *pour les cours moyen et supérieur de Chauvet, Jeanjean et Pizon, Thorinaud, 1912.*

« Des dessins en couleurs, de façon à procurer l'illusion complète des choses et à permettre de donner un véritable enseignement par l'aspect. Des dessins qui donnent au livre un caractère artistique et un sentiment du beau : en effet, Science et esthétique ne s'excluent pas, au contraire ».

lever 06 h 30
coucher 21 h 39, - 2

jeudi 25

Jacques le Majeur

septidi 7 thermidor
Armoise

Des images pour faire « s'évader » les enfants

DES CENTIMÈTRES ET DES COULEURS

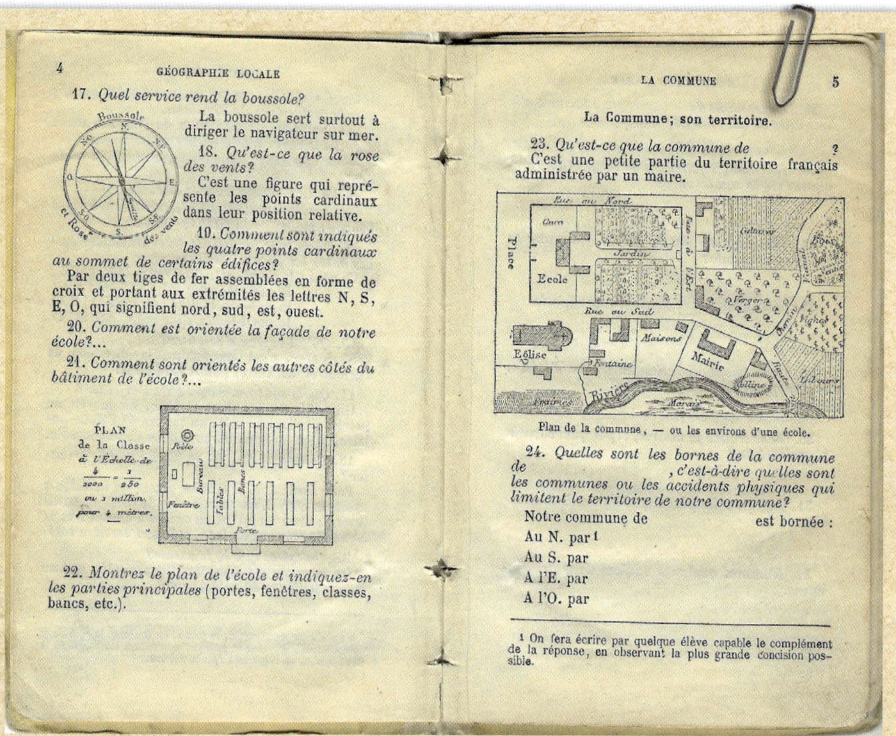

4 GÉOGRAPHIE LOCALE

17. *Quel service rend la boussole?*

La boussole sert surtout à diriger le navigateur sur mer.

18. *Qu'est-ce que la rose des vents?*

C'est une figure qui représente les points cardinaux dans leur position relative.

19. *Comment sont indiqués les quatre points cardinaux au sommet de certains édifices?*

Par deux tiges de fer assemblées en forme de croix et portant aux extrémités les lettres N, S, E, O, qui signifient nord, sud, est, ouest.

20. *Comment est orientée la façade de notre école?...*

21. *Comment sont orientés les autres côtés du bâtiment de l'école?...*

PLAN de la Classe à l'Échelle de 4/2000 = 1/250 ou 1 millim. pour 4 mètres.

22. *Montrez le plan de l'école et indiquez-en les parties principales* (portes, fenêtres, classes, bancs, etc.).

LA COMMUNE 5

La Commune; son territoire.

23. *Qu'est-ce que la commune de ?*

C'est une petite partie du territoire français administrée par un maire.

Plan de la commune, — ou les environs d'une école.

24. *Quelles sont les bornes de la commune de , c'est-à-dire quelles sont les communes ou les accidents physiques qui limitent le territoire de notre commune?*

Notre commune de est bornée :

Au N. par[1]

Au S. par

A l'E. par

A l'O. par

[1] On fera écrire par quelque élève capable le complément de la réponse, en observant la plus grande concision possible.

Cours élémentaire de Géographie *pour l'élément primaire à l'usage des écoles chrétiennes par les frères des écoles chrétiennes, Mame et Poussielgue, 1879.*

Si le jour
de saint Samson
le pinson est au buisson,
tu peux, bon vigneron,
défoncer ton poinçon.

À la Sainte-Nathalie,
temps joli.

À l'origine les livres de Géographie étaient de la même taille que tous les autres, c'est à dire des livres de format très réduit : la géographie de l'abbé Gaultier ne mesure que treize centimètres de haut sur huit de large et deux d'épaisseur, la taille d'un paquet de cigarettes. Plus lilliputien encore la géographie pour l'enseignement par les frères des écoles chrétiennes de 1879 : son épaisseur ne dépasse pas les cinq millimètres.

lever 06 h 31
coucher 21 h 37, - 2

vendredi **26**

Anne, Joachim

octidi 8 thermidor
Carthame

La géographie étant rendue matière obligatoire dans le primaire par le ministre de l'enseignement d'alors, Victor Duruy en 1867, les premières illustrations vont commencer à apparaître : ce seront de piètres cartes imprimées sur du papier chiffon à partir de planches gravées sur du cuivre et difficilement réactualisables, les premiers schémas et aussi les premières gravures.

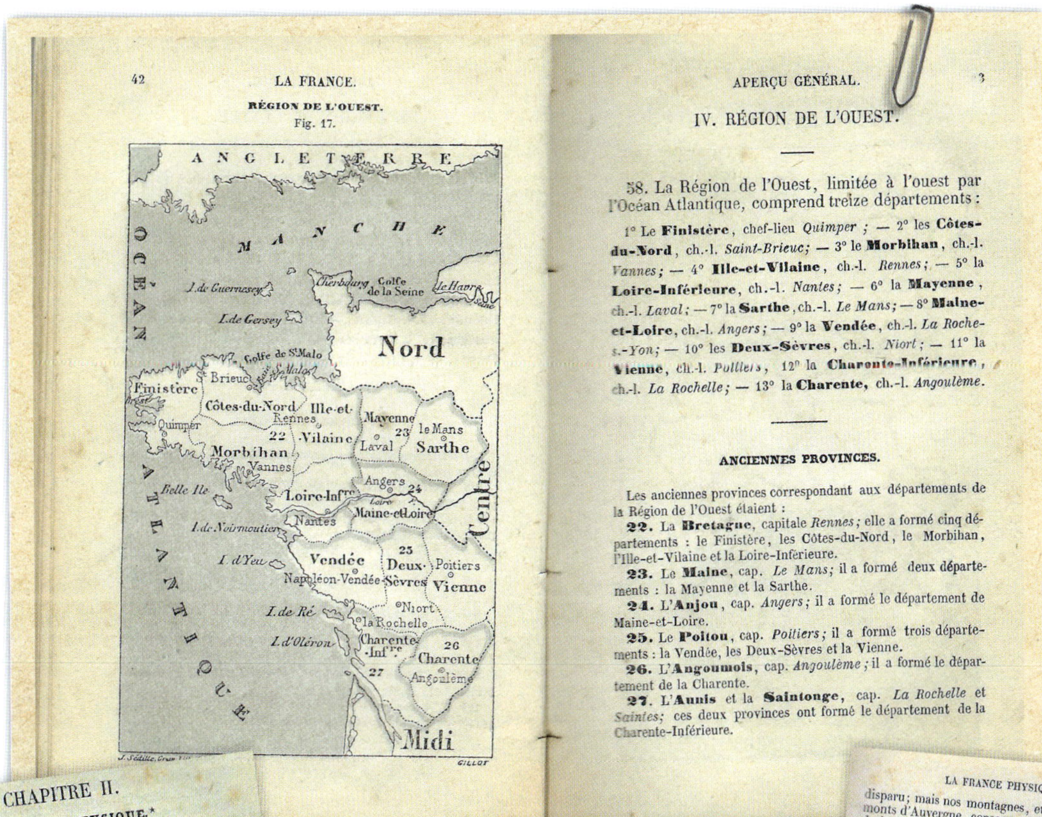

42 LA FRANCE.

RÉGION DE L'OUEST.

Fig. 17.

APERÇU GÉNÉRAL. 3

IV. RÉGION DE L'OUEST.

58. La Région de l'Ouest, limitée à l'ouest par l'Océan Atlantique, comprend treize départements :

1° Le **Finistère**, chef-lieu *Quimper* ; — 2° les **Côtes-du-Nord**, ch.-l. *Saint-Brieuc*; — 3° le **Morbihan**, ch.-l. *Vannes*; — 4° **Ille-et-Vilaine**, ch.-l. *Rennes*; — 5° la **Loire-Inférieure**, ch.-l. *Nantes*; — 6° la **Mayenne**, ch.-l. *Laval*; — 7° la **Sarthe**, ch.-l. *Le Mans*; — 8° **Maine-et-Loire**, ch.-l. *Angers*; — 9° la **Vendée**, ch.-l. *La Roche-s.-Yon*; — 10° les **Deux-Sèvres**, ch.-l. *Niort*; — 11° la **Vienne**, ch.-l. *Poitiers*, 12° la **Charente-Inférieure**, ch.-l. *La Rochelle*; — 13° la **Charente**, ch.-l. *Angoulême*.

ANCIENNES PROVINCES.

Les anciennes provinces correspondant aux départements de la Région de l'Ouest étaient :

22. La **Bretagne**, capitale *Rennes*; elle a formé cinq départements : le Finistère, les Côtes-du-Nord, le Morbihan, l'Ille-et-Vilaine et la Loire-Inférieure.

23. Le **Maine**, cap. *Le Mans*; il a formé deux départements : la Mayenne et la Sarthe.

24. L'**Anjou**, cap. *Angers*; il a formé le département de Maine-et-Loire.

25. Le **Poitou**, cap. *Poitiers*; il a formé trois départements : la Vendée, les Deux-Sèvres et la Vienne.

26. L'**Angoumois**, cap. *Angoulême*; il a formé le département de la Charente.

27. L'**Aunis** et la **Saintonge**, cap. *La Rochelle* et *Saintes*; ces deux provinces ont formé le département de la Charente-Inférieure.

Géographie de la France à l'usage des écoles primaires
par Eysséric, Delagrave, 1871.

CHAPITRE II.

LA FRANCE PHYSIQUE.*

§I. Montagnes et volcans. — Les glaciers. — Fleuves et rivières.

61. **Montagnes.** — Nous avons vu quelle est la situation des principales montagnes de la France. Le tableau suivant en fait connaître les pics les plus élevés, avec leur hauteur relative.

Fig. 20. — Montagnes de la France.

LA FRANCE PHYSIQUE. 51

disparu; mais nos montagnes, et en particulier les monts d'Auvergne, conservent des traces certaines de leur existence.

Fig. 21. — Volcan. Volcan en éruption.

On compte encore en Europe 4 ou 5 volcans en pleine activité, et plus de 300 dans les autres parties du monde.

65. **Tremblements de terre.** — Les tremblements de terre sont des secousses plus ou moins violentes de l'écorce terrestre, provoquées par le feu central. Ces secousses, qui précèdent presque toujours l'éruption des volcans, sont ordinairement de courte durée, mais souvent elles sont terribles. Elles ont causé, dans les colonies françaises, de très-grands désastres ; des villes entières ont été détruites et des milliers d'habitants ont péri.

66. **Les glaciers.** — *Origine des rivières et des fleuves.* — On sait que la mer couvre les trois quarts de la superficie du globe. Cette immense surface, chauffée par les rayons du soleil, est une source abondante et continuelle de vapeurs d'eau. Ces vapeurs, d'abord invisibles, s'élèvent dans l'air

lever 06 h 32
coucher 21 h 36, -2

samedi 27

Nathalie

nonidi 9 thermidor
Mûre

lever 06 h 34
coucher 21 h 35, -2

dimanche 28

Samson

décadi 10 thermidor
Arrosoir

juillet
2024

Mon premier livre de calcul *de Blin, Dumarqué et Renaud, Delagrave, 1938.*

*Mauvais temps
à la Sainte-Marthe,
il faut qu'il parte.*

*À la Sainte-Marthe,
prunes mûres,
bonnes tartes.*

*Bon fermier
à la Sainte-Juliette
doit vendre
ses poulettes.*

lever 06 h 35
coucher 21 h 34, - 2

lundi **29**

Marthe

primidi 11 thermidor
Panic

Apprendre à calculer

Des images pour comprendre le calcul

Avec l'arrivée de la couleur, l'arithmétique se fond dans la modernité du moment et s'appellera désormais « *calcul* ». Ainsi, Mon premier livre de calcul est réellement novateur grâce à l'adjonction de la couleur dans des images qui atteignent la taille d'une demi-page. De véritables instantanés en trois dimensions de la vie courantes, imaginés par Raylambert, avec des scènes et des actions différentes choisies sur un même thème d'étude qui se déroulent simultanément aux quatre coins de l'image. Là encore, on est impressionné par l'intelligence des dessins de l'artiste.

Commencée à la veille de la guerre, on retrouvera au début des années 1950, chez Delagrave, le même auteur-dessinateur pour une série de quatre manuels à la couverture particulièrement travaillée.

Le Calcul *(différents niveaux) de Dumarqué et Renaud, Delagrave, à partir de 1951 .*

lever 06 h 36
coucher 21 h 33, - 2

mardi **30**

Juliette

duodi 12 thermidor
Salicorne

juillet 2024

Les vocabulaires

Le Vocabulaire des petits

L'illustration va être également un élément central dans la conception des vocabulaires. Un vocabulaire c'est avant tout un véritable recueil « *d'instantanés* » de la vie quotidienne en un lieu et à une époque donnée.

Ce monde présenté à l'enfant, au plus proche de la réalité de l'époque dans laquelle il vit, on en a un témoignage avec le « *Vocabulaire des petits* » de Fournier. Il est instructif de comparer les 2 éditions, celle de 1913 et celle de 1936, donc un peu moins de 25 ans après : on retrouvera à la même page, la même scène qui aura pris quelques années...

Comme le décrit l'auteur, cette image du monde dans lequel vit l'enfant, il va devoir être capable d'en nommer les différents éléments qui la compose. « ...L'enfant se trouve transporté tout de suite dans un cadre familier, qu'il croit bien connaître, et qu'il ignore le plus souvent. Ce qu'il y voit, c'est sa maison, son école, ses camarades, ses voisins, les gens qu'il côtoie, les animaux qui passent sous ses fenêtres, les sites qui bornent son horizon. Autant de champs d'explorations offerts à son esprit de découverte... Le Vocabulaire des Petits n'est donc pas seulement le plus beau livre d'images scolaires qui ait jamais été édité pour l'enfance..., avec lui entrera dans nos petites classes, un peu de lumière et de gaîté ».

Le vocabulaire des petits *de Mathieu Fournier, Gedalge, 1907-1936-1949.*

Sécheresse en juillet, richesse au cellier.

mercredi **31**

lever 06 h 37
coucher 21 h 31, - 2

Ignace de Loyola

tridi 13 thermidor
Abricot

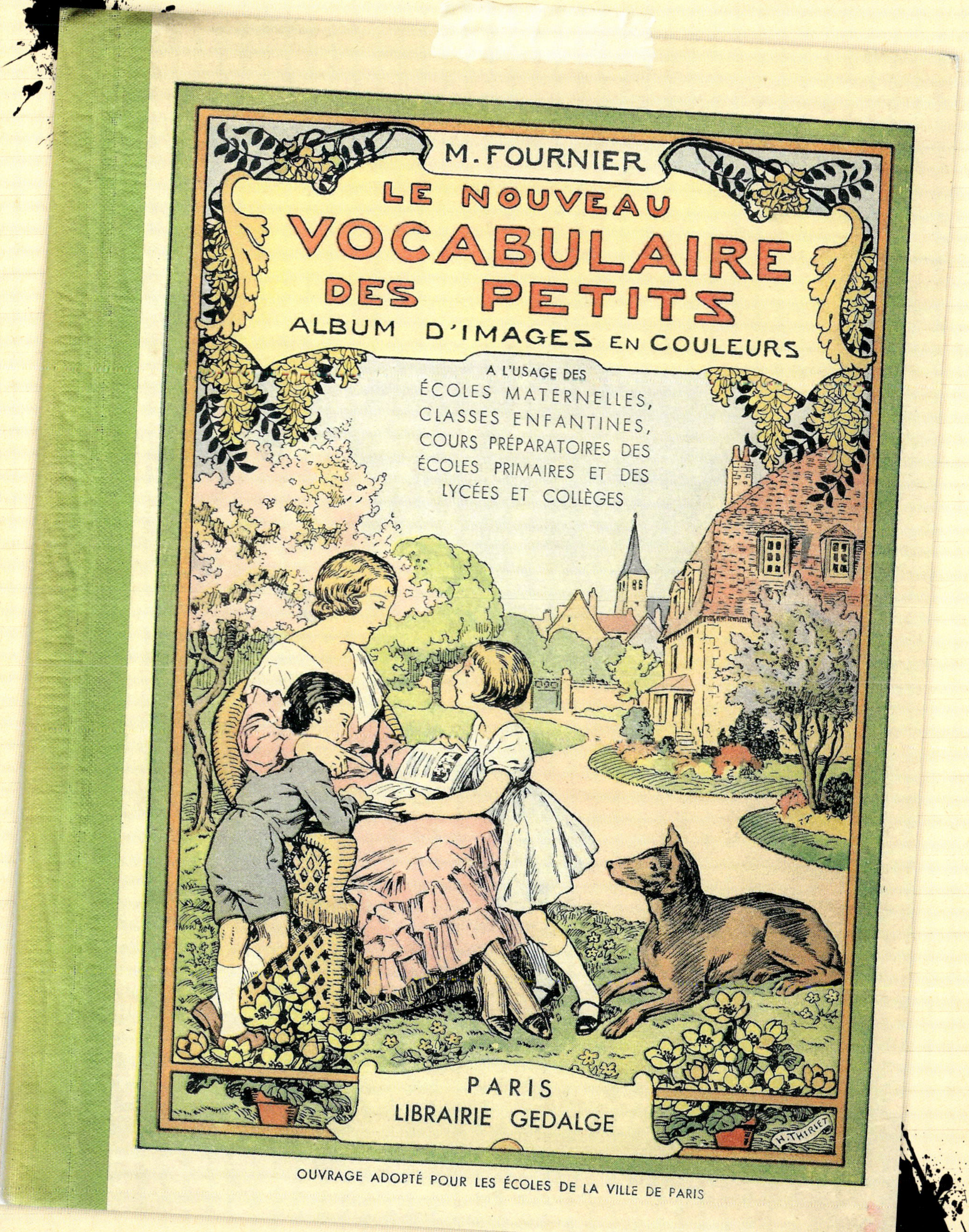
M. FOURNIER
LE NOUVEAU
VOCABULAIRE
DES PETITS
ALBUM D'IMAGES EN COULEURS
A L'USAGE DES
ÉCOLES MATERNELLES,
CLASSES ENFANTINES,
COURS PRÉPARATOIRES DES
ÉCOLES PRIMAIRES ET DES
LYCÉES ET COLLÈGES
PARIS
LIBRAIRIE GEDALGE
H. THIRIET
OUVRAGE ADOPTÉ POUR LES ÉCOLES DE LA VILLE DE PARIS

août

Dédié à l'empereur Auguste, ce mois tire son nom du latin *Augustus*. Ce dernier ajouta un jour au mois d'août afin qu'il en compte autant que juillet, qui rend hommage à un autre empereur, Jules César. Mois des vacances et des étoiles filantes, mois de la chaleur et des fruits – le calendrier républicain l'avait renommé fructidor –, août est le mois des festivités aux quatre coins de la France.

Sudoku

	9	7	2					4
				6			7	9
		3		1		2		
	8			5				2
	3	5		9				7
4			8	2			1	6
7		1	9			4		
					5		9	
		4		7		6		8

3					6	1	9	
			2		3	4		
	9	6				8		
				5	1	2		
	5	4			2		7	
		7		4			8	3
				3	7			
4						3	5	6
8		2		6				4

août

Dans le ciel

Ce mois-ci, vous en apprendrez plus sur les constellation du Cygne, de l'Aigle, de la Flèche, du Dauphin et du Serpent. Les Géminides ont lieu du 7 au 17 décembre, avec le 14 comme pic d'observation. Mais le nuage le plus célèbre, sans doute parce qu'on prend plus le temps de lever le nez au ciel par les chaudes nuits d'été, et qui a donné naissance aux manifestations des « Nuits des étoiles », c'est celui des Perséides : il se produit du 17 juillet au 24 août, avec un pic le 12 août.

Le ciel visible vers le 15 août à 1 h.

août
2024

Le Crabe bleu

Quel beau nom et pourtant quelle arrivée catastrophique, probablement par les eaux des ballast des navires.

L'invasion du crabe bleu est la plus récente et peut-être celle qui présente les plus graves conséquences économiques.

Callinectes sapidus est un crabe nageur, ce qui explique ses possibilités de diffusion ; l'espèce est originaire de l'ouest de l'océan Atlantique, dont les États-Unis et le Canada.

Il peut atteindre 500 g, mesure 20 x 9 cm. Les femelles sont un peu plus petites. Les pinces allongées et fines sont bleues chez le mâle et rouges chez la femelle. Ce que l'on remarque encore c'est que son corps a un aspect géométrique particulier du fait de ses sutures débordantes.

En Europe, l'espèce avait été signalée en 1949 dans la lagune de Venise et en 1962 dans l'étang de Berre en France. Comme il arrive souvent son adaptation a été fort lente au départ et explosive à partir d'une certaine date. C'est une espèce qui visiblement s'adapte dans les lagunes, essentiellement méditerranéennes ; le réchauffement des eaux serait-il le moteur de son expansion ?

Après avoir été considérée comme rapidement envahissante dans le delta de l'Èbre (Espagne) en 2012, elle a été signalée dans les étangs d'Urbinu et de Palu en Corse puis dans la lagune de Biguglia en 2014. Les pêcheurs en ont trouvé quelques-uns dans leur filet, mangeant le poisson prisonnier, puis il y eut rapidement plus de crabes bleus en 24 heures que de poissons et maintenant des masses de crabes et de moins en moins de poissons. Or, d'après les pêcheurs des lagunes de l'Aude, puis des Pyrénées orientales et de l'Hérault où il est arrivé en 2017, un seul crabe peut couper avec ses pinces, 1 m^2 de filet en 24 heures. !

L'individu n'apparaît pas comme très dangereux même si ses pinces peuvent blesser, mais un pêcheur qui doit évacuer une trentaine de kilos de ses filets après chacune de ses sorties, songe de plus en plus à la retraite ou à un travail en domaine terrestre ! C'est pourtant un bon comestible comme son nom latin d'espèce l'indique, mais qu'on ne consomme pas encore en France. Pour l'instant, notre petite pêche est menacée. La Tunisie qui l'avait au début rejeté, le consomme désormais ; sur sept mois, les marins tunisiens en ont pris 1450 tonnes qui leur ont rapporté 9 millions de dinars.

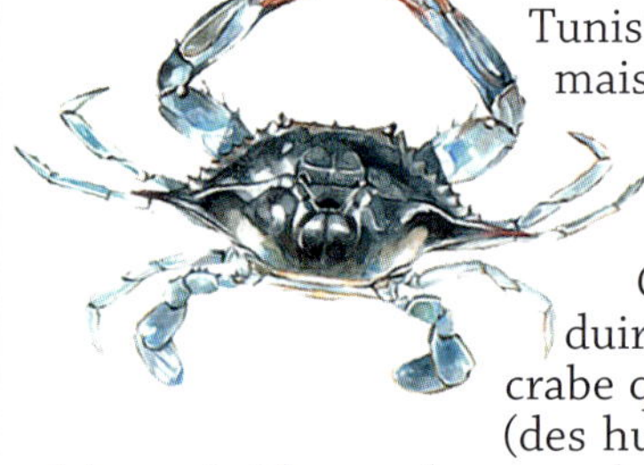

Ceci montre avec quelle vitesse il peut se reproduire (jusqu'à deux millions d'œufs par femelle). Ce crabe qui consomme des algues et des animaux divers (des huîtres et des poissons surtout) paraît indestructible sauf si les poulpes en pleine expansion et capables de les poursuivre à la nage, en font leurs mets préférés.

Jean-Mary Couderc

Pluie et tonnerre
en août,
c'est joie et prospérité.

Jamais d'août
la sécheresse
n'amène la richesse.

Le langage des fleurs

Oignon : je suis nul à pleurer
Olivier : paix
Orchidée : amour raffiné et mystérieux
Orchidée blanche : amour pur
Orchidée panachée : amour ambitieux
Orchidée rose : amour déclinant
Orchidée rouge : ferveur
Ortie : cruauté, douleur

Olivier

Orchidées

Ortie

lever 6 h 38
coucher 21 h 30, - 3

jeudi 1er

Alphonse
Dans le calendrier républicain :
quartidi 14 thermidor
Basilic

août
2024

Quand le vin du sud de la Beauce alimentait Paris

Il s'agit de la Beauce méridionale au nord de Blois où existent des toponymes révélateurs comme Champigny-en-Beauce. Notre collègue Jean-Marie Lorain dans La Loire insolite (J.-M. Couderc et al., 2006, p. 58-59) avait examiné la carte de Cassini et constaté que de Lestiou à Blois, la bordure du plateau était pratiquement entièrement plantée de vignes, et que l'on trouvait encore d'autres petits vignobles au nord-est jusque vers La Chapelle Saint-Martin.

Au départ, le vignoble se limitait au versant de la Loire et au rebord du plateau ; la vente du vin s'effectuait vers Nantes à destination de la Hollande. En témoigne encore à Mesland la grange de la Perdrière construite par des négociants hollandais.

Or, pourquoi la distribution s'est-elle organisée peu à peu vers Paris en passant par Orléans ? Certes par une amélioration du trafic fluvial et des chalands, par la constitution d'un réseau de charrois, mais encore par le déchargement des vins piqués à Orléans qui pouvaient désormais être transformés en vinaigre, mais surtout en raison de l'ouverture du canal de Briare (1642) et de celui d'Orléans (1692)et que bientôt l'essentiel du commerce du vin du plateau de Beauce blésoise s'est fait par Paris.

C'était une voie d'eau plus fiable et plus économique, si bien que le plateau des calcaires de Beauce s'est couvert de vignobles.

On y produisait du vin blanc mais aussi des vins rouges de coupage comme le « teinturier ». Villebarou, ux portes de Blois, se tailla une bonne réputation pour ses vins rouges issus du cépage « gros noir » (le Côt (=Malbec) et le grand noir de la Calmette qui n'existe plus dans le Loir-et-Cher).

Le second épisode a été la crise du phylloxéra, puceron d'origine américaine qui ravagea les vignes de 1865 à 1875. Seuls demeurent comme témoignages de cette viticulture, les statues de saint Vincent dans les églises et les loges de vignes. À Suèvres, il en existait encore 11 en 2000 perdues dans les champs de tournesol ou de colza.

Jean-Mary Couderc

lever 6 h 39
coucher 21 h 29, -3

vendredi **2**

Julien Eymard

quintidi 15 thermidor
Brebis

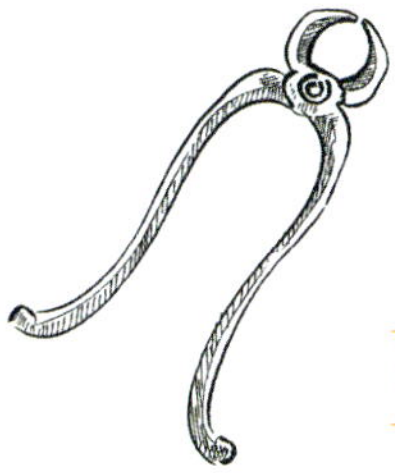

La Taillanderie Alexis à Orléans

Elle est située 29 rue du Poirier, à l'ouest de la préfecture ; on peut y accéder en remontant depuis les halles Châtelet. L'atelier appartenait à Bernard Solon depuis le 1er avril 1955 où il avait succédé à son grand-père maternel Maxime. J'emploie hélas l'imparfait car celui que l'on considérait comme le dernier taillandier de France, vient de mourir le 4 août 2022.

Une taillanderie est un atelier de fabrication à la main, d'outils coupants, grâce à une forge. Bernard Solon était en retraite mais il avait toujours fait visiter son atelier.,

Le métier c'est celui de coutelier, la taillanderie est une spécialité. Nous sommes dans un atelier datant de 1882, seule la soufflerie électrique est plus récente.

L'atelier existait depuis 1852, 22 rue des Hôtelleries et il avait été transféré rue du Poirier en 1882.

Dans le passé, il a toujours comporté quatre personnes, deux maîtres et deux apprentis, mais désormais Bernard Solon était seul car il ne pouvait plus prendre quelqu'un en stage, son outillage n'étant plus en conformité avec la réglementation. Le dernier apprenti était parti depuis 1971.

Les outils forgés (et dit-on garantis à vie !) étaient destinés au monde agricole et aux artisans (tonneliers, bûcherons, sabotiers, couvreurs bouchers) etc.

La transmission de l'atelier et des techniques a été strictement familiale depuis 1882. Bernard Solon y a travaillé dès l'âge de 7 ans mais il lui a fallu plus de 7 ans pour tout connaître. Chaque outil a son histoire et exige certains tours de main nécessaires Ainsi nous apprenait-il, la pioche de vigneron à manche cintré, typique du côté nord de l'agglomération d'Orléans, était complètement différente de celle employée dans les vignes du côté sud. Pour travailler, Bernard Solon utilisait les outils forgés par son arrière grand-père et reproduisait les gestes d'autrefois.

Par échanges avec ses clients, il était capable de produire l'outil idoine, ainsi pour les gouges à asperges. Autrefois, elles étaient taillantes, car on coupait les asperges, maintenant on les demandait moins tranchantes. Le travail du fer pour obtenir un outil n'empêchait pas de savoir ici comment cintrer les manches en bois.

Le journal de la Sologne et de ses environs a publié sur l'atelier un article à la date du 2e trimestre 2000, p.21-27. Bernard Solon avait eu de la chance, un jour deux personnes sont passées devant sa boutique, l'une d'elle, un parisien (le patron de *Rustica et de Détours en France*) a interpellé son ami orléanais : « Qu'est-ce que c'est que cette boutique ? ». Après un coup de téléphone, il y a eu plusieurs reportages qui ont amené l'idée d'une conservation de ses techniques et de son atelier.

Bernard Solon a fait, en 2022, l'objet d'une enquête de l'Inventaire général d'Orléans par Valérie Mauret-Cribellier et un photographe est passé partout montrant en particulier une ancienne cour encombrée de machines et matériel. Il a reçu le prix Bettencourt 2005 pour « L'intelligence de la main ».

Jean-Mary Couderc

lever 6 h 41
coucher 21 h 27, -3

samedi 3

Lydie

sextidi 16 thermidor
Guimauve

lever 6 h 42
coucher 21 h 26, -3

dimanche 4

Jean-Marie Vianney

septidi 17 thermidor
Lin

Votre chat : cet inconnu

Temps trop beau en août
annonce l'hiver
en courroux.

Coccinelle vole haut,
il fera beau.

À la Saint-Abel,
faites vos confitures
de mirabelles.

Tous les propriétaires de chats ont cette double impression de bien connaître leur compagnon et pourtant de sentir que quelque chose leur échappe totalement. On connaît l'indépendance et la personnalité du chat mais d'autres choses interpellent. On sait que l'animal peut fuguer pour des raisons sexuelles par exemple. En général, il revient, sauf s'il a été enlevé.
Quelquefois on apprend qu'il est resté chez un voisin pour une meilleure nourriture peut-être ?
Prenons le cas de Minette, une chatte tourangelle qui disparut deux jours après le déménagement de ses maîtres depuis le centre-ville jusqu'au nord de la Loire. Deux ans après cette fugue, le couple de propriétaires a emménagé de nouveau dans son ancien quartier, le quartier Velpeau. Là, ils ont retrouvé Minette en bonne forme qui avait trouvé une famille adoptive dans le quartier qui l'avait vue naître.
Il y a des chats fort attachés à leurs maîtres et l'on sait qu'ils se souviennent d'eux plus de 10 ans après en avoir été séparés. C'est une des causes qui paraît expliquer ces retours rares mais extraordinaires vers l'ancien domicile dont ils avaient été séparés.
Si l'on sait que l'animal parti de lui-même depuis quelques jours peut revenir grâce aux phéromones qu'il a l'habitude de laisser (par son urine, par les coussinets de ses pattes, par sa zone génitale, ou par le frottement de sa face), ceci n'est normalement pas envisageable lors de départs en automobiles, et pourtant, il y a des cas rares mais incontestables, de retours plusieurs années après, sur parfois plusieurs centaines de kilomètres !
En août 2014, arrivée de Cookie, amaigri, épuisé et méconnaissable chez sa maîtresse à Beaumont-en-Auge. Elle a été prévenue par le vétérinaire d'Orbec, ville voisine, qui l'a identifié grâce à sa puce électronique. Il avait disparu à Grasse (Alpes Maritimes) en mars 2013 (Ouest-France, du 12 décembre 2013.) Comment est-ce possible ?
Un chat tourangeau échappé du côté de Montélimar a mis trois ans pour retrouver ses maîtres à Tours, en état de faiblesse et de saleté indescriptible (comment a-t-il pu faire ?)
Et cette fois un fait qui dépasse notre entendement : en avril 2007, la première chaîne de télévision française raconte l'épopée de Mimine, une chatte de trois ans qui a parcouru 800 kilomètres en treize mois, entre Tréveray (Meuse) et Bordeaux ; elle avait disparu la veille du déménagement !
Comment supposer que l'odeur de ses maîtres ait pu subsister pendant treize mois au long du trajet ? Les propriétaires et leurs enfants l'ont reconnue : sa robe était la même, son comportement idem et la maîtresse a ajouté : « Elle ne mangeait pas de croquettes et elle n'en mange toujours pas ».
C'est le quotidien *La Libre Belgique* qui, en juin 2010, a fourni l'exemple le plus étonnant en la matière : le chat Karim a parcouru plus de 3200 km entre l'Ouzbékistan et Moscou pour retrouver ses maîtres qui avaient déménagé sans lui. En 2008, peu avant le déménagement, la maîtresse avait confié Karim à ses voisins, estimant que le voyage jusqu'à la Russie serait trop éprouvant pour lui. Deux ans après, elle l'a retrouvé sur le pas de la porte de sa nouvelle maison

lever 6 h 43
coucher 21 h 24, -3

lundi **5**

Abel

octidi 18 thermidor
Amande

russe qu'il ne connaissait pas, amaigri et en mauvaise condition. Ses anciens voisins lui avaient appris qu'il avait quitté leur maison quelques jours après leur départ.
Le chat peut parfois donner des preuves d'amour considérables et dans d'autres cas fuir délibérément.
En mars 2022, à Pougues-les-Eaux (Nièvre) des techniciens sont venus installer une pompe à chaleur ; le chat de la maison s'est réfugié dans leur camionnette sans bouger. Aurait-il eu envie de partir sans le moindre effort ? Les ouvriers l'ont découvert en arrivant à Grenoble. Ils se sont arrangés pour le ramener, ce qui n'a pas dû lui plaire…

L'autre ami de l'homme, le chien, semble pratiquer beaucoup plus rarement de tels déplacements. On peut citer celui du général Auguste François-Marie de Colbert Chabenais qui, après la mort de son maître à la bataille de Cacabelos (province de Léon-Espagne), le 3 janvier 1809, serait rentré en France, au château du Saussay à Ballancourt où résidait l'épouse de son maître. Il serait mort épuisé à l'entrée du domaine., à l'endroit où l'on a planté un platane. Si ce n'est point une légende, peut-être aurait-il pu rentrer dans les fourgons de l'armée ?
Nous avons, par contre, eu connaissance d'un exemple indubitable, équivalent aux plus étonnants exploits de certains chats. Au début de 1971, M. Valembois, conducteur de travaux, quitte Béthune pour aller travailler sur d'autres chantiers. Il laisse à ses cousins son fidèle Black, un berger des Flandres, non sans regrets mais en raison de ses nombreux déplacements prévisibles.
Le 17 juin (6 mois après), alors qu'il se trouve à Châteaurenard (Bouches-du-Rhône), il apprend qu'un chien noir, désemparé, erre dans les rues de la cité. C'est Black qui devient fou de joie en retrouvant son maître. Le chien a parcouru plus de mille kilomètres pour gagner un endroit où il n'a jamais été !
Alors dans de tels cas comment ne pas penser, malgré le caractère inouï de la chose, à un phénomène de télépathie entre certains chiens et chats et leurs maîtres !
Ces grands déplacements énigmatiques des chats ont intéressé les écrivains et je pense à un chef-d'œuvre de Maurice Genevoix : *Roû* (Flammarion 1913), un roman très poignant dont voici le canevas. C'est un chaton noir né dans le grenier qu'adopte Clémence, la vieille bonne d'un médecin. Un jour, ils partent dans la maison de campagne où il s'éprend de liberté.
De retour après les vacances, il s'enfuit. Plusieurs années après le docteur trouve un chat dans un état indescriptible, presque intouchable et manifestement proche de la mort. Ils comprennent peu à peu que Roû est revenu…
Certaines perceptions du chat sont remarquables. Avez-vous entendu parler du chat nord-américain Oscar à partir de 2007 ? C'est un chaton qui a grandi dans une unité de soins de Providence (Rhode Island) où se trouvent des malades atteints d'Alzeimer, de Parkinson et d'autres maladies laissant les malades inconscients de leur environnement.
Au bout de six mois, l'équipe médicale s'est aperçue qu'Oscar visite régulièrement les malades mais qu'il se blottit pour dormir contre certains qui meurent en général quelques heures après l'arrivée du chat. Or, par ailleurs, Oscar n'est pas particulièrement affectueux. Au bout d'environ 25 décès constatés après son passage, les médecins ont pris l'habitude, à partir de 2007, de prévenir les familles qui ont aussitôt fait sortir le chat qui restait à miauler devant la porte.
Les tentatives d'explications partagent les médecins. Les premiers ont émis l'hypothèse que « le chat pourrait détecter des odeurs spécifiques accompagnant l'arrivée de la mort ». Moins nombreux sont ceux qui considèrent que le chat se contenterait de visiter les personnes qui bougent le moins possible et, dans une série télévisuelle s'inspirant de cet exemple, le docteur House évoque une recherche par le chat de la chaleur dégagée par la couverture chauffante dont le personnel couvre les malades en fin de vie.

Jean-Mary Couderc

lever 6 h 44
coucher 21 h 23, - 3

mardi **6**

Transfiguration

nonidi 19 thermidor
Gentiane

Bref commerce avec une fausse veuve noire tourangelle

Bien que je sois arachnophobe, mon métier de biogéographe et de naturaliste m'a toujours amené à observer et, si possible, à déterminer des espèces animales, rares ou inconnues fussent-elles des arachnides.

J'avais profité du confinement printanier de 2020 pour trier et inventorier de grands paquets de rouleaux de cartes rangés derrière la porte de mon bureau. Alors que je tenais un rouleau à la main pour lire l'inscription identifiant la carte, une boule noire brillante à taches rouges latérales munies de huit pattes est tombée au sol et s'est mise en marche (mais sans rapidité excessive).

Quand j'ai réalisé que c'était une araignée appartenant à une famille d'individus à morsure dangereuse comme la veuve rouge australienne et la veuve noire américaine, je l'ai écrasée… Oui, j'ai honte, mais cela avait été une telle surprise et quelque peu inquiétante que je ne voyais pas comment j'aurais pu la garder vivante. J'avais en tête sa forme, sa taille et sa couleur.

Cette araignée au corps arrondi et rebondi avait deux belles taches d'un rouge orangé sur chaque flanc.

Ses pattes étaient relativement courtes et épaisses dans leurs parties antérieures, contrairement à la dangereuse veuve noire américaine. La robe des sujets français a une allure proche des deux veuves précédemment citées, mais possède des taches de formes et de positions très variables.

Il s'agissait d'une *Steatoda paykulliana* femelle (Walckenaer, 1806), vulgairement appelée en Provence la malmignatte des jardins ou la malmignatte balafrée, et ailleurs la fausse veuve noire. Le nom latin de son genre évoque très bien la grosseur du corps. Elle appartient comme les veuves à la famille des Theridiidae.

Les nuits d'août trompent sages et fous.

lever 6 h 46
coucher 21 h 21, - 3

mercredi 7

Gaétan

décadi 20 thermidor
Écluse

C'est un animal qui mesure de 8 à 13 mm de longueur tandis que le mâle, beaucoup plus fin, plus clair et à pattes jaunes, mesure de 4 à 8 mm de longueur. Les taches rouges sont très irrégulières d'un sujet à l'autre. L'animal observé ne possédait pas de taches au centre de l'abdomen et ses taches latérales en croissant, plus larges que celles des photos, ne se joignaient pas à la partie antérieure de son abdomen.
Les morsures de la femelle sont dangereuses. L'injection de 0,3 mg de son venin (de type neurotoxique) peut tuer une souris ou un rat. Les conséquences de sa morsure sur l'homme ont amené les médecins à parler de steatodisme.

C'est une espèce plus abondante dans les milieux secs de la région méditerranéenne, mais on la rencontre dans un certain nombre de localités françaises. Elle avait été nommée, en 1806, à partir d'un exemplaire trouvé dans le bois de Vincennes ; elle est présente dans les landes armoricaines, et elle a été mentionnée pour la première fois dans les Charentes en 2007.

Dans les régions méditerranéennes, on rencontre plusieurs espèces du même genre et des femelles du genre latrodecte qui, le plus souvent, portent aussi des taches rouges. Citons la latrodecte à tache rouge en forme de sablier sur le milieu de l'abdomen, et la latrodecte à 13 points : *Latrodectus tredecimguttatus* à taches rouges, orange ou jaunes, beaucoup plus grosse que le mâle, et provoquant des morsures dangereuses.

Jean-Mary Couderc

Mon fils reconnu par un tiers qui ne l'avait jamais vu !

Année 1976. Nous nous promenons dans Vannes pour visiter cette belle ville. Nous sommes dans une grande rue animée par une foule estivale ; mon fils est quelque pas en-tête, tandis que je parle tranquillement avec mon épouse. Je vois soudain mon fils accosté par un homme jeune… c'est Pauwels, un de mes camarades de philo au lycée Descartes !

Situation extraordinaire qui va s'éclairer quelques secondes plus tard.

Pauwels marchait quand il a vu mon fils venir vers lui… il lui a brutalement demandé – question folle– Ne seriez-vous pas le fils de Jean-Mary Couderc ? Et mon fils d'opiner au moment où nous arrivons, alors que Pauwels ne nous avait pas vus et ne pouvait d'ailleurs pas nous voir.

Effectivement mon fils avait à peu près l'âge que j'avais en classe de philosophie, mais en écrivant cela je ne peux pas encore croire qu'il ait été mon sosie !

lever 6 h 47
coucher 21 h 20, -3

jeudi **8**

Dominique

primidi 21 thermidor
Carline

Les vocabulaires

Vocabulaire et méthode d'orthographe de Gabet et Gillard

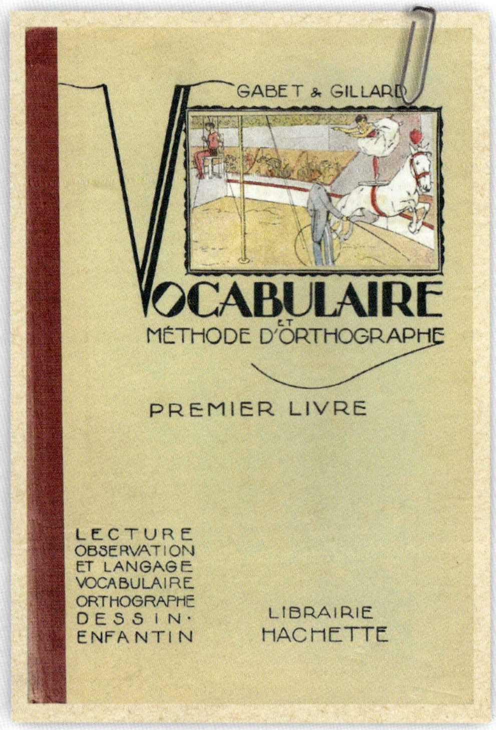

Dans les années 1920, Hachette va de nouveau faire appel au célèbre illustrateur Ferdinand Raffin pour qu'il mette en images, avec ses merveilleuses aquarelles, une toute nouvelle série de 5 vocabulaires et méthodes d'orthographe. Ce sont les fameux « Gabet et Gillard » qui pendant de très longues années permettront aux enfants de découvrir et de se familiariser avec monde extérieur et à apprendre à en nommer ses différents constituants.

Désormais, l'enfant sait lire…

À la Sainte-Claire,
s'il éclaire ou tonne,
c'est l'annonce
d'un bel automne.

Qui sème
à la Saint-Laurent
y perd sa graine
et son temps.

vendredi **9**

lever 6 h 48
coucher 21 h 18, -3

Amour

duodi 22 thermidor
Câprier

34

VOCABULAIRE

L'ARRIVÉE DU TRAIN

Observation et Langage. — 1. Où ce train est-il arrêté? — 2. Regardez la locomotiv… tout ce que vous voyez. — 3. Que font les voyageurs dès que le train est arrêté? … tiennent-ils à la main? — 5. Où se dirigent-ils? — 6. Où vont-ils?

LECTURE

L'arrivée du train.

Le train vient d'entrer en gare. La locomotive p… siffle et s'arrête, suivie de son tender et de se… wagons. Les portières s'ouvrent; les voyageurs d… avec leurs colis, leurs sacs, leurs valises; ils s… vers la sortie. Un employé retire les billets; … d'équipe roule des bagages; le chef de gare donn…

Questionnaire. — 1. Que fait la locomotive quand le train entre en gare?
2. De quoi se compose un train?
3. Que fait l'employé à la sortie? Pourquoi?
4. Que fait le chef de gare… naissez-vous?)
5. Quel est le rôle du mé…
6. Quel est le rôle du ch…

VOCABULAIRE. — 1. — Lire, épeler et copier les mots suivants…

le train, la locomotive, les wagons
les employés, le chef de gare
Le train s'arrête; les voyageu…

2. — Compléter l'exercice à l'aide des mots suivants :

mécanicien, chauffeur, vo…

Le .... conduit la locomotiv…
du charbon; tous les deux s…

10

VOCABULAIRE

ON DANSE

Observation et Langage. — 1. Où ces personnes sont-elles réunies? — Combien de danseurs voyez-vous? — 3. De quoi les danseuses sont-elles coiffées? — 4. Combien y a-t-il de musiciens? 5. Qui regarde les danseurs? — 6. Voyez-vous des enfants? Où? Combien? — 7. Que font-ils?

LECTURE

On danse.

C'est à la fête du village, le soir, après dîner. La petite place est éclairée par des lanternes vénitiennes. Sur l'estrade sont deux musiciens : l'un joue du piston, l'autre de la clarinette. Des couples dansent.... De bons vieux et de bonnes vieilles les regardent. A l'écart, des petits garçons et des petites filles font une ronde; ils chantent.

Questionnaire. — 1. Pourquoi y a-t-il tant de monde sur la place?
2. A quel moment de la journée se passe cette petite scène?
3. Comment la place est-elle éclairée?
4. Où sont montés les deux musiciens?
5. De quels instruments jouent-ils?
6. Connaissez-vous des danses? Lesquelles?

VOCABULAIRE. — 1. — Lire, épeler et copier les mots suivants :

la fête, la place, les lanternes vénitiennes,
une estrade, les musiciens, des danseurs;
l'un des musiciens joue de la clarinette.

…pléter l'exercice à l'aide des mots suivants :

ronde, valse, polka.

…é danse la ....
…nd, il dansera la .... quand il sera
.... et la ....

lever 6 h 49
coucher 21 h 17, -3

samedi 10

Laurent

tridi 23 thermidor
Lentille

lever 6 h 51
coucher 21 h 15, -3

dimanche 11

Claire

quartidi 24 thermidor
Aunée

août
2024

Apprendre la *géographie*

Des images pour faire « s'évader » les enfants

LA « TACHE VIOLETTE »

À la mi-août,
le temps s'arrange
ou défait tout.

Au 15 août,
gros nuages en l'air,
c'est de la neige
pour l'hiver.

Citation

« Notre patrie, vous le savez, c'est la France. Votre instituteur vous parle souvent de la France que nous devons tous aimer, honorer, servir. On vous apprendra à l'école, à connaître notre France ; on vous parlera de sa situation, de sa grandeur, de ses gloires, de ses illustrations et aussi de ses malheurs. Quand vous connaîtrez bien notre France, vous l'aimerez comme vous aimez votre maison, votre famille, votre ville ou votre village ».

Méthode Cuissart de la Lecture et de l'Écriture et du Dessin, Éducation Nationale, 1905.

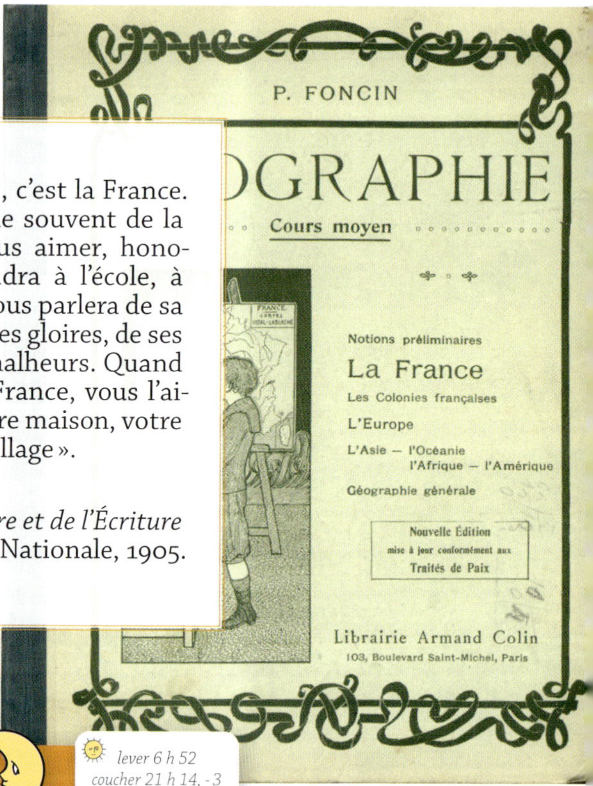

lundi 12

lever 6 h 52
coucher 21 h 14, - 3

Clarisse

quintidi 25 thermidor
Loutre

À l'origine de cet élan de patriotisme prôné jusque dans les méthodes de lecture des cours préparatoires, on ne peut oublier la perte de l'Alsace et de la Lorraine à l'issue de la défaite de la guerre de 1870. Un véritable drame qui a terriblement marqué les esprits. Les livres de géographie du début du siècle dernier en sont les témoins vivants avec cette « *tache violette* » omniprésente, véritable blessure de cœur et d'amour-propre qui endeuille la carte de la France d'alors.

« *Cette tache violette représente le deuil et la honte pour les Français d'avoir abandonné des habitants de la Nation. La Lorraine, de la Sarre et l'Alsace, parlant un dialecte allemand, étaient françaises de volonté et de cœur avant les événements de 1870-1871. Notre devoir à nous Français est de ne jamais oublier nos frères d'Alsace-Lorraine. Ils ont été séparés de nous contre leur volonté : la justice et le droit souffrent en leur personne une violence permanente et tant que subsistera cette iniquité, le monde civilisé n'aura point de sécurité ni de repos* ».

L'insuffisance des connaissances en matière de géographie était à l'époque montrée du doigt comme la cause principale de la défaite de Sedan et de la perte de la guerre de 1870 contre la Prusse. En effet, contrairement à l'état-major ennemi, l'armée française avait peu ou pas de carte du terrain des opérations et une mauvaise connaissance de la topographie et du relief des lieux d'affrontement.

FIG. 10. — Golfe.

FIG. 8. — Iles et archipel.

FIG. 11. — Port.

Géographie *pour le cours moyen de Pierre Foncin, Hachette, 1923.*

lever 6 h 53
coucher 21 h 12, -3

mardi 13

Hippolyte

sextidi 26 thermidor
Myrte

août
2024

Les Arbres de justice

Cette appellation qui perdure a deux sens : les vieux arbres au pied desquels on rendait la justice au Moyen Âge, et ceux aux basses branches permettant à la justice seigneuriale ou royale de pendre les condamnés.
Pour les personnes de ma génération, on avait dans notre premier livre d'histoire, le dessin du roi saint Louis rendant la justice sous son chêne du bois de Vincennes. Joinville nous apprend qu'il y allait après la messe, que ses proches étaient assis autour de lui sur un tapis et que les requerrants, libres de s'adresser au monarque, étaient debout face à son trône.
Il faut savoir que trois espèces d'arbres surtout abritèrent des juges, le chêne, l'orme et le tilleul. Pourquoi juger sous des arbres ?
L'arbre était toujours un sujet âgé dont le houppier pouvait abriter du soleil et de la pluie mais ces chefs-d'œuvre de la nature, supérieurs aux rois par leur longévité, évoquaient la sagesse propice à la justice sociale. Il existe encore des chênes saint Louis nommés à l'instar de celui de Vincennes dans diverses grandes forêts : en forêt de Tronçais (Allier) ou en forêt de Châteauroux (Indre), par exemple ; certains chênes de justice sont encore vivants comme celui de Saint-Jean-de-Peyrolas (Gard).
Parmi les « chênes des justices », et ici on emploie davantage le pluriel, pour désigner ceux ceux dont les branches basses permettaient les pendaisons, citons « le chêne des pendus ou des justices » de Villaines-sous-Malicorne, (Sarthe). On disait de ce chêne : « Les jours de grand vent, promeneur, passe au large si tu ne veux pas entendre les pendus claquer des dents. » Certains « chênes des pendus », assez loin des habitations, comme celui du département de l'Indre, n'ont jamais servi qu'à pendre des loups pour faire peur, pensait-on, au reste de leur meute.

S'il pleut pour
l'Assomption,
tout va en perdition.

À l'Assomption
la clarté
fait du vin
de qualité.

♌ Leo

mercredi **14**

lever 6 h 54
coucher 21 h 10, -3

Évrard

septidi 27 thermidor
Colza

On sait moins que l'orme a été un fréquent arbre de justice au Moyen Âge. Ainsi aux portes de Gisors sur l'ancienne route romaine, se trouvait un terrain connu sous le nom de Champ Sacré. Depuis des temps immémoriaux, il y avait sur ce champ, un orme, qui, si on en croit les chroniques, sortait vraiment de l'ordinaire. « Quatre hommes pouvaient à peine l'envelopper de leurs bras étendus ; à lui seul, il faisait comme une forêt et son ombrage couvrait plusieurs arpents de terre, pouvait recueillir, protéger et soulager des milliers de personnes. ».On avait cerclé son tronc « d'un poids énorme de fer et de beaucoup d'airain », si bien qu'on l'appelait « l'ormeteau ferré ».

« Cet arbre que l'Antiquité consacrait à Mars, avait abrité Louis VI partant en guerre en 1111 ; il avait écouté la messe devant un autel de campagne ». Plus tard, Philippe Auguste, roi de France, et Henri II Plantagênet, roi d'Angleterre, avaient apaisé leurs querelles sous son ombre. Enfin, c'est sous cet orme que saint Bernard avait médité la règle des templiers. Hélas, un certain 15 août la querelle envenima entre les deux nations. Les Français coupèrent l'arbre, le brulèrent et s'en vantèrent ! Les Anglais qui ont toujours aimé la nature déplorèrent cet acte de vandalisme avec mélancolie : « Hors la ville, il y avait un orme rond, verdoyant et beau, qui donnait en été un ombrage agréable ; les hommes du roi, par stupidité, le découpèrent pièce à pièce. À la couronne de France, jamais si grand'honte n'était advenue. »

On pourrait évoquer l'orme de Saint-Martial à Toulouse, sous lequel les troubadours occitans, tinrent leur première assemblée.

Il y eut à Paris comme à Gisors, un orme célèbre de toute antiquité et qui mourut de vieillesse. Il se dressait devant l'église Saint-Gervais et Saint-Protais et le poète Guillot l'avait chanté dans son poème sur les rues de Paris, sous le règne de Philippe-le-Bel :

« [...] *puis la rue du cimetière*
Saint-Gervais et l'ormeteau [...] »

À ses pieds on venait se réunir, en particulier la corporation des maçons et des tailleurs de pierre. On prit soin de toujours lui donner un successeur qui fut entouré d'une grille métallique.

C'est ce que firent les Anglais qui, pendant des millénaires, remplacèrent les arbres marqueurs de routes et de carrefours dans la campagne de leur pays, ce qui, de nos jours, permit de repérer jusqu'aux itinéraires préhistoriques.

Dans l'est de la France et en Allemagne, étaient fréquents les « tilleuls de justice » (*Guerichtslinden*) autour desquels on rendait la justice. Au Moyen Âge, il était même obligatoire de le faire à l'extérieur pour que chacun puisse y assister. On y rendait la justice villageoise et on y tenait les assemblées du conseil. La superstition attribuait au tilleul des effets magiques divers et en particulier la meilleure protection contre la foudre. En fait, on appréciait son port, sa grande taille et sa croissance rapide et de nos jours beaucoup subsistent en Allemagne considérés comme des arbres remarquables.

Jean-Mary Couderc

lever 6 h 56
coucher 21 h 9, -3

jeudi **15**

Assomption

octidi 28 thermidor
Lupin

Apprendre les sciences

Des images pour découvrir les choses qui nous entourent

Les leçons de choses, témoins du progrès technologique

Au fil des années, les livres de leçons de choses se transforment et leur contenu est de plus en plus encyclopédique et généraliste avec des explications et des expériences pratiques sur tout l'environnement de notre vie quotidienne.

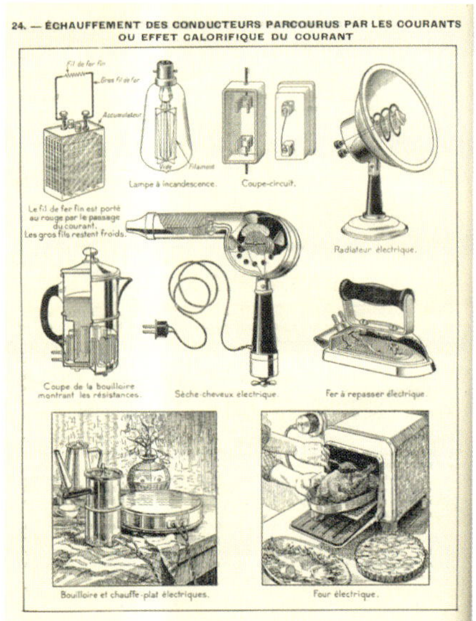

Les Sciences à l'école primaire au Certificat d'études de Dirand et Caron, Hatier, 1938.

Avec la vulgarisation de l'imagerie scolaire, les manuels vont suivre, année après année, le formidable développement des techniques et des technologies dans tous les domaines de la science. Ils vont ainsi devenir imperceptiblement de véritables vitrines du savoir scientifique. Peu à peu tous ces « *bienfaits* » du progrès moderne entreront ainsi dans les foyers et deviendront rapidement des objets usuels de la vie courante. Dans les manuels de sciences brillent toutes les facettes du monde nouveau qui est en train de naître, un monde moderne dans lequel la vie quotidienne est facilitée par les techniques, l'électricité, le téléphone ou la machine à laver qui devraient rendre les jours meilleurs. Ce sera aussi pour tous la découverte de mondes nouveaux comme l'automobile ou même l'aviation.

Parallèlement au développement des équipements et du confort modernes, on va assister, dans la période moderne, à une soif de retour à la campagne et un besoin de découvrir, pour certains ou de renouer pour d'autres, avec le milieu naturel.

Craignant que l'attrait des lumières et du modernisme des villes ne vide les campagnes, une certaine littérature scolaire et parascolaire tente de convaincre les petits paysans de renoncer à l'exode le rural et de rester à travailler la terre.

Vigneron qui prie
sainte Hélène
ne perd pas sa peine.

À la Sainte-Hélène,
la noix est pleine
et le cerneau
se met dans l'eau.

Tu peux semer
sans crainte
quand arrive
la Saint-Hyacinthe.

vendredi **16**

lever 6 h 57
coucher 21 h 7, -3

Armel

nonidi 29 thermidor
Coton

1. Frigidaire ; 2 et 3. Moulins à café ; 4. Cafetière ; 5. Grille-pain ; 6. Machine à laver ; 7. Fer à repasser ; 8. Rasoir.

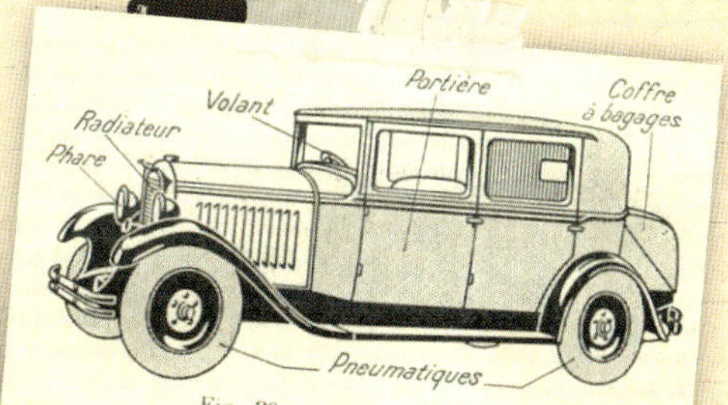

Fig. 38. — UNE AUTOMOBILE

Les sciences appliquées
pour le Certificat d'études de Barbas, Dupetit et Auéméry, Lavauzelle, 1955.

Premières Leçon de Choses
pour les cours préparatoire et élémentaire de Dalbis et Manquat, Gedalge, 1936.

lever 6 h 58
coucher 21 h 5, -3

samedi **17**

Hyacinthe

décadi 30 thermidor
Moulin

lever 7 h
coucher 21 h 4, -3

dimanche **18**

Hélène

primidi 1er fructidor
Prune

À la Saint-Bernard,
pour moissonner,
il est bien tard.

Saint Bernard
fait mûrir les grains
en retard.

Problèmes d'après les images

CLAUDE : « Je n'ai que 127^f dans ma tirelire. »

Le chargement du vin est terminé.

La marchande compte les œufs qu'elle vient d'acheter.

CLAUDE : « J'ai fait 17 tours. »
JANINE : « Moi, j'en ai fait 21. »

DEVOIRS : 1. – Dans un wagon, il y a **235** sacs de blé, **121** sacs de maïs et **96** sacs d'avoine. Combien y a-t-il de sacs dans le wagon?

2. – Un tonneau contient **450^l**. Un autre tonneau contient **124^l** de moins que le premier. Quelle est sa contenance?

3. – Je possède **326^f**. Il me manque **174^f** pour acheter un chapeau. Quel est le prix du chapeau?

4. – Une boîte vide pèse **83^g**. Pleine de gâteaux, elle pèse **5^{hg}**. Quel est le poids des gâteaux contenus dans la boîte?

5. – Un cantonnier a nettoyé un fossé en **3** jours. Le lundi, il en a nettoyé **$1^{hm}75^m$** ; le mardi, **$1^{hm}6^{dam}$** et, le mercredi, **137^m**. Quelle est la longueur du fossé?

6. – **Copiez, en les complétant, les tableaux ci-dessous (modèle, p. 53) :**

4 + 3 = 7	7 – 3 = 4	3 + 4 = 7	7 – 4 = 3	3 + 6 = 9	9 – 6 = 3
....	....	....	....	....	....
94 + 3 = ...	97 – 3 = ...	93 + 4 = ...	97 – 4 = ...	93 + 6 = ...	99 – 6 = ...

Arithmétique pour le cours élémentaire de Pugibet et Duhem, Armand Colin, 1948.

lever 7 h 1
coucher 21 h 2, -3

lundi 19

Jean Eudes

duodi 2 fructidor
Millet

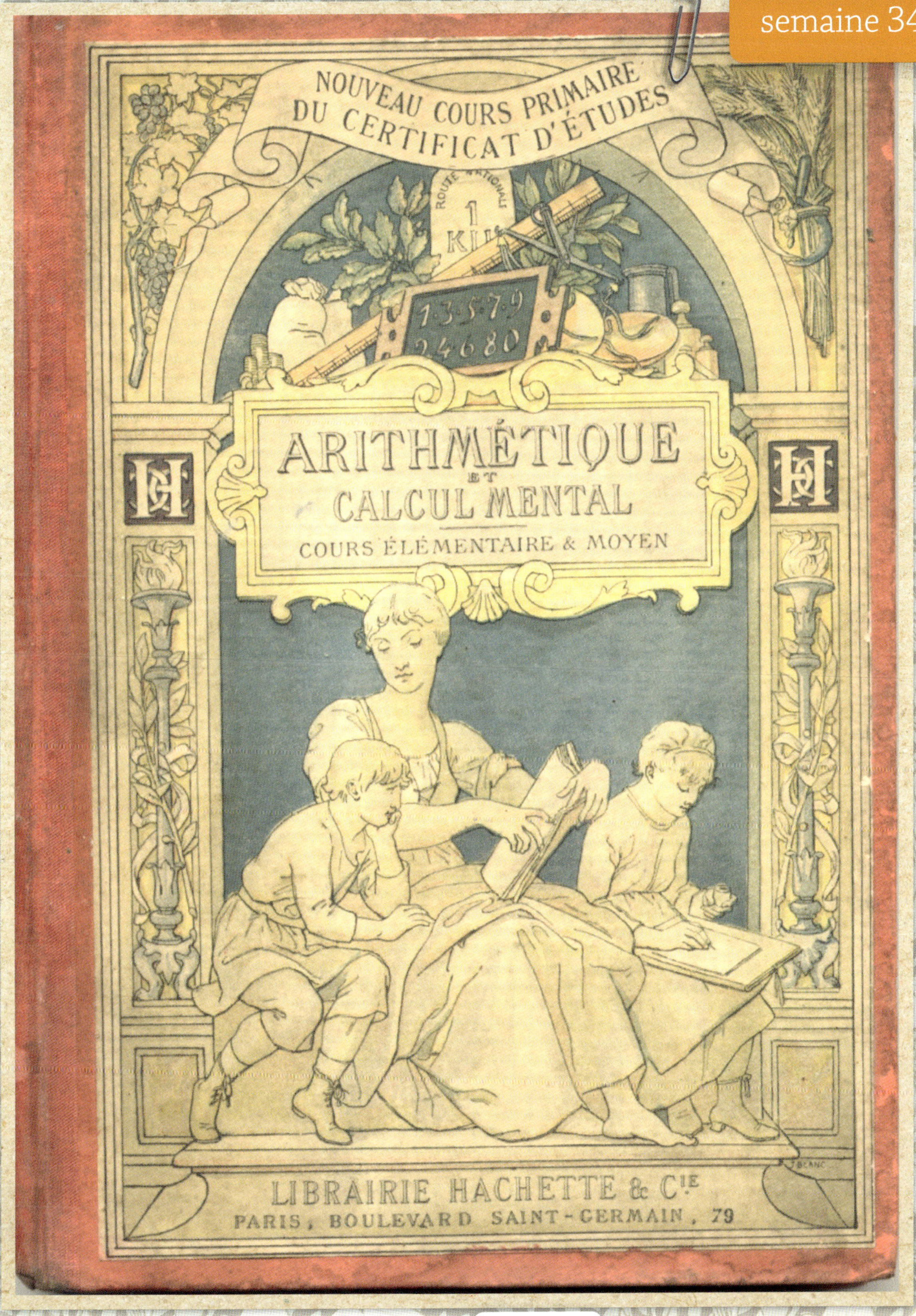

Arithmétique et calcul mental pour les cours élémentaire et moyen, *Hachette, 1890.*

lever 7 h 2
coucher 21 h, -3

mardi 20

Bernard

tridi 3 fructidor
Lycoperdon

août
2024

Pétunia

Le langage des fleurs

Paille : union
paille brisée : rupture
Palmes : succès
Pâquerette : aspiration
Passiflore : douleur
Pavot : songes
Pavot blanc : sommeil du cœur
Pavot écarlate : extravagance
Pavot pourpre : émois
Pavot violet : fidélité
Pêcher en fleur : je suis ta prisonnière
Pensée : pensées émues, souvenir
Perce-neige : consolation
Persil : festin
Pervenche : mélancolie
Pétunia : obstacle
Peuplier noir : courage
Phlox moucheté : brûlez mes lettres
Phlox rouge : je brûle de passion
Pied-d'alouette : désir léger
Pissenlit : oracle
Pivoine : honte
Pivoine blanche : attention !
Pivoine rose : comptez sur moi
Pivoine rouge : je veille sur toi poire : affection
Pois de senteur : rupture
Pommier fleuri : préférence
Primevère : jeunesse
Primevère sauvage : retard
Primevère toutes couleurs : amour exclusif

Qui dort en août dort à son coût.

Autant de brouillards en août, autant de déluges dans l'année.

Pervenche

Pois de senteur

Pensée

Pissenlit

mercredi **21**

lever 7 h 3
coucher 20 h 58, -3

Christophe

quartidi 4 fructidor
Escourgeon

L'unique fille de Napoléon Ier ?

En dehors de l'Aiglon et de quelques bâtards masculins, Napoléon aurait eu une fille d'une jeune prostituée bourguignonne, Antoinette Cattin lorsqu'il était en garnison à Auxonne. L'historien Bruno Fuligni a retrouvé des papiers concernant Charlotte Cattin née le 22 août 1795, et reconstitué sa biographie en 2021 dans l'ouvrage *La Fille de Napoléon* imprimé aux éditions « Les Arènes ». Sa mère ne lui dévoilera le nom de son père qu'en 1807 et Napoléon ignorera toujours cette éventuelle paternité. Charlotte ressemblait étrangement à la mère de Napoléon Letizia Ramolino.

Sa mère s'était mariée à un nommé Chappuis qui reconnut tous ses enfants. Charlotte qui ouvrira une pension pour jeunes filles à Salins, se présentera à un commandant autrichien à Besançon qui transmettra le dossier à la France, ce qui eut pour effet de la faire arrêter par la police à Baume-les-Dames puis à la prison de Bellevaux à Besançon. Elle ne put en sortir qu'en mars 1817 en acceptant d'épouser, non la personne qu'on lui désignait, mais en juin 1817, un maître de forges, Jacob Muller, qu'elle remplacera à la tête de l'entreprise après sa mort en 1837. Femme riche et honorable, elle a été soutenue par le général Delort, député, puis pair de France. Elle eut six enfants aux noms césariens comme Marie-Louise, Adrien, Jules… Elle appela Louis Napoléon « mon cousin » qui d'ailleurs nommera son fils Adrien maire de Champagnole.

Jean-Mary Couderc

Un ancien métier traditionnel, celui de langueyeur

Lors des anciens marchés, pour savoir si les porcs n'étaient pas atteints de « ladrerie », maladie caractérisée par le développement de vésicules correspondant à des cysticerques, des larves enkystées de vers intestinaux dont le ténia, on consultait un langueyeur qui était autrefois un officier juré qui examinait la langue des porcs et marquait à l'oreille les animaux malades. Ces derniers furent remplacés par des inspecteurs des services sanitaires requis par les maires dans le cadre de la police des marchés (loi du 16 septembre 1879), complétée par la loi sur la désinfection des emplacements de vente (loi du 21 juin 1898).
Comment langueyait-on un porc ? Le langueyeur saisissait l'animal par les oreilles tandis que son aide attrapait une cuisse arrière et les deux hommes le faisaient basculer simultanément du même côté. Il posait un genou sur le cou du porc qui commençait à hurler et l'homme lui ouvrait la gueule avec un fort bâton servant de levier pour tenir les mâchoires écartées. Il passait le bout libre du bâton sous le poids du pied de la jambe restée libre.
Puis avec sa main gantée, il saisissait la langue pour la mettre au jour et la tourner successivement de chaque côté de manière à l'examiner.
Si l'animal était « mézeau » comme on disait, il était déclaré impropre à la consommation et le langueyeur lui fendait l'oreille pour le faire reprendre avec certitude.

Jean-Mary Couderc

lever 7 h 5
coucher 20 h 57, -3

jeudi 22

Fabrice

quintidi 5 fructidor
Saumon

Les planches d'Histoire

Armand Colin

Les plus belles réalisations en matière de planche d'Histoire de France on les doit à Armand Colin qui propose en 1905 une merveilleuse collection de cinq planches recto verso. Il s'agit des « *Tableaux d'histoire de la civilisation française* », avec des illustrations qu'on doit à Marcel Lecoultre, imprimées par le procédé de reproduction révolutionnaire à l'époque, la chromolithographie. Ces dix faces évoquent de façon précise et documentée l'évolution de la civilisation française, de la présence romaine aux temps modernes de la fin du XIXe siècle. Ces tableaux sont conservés au département des estampes de la bibliothèque nationale de France.

À la Saint-Louis,
l'été est fini.

À la Sainte-Rose,
pour le travailleur,
pas de pause.

Pluie
à la Saint-Barthélemy,
de la vigne est l'ennemie.

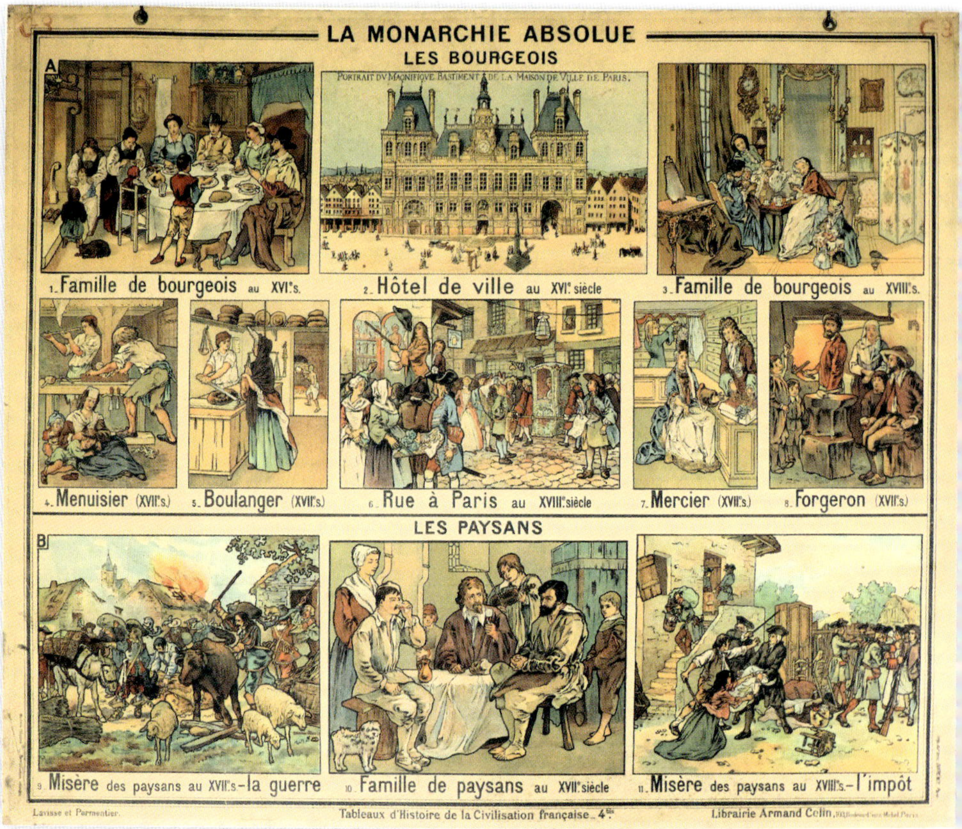

vendredi **23**

lever 7 h 6
coucher 20 h 55, -3

Rose de Lima

sextidi 6 fructidor
Tubéreuse

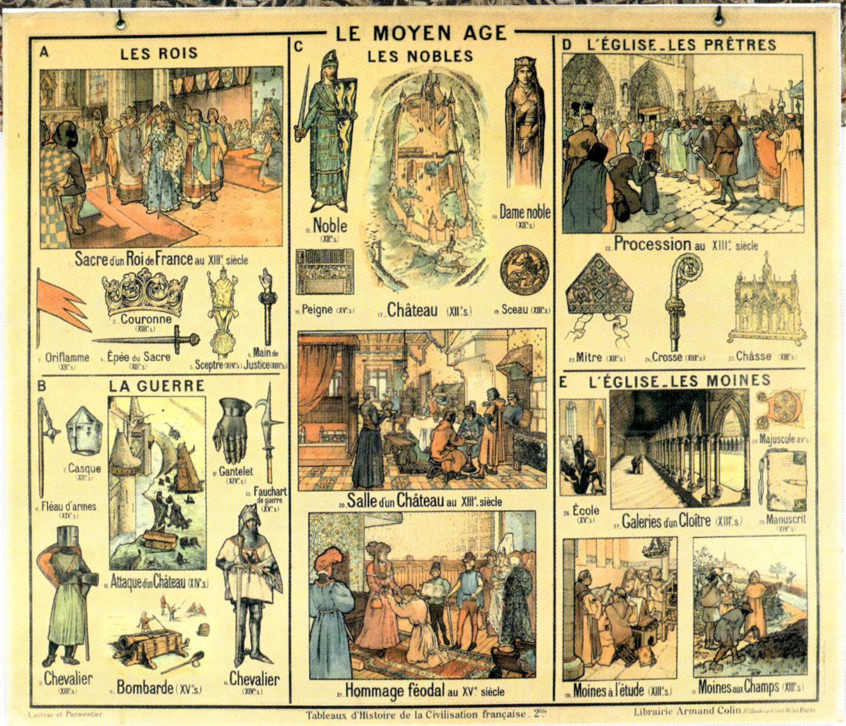

Série de 5 tableaux double face sur la civilisation française d'Ernest Lavisse et André Parmentier, Armand Colin, 1905.

lever 7 h 7
coucher 20 h 53, -3

samedi **24**

Barthélemy

septidi 7 fructidor
Sucrion

lever 7 h 9
coucher 20 h 51, -3

dimanche **25**

Louis

octidi 8 fructidor
Apocyn

août
2024

Les planches d'Histoire

Série de 72 affiches sur l'Histoire de France,
Rossignol, années 50.

Rossignol

Comme en matière de géographie, on l'a vu, Rossignol était le maître incontesté des éditeurs de planches historiques. En tout une série de soixante-douze tableaux qui représente une immense fresque de la vie des Français, des Gaulois à la victoire de 1945. Pour protéger ces affiches et pouvoir les présenter facilement pendant la classe, elles étaient stockées dans des cadres en bois et il était facile au maître, en fonction du fait historique à étudier, de placer à l'avant de ce cadre, la gravure correspondante.

Août mûrit,
septembre vendange,
en ces deux mois
tout bien s'arrange.

lundi **26**

lever 7 h 10
coucher 20 h 49, -3

Natacha

nonidi 9 fructidor
Réglisse

Apprendre l'Histoire

lever 7 h 11
coucher 20 h 48, -3

mardi 27

Monique

décadi 10 fructidor
Échelle

Les planches d'Histoire

Sudel

SUDEL a édité et diffusé à partir de 1932 des manuels scolaires pour les élèves, mais aussi une série de trente-deux affiches sur les faits historiques, ainsi qu'une image très parlante du visage d'une école d'autrefois, c'est-à-dire avant Jules Ferry.

Série de 32 affiches créées par la Société Universitaire D'Édition et de Librairie (SUDEL), à partir de 1932.

Apprendre l'Histoire

Pluie de Saint-Augustin rend le sort des noix incertain.

Pluie à la Sainte-Sabine est une grâce divine.

mercredi **28**

lever 7 h 12
coucher 20 h 46, -3

Augustin

primidi 11 fructidor
Pastèque

Pages d'Histoire

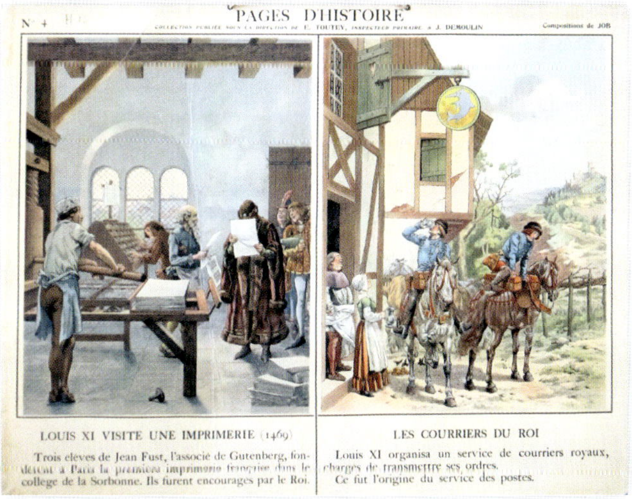

Cette série est la moins connue des quatre s'intéressant aux planches d'Histoire. Et pourtant, Boivin, l'éditeur, avait eu la bonne idée de confier la réalisation des dessins de ses affiches au célèbre illustrateur et caricaturiste Job. Le résultat est superbe avec sur chacune des affiches, deux faits différents de l'Histoire de France. Les dessins sont mis en valeur par le procédé d'impression couleur, la chromolithographie.

Série de 72 affiches sur l'Histoire de France, Rossignol, années 50.

lever 7 h 14
coucher 20 h 44, - 3

jeudi **29**

Sabine

duodi 12 fructidor
Fenouil

août 2024

Si août est beau,
c'est signe
que l'hiver sera bon.

Pluie d'août
fait truffes et marrons.

Double-page :

Planches murales MDI
(Maison des instituteurs), années 1950.

vendredi **30**

lever 7 h 15
coucher 20 h 42, -3

Fiacre

tridi 13 fructidor
Épine-vinette

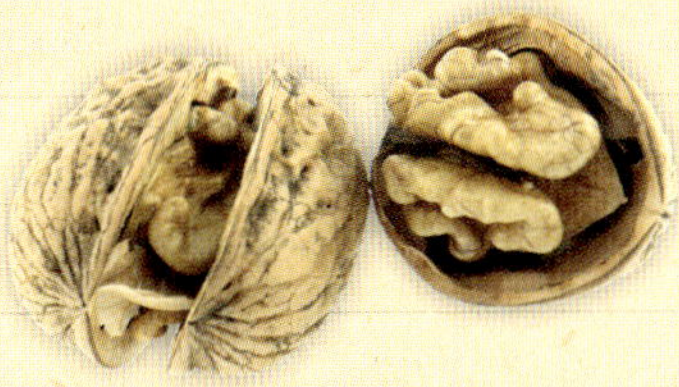

lever 7 h 16
coucher 20 h 40, -3

samedi 31

Aristide

quartidi 14 fructidor
Noix

septembre

Neuvième mois du calendrier utilisé aujourd'hui, septembre était le septième du calendrier romain, d'où son nom latin *september*, de *septem*, « sept ». Sous la Rome antique, quand mars était le premier mois de l'année, septembre en était le septième, dédié à Bacchus, dieu du Vin et de l'Ivresse, et à Vulcain, dieu du Feu et des Forgerons. Premier mois de l'automne et du calendrier scolaire, septembre profite encore de douces chaleurs et de longues journées pour faire les dernières récoltes, les plus abondantes, et préparer les réserves de l'hiver…

Sudoku

5		7	4			2		8
	3			5	7			1
8		4	6			5	7	
	5			4		8		6
9		1	3		5		4	
4	2			8		3		9
6		8	1		4		2	
	4		9	2		6		7
3			5		6			4

	7	6		8		5		
	9			5		6		
			7				8	4
1	5		8			3		6
		2		3	5		7	
	4			7		2		
6					8		5	
	8		4			1		3
7			5	6			4	

septembre

Dans le ciel

Ce mois-ci, vous en apprendrez plus sur les constellations du Renard, du Capricorne, Petit Cheval, du Poisson Austral et du Verseau.

lever 07 h 18
coucher 20 h 38, -3

Le ciel visible vers le 15 septembre à 1 h.

dimanche 1er

Gilles
Dans le calendrier républicain :
quintidi 15 fructidor
Truite

Patrice Leconte et Jacques Villeret au lycée Descartes de Tours

J'ai débuté ma carrière d'enseignant par un professorat d'Histoire-géographie au lycée Descartes où je les ai eus tous deux comme élèves.

Patrice Leconte

Dans l'année scolaire 1963-1964, j'ai eu comme élève l'actuel réalisateur Patrice Leconte. C'était une classe avec de bons élèves dont il était le meilleur pour l'animation orale.

Je n'ai jamais connu dans le second degré de l'Enseignement un cours avec de tels échanges avec les élèves et tout particulièrement avec Leconte. Le cours avançait régulièrement mais que d'occasions de réflexions formatrices et de réponses d'élèves déjà affûtés où je me sentais quelquefois, avec mes seuls 15 ans de différence d'âge avec eux, moins mûr que certains.

Quand je devins président de l'Académie des Sciences, Arts et Belles-Lettres de Touraine en 2002, succédant à Robert Aron, célèbre doyen de la Faculté de Médecine de Tours, je pensais bien lui demander de venir nous faire une communication ; ce ne fut possible que quelques années plus tard.

Il arriva pour la seconde communication de la journée avec ses parents, je les accueillis à leur entrée en salle et avant que de monter à la tribune, je lui rappelais rapidement cette période heureuse de nos cours dans la salle de l'angle SE de ce vieux bahut. Il me fit une réponse étonnantissime que ne me donna jamais aucun autre ancien élève : « Je ne me souviens pas du tout de vous ! ». Lui qui est très facétieux ne plaisantait pas à ce moment-là !

Je l'avais fait venir pour qu'il nous parle de son remarquable film « Ridicule » avec cette scène liminaire très marquante, et plus loin cet abbé de Villecourt qui démontre brillamment l'existence de Dieu devant Louis XVI et qui, en raison des éloges royaux, entrant dans un accès de vanité et d'orgueil, condamne instantanément sa présence à la cour en affirmant : « J'aurais pu tout aussi bien démontrer l'inexistence de Dieu ».

Ce ne fut pas une véritable communication mais un récit sans aucun secours documentaire et de haute tenue. Il avait été et il est toujours un remarquable pince-sans-rire ; il me démonta deux fois par deux réponses ultra-rapides qui ne me laissèrent pas le temps de m'expliquer. C'est un homme d'humour, de grande intelligence et d'une mémoire vive me rappelant celle d'un ordinateur. Nous sûmes tout de son film et comprîmes l'intérêt d'avoir reçu l'intégralité d'un excellent scénario écrit par Rémy Waterhouse, un Anglais de qualité qui n'avait pas pu aboutir à un film. Patrice Leconte le mit en images avec un égal talent et cette parfaite homogénéité aboutit à mon sens à son plus beau chef-d'œuvre.

En septembre,
s'il tonne,
la vendange
sera bonne.

lundi **2**

lever 07 h 19
coucher 20 h 36, -3

Ingrid

sextidi 16 fructidor
Citron

Jacques Villeret

L'année scolaire 1966, le premier jour de la rentrée de ma classe de seconde, je ramasse les fiches des élèves et je commence mon cours. Je remarque en attendant deux élèves en blouse grise, des internes qui arrivent du collège de Loches. Ils se trouvent, vus depuis mon estrade, à la moitié droite de la salle, Sauvé, le long de l'allée, et Villeret le long de la fenêtre qui regarde vers l'ouest et la cour, car nous sommes au premier étage de l'aile EST, dans une des salles consacrées à l'histoire et la géographie.
Sauvé parle fort avec Villeret et s'agite. Première observation. Dix minutes plus tard, il perturbe la classe et je lui apprends qu'il est consigné. J'ai fait sans doute une erreur, non de l'avoir consigné, mais je le compris plus tard, de n'avoir point invité Villeret à partager son sort, car c'est Villeret qui le faisait rire quoiqu'en parlant moins fort que lui. C'est une pratique qu'appliquaient systématiquement certains professeurs mais c'est la seule fois qu'elle me fut imposée par les événements et je dois reconnaître que j'ai eu toute l'année une paix royale avec cette classe qui travailla fort bien.
Un jour ou deux avant le conseil de classe, mon collègue Yves Vadé, professeur de lettres et professeur principal, me dit : « Dis-donc Couderc, tu n'as pas de problèmes avec Villeret ? ». Je lui répondis « Non ! Pas du tout. Pourquoi ? ». Et lui de m'expliquer que si Villeret était un bon élève et s'intéressait beaucoup au théâtre (il préparait une pièce avec sa classe pour la fin de l'année), il était parfois insupportable tellement il faisait rire ses copains et perturbait ses activités…
Je lègue ce petit témoignage à la mémoire de ce grand acteur dont je fis beaucoup plus tard la connaissance des parents adoptifs lorsque j'écrivis son In memoriam pour nos *Mémoires de l'Académie des Sciences, Arts et Belles-Lettres de Touraine*.

Jean-Mary Couderc

Pêcher les lançons à la pelle au pied des Vaches noires

J'avais 13 ans ; c'était en septembre 1951 ; j'étais alors à Houlgate, au bord de la Manche. Le bourg venait juste de réparer les stigmates de la guerre, mais le grand hôtel était encore vide en bordure de la plage.

On sortait encore dehors à chaque passage d'un avion à réaction, un *Vampire* ou un *Sea venom*, un des premiers avions anglais à réaction qui passait et repassait au-dessus du village.

J'avais dû entendre quelqu'un du crû me parler des ces poissons nombreux qui se trouvaient dans les sables humides, à la limite du flot, sur la plage du Temple, au bas des Vaches noires et que l'on pouvait prendre à condition de pelleter vaillamment et d'être vif. Je m'étonnais beaucoup de les voir vivre dans un tel milieu et je n'aurais pas imaginé que ces lançons, qui pouvaient mesurer plus d'un décimètre et dont on pouvait ramener un plein seau de plage, n'étaient autres que les équilles. Des noms différents selon les régions, mais un même poisson à tête pointue, très vif, avec une couleur bleuâtre foncée et irisée, le ventre blanc et malheureusement dont les couleurs s'éteignaient avec la mort.

Jean-Mary Couderc

lever 07 h 20
coucher 20 h 34, - 3

mardi 3

Grégoire

septidi 17 fructidor
Cardère

septembre
2024

Des vipères lâchées depuis des hélicoptères ?

Qui n'a pas dans les années 80 et jusqu'à la moitié des années 90 du siècle dernier entendu dire que les écologistes relâchaient des vipères depuis des hélicoptères et qu'on avait trouvé des caisses en bois ou des sacs avec des vipères à l'intérieur ?

Cela a été affirmé à de nombreuses reprises. Cette vaste rumeur a intéressé une grande partie du territoire national, au point que nous avions procédé, pour les années universitaires 1986 à 1995, à une enquête au plan national avec le concours de nos étudiants de biologie appliquée de l'IUT de Tours originaires de l'ensemble de la France. Pour les résultats détaillés, je renvoie les personnes intéressées aux pages 103 et 104 de mon ouvrage : *La Touraine insolite IIIe série*. Peu de régions de France y avaient échappé, sauf les Hauts de France et le Grand Est. Signalons qu'une universitaire en anthropologie, Élisabeth Rémy-Hall, a réalisé en 1992, une thèse intitulée : « Des vipères lâchées en hélicoptère ? Anthropologie d'un phénomène appelé rumeur ».

Dans l'Indre-et-Loire, le Cher et la Drôme, on aurait trouvé des serpents dans des sacs en plastique blanc (un de mes étudiants en aurait vu un), dans la Loire, les Cévennes et l'Allier dans des caisses en bois ou des boîtes.
Cette variété des contenants, de leur couleur ou de leur nature interpelle. On a parfois parlé de boîtes marquées « Vibert » et vu un hélicoptère les déposer aux pieds d'une personne sur une rive de lac ou de rivière ; il s'agissait dans ce cas des emballages extérieurs de « boîtes de Vibert » placées ensuite sous l'eau pour l'alevinage.
En général, c'était toujours un renseignement de seconde main. Autre fait curieux, à la frontière du Cher et de l'Allier, à la fin des années 80, lorsque de sévères éclosions de chenilles firent disparaître les feuilles des arbres des haies ou de petits bois, on nous a solennellement déclaré que c'étaient les écologistes qui avaient lâché ces chenilles.

M.Naulleau, directeur du CEBAS (Centre d'Études biologiques des animaux sauvages de Chizé) (Deux-Sèvres), spécialiste des vipères, a été formel : aucune opération de repeuplement en vipères n'a eu lieu. Imaginerait-on d'ailleurs de louer les services d'un hélicoptère qui, à cette époque, se louait à plus de 1200 f l'heure.
Cette rumeur a pris de l'importance en 1980 et certains lient son apparition à la date de la loi sur la protection de la nature (1976).
L'arrêté sur la protection des amphibiens et des reptiles date du 24 avril 1979 et le fait de protéger les vipères a été pour d'aucuns une grande surprise ; on ne permettait plus de les tuer qu'en cas de menace, encore était-il interdit de transporter leur corps. Le rejet de la notion d'animal nuisible par la loi aurait eu un rôle déclencheur. La rumeur a perdu beaucoup d'importance à partir de 1995-1996 mais a encore été signalée quelques années après.

Jean-Mary Couderc

En septembre, il fait bon être tout le jour dans la campagne.

mercredi **4**

lever 07 h 21
coucher 20 h 32, - 3

Rosalie

octidi 18 fructidor
Nerprun

De la recherche d'une résistance accrue à des chefs-d'œuvre artistiques : les aciers damassés

Les aciers damassés sont obtenus en mélangeant plusieurs bandes d'acier de composition différente par corroyage (forgeage à chaud de barres). Le terme provient de la ville de Damas en Syrie où cette technique a été beaucoup employée pour rendre plus résistantes les lames d'épées ou de poignards, ce qui formait en même temps sur les lames des dessins plus ou moins complexes et décoratifs.

Prenons un exemple littéraire : dans « Richard Cœur de Lion » de Walter Scott (éditions de l'Érable, Paris, p. 227), Saladin « ...tira ensuite du fourreau son cimeterre, dont la lame étroite et recourbée était d'un bleu mat et marquée par une infinité de lignes croisées en tous sens »

Parallèlement fut rattaché au damassage, le damasquinage, l'insertion de filets d'or ou d'argent après gravure, beaucoup pratiqué en Iran et dans les pays arabes.

De notre côté, le damassage était connu en Gaule et à l'époque mérovingienne.

Cet art ancien s'est allié avec la précision des ordinateurs actuels pour insérer des figures répétitives ou non qui sont ensuite corroyées une à une en évitant si possible toute déformation. C'est ce qu'on appelle les aciers damassés corroyés figuratifs.

Citons quelques rares ateliers actuels. Le premier, « RGD Damas se situe à Viscontat dans le Puy-de-Dôme, au bord de la Durolle (au sud de l'A89), rivière tellement liée avec la coutellerie dans la région de Thiers. Alain Dumousset est le forgeron et Jacques Gazotti le graveur. Ils sont en mesure de préparer des images en vue de leur pavage sur une lame de sabre par exemple. Le second atelier est celui de Pierrelatte dans la Drôme, chez Jean-Luc Soubeyras, spécialiste du couteau droit en Damas. Le dernier est celui de Jocelyn Rottier, n° 4 rue de la Briquetterie,à Amboise. Il est admirable de voir préparer des figurines d'acier plus claires qui seront ensuite forgées individuellement !

Le tout sera passé à l'acide pour rendre plus claires les figurines sur le fond plus sombre.

C'est un travail artisanal de haute qualité qui mérite une protection au titre du patrimoine immatériel de l'humanité.

Jean-Mary Couderc

lever 07 h 23
coucher 20 h 30, -3

jeudi **5**

Raïssa

nonidi 19 fructidor
Tagette

septembre 2024

Une jambe à part

Sarah Bernhardt avait dû se faire couper la jambe droite au-dessus du genou en raison d'une tuberculose osseuse inguérissable. Ce membre avait été conservé au laboratoire d'anatomie de la faculté de médecine de Bordeaux.

Après un déménagement en 1977, il avait été intégré au musée des curiosités de l'institut médico-légal mais cet institut avait déménagé à son tour en 2000 en laissant de nombreuses pièces dans l'ancien local.

Des travaux furent réalisés en 2008 dans les anciens locaux ; on a jeté des pièces dégradées et conservé les autres. On y a bien retrouvé une jambe dans un bocal en verre avec un bout d'étiquette sur laquelle subsistait un numéro mais deux expertises ont montré que ce n'était point la jambe en question.

Richard Zéboulon, auteur de « Bordeaux secret et insolite » en avait fait un cliché à la fin de 2008 parce qu'on lui avait dit que c'était la jambe de l'actrice ; or son cliché montrait une jambe grossière et courte avec une masse de chair en forme de botte orthopédique.
Michel Bénézech, ancien professeur associé des universités en médecine légale, qui a eu ce bocal sous les yeux pendant dix ans, a considéré qu'il ne pouvait s'agir de la jambe de Sarah Bernhardt.

C'était une jambe gauche coupée au-dessous du genou, contrairement à celle de l'actrice qui était une jambe droite, longue et maigre.

D'après son enquête personnelle, au moment du déménagement de 1977, on avait demandé à Émile, l'ancien garçon de laboratoire, « coquin, catcheur, qui ne voyait pas toujours très clair », mort depuis, de se débarrasser d'une jambe sans valeur. « Il s'est trompé et a incinéré la jambe de l'actrice » assure le professeur Bénézech. « Après s'être rendu compte de son erreur, il a certainement collé la bonne étiquette sur l'autre jambe, la mauvaise ».

D'après Claude Courtois,
Le Monde, du 3 février 2009.

Pluies de septembre,
pluies de novembre,
seront gelées
en décembre.

En septembre,
si l'osier fleurit,
le raisin mûrit.

Le 7 septembre,
sème ton blé,
car ce jour
vaut du fumier.

À la Sainte-Reine,
sème tes graines.

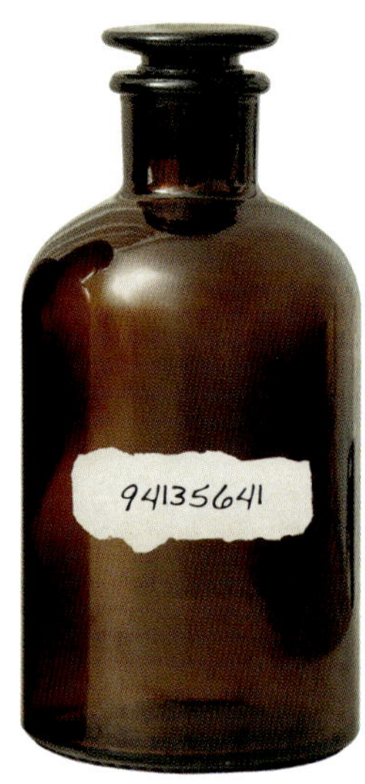

lever 07 h 24
coucher 20 h 28, - 3

vendredi **6**

Bertrand

décadi 20 fructidor
Hotte

Le Conservatoire de la fourche en bois de Sauve

Il s'agit de fourches à trois branches fabriquées sans clous ni vis, à partir de rejets de micocouliers.

On possède, sur cet étonnant artisanat, des textes depuis le XVIe siècle mais la tradition remonte à 800 ans. C'est le parlement de Toulouse qui avait donné à Sauve (à 40 km de Nîmes) l'exclusivité de la fabrication de fourches en bois de micocoulier. C'est pour sauver la mémoire de cette étonnante activité que la municipalité a créé ce conservatoire que l'on peut désormais visiter.

À partir de vielles souches de micocoulier qui rejettent chaque année, on ne laisse que les rejets qui ont naturellement trois bourgeons de futures branches au même niveau et, s'il le faut, on supprime les bourgeons en surnombre.

Quand les trois branches sont assez longues, en fin février, on raccourcit la branche centrale au niveau des deux branches latérales épointées et l'on supprime périodiquement les bourgeons inférieurs qui prennent place sur ce qui constituera le futur manche de l'outil. Cette surveillance prévisionnelle dure au moins 8 ans. Lorsque le petit tronc a le diamètre attendu, on le coupe. La première opération est le chauffage à la flamme ; l'expérience permet grâce à l'odeur et à des sifflements, d'estimer le moment du retrait. Il faut aller vite car la température nécessaire à l'ensemble de la fabrication ne demeure qu'une demi-heure.

D'abord on pèle (c'est l'écorçage à la serpette), ensuite on redresse le manche entre des pièces métalliques fixes, puis l'on courbe les trois « becs » derrière des barreaux métalliques. Enfin l'on ponce finement en laissant souvent des petites bandes claires décoratives au sommet du manche.

Le résultat est une fourche longue, légère, agréable à manipuler, à dents bien écartées et aptes à l'enlèvement de foin, de paille et de broussailles enchevêtrées d'un coût autour de 40 €. Elle est particulièrement appréciée chez les travailleurs de la lavande et de la plume car il n'y a pas de formation d'électricité statique. Bien entendu, dans le passé, on a fabriqué des fourches en bois ailleurs, mais il ne reste plus d'ateliers.

Jean-Mary Couderc

lever 07 h 25
coucher 20 h 27, -3

samedi 7

Reine

primidi 21 fructidor
Églantier

lever 07 h 26
coucher 20 h 25, -3

dimanche 8

Nativité de Notre-Dame

duodi 22 fructidor
Noisette

septembre
2024

En septembre,
sois prudent,
achète bois
et vêtements !

Au jardin,
si juin fait la quantité,
septembre fait la qualité.

À la Sainte-Inès,
travaille sans cesse.

Les « Mortas » de Brière

Les « Mortas » sont des arbres fossiles enfouis dans le marais de la Brière, au nord de Saint-Nazaire. Ils ont une histoire et sont désormais recherchés à nouveau avec intérêt au point que d'aucuns n'hésitent pas à les appeler « L'or noir de la Brière ».

La Brière est une très grande dépression géologique correspondant à un ancien golfe marin ; c'est un vaste marais d'environ 20 000 ha, non compris quelques anciennes îles comme celle de Fédrun. De 19 000 à 17 000 ans avant Jésus Christ, la dépression a été envahie par la transgression flandrienne dont les dépôts argileux se rencontrent vers deux mètres de profondeur. L'assèchement du Subboréal, vers 4700 ans avant J.-C. a amené l'existence d'une forêt de chênes, de bouleaux et de coudriers. qui dura environ mille ans. Une deuxième phase humide a fait crever les arbres qui sont tombés et ont peu à peu été recouverts par une tourbe noire dont la formation s'est arrêtée vers 800 av. J.-C.

Cette tourbe appréciée pour le feu après séchage, a été exploitée artisanalement, et industriellement jusqu'en 1930. C'est en l'extrayant que les Brièrons sont tombés sur les troncs couchés d'anciens arbres.

Leur bois tendre et malléable à l'état humide pouvait être travaillé, alors qu'à l'état sec il devenait dur et imputrescible en raison de sa charge en silice. Les Brièrons utilisèrent le Morta noir de chêne comme bois de charpente, le Morta rouge étant celui de bouleau.
De nos jours on s'intéresse aux deux bois fossiles pour des utilisations artistiques : manches de couteaux de luxe, corps de stylos, bijoux colorés et brillants. La recherche se fait par des sondages à la tarière à main qui permet de détecter des objets durs en profondeur.

Jean-Mary Couderc

lundi **9**

lever 07 h 28
coucher 20 h 23, -3

Alain

tridi 23 fructidor
Houblon

La Purification des lettres au XVIIIe siècle

La terreur devant les épidémies de peste, de typhus et de choléra n'a pas provoqué alors que des réactions désordonnées ou illogiques sur le plan médical ou sanitaire. On pensait bien à un mode de transmission inconnu de ces maladies et désinfecter des objets arrivés de bateaux en quarantaine ou de régions touchées était une réaction logique, mais les désinfectants étaient rares et peu actifs.

On disait que le courrier était « purifié » à l'aide de vinaigre ou d'un parfum à base d'arsenic ou de soufre qui devait produire un certain effet destructeur sur les puces du rat. On utilisait aussi le vinaigre des quatre voleurs, nom qui évoque un événement lié à l'épidémie de peste de 1720-21 amenée de Syrie à Marseille par la flûte hollandaise Le Grand Saint-Antoine avec un lot d'étoffes, mais répandue par une rupture trop précoce de la quarantaine du fait d'une collusion entre de gros marchands avides de vendre leurs tissus et des échevins corrompus.. On s'était aperçu que quatre délinquants pénétraient dans les maisons désertées par leurs occupants décédés et faisaient le trafic des objets volés sans souffrir de la maladie. Pris un jour en flagrant délit, ils furent arrêtés ; on leur dit :

« Si vous nous livrez le secret de votre immunité à la peste, vous aurez la vie sauve, sinon... Ils ont expliqué s'être inspirés d'une vieille recette du XVIe siècle élaborée par quatre moines franciscains, recette qui sera inscrite au codex (le répertoire des médicaments) en 1758. Cette recette peut être résumée de la façon suivante :

« Dans 1,5 litre de cidre, de préférence, faire macérer pendant 10 jours à l'abri de la lumière : romarin, lavande, sauge, menthe, sarriette, ail, rue, acore odorant, absinthe, armoise, cannelle, girofle, muscade. Filtrez et utiliser. » Ce devait être des liquides bien difficiles à ingérer dont l'usage était aussi externe.

Au printemps 1722, lors d'une rechute de la peste, on a parfois immergé le courrier dans le vinaigre au grand dam des messages.

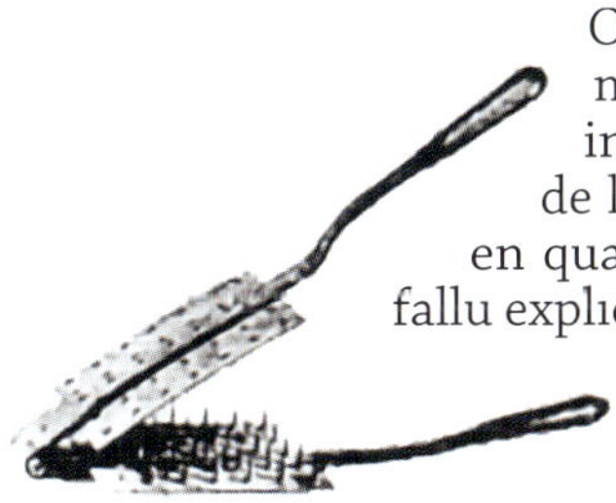

On a ensuite utilisé un rastel, un appareil en forme de moule à gaufre avec deux mâchoires, l'inférieure avec des pointes fines, la supérieure avec des trous, pour introduire le désinfectant à l'intérieur, mais en petites quantités Avec l'arrivée de la peste d'Afrique du nord, on a fait pratiquer aux marins en quarantaine de nombreuses incisions. Par ailleurs, il a bien fallu expliquer aux clients de la poste pourquoi leur courrier avait été malmené et on tamponnait lettres et colis avec un timbre bien visible, soit pour Marseille, en capitales : « Purifié Frioul » ou « Purifié Lazaret Marseille », ou en cursives « Purifiée à Marseille ». Inutile de vous dire qu'il y a des collectionneurs invétérés de ces tampons ou de ces griffes dont certains valent très chers, et qu'il y a même un ouvrage spécialisé de 870 pages, écrit par Guy Dutau : *Les lettres purifiées françaises en métropole et dans les pays occupés* (2e éd., mars 2021).

Jean-Mary Couderc

lever 07 h 29
coucher 20 h 21, - 3

mardi **10**

Inès

quartidi 24 fructidor
Sorgho

Le langage des fleurs

Rose rouge

Reine-marguerite : variété
Renoncule : danger
Renoncule blanche : attraits
Renoncule jaune : ingratitude
Renoncule rouge : je t'aime plus que tu ne penses
Réséda : vos qualités surpassent vos charmes
Rhododendron : élégance
Romarin : votre présence me ranime
Ronces : envie
Rose : beauté
Rose à cent feuilles : grâces
Rose blanche : silence
Rose capucine : éclat
Rose blanche avec une rose rouge : feu du cœur.
Rose des quatre-saisons : beauté toujours nouvelle
Rose jaune : infidélité
Rose mousseuse : amour, volupté
Rose musquée : beauté capricieuse
Rose pompon : gentillesse
Rose simple : simplicité
Rose trémière : fécondité
Rose (une feuille de) : jamais je n'importune
Roseau plumeux : indiscrétion

Rose jaune

Rose à cent feuille

Rhododendron

Le coq en septembre chantant en matinée annonce une abondante rosée.

mercredi 11

lever 07 h 30
coucher 20 h 19, - 3

Adelphe

quintidi 25 fructidor
Écrevisse

« Le quadrille des enfants »

Titre étonnant pour cette autre méthode de lecture illustrée parue en 1774, c'est-à-dire cent ans après la précédente. Elle aussi entend « *parler aux yeux et aux oreilles des enfants.* »

L'abbé Berthaud qui l'a conçue partait du principe que pour savoir lire, il suffit d'apprendre à l'enfant 160 sons fondamentaux composant toutes les syllabes de la langue française. À ces 160 sons, on joint 160 images d'objets familiers aux enfants qui associeront très rapidement le son à l'image dans leur esprit.

Pour cela on va lui montrer un à un, différents objets, en lui désignant, image après image, le groupe de lettres correspondant à chacun des objets qu'il vient de voir. Pour chaque image d'objet montrée, on va prononcer le nom correspondant en insistant sur la seule dernière syllabe et en la répétant, tel un écho : Ainsi par exemple on dira, « *chaise...aise* », « *cage...age* », « *fleur...eur* », « *fauteuil...euil* »... « *aise* », « *age* », « *eur* » ou « *euil* » faisant partie des 160 syllabes fondamentales de la méthode. Chacune consiste en un tout indissociable, formé de lettres qu'on ne doit en aucun cas épeler. Ainsi, l'élève pourra rapidement prononcer le son que représente pour lui l'objet, sans faire appel désormais à l'image de base. Selon son créateur, avec cette méthode, « avant même l'âge de 4 ou 5 ans, l'enfant pouvait être mis en état de lire toutes sortes d'ouvrages en trois ou quatre mois. »

Notes

lever 07 h 32
coucher 20 h 17, -3

jeudi 12

Apollinaire

sextidi 26 fructidor
Bigarade

septembre
2024

Août mûrit les fruits,
septembre les cueille.

À la Sainte-Croix,
cueille tes pommes
et gaule tes noix.

De Sainte-Croix
à Saint-Michel (le 29),
la pluie va dévaler
du ciel.

Jouer avec une hermine

J'ai eu le privilège d'avoir joué longuement avec une hermine sauvage. C'était en 1973 ; j'étais à la pêche au lancer au bord d'un petit lac au-dessus de la ville d'Unterwasser, dans le canton de Saint-Gall (Suisse).

Pêchant sans succès, j'admirais le cadre naturel ; le lac était bordé par un large talus herbeux descendant à la fois vers l'intérieur et vers l'extérieur. En tournant la tête à l'opposé du lac, je vis soudain la face,les yeux et les oreilles d'un petit mustélidé tapis au sol qui m'observait. Je me suis figé, la canne à la main, la cuiller pendant au bout du fil. Pour établir une communication, je sifflais doucement entre mes dents pendant que lentement je ramenais vers moi le fil et la cuiller. En suite j'abaissais doucement la canne au sol, puis la tournais par petits à-coups dans sa direction en lui faisant faire de petits sauts. L'animal était très intéressé et j'eus l'impression de voir un chat s'apprêtant à bondir. J'aperçus son superbe pelage brun roux mais aussi sa gorge blanche ; c'était donc une hermine. L'animal se leva brusquement, procéda à une demi-attaque, puis recula. Je sus qu'il était conquis et je ramenais la pointe de la canne vers lui en la faisant tressauter pour qu'il croie (sans être dupe) à un petit rongeur dans l'herbe.

Cette fois, l'hermine ne put résister, bondit, franchit les derniers décimètres qui la séparaient de la pointe de ma canne, donnant des coups de patte mais sans griffer. J'ai pu voir un instant la pointe noire de sa queue. Revenue sur sa position de départ, elle repartit à l'attaque et ainsi de suite, donnant de grands coups de patte à qui mieux-mieux sur la pointe de ma canne arrivée près d'elle.

Je ne me souviens plus comment ce merveilleux échange se termina mais, de mon côté, je n'ai pas cherché à m'approcher. Je pense qu'elle a dû se lasser ou plutôt qu'elle a réalisé que son insouciance, peut-être liée à sa jeunesse, l'amenait à prendre de dangereuses libertés avec les règles innées de sécurité de l'espèce. Elle a dû se séparer de moi, avec regrets, pour regagner la forêt.

Jean-Mary Couderc

lever 07 h 33
coucher 20 h 15, -3

vendredi **13**

Aimé

septidi 27 fructidor
Verge d'or

Un accès secret à une porte médiévale de ville invisible en surface

Qui pourrait soupçonner que, sous le nouveau pavement de la place du Martroi (refait à la fin des années 80), existe une imposante partie d'une porte médiévale de la ville d'Orléans et le pont dormant qui lui fait face, permettant d'accéder au pont-levis ? Quelle surprise, lorsqu'en compagnie d'un membre du Service régional de l'archéologie, ou d'un guide mandaté par l'Office de tourisme, vous arrivez devant une plaque métallique pavée, que cette plaque s'ouvre lentement et qu'un ascenseur déploie à vos pieds les degrés d'un petit escalier où le guide vous invite à descendre ! Miracle de l'électronique et des commandes à distance… Lors des fouilles archéologiques de la place, en 1986 et 1987, à l'entrée de la rue Royale, les soubassements monumentaux de la porte Bannier, selon le nom écrit sur un plan de 1640, ont eu des appellations variées. C'était en fait le nom d'une porte de la première enceinte, primitivement située au milieu du Martroi ; lors de la construction de la quatrième enceinte (au milieu du XVIe siècle), elle a été reportée à l'extrémité nord de la rue. On note Porte-Bannière dans le manuscrit de l'abbé Dubois.

La décision de la sauvegarde avait été prise sur le terrain après la fin des fouilles au mois de novembre 1986, en compagnie de Dominique Petit, responsable archéologique du chantier. Le problème était de préserver et de faire voir en même temps ; on décida d'amputer l'espace prévu pour le parking souterrain, de la place nécessaire à la conservation et à la mise en valeur de la porte et de son pont ; la municipalité fit beaucoup dans la mesure où elle aurait pu se contenter d'une conservation sans mise en valeur, ou de mise en valeur partielle avec vision depuis le parking. Elle choisit une troisième voie plus riche encore : une crypte archéologique visible à la fois de l'intérieur du parking, et de l'extérieur avec accès direct. On a installé une climatisation devant les baies vitrées pour ne pas qu'il y ait de condensation : les batteries chaudes fournissent le courant et alimentent un ventilateur.

L'accès à l'intérieur se fait directement sans passer par le parking car on a choisi le système d'ouverture automatique d'une trappe de descente avec un bip électronique, parce que les façades sont classées. Quand la trappe s'ouvre, ou quand est monté l'escalier avec son petit panneau indiquant une visite en cours, les gens intrigués s'agglutinent. Un grand mur, sur la gauche sert d'écran pour la projection fixe d'un grand décor : une miniature. C'est un réel enchantement ! Le visiteur peut même voir une maquette de la porte reconstituée.

Voilà une bien belle intégration du patrimoine archéologique dans l'aménagement moderne d'une ville.

Jean-Mary Couderc

lever 07 h 34
coucher 20 h 13, - 3

samedi **14**

Sainte Croix

octidi 28 fructidor
Maïs

lever 07 h 35
coucher 20 h 11, - 3

dimanche **15**

Roland

nonidi 29 fructidor
Marron

septembre 2024

Le langage des fleurs

Silène

Safran : n'abusez pas
Sainfoin : agitation
Sapin : élévation
Saponaire : deuil, regrets
Sauge : estime
Sensitive : pudeur
Seringat : amour fraternel
Silène : ivresse
Soleil : fausses richesses
Solidage : sois prudente
Souci : chagrin

Souci

Si Saint-Renaud est pluvieux, suivent neuf jours dangereux.

Safran

Sapin

Souci

Sauge

lever 07 h 37
coucher 20 h 09, -3

lundi 16

Édith

décadi 30 fructidor
Panier

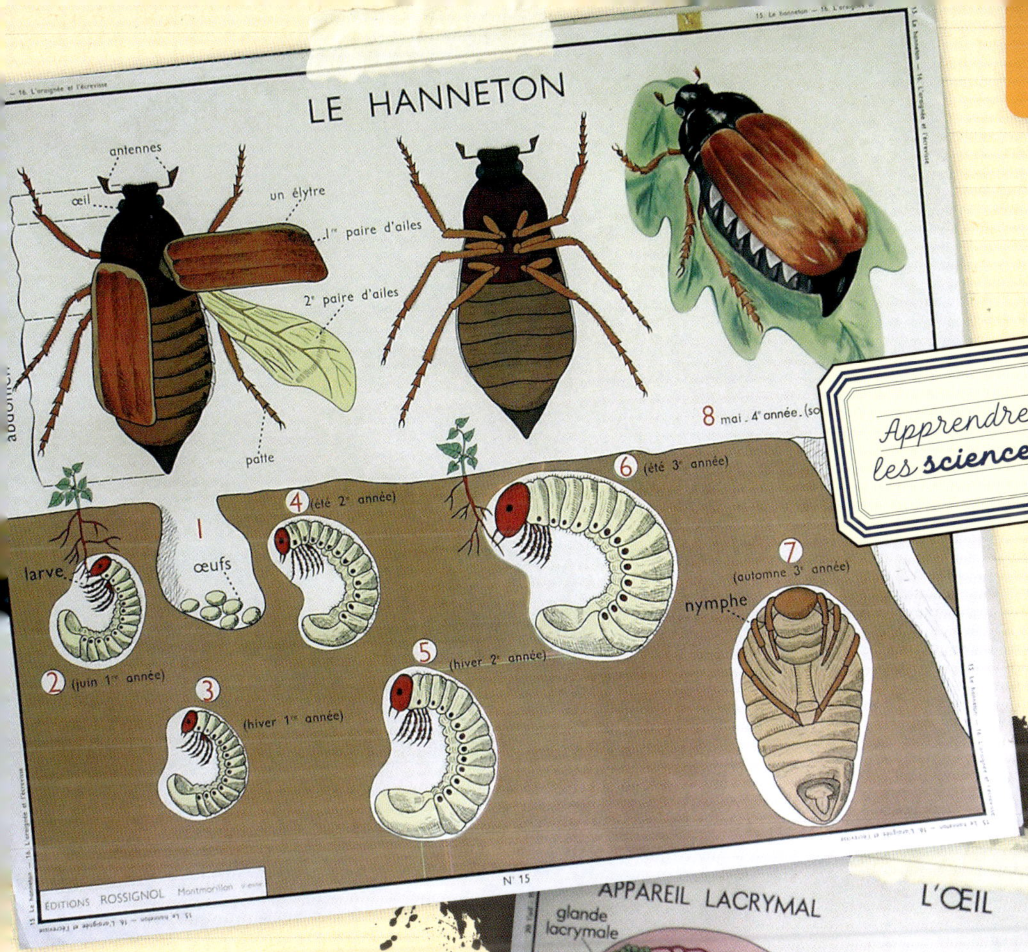

Apprendre les sciences

Planches murales Rossignol, *années 1950*.

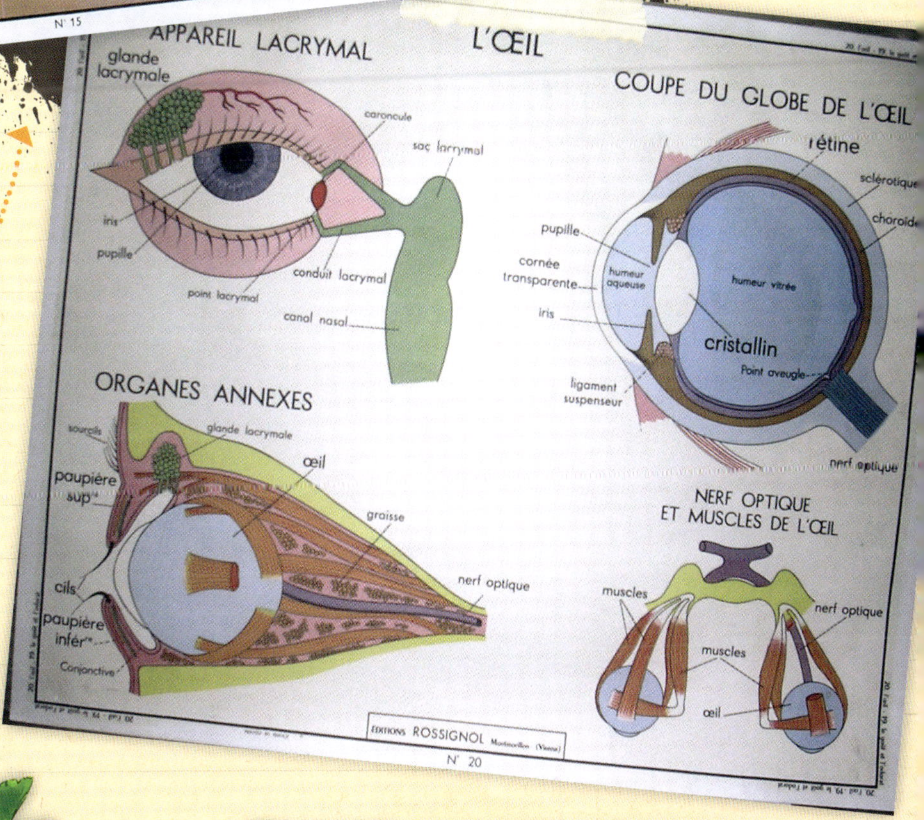

lever 07 h 38
coucher 20 h 07, - 3

mardi **17**

Renaud

1er jour complémentaire
Jour de la vertu

Apprendre
la géographie

Des images pour faire « s'évader » les enfants

Pour les cours préparatoires, c'est d'abord le format dit « à l'italienne » qui deviendra le livre de géographie type pour les débutants avec l'apparition des premières représentations de géographie physique en couleur.

Ce sera le cas pour la Géographie dans la collection de petits livres de Jean Bedel.

Ce sera également le cas pour un petit atlas à l'intérieur bien coloré, mais à la couverture austère.

L'année enfantine de Géographie de Jean Bedel, Armand Colin, 1926.

En septembre, le raisin et la figue pendent.

Froid de Sainte-Nadège annonce pour bientôt la neige.

mercredi 18

lever 07 h 39
coucher 20 h 05, - 3

Nadège

2e jour complémentaire
Jour du génie

Le nouvel atlas primaire de Drouard et Mannevy, Le soudier, 1930.

lever 07 h 41
coucher 20 h 03, - 3

jeudi **19**

Émilie

3e jour complémentaire
Jour du travail

septembre
2024

Apprendre la géographie

Des images pour faire « s'évader » les enfants

LES RACES : DE 3 À 9…

La géographie par l'image et la carte *par une réunion de professeurs, Librairie de l'éducation 1903.*

Il paraissait pourtant simple aux géographes d'indiquer clairement comme le précise un premier manuel. Il y a trois races principales : la blanche, la jaune, la noire.

Un autre manuel précise : les peuples de la race blanche se distinguent surtout par leur activité intellectuelle, leur esprit d'entreprise, leur amour du progrès ; ils se sont placés à la tête de l'humanité.

Les peuples jaunes sont arrivés, comme les Chinois, à une civilisation assez élevée ; mais cette civilisation est toute matérielle ; elle reste stationnaire et à une distance infinie de la nôtre ; c'est une *demi-civilisation.*

Les peuplades nègres n'ont jamais dépassé les premiers rudiments d'une civilisation grossière ; elles sont encore plongées dans la *barbarie.*

Quand vient
la Saint-Matthieu,
l'été, adieu !

Sème tes pois
à la Saint-Maurice,
tu en auras
à ton caprice.

vendredi **20**

lever 07 h 42
coucher 20 h 01, -3

Davy

4e jour complémentaire
Jour de l'opinion

La Géographie enseignée par les yeux pour le cours préparatoire d'Alcide Lemoine et Amédée Marlot, Le Soudier, 1915.

C'est alors que les choses se compliquent quand on parcourt un autre manuel, destiné au cours préparatoire. Là l'étonnement car en moins de dix ans, le nombre de races serait passé de trois à quatre avec l'ajout d'une quatrième race, la race rouge, celle des indiens d'Amérique.

On aurait pu se contenter de ces quatre races, mais c'était sans compter la perspicacité d'un autre géographe célèbre et érudit, Pierre Foncin qui dans les manuels des différentes éditions d'Armand Colin n'en démord pas : Il y a bien neuf races...de quoi en voir de toutes les couleurs, car même le blanc, le noir et le jaune ont disparu de la liste... ils ont désormais laissé la place à un Caucasien, un chinois, un nègre d'Afrique, un arabe, un hindou, un esquimau, un peau-rouge, un javanais et u tasmanien...Oui, la race blanche avait bien disparu des livres scolaires...

L'Année préparatoire de Géographie *pour le cours préparatoire de Pierre Foncin, Armand Colin, 1897 et 1910.*

lever 07 h 43
coucher 19 h 59, - 3

samedi **21**

Matthieu

5e jour complémentaire
Jour des récompenses

lever 07 h 44
coucher 19 h 57, - 3

dimanche **22**

Automne, **Maurice**

primidi 1er vendémiaire
Raisin

septembre
2024

Apprendre à lire

Les Syllabaires

Très tôt, on va voir se multiplier des projets pédagogiques favorisant de nouveaux concepts et de nouveaux modes d'enseignement favorisant l'apprentissage de la lecture, tous plus originaux les uns que les autres : ce sont les syllabaires. Si on se réfère aux définitions officielles, *« le syllabaire est une collection de syllabes disposées dans un ordre méthodique, au moyen desquelles l'enfant, qui connaît déjà les lettres de l'alphabet, doit apprendre à grouper ces lettres en syllabes, puis réunir ces syllabes pour en former des mots. »* En pédagogie cela s'appelle « *la méthode syllabique.* »

On retrouvera dans toutes les méthodes de lecture qui se succèderont une foule de vignettes, d'abord en noir et blanc, puis en couleur, chargées d'attirer l'attention de l'enfant et de faire en sorte qu'il associe dans son cerveau tout neuf, l'objet, son nom décomposé pour son apprentissage, en syllabes.

Dans les petites écoles de la République, le maître, muni d'une longue baguette, va faire épeler aux enfants, syllabe après syllabe, puis bientôt mot après mot, les bribes de phrases inscrites sur les grands syllabaires muraux.

Septembre se nomme le mai de l'automne.

Septembre humide, pas de tonneau vide.

Lire, écrire compter

Dans les syllabaires « modernes », une méthode va « prend des couleurs » au tournant du siècle, il s'agit de « *Lire, écrire compter* ». Une méthode de lecture en 5 livrets d'Adrien Seignette magnifiquement illustrée par plus d'une centaine de gravures, dont de nombreuses en couleur, d'Alexandre Lunois, aquarelliste, pastelliste et affichiste célèbre.

Syllabaire illustré *et* méthode rapide de lecture *de Mathieu Fournier, Gedalge, de 1910 à 1950.*

♎ Libra

lundi **23**

lever 07 h 46
coucher 19 h 55, -3

Constant

duodi 2 vendémiaire
Safran

♎ Libra

Syllabaire illustré de Mathieu Fournier

Dix ans plus tard on trouve le « *Syllabaire illustré, méthode rapide de lecture et de langue* » de Mathieu Fournier illustré par le talentueux Ferdinand Raffin. Un véritable succès de librairie qui atteindra les deux millions d'exemplaires et qu'on retrouvera encore dans les cartables des écoliers des années 1950.

Lire, écrire, compter, *école moderne d'Adrien Seignette, cours préparatoire, Paul Dupont, 1902.*

Lecture

30e LEÇON

Sur la plage.

APPLICATIONS

1. Le cra be a pla ti a é té pris, la pa tte ca ssée.
2. Vo tre frè re a vu, à cô té de la grè ve, une gro tte, une a llée sa blée.
3. La pro me na de du Pra do a é té vi te ré pa rée.
4. Cla ra a re vu le dra me tri ste; Cla ra, é mue, a cri ó bra vo !
5. La gri ve, i vre, vo le à la crê te de l'é ra ble; pe ti te gri ve fo lle, é vi te la glu.
6. La pro pre té se ra prô née à l'é co le.
7. Le so cle de la sta tue se ra é le vé à la vi lle.
8. La tri bu a ra be a li vré le bra ve nè gre à la fré ga te.
9. Ti re, Ma rie, le sto re bro dé de la fe nê tre.
10. L'é té di ssi pe la bru me, do re la gra ppe

30e LEÇON

Sur la plage.

APPLICATIONS

1. Le cra be a pla ti a é té pris, la pa tte ca ssée.
2. Vo tre frè re a vu, à cô té de la grè ve, une gro tte, une a llée sa blée.
3. La pro me na de du Pra do a é té vi te ré pa rée.
4. Cla ra a re vu le dra me tri ste; Cla ra, é mue, a cri é bra vo !
5. La gri ve, i vre, vo le à la crê te de l'é ra ble; pe ti te gri ve fo lle, é vi te la glu.
6. La pro pre té se ra prô née à l'é co le.
7. Le so cle de la sta tue se ra é le vé à la vi lle.
8. La tri bu a ra be a li vré le bra ve nè gre à la fré ga te.
9. Ti re, Ma rie, le sto re bro dé de la fe nê tre.
10. L'é té di ssi pe la bru me, do re la gra ppe.

lever 07 h 47
coucher 19 h 53, -3

mardi 24

Thècle

tridi 3 vendémiaire
Châtaigne

Apprendre à lire

Les Syllabaires

« Am-Stram-Gram ou la ronde des mots »

Enfin, dans les années 50/60, le célèbre « Am-Stram-Gram ou la ronde des mots » révolutionne le concept en associant aux vingt-quatre pages des deux livrets, vingt-quatre planches murales correspondantes. Le livre de l'élève était alors la copie couleur conforme de ce qu'il avait appris en classe.

À la Saint-Damien, on trouve des noix plein les chemins.

♎ Libra

mercredi **25**

lever 07 h 48
coucher 19 h 51, -3

Hermann

quartidi 4 vendémiaire
Colchique

Lecture

ar un **arc**
or une **cor**ne
ir le **tir**
ur un **mur**

un **ar** bre - une **cor** ne - un **mir** li ton - le **tir** à l'**arc**
mé **dor** **hur** le - du **lard** **dur** - une **or** tie - **mar** di

la tor tue - le mar ché a lieu tous les mar dis - ma man va par tir - elle re co mman de de ne pas ou vrir la por te, de ne pas sor tir - elle ra ppor te ra une sur pri se.
d'a bord a li ne met son car ta ble en or dre, puis es suie les meu bles a vec un tor chon - vi te un pe tit coup sur le bord de l'ar moi re où le chat dort - mi na s'é ti re et sort fi nir son rê ve sur le mur du jar din.
ré mi va ou vrir la mar mi te - u ne pou lar de mi jo te par mi des lar dons - ré mi ra vi ve le feu.
voi là ma man ! où est la sur pri se ? mè re sort de son ca bas u ne jo lie pe ti te tor tue - nous la no mme rons ca ro li ne dit ré mi ra vi.

du marché, mère rapporte une tortue

devine et complète :

 une t.....
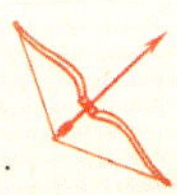 un a..
 une c....
 un a....

AM-STRAM-GRAM, la ronde des mots *pour le cours préparatoire de Jean et Raymonde Anscombre, éditions MDI, 1955-1960.*

Lecture

tion = **sion**

$$\begin{array}{r} 4 \\ +\ 3 \\ \hline 7 \end{array}$$

une addi **tion**

une po **tion** - une bonne ac **tion** - mes ini **tia** les -
la route na **tio** nale - une habita **tion** - mar **tial** balbu **tie**.

à l'école - mar tial va maintenant à l'école ; il sait déjà lire et même compter de petites opéra tions : addi tion, soustrac tion et multiplica tion - il écrit avec applica tion et recopie minu tieu sement les exercices de son livre - il n'a jamais de puni tion et la maîtresse, pour lui prouver sa satisfac tion, lui a prêté un beau livre.

à la récréa tion, mar tial le feuillette avec précau tion - quelles jolies illustra tions ! c'est l'histoire de l'avia tion - on y raconte les ascen sions en ballon et les premières évolu tions des aéroplanes - l'avion est une belle inven tion mais il a fallu beaucoup de pa tien ce et de courage aux premiers pilotes ! mar tial rêve de monter en avion !

martial compte ses opérations avec patience et minutie

lever 07 h 50
coucher 19 h 49, - 3

jeudi **26**

Côme, Damien

quintidi 5 vendémiaire
Cheval

septembre 2024

Saint-Vincent-de-Paul
trouble met du vin
dans la gourde.

Pluie de Saint-Michel
sans orage,
d'un hiver doux
est le présage.

Des hirondelles
à Saint-Michel,
l'hiver s'en vient
après Noël.

lever 07 h 51
coucher 19 h 47, - 3

vendredi **27**

Vincent de Paul

sextidi 6 vendémiaire
Balsamine

lever 07 h 52
coucher 19 h 45, -3

samedi **28**

Venceslas

septidi 7 vendémiaire
Carotte

lever 07 h 54
coucher 19 h 43, -3

dimanche **29**

Michel, Gabriel

octidi 8 vendémiaire
Amarante

septembre
2024

Les tableaux de sciences

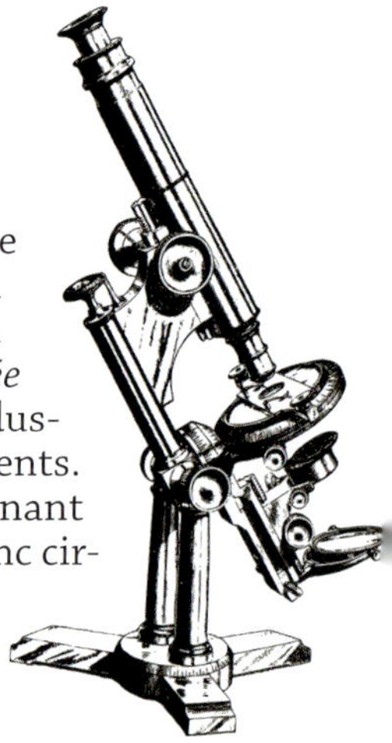

Delagrave

Dans une recherche commune d'universalité et de qualité de ses supports pédagogiques, Delagrave confie, dès 1884, à Claude Dorangeon, un professeur de technologie, la conception d'une collection de douze tableaux appelée également « *Musée scolaire* ». Il s'agit là de présenter aux élèves les produits de l'industrie française sous forme de mille deux-cents échantillons différents. L'originalité d'un tel dispositif était que les planchettes contenant les différents échantillons étaient détachables et pouvaient donc circuler de main en main, dans les rangs de la classe.

*À la Saint-Jérôme,
hoche tes pommes.*

*Saint-Jérôme venue,
sors ta charrue.*

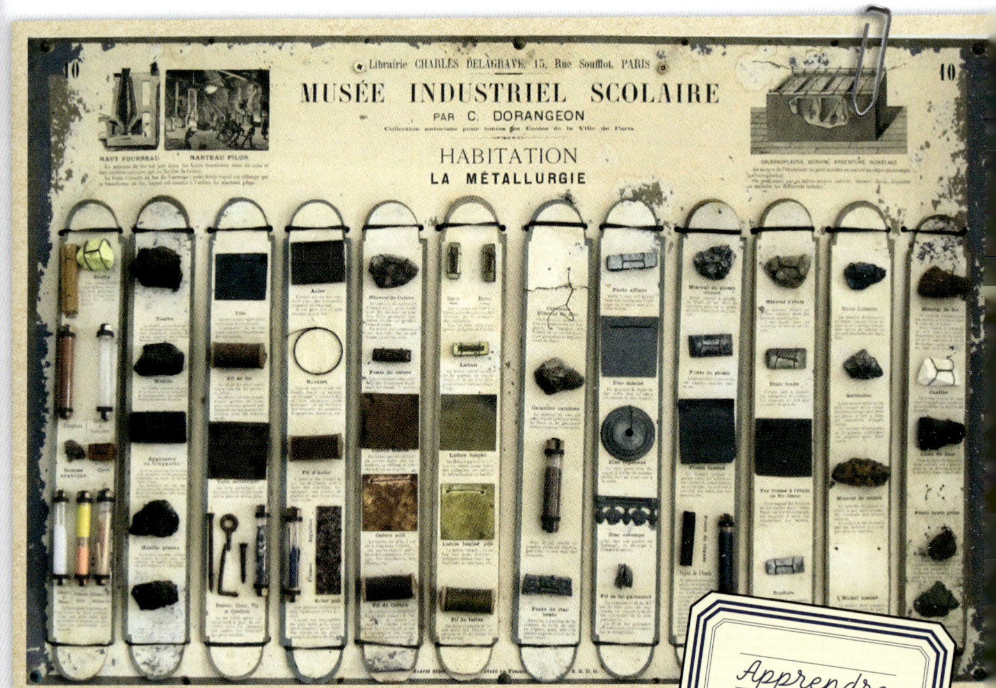

Apprendre les sciences

Planches du « Musée scolaire » de Claude Derangeon, Delagrave, 1884.

lundi **30**

lever 07 h 55
coucher 19 h 41, -3

Jérôme

nonidi 9 vendémiaire
Panais

9
Librairie CHARLES DELAGRAVE, 15, Rue Soufflot, PARIS
MUSÉE INDUSTRIEL SCOLAIRE
PAR C. DORANGEON
HABITATION
LES PIERRES ET LES BOIS
CARRIÈRE
DÉBITAGE DU BOIS
9

octobre

Dans le calendrier romain, octobre était le huitième mois de l'année, d'où son nom latin *october*, issu du chiffre huit, *octo*. Comme les mois de septembre, novembre et décembre, octobre a conservé son nom dans le calendrier grégorien, mais a changé de place. Le calendrier républicain mis en place à la Révolution, qui se référait aux changements climatiques et à la nature, situait octobre entre vendémiaire, mois des vendanges (22 septembre - 21 octobre), et brumaire, mois des brumes (22 octobre - 20 novembre), indiquant parfaitement les douceurs et les brutalités d'octobre.

Sudoku

		8		9		3		1
		3		4		6	5	
7			1		3		9	8
1			4		7		6	
		2	3			7		9
8	7				6	2		4
6		4		7				
			5		4			
2		7		3				

4			8	6		1		
	1	7			9		6	
				7	2	8		4
7	3	1					4	5
6				9		7		
	8	4				2		6
1	7				4		2	
			9	1		3		7
	6	9					8	

Dans le ciel

Ce mois-ci, vous en apprendrez plus sur les constellations du Lézard, de Pégase, des Poissons, de la Baleine et d'Eridan.

Dans le ciel

Le ciel visible vers le 15 octobre à 1 h.

octobre 2024

Le Fossé du Grand Géant

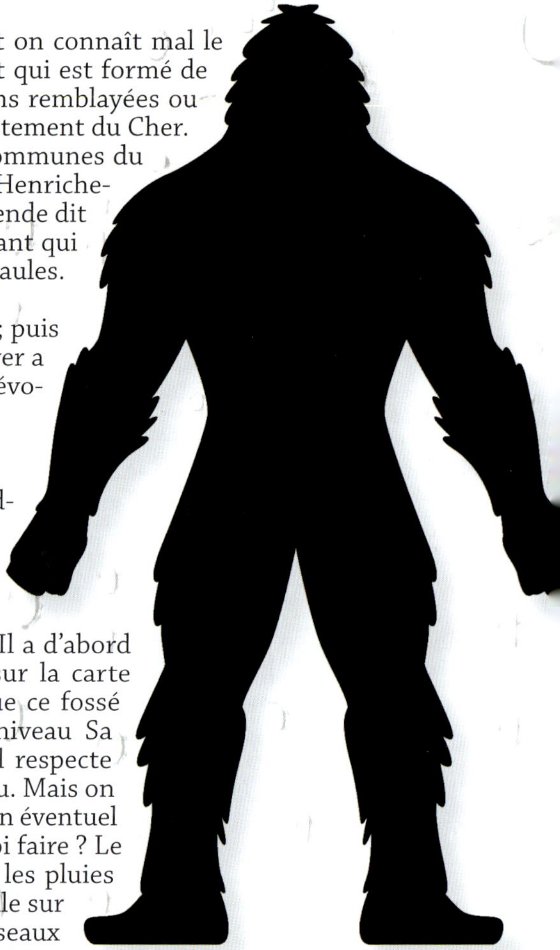

Il s'agit d'un très long fossé dont on connaît mal le départ et pas du tout l'arrivée et qui est formé de sections bien visibles et de sections remblayées ou absentes. Il se trouve dans le département du Cher. Il concerne au minimum quatre communes du Pays Fort en Berry : Ivoy-le-Pré, Henrichemont, Parassy et Morogues. La légende dit que ce fossé a été creusé par un géant qui tirait une charrue attachée à ses épaules.

La première mention date de 1836 ; puis un ancien historien, Hippolyte Boyer a écrit plusieurs pages sur le sujet et évoqué un travail hydraulique.

Un contemporain, Charles Nadvornik, habitant une ferme sur la commune d'Henrichemont où l'agriculteur qui l'avait précédé avait comblé une partie du fossé, a voulu essayer de le cartographier. Il a d'abord retrouvé trois sections séparées sur la carte en hachure de 1841. Il a pensé que ce fossé paraissait suivre les courbes de niveau Sa maquette donne l'impression qu'il respecte grossièrement les courbes de niveau. Mais on se trouve en pleine contradiction : un éventuel ouvrage hydraulique mais pour quoi faire ? Le Pays Fort est un pays humide, où les pluies peuvent atteindre 1 m d'eau annuelle sur les plus grandes hauteurs ; les ruisseaux sont partout et il n'y a pas à proximité une grande ville romaine qui pourrait expliquer un besoin d'eau ? D'ailleurs le fossé recoupe six ruisseaux ! Dans le détail, les sections du fossé, d'ailleurs souvent interrompues, ne paraissent pas décroître régulièrement et restent autour de 260/261 m NGF, jusqu'au moulin Quenouille et aux Places sur la commune de Morogues.
Près de la ferme des Jamets au nord d'Henrichemont il y a même une légère contre-pente à cet endroit, sur 300 m, le fossé est une énorme saignée de 20 m

En octobre tonnerre, vendanges prospères.

♎ Libra

de large et de 8 m de profondeur. La plupart du temps il est beaucoup plus modeste : autour de 1,50 m de profondeur et de 6 à 7 m de large.

À notre avis, il faut chercher ailleurs et penser à autre chose. Une limite territoriale ?

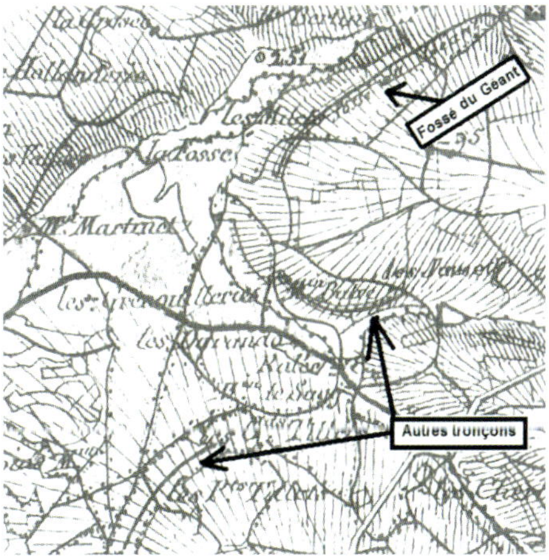

On ne peut s'empêcher de penser tout de suite à la principauté de Boisbelle qui a existé depuis au moins le quatorzième siècle jusqu'en 1605. Mais elle comprenait trois paroisses : Menetou-Salon, Ivoy-le-Pré et Henrichemont, c'est-à-dire deux paroisses sur les quatre concernées par le fossé.

Cet ouvrage nous paraît vraiment ancien, ne fut-ce que parce qu'il correspond par exemple à la limite communale entre Parassy et Morogues, limites qui peuvent parfois correspondre à des limites de tribus gauloises. On connaît en France des fossés qui dépassent les dix kilomètres de longueur, ainsi les fossés dits « vikings » en Normandie. Prenons un exemple plus local, celui de Tartegoult, à l'est de la Sologne (département du Loiret). Il part à l'ouest de la limite avec le Loir-et-Cher, et traverse la commune de Ligny-le-Ribault en direction du château des Madères. Après la hauteur de La Ferté-Saint-Aubin, il se dirige vers la Bouillerie, selon un parcours de 12 à 14 kilomètres. La tradition disait vers 1880 qu'il délimitait la Neustrie de l'Aquitaine et qu'il allait jusqu'en Bretagne !

Nous avons, pour le fossé du Grand Géant, des exemples de comparaison possible avec des fossés protohistoriques du sud de l'Angleterre. L'un dans le Wessex, mesure une trentaine de kilomètres ; un autre dans le sud du Wiltshire : près d'Hippenscombe, à l'ouest de Wilton, le *Grim's Dyke* ou *Grim's Ditch*, long d'une douzaine de kilomètres, large de 9 m avec un talus de 0,60 m de hauteur, sert de limites à des *Celtic fields* (des petits champs datés ici de l'âge du Fer.) L'archéologue Desmond Bonney (cf. « *Early boundaries in Wessex* ») pense qu'il séparait deux unités ethniques, tribales ou deux territoires distincts.

Plus qu'une fonction de défense, de tels ouvrages auraient eu une signification symbolique ou sacrée.

Jean-Mary Couderc

lever 07 h 56
coucher 19 h 39, -3

mardi 1er

Thérèse de l'Enfant-Jésus
Dans le calendrier républicain :
décadi 10 vendémiaire
Cuve

Les Apparitions de Fréteval (1873)

L'unique apparition de Knock au NO de l'Irlande (Comté de Mayo), à l'Est de Castlebar

Suite du 5 juillet

Elle se déroule le 21 août 1879 vers 19 heures par un temps épouvantable : grand vent et pluie battante, dans un village très pauvre. Une vingtaine de témoins voient, au pignon arrière de l'église tout illuminé, la Vierge entourée d'autres saints et de Jésus sous la forme de l'agneau de Dieu.
Marguerite Byme, une fillette de 15 ans rentre chez elle, voit une lumière insolite mais n'a pas l'idée de se détourner. C'est ensuite une femme de 26 ans, qui voit trois personnes, croit que ce sont des statues mais celles-ci bougent ! C'est une vision silencieuse de personnages « au-dessus de la corniche de l'église » : Notre-Dame, saint Jean l'Évangéliste, et saint Joseph.

Ces personnages bougent, « ils avancent et reculent » (curieux n'est-ce-pas ?). En principe, ils ne ressentent pas l'effet du vent, car tout le monde, dans une lumière insolite, est au chaud et au sec (l'édifice n'a évidemment pas de marquise).

On a précisé ailleurs, que Marie qui porte une couronne d'or légèrement conique, un peu comme celle de Fréteval, se tient à 60 cm au-dessus du sol. Dix jours après l'apparition, on signale la guérison miraculeuse d'un mal à une oreille grâce à un peu de ciment prélevé sur l'église.

L'apparition est reconnue par l'Église, Knock devient le Lourdes Irlandais et le transport des pèlerins est à l'origine de la création de la compagnie aérienne Ryan Air. De nos jours, celle-ci transporte plus de 140 millions de personnes par an. Pour montrer le dynamisme de ce site de pèlerinage, un souvenir personnel de l'été 1983 : j'arrive sur le parking géant avec ma famille, nous sommes à peine descendus de voiture qu'une maîtresse femme nous remet, à mon épouse et à moi-même, chacun un malade en chariot à mener immédiatement dans la nef de l'église (évidemment reconstruite).

Les apparitions ou extases de Tilly-sur-Seulles en 1896 (à l'ouest de Caen, Calvados)

Dans un champ à la sortie du bourg en direction de Fontenay-le-Pesnel, sur les bords de la rivière Seulles, se sont produites de nombreuses apparitions de la Vierge dont les dernières ont été datées du 3 mai 1903 et de juillet 1903 date de la mort du pape Léon XIII.

En mars 1896, deux femmes de Tilly, parmi d'autres, Marie Martel et Louise Polinière déclarent avoir vu Marie près d'un ormeau.

Ensuite celle-ci apparaît aux filles de l'école religieuse et à plusieurs de leurs enseignantes. Marie sera nommée « Reine du très Saint Rosaire ».

Quand arrive
la Saint-Fleur,
pour aller au verger,
ce n'est plus l'heure.

Si on sème
à la Saint-Léger,
le blé sera léger.

À la Saint-Léger,
il ne faut pas semer,
sinon le grain devient
comme le saint.

mercredi **2**

lever 07 h 57
coucher 19 h 37, -3

Léger

primidi 11 vendémiaire
Pomme de terre

La Vierge est principalement apparue à Marie Martel qui a rapporté le détail des apparitions, tandis que le pauvre orme a été découpé, écorcé et emporté en lambeaux par la foule.
Marie Martel a décrit la Vierge comme une beauté céleste vêtue de blanc avec une ceinture bleue, des roses d'or posées sur ses pieds et à ses pieds une banderole blanche avec en lettres d'or ; « Je suis immaculée ». Certaines phrases ne peuvent que surprendre et attirer notre attention. Ainsi : « Mes bien chers enfants, je vous supplie de bien prier et de faire pénitence, car c'est par la prière et la pénitence que vous apaiserez les vengeances du ciel » Alors que Marie évoque la douceur et le pardon, aurait-elle eu en tête la menace permanente du diable ?

On retrouve dans son langage, à Tilly comme ailleurs, l'annonce de malheurs prochains et de châtiments à conjurer.

On sent qu'elle désigne les réformes en préparation sur la laïcité et sur la privatisation des biens de l'Église : « La guerre va se déclarer de tous côtés contre l'Église. Un schisme est en train de naître, de se faire...Paris n'a pas respecté les lois de mon divin fils...Il sera châtié et détruit par le feu (dit lors de l'apparition du 1er janvier 1897) ». Faut-il rappeler ici les invectives hitleriennes et les menaces concernant notre capitale en 1944. De telles phrases rabaissent aussitôt l'idée d'un message divin, on croît entendre l'opposition de droite et d'extrême droite défilant alors dans Paris. Ceci a sans doute laissé croire à certains opposants à la religion, le caractère factice du compte -rendu.

Le 7 juillet 1901, les observateurs rapportent un phénomène céleste (cf. ceux que nous avons signalé sur d'autres sites). De très lumineuses boules colorées sortent du soleil comme si elles partaient de derrière lui ; beaucoup viennent vers les assistants et la Vierge y fait d'ailleurs allusion.

Vers la fin de l'année 1901, il est arrivé que la Vierge apparaisse comme vexée de n'avoir point été écoutée et ses menaces pour le futur ont été réitérées.

Le 2 décembre 1901 : « Tous les malheurs que je suis venue annoncer sur le mont de la Salette, [Savoie] vont arriver ».Elle annonçait en effet en 1851, une grande famine dont elle a décrit minutieusement les aspects terrifiants ; ainsi : « Les petits enfants en dessous de sept ans prendront un tremblement et mourront entre les bras des personnes qui les tiendront... » mais elle avait ajouté que tout pouvait s'arranger si les hommes s'amendaient et c'est d'ailleurs à ce moment que,là encore, elle a confié un secret aux deux « voyants ».

Cette remarque sur ses annonces à La Salette montre assez que toutes ces apparitions ont une source unique qui distribue des messages parfois étranges un peu partout en France.

Si vous souhaitez beaucoup plus de détails, les déclarations et les prophéties de la Vierge de Tilly sont disponibles sur le Net.

À noter qu'une « chapelle de l 'apparition » a été construite en 1897, mais détruite pendant la Seconde Guerre mondiale ; elle a été reconstruite sous le nom de « La Chapelle du très Saint Rosaire ».

Jean-Mary Couderc

lever 07 h 59
coucher 19 h 35, -3

jeudi **3**

Gérard

duodi 12 vendémiaire
Immortelle

octobre 2024

Apprendre à calculer

Des images pour comprendre le calcul

Avec l'arrivée des années 1900, les chiffres comme les lettres vont prendre peu à peu des couleurs dans les manuels scolaires, témoin ce livret du cours préparatoire d'Adrien Seignette chez Paul Dupont, illustré par des gravures en couleur de Lunois.

Cette modernisation des manuels d'arithmétique est le résultat du réel effort fait par les auteurs et les éditeurs sur le plan de la clarté pédagogique. Les premiers nombres sont étudiés un par un, et illustrés de manière à ce que l'enfant réalise des associations d'idées à partir de la vie quotidienne.

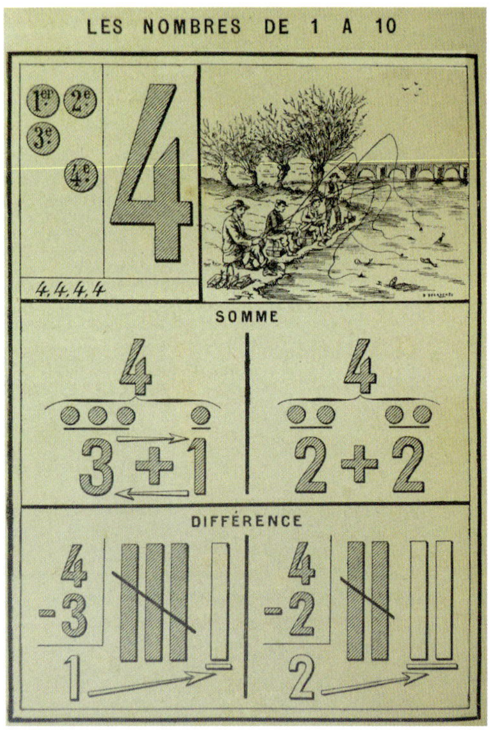

Arithmétique et Calcul mental *enseignés par l'image de Fenard et Beaufils pour le Cours préparatoire, Alcide Picard, 1908.*

Ci-dessus et page de droite :
Lire, Écrire et Compter livret n°2
d'Adrien Seignette Paul Dupont, 1902.

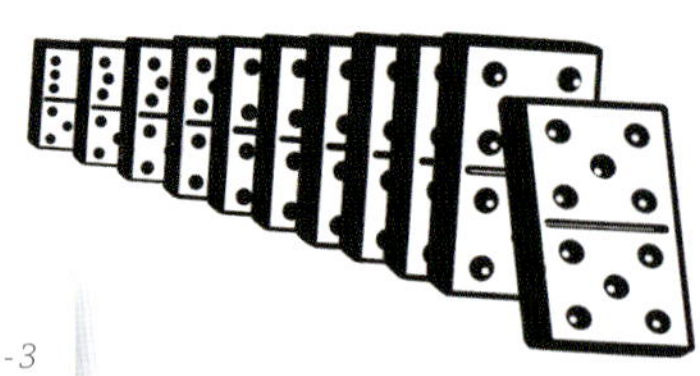

À la Saint-François d'Assise, si tu bâtis, sois prudent pour tes assises.

Sème à la Saint-François si tu veux que ton grain ait du poids.

À la Saint-François vient le premier froid. Bel automne vient plus souvent que beau printemps.

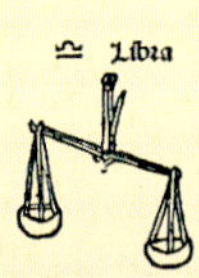

vendredi 4

lever 08 h 00
coucher 19 h 33, -3

François d'Assise

tridi 13 vendémiaire
Potiron

ÉCOLE MODERNE. — COURS PRÉPARATOIRE

Par A. SEIGNETTE, ✻, O. I. ✿.

INSPECTEUR GÉNÉRAL Hre DE L'ENSEIGNEMENT PRIMAIRE
DIRECTEUR DU *JOURNAL DES INSTITUTEURS*

5 livrets (Élève). — 5 livrets (Maître). — 11 petits cahiers d'Écriture
4 tableaux muraux en couleurs

Lire, Écrire, Compter

Livret n° 2

(Leçons 16 à 30)

94 gravures par LUNOIS

(NOUVELLE ÉDITION)

samedi 5

lever 08 h 01
coucher 19 h 31, -3

Fleur

quartidi 14 vendémiaire
Réséda

dimanche 6

lever 08 h 03
coucher 19 h 29, -3

Bruno

quintidi 15 vendémiaire
Âne

octobre
2024

Si octobre est chaud,
en février,
la glace est au carreau.

La naissance des belles images de l'école d'autrefois

Citation

« Je voudrais que les murailles de nos 70 000 écoles fussent couvertes, du haut en bas, d'images. De l'école, elles seraient passées dans la chaumière. »

Victor Duruy, ministre de l'Instruction publique sous le Second Empire, de 1863 à 1869.

Difficile de parler en France d'Éducation et même de livres et d'images scolaires avant l'avènement des écoles paroissiales de la Renaissance, elles-mêmes héritières des petites écoles épiscopales et monastiques du Moyen Âge. Jusqu'alors seuls les monastères assuraient l'essentiel des rudiments d'un minimum de savoir, prière, lecture et parfois écriture et calcul, la mission première des moines étant d'assurer et de perpétuer le service divin avec en priorité, la formation des prêtre-formateurs eux-mêmes…

Dans les écoles du Moyen Âge, c'est l'Église qui prend donc en charge l'instruction des enfants en leur inculquant les dogmes du christianisme, avec comme livre unique, le psautier, un ensemble de chants sacrés tirés de la Bible. Quand ce n'est pas dans les écoles paroissiales qu'est dispensé l'enseignement, c'est souvent dans la propre maison du curé que se retrouvent les rares enfants arrachés aux travaux des champs.

Sur une des rares scènes d'école du Moyen Âge qui soit parvenue jusqu'à nous, on peut être étonné de l'épaisseur des livres que les élèves ont en main : il s'agit justement de l'œuvre des prêtres qui jusqu'à l'invention de l'imprimerie par Gutenberg au milieu du XVe siècle, devaient recopier minutieusement et manuellement les textes sur des parchemins, afin que ceux-ci ne disparaissent pas, d'où l'épaisseur des livres.

♎ Libra

lundi **7**

lever 08 h 04
coucher 19 h 27, -3

Serge

sextidi 16 vendémiaire
Belle-de-nuit

lever 08 h 05
coucher 19 h 25, -3

mardi **8**

Pélagie

septidi 17 vendémiaire
Citrouille

Les méthodes de lecture

Après avoir pendant des siècles fait épeler et syllaber les mots par les écoliers, on va prendre le contre-pied de la méthode syllabique en privilégiant le déchiffrage des mots et en permettant à l'élève de comprendre ce qu'il lit. Ainsi, c'est désormais la « méthode globale » qui va être enseignée dans les écoles. Dans cette approche de la lecture, diamétralement opposée à la méthode précédente, on partira de la phrase pour aboutir au mot et enfin à la lettre. La méthode globale enseigne donc aux enfants à reconnaître directement les mots entiers, avec leur forme générale, plutôt que les lettres individuellement. La lecture sera certes plus rapide et la compréhension mieux assimilée… mais on s'aperçoit vite que les enfants qui ont appris exclusivement par cette méthode ont une orthographe catastrophique et beaucoup de difficultés à écrire.

En riant, la lecture sans larme

C'est la fameuse méthode publiée à partir de 1931 par René Jolly, dans laquelle la « *mumu* », la vache, a donné du « *lolo* », du lait, à Riri qui a « *bobo* », qui a mal… Une méthode généralement peu appréciée des enseignants et pourtant…

« *Que demandent-ils donc, ces enfants. Ils aiment la vie et le mouvement. Il leur faut des personnages qui courent, dansent, sautent, pirouettent, font la culbute, dégringolent un escalier et se cassent le nez. Il leur faut encore des histoires de bêtes, des chats gourmands, de bons chiens, des moutons mignons, etc. Ils se complaisent dans*

*Saint-Wilfried ensoleillé,
deux jours plus tard
emmitouflé.*

*À la Saint-Denis,
ramasse tes fruits.*

*S'il pleut
à la Saint-Denis,
l'hiver sera humide,
mais sans glace.*

*Temps sec
à la Saint-Ghislain
annonce un hiver
d'eau plein.*

lever 08 h 07
coucher 19 h 23, -3

mercredi **9**

Denis

octidi 18 vendémiaire
Sarrasin

la fantaisie la plus invraisemblable et s'amusent d'un lapin qui valse, ou d'un canard qui porte un parapluie. C'est justement tout cela que nous leur donnons dans notre nouvelle méthode En Riant », écrit René Jolly dans la préface.

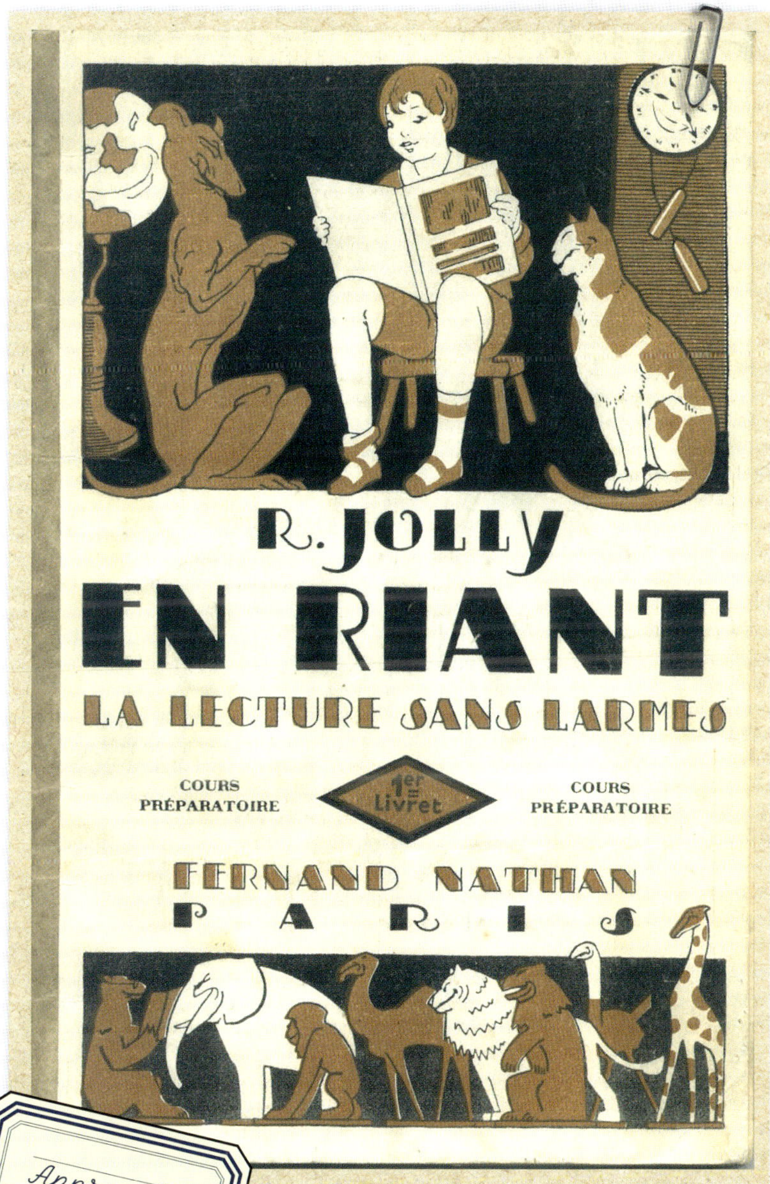

En riant, la lecture sans larmes
de René Jolly, Fernand Nathan, 1936.

Apprendre à lire

lever 08 h 08
coucher 19 h 22, -3

jeudi **10**

Ghislain

nonidi 19 vendémiaire
Tournesol

octobre 2024

Apprendre à lire

f. d. g. l. v. t. ch. n. b. m. j. r. s. p. c. n.

la soupe aux choux.

un chou

ou = *ou*

cou. sou. fou. chou. pou. vou. gou.

la chaloupe

la sou pi è re. la bou che. le cou de. le bi jou.
la sou cou pe. la cha lou pe. la cou tu re. la dou ve.
un fi lou. un mou le. u ne rou te. un jou jou. un sou.
la cu ve cou le. la pou le cou ve. la bou le rou le.
ja ne cou pe un chou. le cou cou a va le u ne mou che.

une soucoupe

la poule. une douve. une boule. un coucou.
éliane achète un joujou. je débouche la carafe.
ma mère coupera un chou, fera de la soupe.

10 boules

10 − 1 = ...	10 − 6 = ...	10 − ...... = 9	6 − ...... = 3
10 − 3 = ...	10 − 9 = ...	10 − ...... = 7	9 − ...... = 5
10 − 2 = ...	10 − 8 = ...	5 + ... = 10	8 − ...... = 4
10 − 4 = ...	10 − 7 = ...	10 − ...... = 8	10 − ...... = 5
10 − 5 = ...	10 − 5 = ...	6 + ... = 10	5 + ... = 10

1 poule
10 poussins

22

Pour la Saint-Géraud,
les châtaignes
font le chaud.

À la Saint-Firmin,
l'hiver est en chemin.

Libra

lever 08 h 10
coucher 19 h 20, -3

vendredi 11

Firmin

décadi 20 vendémiaire
Pressoir

Les méthodes de lecture

La Méthode Boscher ou « La journée des tout petits »

Méthodes traditionnelles et méthodes globales qui s'opposaient hier semblent se réconcilier à partir des années 1950 dans la Méthode mixte à départ global. Méthode de progression syllabique qui procède par analyse et synthèse, mais méthode rajeunie par les procédés ingénieux qui s'inspirent des techniques d'éducation nouvelle. Les contradicteurs reprochent à cette méthode de prendre pour unité la syllabe et de délaisser le mot entier, qui pourtant forme une unité de sens. Des méthodes globales proposent une autre forme d'apprentissage. Leur expérimentation, quand elle est menée de manière imparfaite, se solde par des échecs, notamment en orthographe.

Autres méthodes de lecture célèbres dans les années 1950, « *Pigeon vole* » de J.Ségelle, illustré par Line touchet, « *Petit Gilbert* » d'Édouard Jauffret, illustré par Raylambert, « *Poucet et son ami* » (l'écureuil) de Charlot-Géron, illustré par François Garnier, « Rémi et Colette » de J. Juredieu et E. Mourlevat, illustré par René Bresson, entre autres...

Méthode Boscher ou la journée des tout-petits, *Jean Chaperon Loudéac, 1906-1936-1955, et Belin, 1995.*

lever 08 h 11
coucher 19 h 18, - 3

samedi 12

Wilfried

primidi 21 vendémiaire
Chanvre

lever 08 h 12
coucher 19 h 16, - 3

dimanche 13

Géraud

duodi 22 vendémiaire
Pêche

octobre
2024

Le langage des fleurs

Thym : activité
Tilleul : amour conjugal
Trèfle : légèreté
Trèfle à quatre feuilles : sois à moi
Trèfle blanc : pense à moi
Trèfle rose : incertitude
Troène : amour trop jeune
Tubéreuse : volupté
Tulipe : gloire
Tulipe rouge : déclaration d'amour
Tussilage : on vous rendra justice

*Souvent
la Sainte-Thérèse
apporte un petit été,
mais surtout, jardinier,
ne va pas te déshabiller.*

*Souvent au 15 octobre
le temps s'apaise,
c'est l'été
de la Sainte-Thérèse*

lundi **14**

*lever 08 h 14
coucher 19 h 14, -3*

Juste

tridi 23 vendémiaire
Navet

Le chant des oiseaux

La linotte, l'hirondelle, le roitelet **gazouillent**.
Le merle, le loriot, le courlis **sifflent**.
L'aigle **trompette**.
L'alouette **tirelire**.
La bécasse **coucouanne**.
La bécassine **croule**.
Le butor **butit**.

Alouette

Aigle

Merle

Linotte

Bécasse

lever 08 h 15
coucher 19 h 12, - 3

mardi **15**

Thérèse d'Ávila

quartidi 24 vendémiaire
Amaryllis

Apprendre
la géographie

En octobre,
il faut que l'homme
vite s'habille
quand le mûrier
se déshabille.

Libra

mercredi 16

lever 08 h 16
coucher 19 h 10, -3

Edwige

quintidi 25 vendémiaire
Bœuf

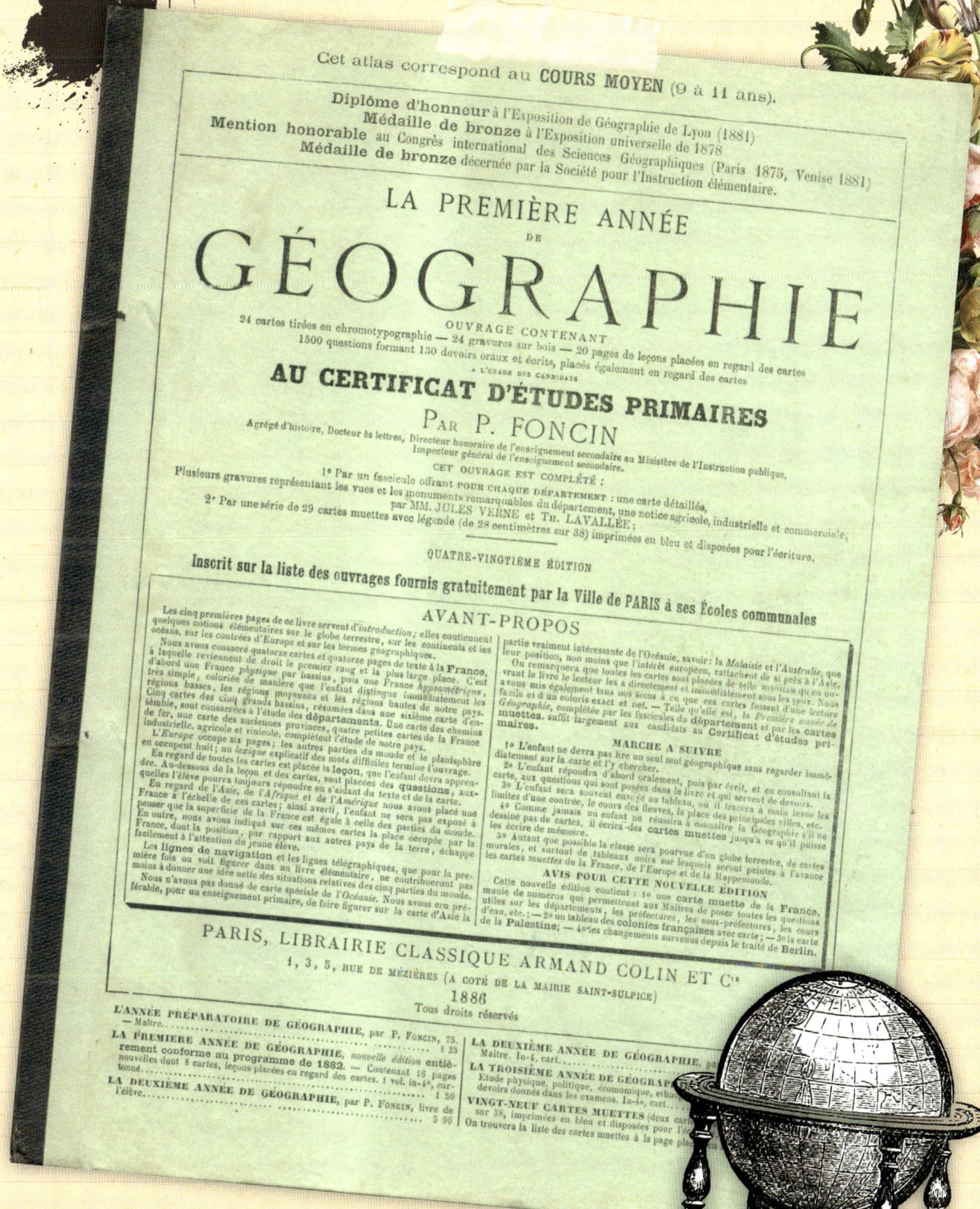
Cet atlas correspond au **COURS MOYEN** (9 à 11 ans).

Diplôme d'honneur à l'Exposition de Géographie de Lyon (1881)
Médaille de bronze à l'Exposition universelle de 1878
Mention honorable au Congrès international des Sciences Géographiques (Paris 1875, Venise 1881)
Médaille de bronze décernée par la Société pour l'Instruction élémentaire.

LA PREMIÈRE ANNÉE
DE
GÉOGRAPHIE
OUVRAGE CONTENANT
24 cartes tirées en chromotypographie — 24 gravures sur bois — 20 pages de leçons placées en regard des cartes
1500 questions formant 130 devoirs oraux et écrits, placés également en regard des cartes
A L'USAGE DES CANDIDATS
AU CERTIFICAT D'ÉTUDES PRIMAIRES
PAR P. FONCIN
Agrégé d'histoire, Docteur ès lettres, Directeur honoraire de l'enseignement secondaire au Ministère de l'Instruction publique,
Inspecteur général de l'enseignement secondaire.
CET OUVRAGE EST COMPLÉTÉ :
1° Par un fascicule offrant POUR CHAQUE DÉPARTEMENT : une carte détaillée,
Plusieurs gravures représentant les vues et les monuments remarquables du département, une notice agricole, industrielle et commerciale,
par MM. JULES VERNE et TH. LAVALLÉE ;
2° Par une série de 29 cartes muettes avec légende (de 28 centimètres sur 38) imprimées en bleu et disposées pour l'écriture.

QUATRE-VINGTIÈME ÉDITION

Inscrit sur la liste des ouvrages fournis gratuitement par la Ville de PARIS à ses Écoles communales

AVANT-PROPOS

[illegible]

MARCHE A SUIVRE

[illegible]

AVIS POUR CETTE NOUVELLE ÉDITION

[illegible]

PARIS, LIBRAIRIE CLASSIQUE ARMAND COLIN ET Cie
1, 3, 5, RUE DE MÉZIÈRES (A COTÉ DE LA MAIRIE SAINT-SULPICE)
1886
Tous droits réservés

L'ANNÉE PRÉPARATOIRE DE GÉOGRAPHIE, par P. FONCIN, 75. — Maître 1 25
LA PREMIÈRE ANNÉE DE GÉOGRAPHIE, nouvelle édition entièrement conforme au programme de 1882. — Contenant 16 pages nouvelles dont 8 cartes, leçons placées en regard des cartes. 1 vol. in-4°, cartonné 1 50
LA DEUXIÈME ANNÉE DE GÉOGRAPHIE, par P. FONCIN, livre de l'élève 3 90
LA DEUXIÈME ANNÉE DE GÉOGRAPHIE, [illegible] Maître. In-4, cart. [illegible]
LA TROISIÈME ANNÉE DE GÉOGRAPHIE [illegible] Étude physique, politique, économique, [illegible] devoirs donnés dans les examens. In-4, cart. [illegible]
VINGT-NEUF CARTES MUETTES (deux [illegible] sur 38, imprimées en bleu et disposées pour [illegible]
On trouvera la liste des cartes muettes à la page [illegible]

La première année de géographie au certificat d'études
de Pierre Foncin, Hachette, 1886.

lever 08 h 18
coucher 19 h 09, -3

jeudi **17**

Baudouin

sextidi 26 vendémiaire
Aubergine

octobre
2024

À la Saint-Luc,
il faut semer,
que la terre
soit molle ou dure.

À la Saint-René,
couvre ton nez !

Nouveau livre d'Histoire de France
pour le cours élémentaire d'Éliane Personne,
Marc Ballot et Georges Marc, Armand Colin, 1948.

lever 08 h 19
coucher 19 h 07, -3

vendredi **18**

Luc

septidi 27 vendémiaire
Piment

Apprendre l'Histoire

Des images pour illustrer l'Histoire de France

L'éditeur Armand Colin misera pendant dix ans sur le talent de Georges Garbaye pour agrémenter d'images colorees ses livres d'Histoire de France de Pierre Conard et Paul Valeyre, en 1937, puis ceux d'Éliane Personne, de Marc Ballot et de Georges Marc, en 1948.

On doit au dessinateur Rapeno, l'imagerie du Premier livre d'histoire de France pour le cours élémentaire de Fuster et Lebrun paru chez Albin Michel en 1949, un des rares livres scolaires qu'on doit à cet éditeur.

AU TEMPS DES CAROLINGIENS — Il y a plus de 1100 ans.

Entre les guerres, Charlemagne fait son possible pour assurer le bonheur des Francs. Vous le voyez ici inspectant une de ses villas, c'est-à-dire l'une des fermes qu'il possède. Il visite les écuries, les étables, les caves, les *celliers;* il veut tout voir par lui-même. Là où il ne peut aller, il envoie des inspecteurs qui règlent tout, comme si l'empereur était là. Charlemagne impose partout l'ordre et la justice. Malheureusement ses petits-fils se partagent l'empire par le traité de Verdun (843) en trois royaumes : Germanie, Lotharingie et France.

— 15 —

Premier livre d'histoire de France
pour le cours élémentaire de Fuster et Lebrun, Albin Michel, 1949.

lever 08 h 21
coucher 19 h 05, -3

samedi 19

René

octidi 28 vendémiaire
Tomate

lever 08 h 22
coucher 19 h 03, -3

dimanche 20

Adeline

nonidi 29 vendémiaire
Orge

**octobre
2024**

Apprendre l'Histoire

Des images pour illustrer l'Histoire de France

On doit les illustrations de l'Histoire de France pour le cours moyen de Chaulanges parue chez Delagrave en 1948 à Pierre Rousseau, à Jacquement celles de Notre France, son Histoire pour le cours élémentaire de Dechappe et Audrin éditée par Lavauzelle en 1953.

Et enfin à Henri Dimpre, les images très colorées de Notre premier livre d'Histoire pour le cours élémentaire de Bernard et Redon chez Nathan en 1954.

Les programmes de 1945 vont profondément modifier le contenu des livres d'Histoire de France puisque désormais on va abandonner la chronologie des faits qui était pourtant la règle depuis la naissance de l'enseignement de cette matière dans le Primaire. Dans la préface des *Belles histoires de France* parue chez Belin en 1956, les auteurs précisent :

Vercingétorix se rend à César. — Il … sa plus belle armure et monté son plus beau … Pourquoi ? Où sont ses armes ? Comment so… les Romains ? A quoi sert la haute tour … Vercingétorix se dresse fièrement, sans … mot. « Enchaînez-le » ordonne César.

1ère Leçon.

Vercingétorix

Défenseur de la Gaule

■ 1. Il y a plus de deux mille ans de cela... Notre pays s'appelle **la Gaule** … ne le reconnaîtriez pas ! On peut marcher des journées entières sans sortir de la … De temps en temps, on voit quelques champs, des prés, un groupe de cabanes … avec un toit de paille. Des paysans labourent et sèment, ils élèvent des troupe… porcs.

Les habitants, les Gaulois, vous surprendraient aussi. Ils sont grands, … avec un teint clair et des yeux bleus ; les hommes ont des moustaches tombante… longs cheveux roux relevés sur la tête.

■ 2. La Gaule est riche ; elle fait envie à ses voisins, les **Romains,** qui h… l'Italie. Ils ont un bon général, **Jules César.** Ses soldats obéissent bien et save… nœuvrer en ordre ; ils sont habitués à la guerre. Les Gaulois sont très courageux … ils forment plusieurs peuples qui ne savent pas se mettre d'accord entre eux. César les bat les uns après les autres ; au bout de six ans, il peut se croire ma… tout le pays.

2

Histoire de France
pour le cours moyen de Chaulanges, Delagrave, 1948.

« On ne trouvera pas ici un enseignement suivi. Tout en précisant l'époque des faits à relater en quelques lignes, nous avons surtout essayé de faire vivre, par l'image et le récit, les grandes figures, les éléments les plus saillants, les monuments remarquables de notre Histoire Nationale. Les belles images ne font pas que d'en égayer les pages, inspirées toute d'une étude minutieuse des documents historiques, elles suppléent, dans la plupart des cas à l'absence de ces documents et serviront de riche matière à l'observation qui doit être l'essentiel d'un enseignement bien compris. – Le récit n'interviendra que comme le couronnement de l'observation –. »

Quand les oignons ont trois pelures, attention à la froidure.

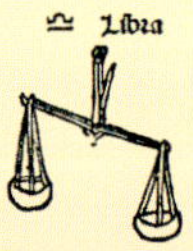

lever 08 h 23
coucher 19 h 02, -3

lundi **21**

Céline

décadi 30 vendémiaire
Tonneau

C'est dire que désormais les belles images des livres d'Histoire de France avaient eu raison des textes et du « *par cœur* » et les avaient tous deux supplantés.

Belles histoires de France *pour le cours élémentaire d'Ozouf et Leterrier, Belin, 1956.*

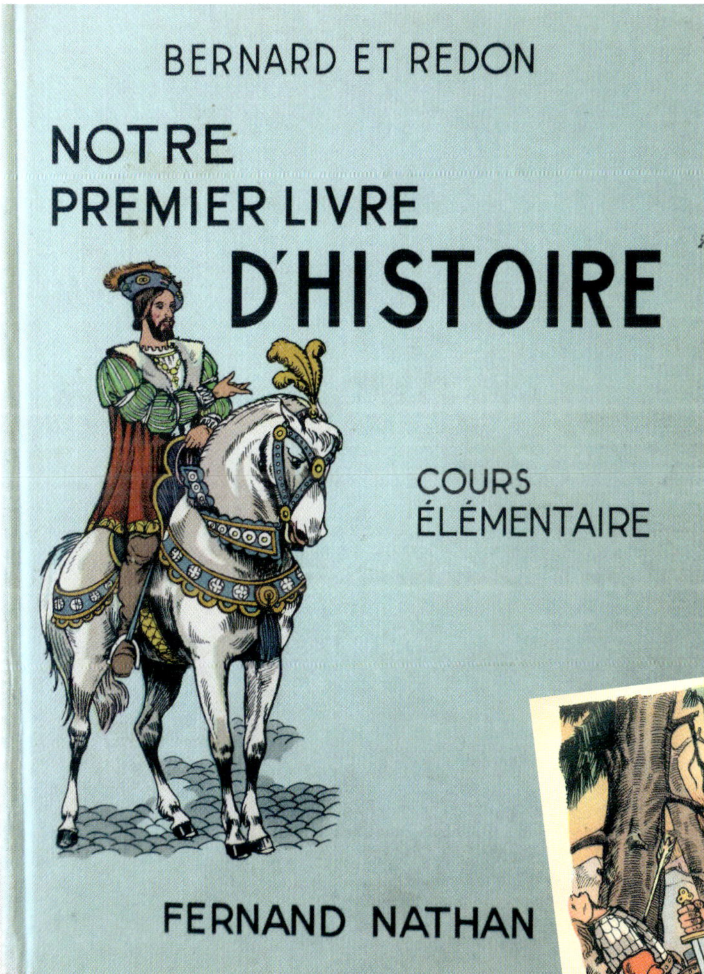

Notre premier livre d'Histoire *pour le cours élémentaire de Bernard et Redon, Nathan, 1954.*

lever 08 h 25
coucher 19 h 00, - 3

mardi **22**

Élodie, Salomé

primidi 1er brumaire
Pomme

octobre 2024

Souvent
à la Saint-Florentin,
l'hiver lisse le chemin.

♏ Scorpius

mercredi 23

lever 08 h 26
coucher 18 h 58, - 3

Jean de Capistran

duodi 2 brumaire
Céleri

♏ Scorpius

Le Porte-feuille des enfans : *mélange intéressant d'animaux, fruits, fleurs, habillements, plans, cartes et autres objets. Dessinés et gravés en 1783 sous la direction de Cochin.*

lever 08 h 28
coucher 18 h 56, -3

jeudi **24**

Florentin

tridi 3 brumaire
Poire

octobre
2024

Le chant des oiseaux

Colibri

La caille **étape**.
Le hibou et la chouette **huent**.
La cigogne **craquette**.
Le colibri **zinzinule**.
Le coq de bruyère **dodeldire**.
L'étourneau **pisote**.
La grue **craque**.
La colombe et le ramier **roucoulent**.

Chouette

Colombe

Colibri

Étourneau

Cigogne

À la Saint-Crépin,
les mouches
voient leur fin.

À la Saint-Crépin,
la pie monte aux pins.

À la Saint-Dimitri,
le froid est bien pris.

♏ Scorpius

vendredi **25**

lever 07 h 29
coucher 17 h 55, -3

Crépin

quartidi 4 brumaire
Betterave

Le langage des fleurs

Valériane rouge : facilité
Véronique : fidélité
Verveine : enchantement
Violette : amour caché, innocence, modestie
Viorne : je meurs si on me néglige
Volubilis : amitié

lever 07 h 31
coucher 17 h 53, - 3

samedi 26

Dimitri

quintidi 5 brumaire
Oie

lever 07 h 32
coucher 17 h 51, - 3

dimanche 27

Émeline

sextidi 6 brumaire
Héliotrope

Apprendre à calculer

Des images pour comprendre le calcul

Citation

« Notre méthode est basée avant tout sur l'observation des réalités concrètes. Nous procédons à l'étude du nombre réel à l'aide d'objets et d'images capables de graver dans l'esprit l'impression profonde du nombre. Ainsi, au début de son étude, l'élève ne voit et n'écrit jamais un chiffre sans former au préalable le nombre réel correspondant. La stupide copie de pages entières de chiffres doit disparaître de nos écoles ».

Dans ce rapide panorama des livres de calcul, on ne saurait omettre de montrer un charmant petit livre des années 1920 et cette arithmétique qui réactualise avec les nouveaux programmes de 1923, les données des problèmes en tenant compte de l'inflation et « *des prix actuels pratiqués* » !

L'auteur de « *La lecture sans larme* » et de ses fameuses onomatopées « *bébé* » a bu le « *lolo* » de sa « *meumeu* », René Jolly, réitère sa volonté en matière de calcul « *d'apprendre en s'amusant* ». Dans « *l'arithmétique en riant* », il propose à l'enfant des croquis humoristiques faciles à comprendre et à assimiler. Les dessins, pour mieux être retenus, reproduisent des scènes de la vie courante que l'enfant peut facilement observer :

L'ANNÉE ENFANTINE D'ARITHMÉTIQUE

De 1 à 10

1 oiseau

2 oiseaux

3 oiseaux

4 oiseaux

5 oiseaux

Numération. — *Comptez* de 1 à 10 : — des noix; — des cailloux; — des billes. — Comptez vos doigts.

L'ANNÉE ENFANTINE D'ARITHMÉTIQUE 5

6 oiseaux

7 oiseaux

8 oiseaux

9 oiseaux

10 oiseaux

0 Pas d'oiseau

L'année enfantine d'arithmétique *de Jean Bedel, Armand Colin, 1926.*

Quand Saint-Simon et Saint-Jude n'apportent pas la pluie, celle-ci n'arrive qu'à la Sainte-Cécile (le 22 novembre).

À la Sainte-Simone, il faut avoir rentré ses pommes.

♏ Scorpius

lever 07 h 33
coucher 17 h 50, - 3

lundi **28**

Simon, Jude

septidi 7 brumaire
Figue

« Les enfants considèrent souvent les problèmes comme des énigmes compliquées et, pour essayer d'en percer le mystère, nous commençons, chaque fois que cela est possible, par jouer le problème à la manière d'une véritable saynète. Ensuite nous représentons les personnages par le dessin nous nous contentons d'un croquis schématique ou parfois même d'un simple graphique ».

Les années 1930 marquent la confirmation pour les illustrateurs scolaires qu'ils ont une place à tenir et un rôle à jouer dans la confection des livres de calcul notamment. En effet quoi de plus parlant que des images car elles permettent de mieux comprendre que dans la vie courante l'utilisation du calcul est omniprésente. Dans ce beau livre d'arithmétique, on retrouve les illustrations de Ferdinand Raffin.

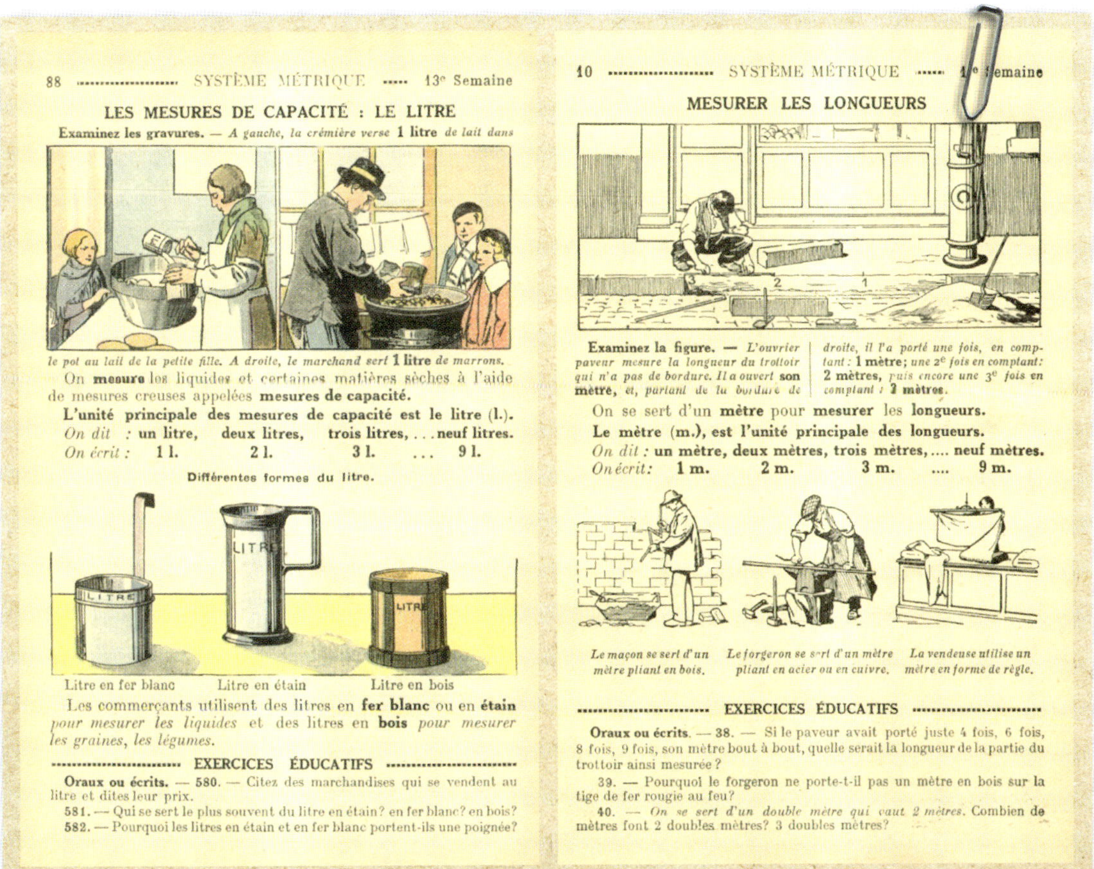

88 SYSTÈME MÉTRIQUE 13e Semaine

LES MESURES DE CAPACITÉ : LE LITRE

Examinez les gravures. — *A gauche, la crémière verse* **1 litre** *de lait dans le pot au lait de la petite fille. A droite, le marchand sert* **1 litre** *de marrons.*

On **mesure** les liquides et certaines matières sèches à l'aide de mesures creuses appelées **mesures de capacité.**

L'unité principale des mesures de capacité est le litre (l.).

On dit : **un litre, deux litres, trois litres, . . . neuf litres.**

On écrit : **1 l. 2 l. 3 l. . . . 9 l.**

Différentes formes du litre.

Litre en fer blanc — Litre en étain — Litre en bois

Les commerçants utilisent des litres en **fer blanc** ou en **étain** *pour mesurer les liquides* et des litres en **bois** *pour mesurer les graines, les légumes.*

EXERCICES ÉDUCATIFS

Oraux ou écrits. — **580.** — Citez des marchandises qui se vendent au litre et dites leur prix.

581. — Qui se sert le plus souvent du litre en étain? en fer blanc? en bois?

582. — Pourquoi les litres en étain et en fer blanc portent-ils une poignée?

10 SYSTÈME MÉTRIQUE 1e Semaine

MESURER LES LONGUEURS

Examinez la figure. — *L'ouvrier paveur mesure la longueur du trottoir qui n'a pas de bordure. Il a ouvert* **son mètre,** *et, partant de la bordure de droite, il l'a porté une fois, en comptant :* **1 mètre;** *une 2e fois en comptant :* **2 mètres,** *puis encore une 3e fois en comptant :* **3 mètres.**

On se sert d'un **mètre** pour **mesurer** les **longueurs.**

Le mètre (m.), est l'unité principale des longueurs.

On dit : **un mètre, deux mètres, trois mètres, ... neuf mètres.**

On écrit: **1 m. 2 m. 3 m. .... 9 m.**

Le maçon se sert d'un mètre pliant en bois. — *Le forgeron se sert d'un mètre pliant en acier ou en cuivre.* — *La vendeuse utilise un mètre en forme de règle.*

EXERCICES ÉDUCATIFS

Oraux ou écrits. — **38.** — Si le paveur avait porté juste 4 fois, 6 fois, 8 fois, 9 fois, son mètre bout à bout, quelle serait la longueur de la partie du trottoir ainsi mesurée ?

39. — Pourquoi le forgeron ne porte-t-il pas un mètre en bois sur la tige de fer rougie au feu?

40. — *On se sert d'un double mètre qui vaut 2 mètres.* Combien de mètres font 2 doubles mètres? 3 doubles mètres?

Nouveau Cours d'Arithmétique
pour le cours élémentaire de G. Croisille, Martinet, 1937.

lever 07 h 35
coucher 17 h 48, -3

mardi **29**

Narcisse

octidi 8 brumaire
Scorsonère

octobre
2024

Apprendre à calculer

Des images pour comprendre le calcul

Arithmétique (différents niveaux)
de Dumarqué et Renaud, Delagrave, de 1933 à 1936.

Un autre dessinateur, Raylambert, qui n'en est lui qu'à ses débuts, va complètement révolutionner le contenu des livres de classe. Pour les «rénover» Raylambert va avoir alors l'idée d'animer la couverture du livre d'arithmétique en utilisant la symbolique du mur qu'on érige, comme la connaissance, et l'arithmétique ici qu'on doit construire brique par brique… Ainsi au fil des niveaux d'études, la couverture montre un jeune maçon qui année après année, à l'aide d'une truelle, d'une auge de ciment et d'un fil à plomb va, en fin de scolarité, parvenir à construire son mur. Tout un symbole!

À l'intérieur de ces livres, au début de chaque mois, on trouve le programme pour les semaines à venir, avec chaque fois un dessin humoristique consacré à la partie du programme enseignée. La malice, l'humour et la poésie au service de la vieille arithmétique.

Après les six années de conflit et de privation, les enfants de l'après-guerre de 39-45, ceux du «baby-boom», trouveront dans leurs cartables des livres qui auront réellement pris de nouvelles de couleurs: témoins, ces deux éditions du même livre parue pour l'une en 1930 et pour la seconde en 1948. Le contraste entre ces deux livres est à cet égard très frappant.

Marquantes sont également les couleurs à la mode d'alors: on ne retrouve que le bleu et le rouge comme seules couleurs chez différents éditeurs.

À la Saint-Quentin,
la chaleur a sa fin.

À la Saint-Quentin,
la chaleur a sa fin.

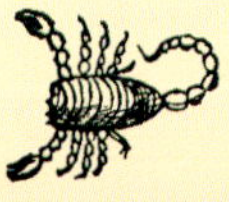

mercredi **30**

lever 07 h 36
coucher 17 h 47, -3

Bienvenue

nonidi 9 brumaire
Alisier

Arithmétique *pour le cours élémentaire de Pugibet et Duhem, Armand Colin, 1948.*

lever 07 h 38
coucher 17 h 45, - 3

jeudi **31**

Quentin

décadi 10 brumaire
Charrue

novembre

Comme septembre et octobre, novembre voit son nom latin, *november*, de *novem*, « neuf », indiquer la place qu'il tenait dans le calendrier des Romains. Mois froid, mois « mort » des proverbes et dictons, novembre est aussi un mois festif et gastronome. Époque privilégiée des festivals après l'été, mois du film documentaire, mois des produits tripiers depuis 2001, novembre est aussi le mois du beaujolais, des foires et salons de la gastronomie un peu partout en France.

Sudoku

9		8						2
				7		5	1	
	3		6		4			9
	6			1			7	
8		7		6		3		5
	5			3			9	
6			2		3		5	
	2	4		8				
7						2		4

4			2	1	5			8
7	3			4				
					6	4	1	9
		7	5	9		6		
8			3		7			5
9				2			8	3
5	9	2	1					
	4						3	7
6			9		4			1

Dans le ciel

Ce mois-ci, vous en apprendrez plus sur les constellations du Bélier, du Sculpteur, du Lièvre, du Dragon et d'Orion.

Le ciel visible vers le 15 novembre à minuit.

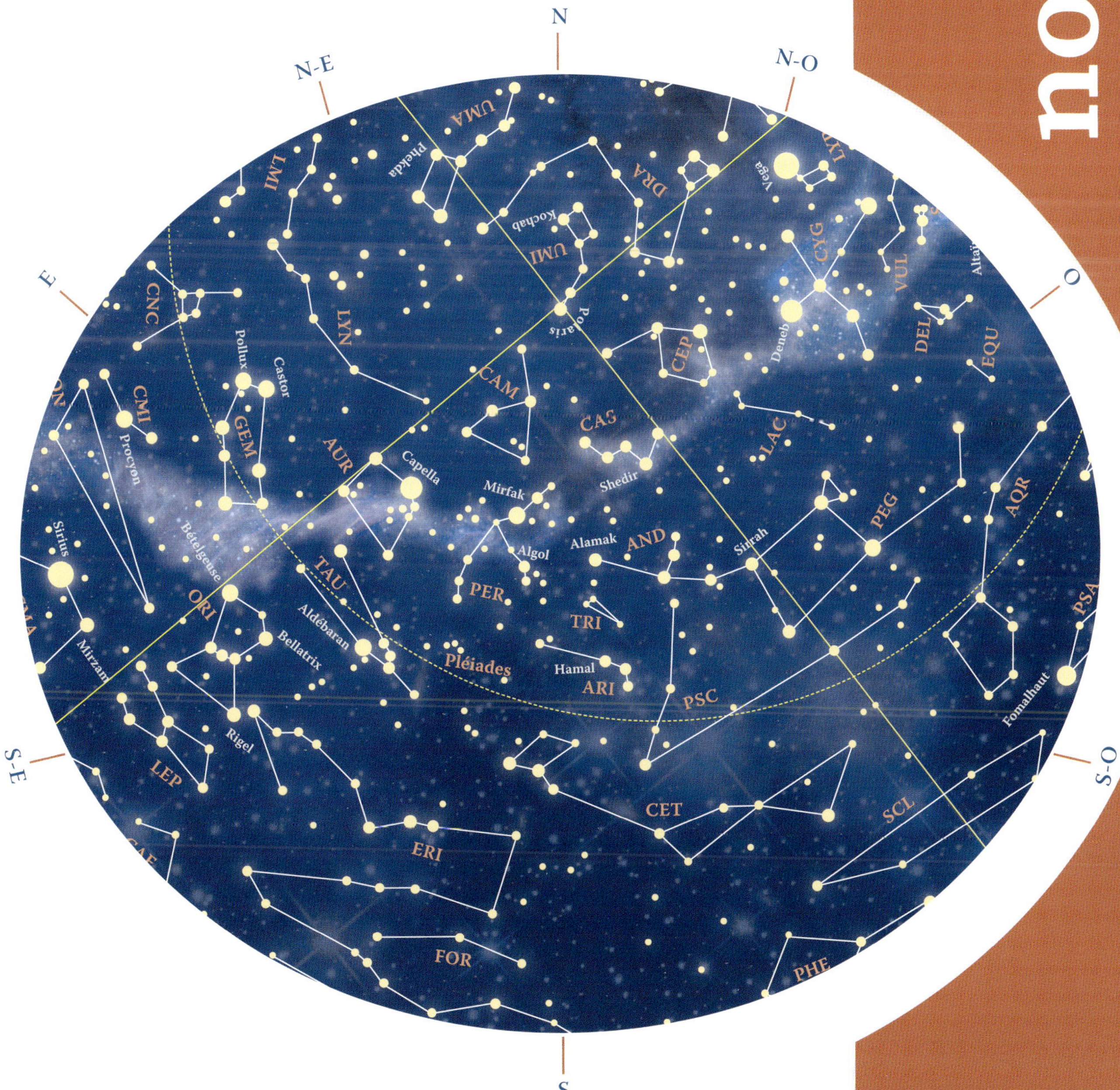

novembre
2024

L'Essorillement et ses conséquences

Essoriller c'est priver quelqu'un d'une ou de deux oreilles en les coupant. L'esssorillement peut se produire par accident et nous en parlons un peu plus loin. C'était une mesure afflictive prévue dans les règlements de police ou dans certains coutumiers des XVe et XVIe siècles.

Au XVIIe siècle encore, les ordonnances de police menaçaient en certaines villes, d'essoriller les prostituées récidivistes.

Le 11ème article du chapitre 39 des coutumes du Loudunois prévoyait la pendaison pour un vol de cheval ou de jument ; mais « celui qui emble [vole] bœuf ou vache doit avoir l'oreille coupée ; autant est du mouton, brebis et autre bête à pied fourchu et pour le second larcin estre pendu ».

Dans la coutume d'Anjou (article 148), cette malédiction est infligée aux interdits de séjour.
« les pays et seigneuries desquelles ils seront bannis ». Il y a quelques allusions dans la littérature de l'époque, ainsi dans les *Sérées* de Jean Bouchet (éd. E.Roybet, Paris, 1874), la quatorzième Sérée a pour titre : « Des decapitez, des pendus, des fouettez, des essorillez et des bannis ».

Mon collègue et ami Pierre Aquilon a évoqué « Le valet à l'oreille coupée » dans les *Mélanges offerts à Pierre Leveel* (Mémoires de la Société archéologique de Touraine, LXVII, 2010), un récit tiré du minutier de Pierre Goussart (AD 37), l'histoire d'un valet d'écurie, apprécié par ses maîtres. Ce dernier, Michel Cailleteau, se rend à l'écurie « suyvant le commandement qui lui avait esté faict ». Il s'approche du cheval mais « un aultre cheval, qui estoit contre [entra] en furye et avec la gueulle, print l'oreille senextre dudit Cailleteau et avec les dentz la trancha et emporta par morsure, entièrement ».

L'affaire est grave car un essorillé peut passer pour quelqu'un ayant eu un mauvais comportement. Il fut soigné à Tours par le chirurgie-barbier Julian Yvard et son compagnon Phillipe Devorze, qi lui fournirent un certificat d'innocence :

« Lequel Cailleteau promptement blaissé se adressa en la maison de nous susdit Yvard pour icelluy médicamenter… Par quoy ne peult être a l'advenir icelluy Cailleteau notté de malfete par luy faict, dont il eut deu encourir l'abscision de ladite aureille pour chose quelconque de mal par luy faict que on lui peult imposer.

Signé par nous en novembre 1562, Yvard et P. Varzé »

Jean-Mary Couderc

À la Saint-Hubert, les oies sauvages fuient l'hiver.

♏ Scorpius

vendredi 1er

lever 07 h 39
coucher 17 h 44, -3

Toussaint
Dans le calendrier républicain :
primidi 11 brumaire
Salsifis

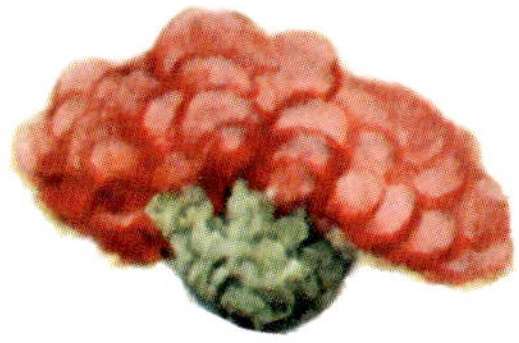

Le langage des fleurs

Yucca : ardeur secrète

Zinnia : pensée pour les absents
Zinnia jaune : inconstance

Yucca

Zinnias

lever 07 h 41
coucher 17 h 42, -3

samedi 2

Défunts

duodi 12 brumaire
Macre

lever 07 h 42
coucher 17 h 41, -3

dimanche 3

Hubert

tridi 13 brumaire
Topinambour

Sur les traces de la grande outarde

Plus grand que le héron cendré (du moins pour le mâle), ce grand échassier coureur arrive pour sa taille après le flamant rose et la grue cendrée. Il ne niche plus en France, mais il a niché en Berry où il a encore été vu au passage un peu avant la Seconde Guerre mondiale. Répandue au Moyen Âge dans la Champagne, les plaines du Poitou et la Champagne berrichonne, *Otis tarda* L, l'outarde barbue ou grande outarde, a été longtemps appelée « l'outarde » (cf. Rabelais) par opposition à « la canne petière » ou petite outarde (*Otis tetrax*), de moins en moins nombreuse.

La grande outarde a, par sa taille, impressionné les anciens qui l'ont appelée l'autruche d'Europe. Nous ne savons pas si elle se reproduisait encore dans le Berry au début du XXe siècle. Dans la seconde moitié de ce siècle, elle a été occasionnellement observée au passage dans le Nord-est de la France mais plus en Berry. On l'a notée 57 fois en France, surtout dans la Champagne et en Vendée où elle était régulièrement observée avant 1940. Il n'y a plus eu que 19 observations de 1950 à 1984, essentiellement dans le Nord-Pas-de-Calais.

Nous nous souvenons avoir vu un individu femelle empaillé à l'école publique de Neuvy Saint-Sépulcre (Indre) et on peut encore voir une femelle de provenance inconnue dans les réserves du musée de la société polymathique du Morbihan à Vannes. Le naturaliste et historien René Pécherat nous a conté son observation (probablement la dernière connue en Berry), un peu avant la dernière guerre. « J'étais en voiture avec mon père ; c'était un jour d'été, les blés n'étaient pas encore moissonnés. À environ 10 km de Levroux, je vis soudain à quelques mètres de la route comme une grande dinde à pattes plus hautes et de couleur plutôt fauve qui, en deux secondes environ, s'enfonça dans les blés. ». Elle n'était certainement pas nicheuse, mais se trouvait sans doute en migration entre l'Allemagne et l'Espagne.

Nous ne verrons donc plus cet oiseau au corps massif, aux ailes longues, larges et arrondies, à la queue plutôt courte et au cou long et épais. Le mâle était plus remarquable avec sa tête grise cendrée, son collier roussâtre à la base du cou et sa « barbiche » de plumes blanches de part et d'autre de la gorge.

Jean-Mary Couderc

*Tonnerre en novembre
remplit le grenier.*

*À la Saint-Charles,
la gelée parle.*

*S'il neige
à la Sainte-Sylvie,
le laboureur rit.*

♏ Scorpius

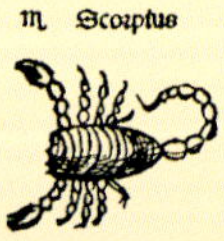

lundi **4**

lever 07 h 44
coucher 17 h 39, -3

Charles

quartidi 14 brumaire
Endive

Le chant des oiseaux

Le coq **coqueline**.
Le dindon **glougloutte**.
La pintade **cacabe**.
Le pic-vert **peupleute**.
Le cygne **drensite**.
Seuls le rossignol et la fauvette **chantent**.

Pic-vert

Pintade

Dindon

Coq

Cygne

lever 07 h 45
coucher 17 h 38, -3

mardi **5**

Sylvie

quintidi 15 brumaire
Dindon

Apprendre
à **lire**

Des images pour faire aimer la lecture

Le Premier livre de lecture courante des enfants *de Georges Lebreton, 1900.*

Dans les années 1900, les images mal définies des débuts laisseront la place à de véritables imagettes, d'une qualité parfaite, confiées désormais pour la plupart d'entre-elles, à des illustrateurs de renom. Témoin, cette méthode de langue française illustrée par Victor Meunier.

À cette même période et plus précisément en 1891, on ne peut que s'attarder sur le magnifique « *Premier livre de lecture courante des enfants* » de Georges Lebreton. Ce véritable joyau, tout en couleur, certainement le tout premier, est présenté comme une petite encyclopédie des connaissances enfantines sur la morale, l'arithmétique, l'histoire de France, la géographie, les sciences naturelles, etc.

La morale républicaine prêchée par « *le père de l'école* », le ministre de l'Instruction publique, Jules Ferry, on va la retrouver au cours de ces mêmes années dans toute une série de livres de lecture à succès en usage dans les écoles primaires.

À la Saint-Léonard,
toute vermine part.

m Scorpius

mercredi 6

lever 07 h 47
coucher 17 h 36, -3

Léonard, Bertille

sextidi 16 brumaire
Chervis

lever 07 h 48
coucher 17 h 35, -3

jeudi 7

Carine

septidi 17 brumaire
Cresson

novembre
2024

Apprendre
à lire

Des images pour faire aimer la lecture

Le tour de France par 2 enfants
de G. Bruno, Belin, 1877.

Ces livres mettent en scène des personnages attachants auxquels l'enfant peut facilement s'identifier, pour tenter de devenir comme lui ou comme elle, un exemple pour sa classe ou sa famille.

Ainsi on verra apparaître successivement « *le tour de France par 2 enfants* », d'Augustine Fouillée, publié sous le pseudonyme G. Bruno en 1877.

Ce livre raconte le périple de deux jeunes écoliers lorrains, André et Julien, âgés de 14 et 7 ans, sillonnant les provinces de France, à la recherche de leur oncle. Cette quête qui se déroule tout au long de l'année scolaire, embrasse l'ensemble des matières enseignées, de l'histoire de France à la géographie en passant par les leçons de choses. Outre sa dimension encyclopédique, le récit a pour mission d'institutionnaliser la morale laïque, le patriotisme républicain et l'unité nationale. Paru pour la 1re fois en 1877, ce livre sera réédité plus de 400 fois et vendu à près de 10 millions d'exemplaires. Paru aux éditions Belin en 1877, ce livre est toujours publié au catalogue de l'éditeur. Il est considéré comme le « *best-seller* » des livres scolaires.

En 1889, ce sera au tour d'une jeune fille, « *Suzette* », d'être le modèle des petites filles bien sages dont on voudrait être l'ami. Après son enfance « *l'enfance de Suzette* », on suivra son adolescence « *Suzette* » puis sa vie de femme mariée, vertueuse et laborieuse, dans « *le mariage de Madame Sylvain* ». Le récit de Marie-Robert Halt est magnifiquement illustré par Clérice puis par Georges Dascher.

*Temps couvert
à la Saint-Geoffroy
amène
trois jours de froid.*

*À la Saint-Léon,
mets tes artichauts
en monts.*

♏ Scorpius

lever 07 h 49
coucher 17 h 34, -3

vendredi 8

Geoffroy

octidi 18 brumaire
Dentelaire

Ci-contre et double-page suivante :

L'enfance de Suzette, Suzette *et* Le ménage de madame Sylvain
de Marie-Robert Halt, Delaplane, à partir de 1892.

lever 07 h 51
coucher 17 h 32, -3

samedi **9**

Théodore

nonidi 19 brumaire
Grenade

lever 07 h 52
coucher 17 h 31, -3

dimanche **10**

Léon

décadi 20 brumaire
Herse

novembre 2024

Bel été de
Saint-Martin
présage un hiver certain.

À la Saint-Martin,
tu peux tuer ton cochon
et goûter ton vin
nouveau.

À la Saint-Martin,
la neige est en chemin,
si elle n'y est pas le soir,
elle y est le matin.

À la Saint-Christian,
le gel est
dans les champs.

♏ Scorpius

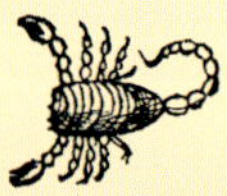

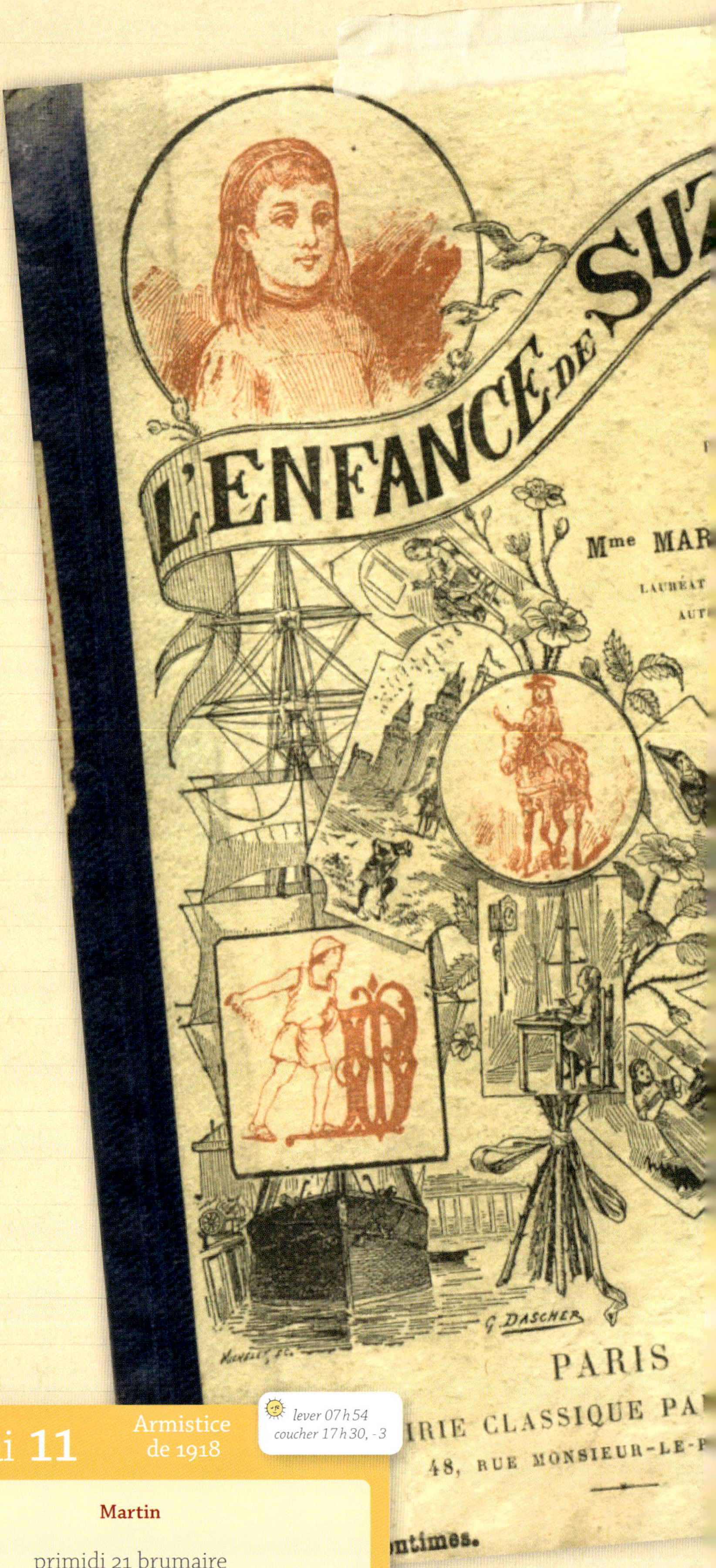

lundi **11** Armistice de 1918

lever 07 h 54
coucher 17 h 30, -3

Martin

primidi 21 brumaire
Bacchante

lever 07 h 55
coucher 17 h 29, - 3

mardi **12**

Christian

duodi 22 brumaire
Azerole

novembre 2024

Apprendre à calculer

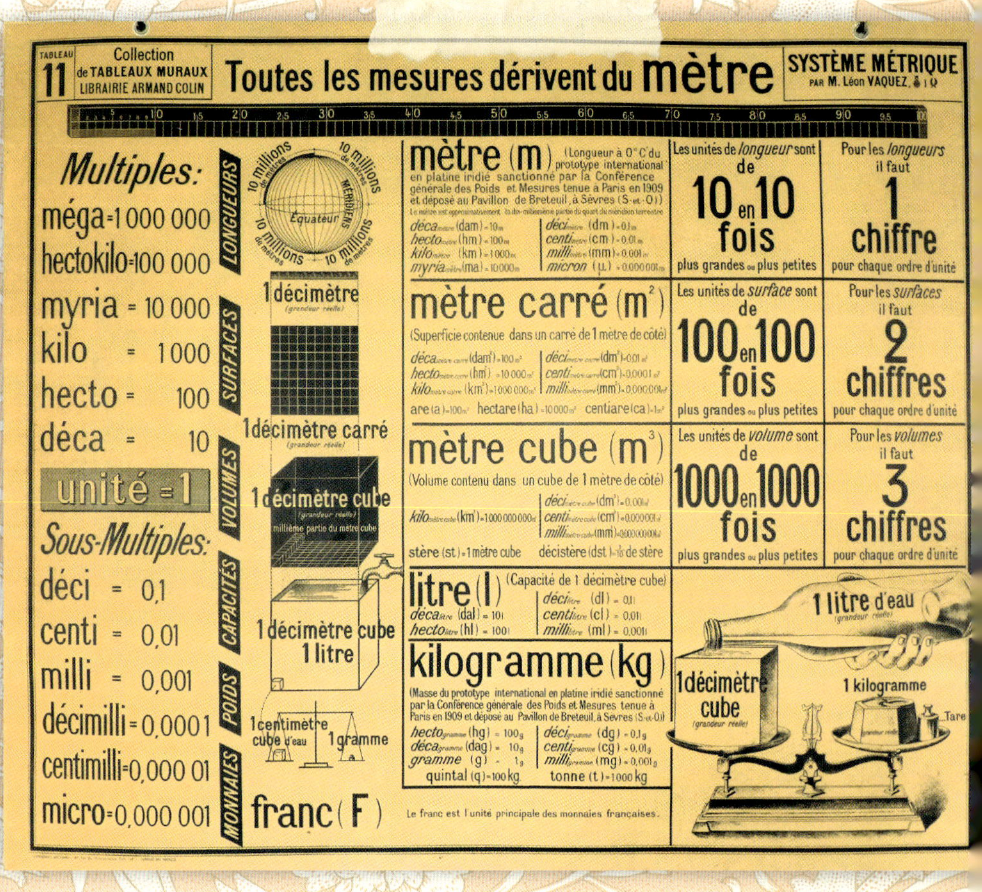

Le système métrique, *collection des tableaux muraux Armand Colin, vers 1900.*

En novembre,
s'il tonne,
l'année sera bonne.

♏ Scorpius

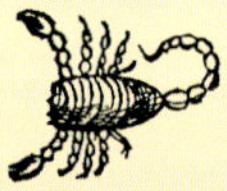

mercredi **13**

lever 07 h 57
coucher 17 h 28, -3

Brice

tridi 23 brumaire
Garance

Les affiches d'arithmétique

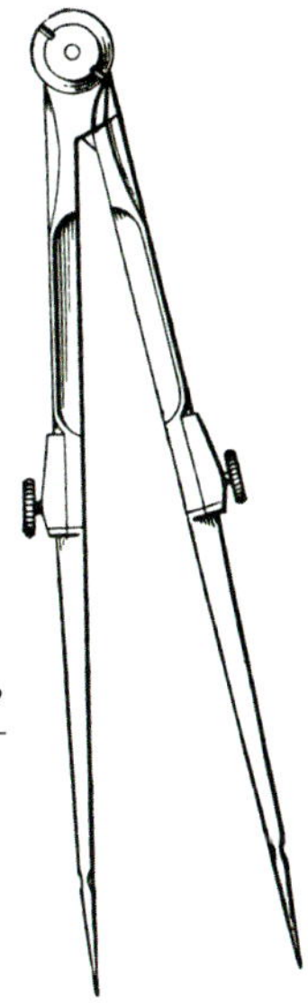

Armand Colin

Le fameux tableau du système métrique avec au verso toutes les mesures qui dérivent du mètre était omniprésent dans les écoles de France, tout au moins dans celles qui avaient le moyen de se payer cette belle affiche pelliculée avec ses œillets métalliques pour la suspendre au tableau. Cet outil était précieux, car, il ne faut oublier que même à la fin du XIXe siècle, soit plus de cent ans après sa mise en œuvre, on comptait généralement encore souvent avec les mesures de l'ancien régime comme le boisseau ou la lieue. Il est symbolique à lui seul de « *l'école de Jules Ferry* » car il marque bien la double volonté politique : l'uniformisation des instruments nécessaires au développement du commerce et des échanges économiques, mais aussi, l'adoption d'une langue commune, reléguant les patois régionaux et les mesures locales aux usages du passé.

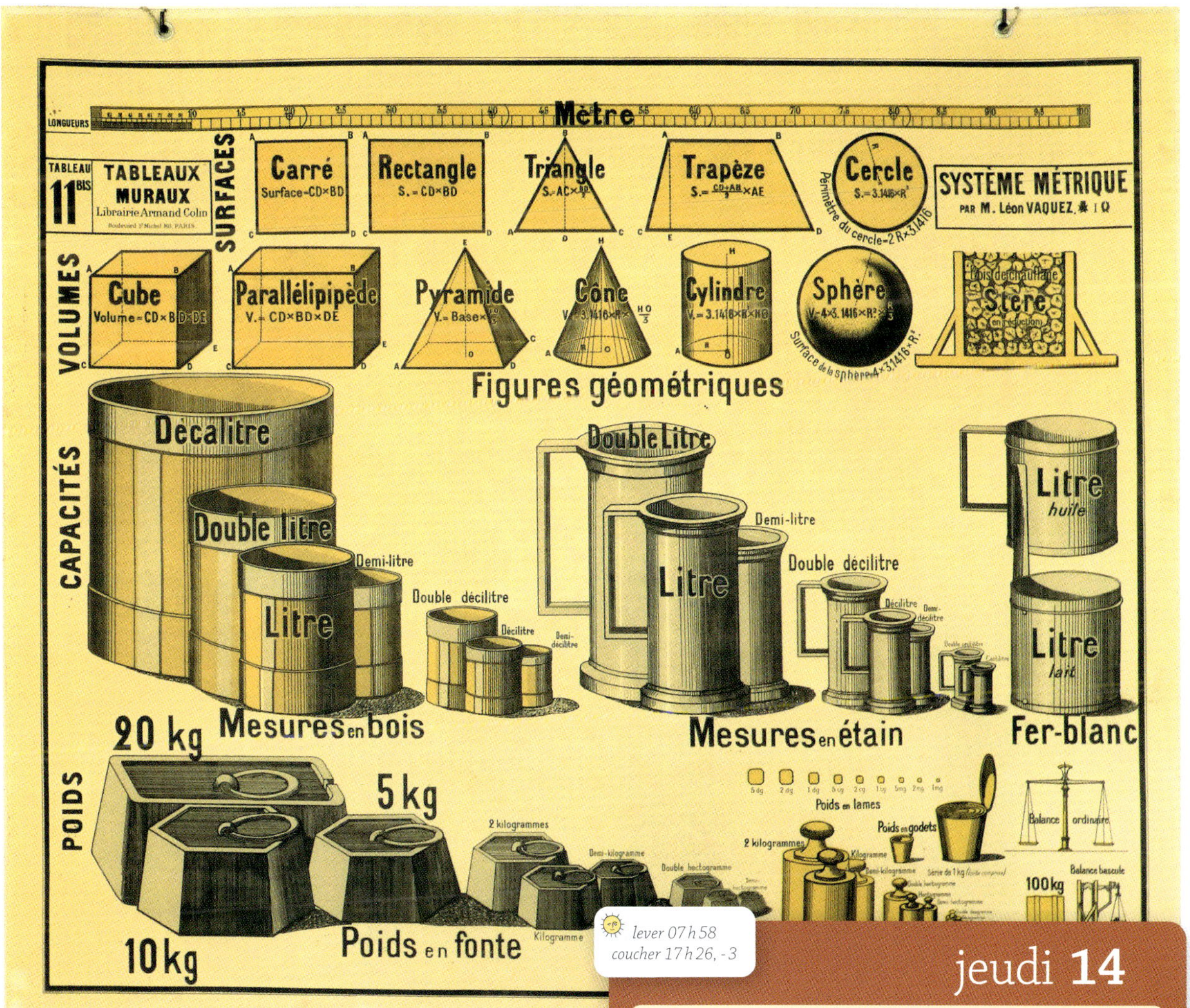

lever 07 h 58
coucher 17 h 26, -3

jeudi **14**

Sidoine

quartidi 24 brumaire
Orange

Les affiches d'arithmétique

Fernand Nathan

Hormis l'affiche hautement symbolique du système métrique, Fernand Nathan sera le seul éditeur à se lancer, dans les années 1925, dans la publication de planches pédagogiques conçues pour enseigner les rudiments de l'arithmétique aux plus petits. L'éditeur, sous le pseudonyme de Jean Perrot, imaginera et signera lui-même les différentes scènes, confiant au dessinateur Biciulescu le soin d'animer les scènes. Ces affiches feront l'unanimité de leurs utilisateurs, élèves et maîtres, et resteront longtemps sur les murs des écoles.

Le même éditeur publiera d'autres planches, moins heureuses, dans les années 60.

Arithmétique en images sans paroles
de Jean Perrot, illustrations Biciulescu, Fernand Nathan, vers 1920.

*À la Sainte-Élisabeth,
tout ce qui porte
fourrure n'est point bête.*

*Sainte-Élisabeth
nous montre
comment l'hiver sera.*

*À la Saint-Albert,
reste bien couvert !*

♏ Scorpius

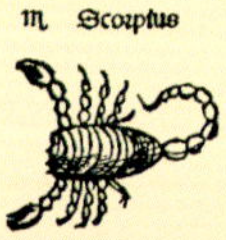

vendredi **15**

lever 08 h 00
coucher 17 h 25, -3

Albert

quintidi 25 brumaire
Faisan

Apprendre à **calculer**

Planches Nathan, *années 60.*

lever 08 h 01
coucher 17 h 24, - 2

samedi **16**

Marguerite

sextidi 26 brumaire
Pistache

lever 08 h 03
coucher 17 h 23, - 2

dimanche **17**

Élisabeth

septidi 27 brumaire
Macjonc

novembre
2024

Journée de
Sainte-Aude,
ordinairement
n'est point chaude.

À la Saint-Tanguy,
le temps
est toujours gris.

♏ Scorpius

« Pour parler aux yeux des enfants »

Invitatio. | Einleitung.

M. Veni, Puer! disce Sapere.	L. Komm her/ Knab! lerne Weißheit.
P. Quid hoc est, *Sapere?*	S. Was ist das/ Weißheit?
M. Omnia, quæ *necessaria,* rectè *intelligere,* rectè *agere,* rectè *eloqui.*	L. Alles/ was nöhtig ist/ recht v[illegible]hen/ recht thun/ recht ausreden.
P. Quis me hoc docebit?	S. Wer wird mich das lehren?
M. Ego, cum DEO.	L. Ich/ mit GOtt.
P. Quomodo?	S. Welcher gestalt?

Mais avant cela, et une centaine d'années seulement après les énigmatiques « schulpfennig » en bronze, c'est toujours dans la ville allemande de Nuremberg que va naître alors le premier livre scolaire illustré. On le doit à un pasteur protestant tchèque, Jean-Amos Komensky, dit Comenius. Son credo : « *Les images sur les murs ou dans les livres plaisent aux enfants et il ne faut pas leur refuser.* »

Avec son ouvrage Orbis sensualium Pictus (Tableau du monde sensible) Comenius a l'ambition de « *parler aux yeux* » des enfants en incluant, pour la première fois, des images dans le texte.

Composé sous la forme d'une encyclopédie illustrée pour l'apprentissage de la lecture, le manuel était agrémenté d'images, balayant largement l'éventail des connaissances d'alors, qui allaient de la création et de la valeur de l'homme, aux richesses de la nature et aux différentes composantes de la vie quotidienne.

Compte tenu des techniques d'alors, cette méthode de lecture révolutionnaire devait se contenter de modestes images, gravées sur le bois. Cela ne l'empêcha de connaître rapidement un très grand succès. Conçue de façon bilingue, latin-allemand, elle sera bientôt traduite dans de nombreuses autres langues comme le français en 1666.

Son principe est simple : sur la colonne de gauche, une gravure avec sur la colonne d'à côté sa légende. Ainsi l'objet est montré en même temps qu'il est nommé afin, comme le prône Comenius que « *les enfants ne voient rien qu'ils ne sachent nommer et qu'ils ne nomment rien qu'ils ne sachent montrer* ». Sur la colonne suivante on associe un son à une lettre qu'on retrouve dans la dernière colonne en majuscule et en minuscule.

Si on prend comme exemple la page 5 du livre consacrée aux animaux, pour expliciter la méthode de Coménius, on voit qu'à chaque lettre de la colonne de droite, écrite en majuscule et en minuscule, est associé sur la colonne de gauche qui est juste à côté un son qui pour l'enfant représente le cri de l'animal dont la vignette est située sur la première colonne. En fait l'enfant identifie l'animal par le son de son cri associé à une lettre correspondante de l'alphabet :

Ainsi, « *Canis ringitur* » -le chien grogne en montrant les dents- on prononce « *Err* » comme dans « *ringitur* » et l'enfant y associe le « *R* », écrit en majuscule et en minuscule. De même pour « *Rana coaxat* » -la grenouille croasse-, à « *coaxat* » pour le cri est associé le « X ». Même automatisme simple, pour « *Serpens sibilat* » -le serpent siffle », le « *Si* » de « *sibilat* » est associé au « *S* ».

Cette méthode « mnémotechnique » est globale : le son, la lettre et l'image ne font qu'un.

lundi **18**

lever 08 h 04
coucher 17 h 22, -2

Aude

octidi 28 brumaire
Coing

Orbis sensualium Pictus » ou « Pour parler aux yeux des nfants » de Jean-Amos Komensky, dit Comenius. Nuremberg Allemagne) 1658

lever 08 h 05
coucher 17 h 21, - 2

mardi **19**

Tanguy

nonidi 29 brumaire

Cormier

novembre 2024

Les cartes et les planches de géographie

Armand Colin :

La géographie, sous forme de support mural pédagogique, peut s'envisager de deux façons, les cartes de géographie proprement dites ou les planches, avec les multiples paysages façonnés par la nature, les types de reliefs ou de climats etc...

Les cartes de Géographie

En ce qui concerne les cartes déclinées par régions, par pays, par richesses naturelles, par type d'activité économique etc... c'était la chasse gardée d'Armand Colin, même si d'autres éditeurs, Hatier, Delagrave, Hachette ou Rossignol ont tenté un moment d'être présents sur ce marché, mais sans succès réel. Il faut dire qu'Armand Colin avait su s'assurer la collaboration de Paul Vidal de La Blache, chantre de l'enseignement de la géographie à l'école.

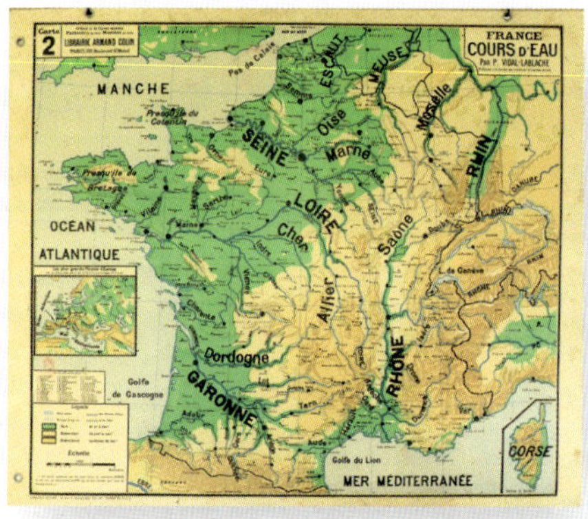

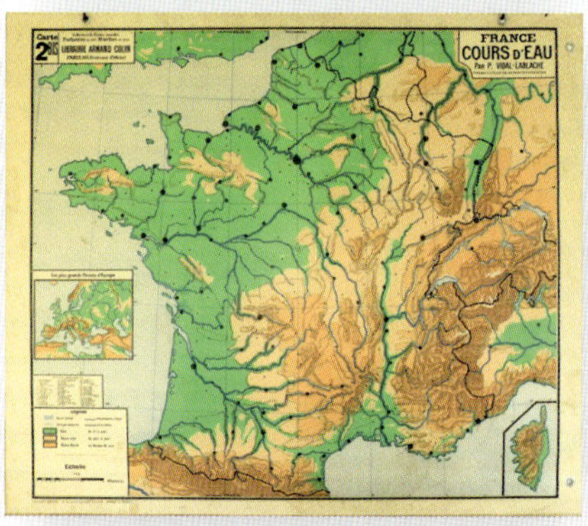

Le vent de novembre arrache la dernière feuille.

M. Scorpius

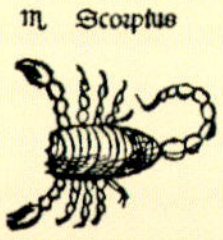

lever 08 h 07
coucher 17 h 20, - 2

mercredi 20

Edmond

décadi 30 brumaire
Rouleau

Cartes géographiques de Paul Vidal de La Blache, Armand Colin à partir de 1895

À partir de 1895, il établira, une à une, les trente-cinq cartes commandées par son éditeur. Elles seront régulièrement rééditées jusque dans les années 1950. L'originalité de ces cartes, qui étaient la terreur des élèves, c'est qu'au dos de certaines d'entre-elles, la carte était « muette », c'est-à-dire sans légende et c'était à l'enfant interrogé de désigner chacun des lieux énumérés par le professeur.

Les planches murales de paysage

Armand Colin n'en sortira que quatre comme celle qui porte le numéro un sur les climats. Le rendu couleur était obtenu par un nouveau procédé d'impression appelé « zincographie ».

Tableau de la série des Termes de Géographie, Armand Colin avant 1900

lever 08 h 08
coucher 17 h 19, -2

jeudi **21**

Présentation de Marie

primidi 1er frimaire
Raiponce

novembre 2024

Hatier :

La carte la plus connue de cet éditeur est la France des chemins de fer sur laquelle sont présentés, en couleurs différentes, les cinq réseaux qui n'en feront plus qu'un lors de la création de la SNCF le 1er janvier 1938.

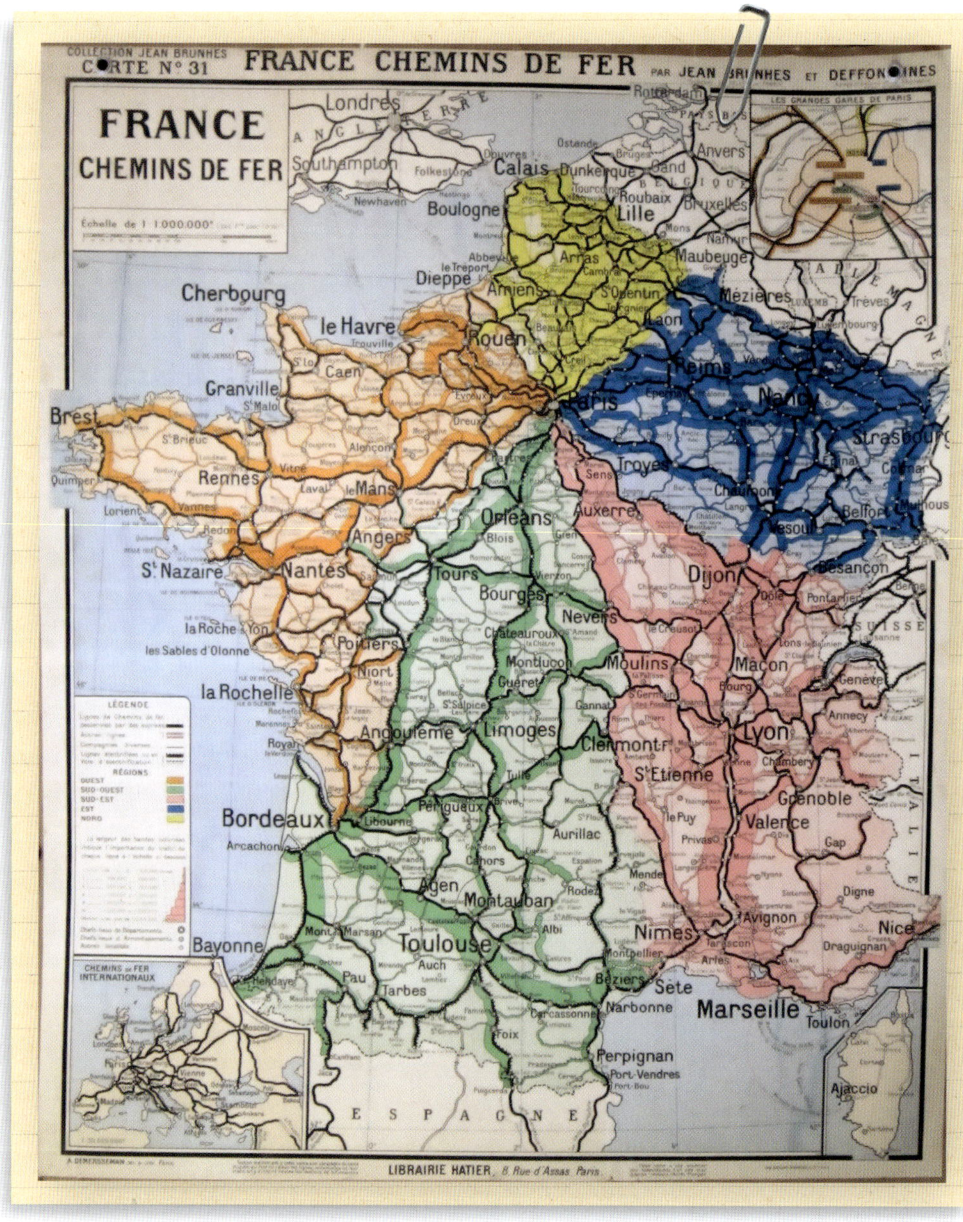

Carte géographique de Jean Brunhes et Deffontaines, Hatier avant 1938

Saint-Clément montrera comment l'hiver se passera.

Plantée à la Sainte-Cécile, chaque fève en fera mille.

À la Sainte-Flora, plus rien ne fleurira.

♏ Scorpius

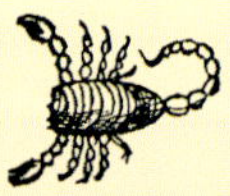

vendredi **22**

lever 08 h 09
coucher 17 h 19, -2

Cécile

duodi 2 frimaire
Turneps

Rossignol :

Même si Rossignol a tenté de s'introduire dans le monde des cartes, c'est dans l'édition des paysages, et on le verra, dans les tableaux d'Histoire de France, qu'il a excellé.
Dans ces paysages reconstitués, on ne faisait figurer, contrairement à la photographie, que les éléments indispensables à la compréhension ainsi créés et symboliques du type de paysage qu'on voulait présenter : les marais, les paysages méditerranéens, le confluent des rivières... L'éditeur devait coûte que coûte adapter ses paysages à ceux des programmes des classes des cours élémentaires qu'il voulait illustrer. La collection complète des affiches de géographie comportait soixante-douze tableaux. Près d'un siècle après leur création, elles sont désormais des objets de collection « vintage » des nostalgiques de l'univers scolaire ancien.

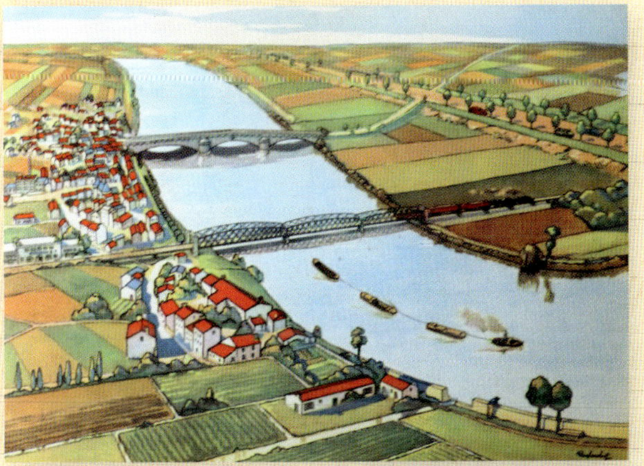

Paysages faisant partie des 72 tableaux de géographie pour le cours élémentaire, Rossignol, à partir de 1945

lever 08 h 11
coucher 17 h 18, - 2

samedi 23

Clément

tridi 3 frimaire
Chicorée

lever 08 h 12
coucher 17 h 17, - 2

dimanche 24

Flora

quartidi 4 frimaire
Nèfle

novembre 2024

Clemenceau est arrivé en retard à son enterrement

*À la Sainte-Catherine,
tout bois meurt
ou prend racine.*

*À la Sainte-Delphine,
mets ton manteau
à pèlerine.*

Ce grand homme est mort le 24 novembre 1929.

La voiture ramenant son cercueil de Paris en Vendée dès le lendemain, conformément au testament du 28 mai précédent, est tombée en panne d'essence à Langeais où on ne servait pas d'essence la nuit (ce qui montre que la voiture avait dû partir trop tard).

Ce même testament stipulait : « Ni manifestations, ni invitations, ni cérémonie ». C'est pourquoi son corps fut transporté dans sa voiture par son chauffeur Brabant et son valet de chambre Albert Boulin que j'ai rencontré plus tard comme guide lors d'une visite de la demeure du Tigre à Saint-Vincent-sur-Jard. La voiture n'arriva qu'à 12h30, à Mouchamps, au lieu-dit le bois du Colombier, à proximité du manoir-ferme qui était alors dans la famille de Clemenceau. C'est là, à côté de la tombe de son père, que le Tigre avait voulu être enterré (et non au cimetière du village).

Mais il y eut à nouveau un grand retard, parce qu'il avait plu et que l'allée menant au lieu d'inhumation était trop récente, si bien que sa voiture et quelques autres durent être désembourbées par une paire de bœufs venue de la ferme.

Malgré les 200 gendarmes présents pour empêcher la foule d'y assister et leurs barrages routiers, plusieurs centaines de paysans furent présents à l'inhumation.

De nos jours, à une dizaine de mètres au-dessus des deux tombes, le visiteur peut voir en arrivant une grande stèle avec le bas relief de Minerve victorieuse, debout veillant sur la paix, œuvre d'un sculpteur tourangeau ami du Tigre : François Sicard.

Jean-Mary Couderc

lundi **25**

*lever 08 h 13
coucher 17 h 16, - 2*

Catherine

quintidi 5 frimaire
Cochon

lever 08 h 15
coucher 17 h 16, -2

mardi **26**

Delphine

sextidi 6 frimaire
Mâche

novembre 2024

À la Saint-Séverin,
la neige est en chemin.

Sagittarius

lever 08 h 16
coucher 17 h 15, -2

mercredi **27**

Séverin

septidi 7 frimaire
Chou-fleur

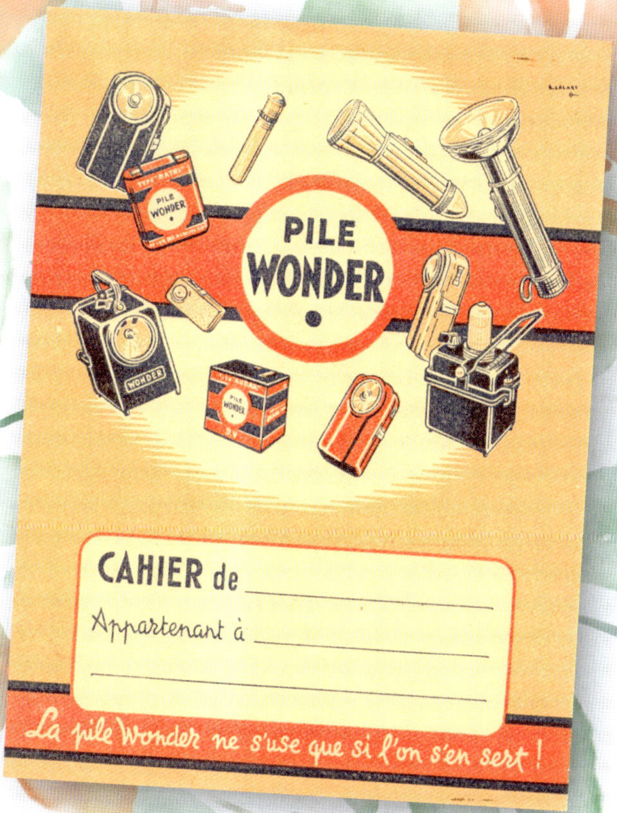

Notes

lever 08 h 17
coucher 17 h 14, - 2

jeudi 28

Jacques de la Marche

octidi 8 frimaire
Miel

novembre 2024

*Neige de Saint-André
peut cent jours durer.*

*Quand l'hiver
n'est pas pressé,
il arrive
à la Saint-André.*

Sagittarius

vendredi 29

*lever 08 h 19
coucher 17 h 14, -2*

Saturnin

nonidi 9 frimaire
Genièvre

Les Boules de Moulins

Un bel exemple à la fois des recherches techniques quand on est acculé à des conditions impossibles, mais en même temps d'une invention dérisoire compte tenu de l'ignorance de certains domaines, naturels où l'on était encore à l'époque.

Le problème était le suivant : comment faire parvenir du courrier à Paris occupé par les Prussiens en 1871 ? Les ballons montés ? Oui, pour quitter la capitale au hasard quand le sens du vent s'y prêtait mais pas pour y amener du courrier avec précision qui ne devait pas tomber dans des mains adverses avec un ballon qu'un seul coup de fusil pouvait abattre.

On appelle ainsi un procédé de transport de courrier destiné à rouler au fond de la Seine en direction du centre de la ville assiégée en 1871. Comme le courrier était au préalable centralisé à Moulins (Allier), ces « boules » qui n'en étaient pas, se sont appelées « de Moulins ».

Elles devaient donc rouler sur le fond du fleuve, franchir les lignes prussiennes et être récupérées au centre de la ville.

Bien entendu, aucune des 56 « boules » envoyées n'arriva pendant la période d'occupation prussienne. On ignorait tout de l'état du fond de nos fleuves qui était loin d'être un terrain de boules. On ignorait les dépressions du lit, l'épaisseur des vases, la nature et l'ampleur des obstacles comme les arbres ou d'énormes structures métalliques d'origine humaine. Enfin le courant n'est pas identique au fond et en surface. Il aurait fallu pouvoir inventer un contenant capable de voyager entre deux eaux car bien entendu tout ce qui flottait était récupéré par nos ennemis.

Ces fausses boules étaient en fait des sections de cylindres de zinc de 20 cm de diamètre pesant un peu plus d'un kilo, pouvant emporter de 500 à 600 lettres limitées à 4 g enroulées à l'intérieur, puis fermées par une soudure générale. Les trois ingénieurs inventeurs auraient été inspirés par un système analogue employé avec succès, pour la contrebande de tabac sur l'Yser et le passage de la frontière franco-belge.

Les boules de Moulins étaient mises à l'eau à Samois-sur-Seine et devaient être récupérées par des filets à Alfortville, au Port-à-L'Anglais. 25 à 30 de ces boules furent récupérées plus tard, les dernières en 1941, 1952, en 1988 par un dragueur à Saint-Wandrille (Seine Maritime), et la dernière en aval de Rouen.

Par contre, sur le plan philatélique, quelle aubaine pour les découvreurs ! Des lettres portant la mention : « Paris, par Moulins (Allier) » authentifiées par une griffe officielle de l'Administration postale acquirent ainsi une valeur considérable !

Jean-Mary Couderc

lever 08 h 20
coucher 17 h 13, -2

samedi 30

André

décadi 10 frimaire
Pioche

décembre

Sudoku

						5		
		5					8	
6	1		5		3			
7	5	8	3					
	3	6		1		4	7	
					5	9	3	8
1			2		9			6
	4					1		
		3						

6	1	3		8	9			5
			4					
		2		7			6	
		7						
	5		9	2	4		7	
						2		
	9			4		3		
					8			
3			1	5		8	9	7

Pour les Romains, décembre, *december* en latin (du chiffre dix, *decem*), n'était que le dixième mois du calendrier. Aujourd'hui, il marque la fin de l'année et le recommencement d'un calendrier, notamment avec les fêtes dites de fin d'année, Noël et le Jour de l'an. Premier mois de l'hiver dans l'hémisphère Nord, il annonce l'été, le 21 décembre, dans l'hémisphère Sud.

décembre

Dans le ciel

Ce mois-ci, vous en apprendrez plus sur les constellations de la Licorne, du Grand Chien, du Lynx, du Cancer et de la Lyre.

Le ciel visible vers le 15 décembre à minuit.

lever 08 h 21
coucher 17 h 13, - 2

dimanche 1er

Florence

Dans le calendrier républicain :
primidi 11 frimaire
Cire

« Ci-gît ma femme. Oh ! Qu'elle est bien pour son repos et pour le mien »

Ces deux vers seraient l'épitaphe que le poète satirique Jacques du Lorens, né à Châteauneuf sur Cher en 1583, a écrite pour graver sur la pierre tombale de son acariâtre de femme…

Du moins c'est ce que nous supposons. De ce poète, on ne sait pratiquement rien ; d'ailleurs les rares ouvrages qui lui font une brève allusion donnent des dates qui paraissent fausses : 1573 pour la naissance et 1648 pour la mort (date reprise par le Grand Larousse de 1869). En fait, il serait décédé en 1655 à l'âge de 72 ans si l'on s'en réfère aux dates qui accompagnent la publication de ses deux ouvrages principaux : *Premières Satires*, et *Satires* (1646) par la Bibliothèque nationale de France. Il aurait écrit un autre texte : *Le tableau parlant* dont nous ne savons rien. Dans *Premières satires* et *Satires*, on devine un homme talonné par le démon de la critique et de la morale. C'est un homme libre qui déplore les faux-semblants et qui s'en prend parfois à lui-même.

La satire 1 du livre des Premières satires commence ainsi :

Au roy
Sire, puisque ma muse à censurer s'adonne,
Et qu'en mon vercoquin je n'espargne personne…
Puisqu'une plume libre est toujours odieuse.

Chacune de ses satires est dédiée au roi, ou à la reine ou à un grand personnage y compris à des artistes ou des hommes d'église. Il ne ménage pas ses critiques contre les dévots préfigurant Molière et son Tartuffe, ainsi dans les satires 1 et 6 :

Gardez-vous bien de lui les jours qu'ils communie
Et que celuy d'entr'eux qui fait plus d'abstinence,
Dont la face est plus triste, a le moins d'innocence(p.7)

Au total, c'est un être désabusé comme le montre le premier vers des *Satires* :

Que je suis dégouté de la plupart des hommes

et qui s'en veut parfois de ne pouvoir s'empêcher de redresser les torts :

O le méchant métier, ô le sot exercice,
d'employer son loisir à censurer le vice !
(premier vers de la satire 7, p.6).

Ce personnage savant qui cite constamment les auteurs et les artistes antiques, s'adresse aussi aux artistes contemporains. Il parle vrai et fait œuvre de moraliste (*Premières Satires*, p.10) :

La guerre est douce à ceux qui ne l'ont pas esprouvée.

Enfin, il attaque fréquemment les femmes pour leur infidélité (*Premières Satires*, livre 1, *Satires,* satires 12 et 13 ; id les pédants et les prétendus savants (Sat.10). Une fois encore, ces thèmes ont très bien pu inspirer Molière, son contemporain, pour certaines de ses œuvres célèbres. Il est vrai que la morale et la satire sont dans l'air du temps avec en particulier la Rochefoucauld et la Bruyère.

Jean-Mary Couderc

Taupe loin enterrée,
l'hiver va durer.

lundi **2**

lever 08 h 22
coucher 17 h 12, - 2

Viviane

duodi 12 frimaire
Raifort

Le chant des oiseaux

La grive **gazouille** et **grigotte**.
La huppe **pupule**.
La mésange **titine**.
Le milan **huit**.
L'orfraie **hurle**.
Le paon **criaille**.

Mésange

Grive

Grive

Huppe

Paon

Milan

lever 08 h 23
coucher 17 h 12, -2

mardi **3**

François-Xavier

tridi 13 frimaire
Cèdre

décembre
2024

Les vocabulaires

Vocabulaire et méthode d'orthographe de Gabet et Gillard

Dans les années 1920, Hachette va de nouveau faire appel au célèbre illustrateur Ferdinand Raffin pour qu'il mette en images, avec ses merveilleuses aquarelles, une toute nouvelle série de 5 vocabulaires et méthodes d'orthographe. Ce sont les fameux « Gabet et Gillard » qui pendant de très longues années permettront aux enfants de découvrir et de se familiariser avec monde extérieur et à apprendre à en nommer ses différents constituants.

Désormais, l'enfant sait lire…

34 VOCABULAIRE

L'ARRIVÉE DU TRAIN

Observation et Langage. — 1. Où ce train est-il arrêté? — 2. Regardez la locomotive et dites tout ce que vous voyez. — 3. Que font les voyageurs dès que le train est arrêté? — 4. Que tiennent-ils à la main? — 5. Où se dirigent-ils? — 6. Où vont-ils?

LECTURE **L'arrivée du train.**

Le train vient d'entrer en gare. La locomotive puissante siffle et s'arrête, suivie de son tender et de ses lourds wagons. Les portières s'ouvrent; les voyageurs descendent avec leurs colis, leurs sacs, leurs valises; ils se dirigent vers la sortie. Un employé retire les billets; un homme d'équipe roule des bagages; le chef de gare donne ses ordres.

Questionnaire. — 1. Que fait la locomotive quand le train entre en gare?
2. De quoi se compose un train?
3. Que fait l'employé à la sortie? Pourquoi?
4. Que fait le chef de gare? (A quoi le reconnaissez-vous?)
5. Quel est le rôle du mécanicien?
6. Quel est le rôle du chauffeur?

VOCABULAIRE. — 1. — Lire, épeler et copier les mots suivants :

le train, la locomotive, les wagons, les bagages, les employés, le chef de gare, la sortie. Le train s'arrête, les voyageurs descendent

2. — Compléter l'exercice à l'aide des mots suivants :

mécanicien, chauffeur, voie.

Le…….. conduit la locomotive, le…….. y met du charbon, tous les deux surveillent la…..

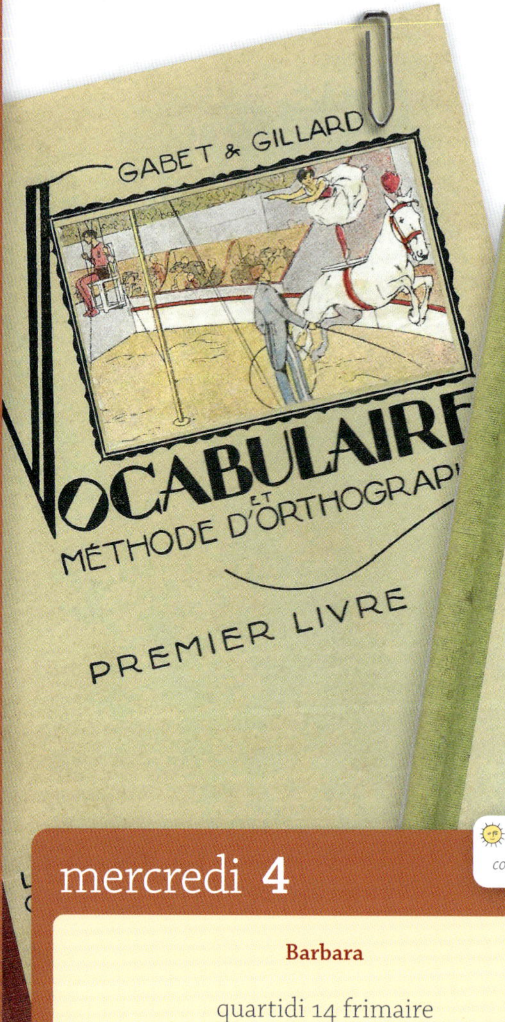

En décembre, journée courte, longue nuit ; l'abeille se tait, le jonc gémit.

mercredi 4

lever 08 h 25
coucher 17 h 12, - 1

Barbara

quartidi 14 frimaire
Sapin

Lecture

30 VOCABULAIRE

LA LAITIÈRE

Observation et Langage. — 1. Où se passe cette petite scène? — 2. A quel moment? — 3. Qu'est-ce qui vous fait dire que c'est le matin? — 4. Qu'est-ce que vous voyez dans la voiture à âne? — 5. Qui voyez-vous près de cette voiture? — 6. Que fait chacune des personnes?

LECTURE **La laitière.**

La laitière arrive de bonne heure à la ville. Elle a mis ses bidons dans sa voiture. L'âne est arrêté devant la maison d'une cliente. Des ménagères ont apporté leur casserole ou leur boîte à lait. La laitière prend un bidon; elle remplit sa mesure au-dessus d'une casserole. Le petit âne attend patiemment et parfois se met à braire.

Questionnaire. — 1. Pourquoi la laitière arrive-t-elle de bonne heure à la ville?
2. Où se trouvent ses bidons?
3. Que fait parfois le petit âne?
4. Pourquoi les ménagères ont-elles apporté des casseroles ou des boites à lait?
5. Quelle est la couleur du lait? Son goût?
6. Que fait-on avec le lait?

VOCABULAIRE. — 1. — Lire, épeler et copier les mots suivants :

la laitière, les bidons, la voiture à âne, les clientes, une casserole, une boîte à lait. La laitière verse le lait ; elle le mesure.

2. — Compléter l'exercice à l'aide des mots suivants :

lait, crème, beurre, fromage.

Le .... est blanc et sucré, sa ..... est épaisse. Avec le lait on fait du ..... et du ......

VOCABULAIRE

ON DANSE

Observation et Langage. — 1. Où ces personnes sont-elles réunies? — Combien de danseurs voyez-vous? — 3. De quoi les danseuses sont-elles coiffées? — 4. Combien y a-t-il de musiciens? 5. Qui regarde les danseurs? — 6. Voyez-vous des enfants? Où? Combien? — 7. Que font-ils?

LECTURE **On danse.**

C'est à la fête du village, le soir, après dîner. La petite place est éclairée par des lanternes vénitiennes. Sur l'estrade sont deux musiciens : l'un joue du piston, l'autre de la clarinette. Des couples dansent.... De bons vieux et de bonnes vieilles les regardent. A l'écart, des petits garçons et des petites filles font une ronde; ils chantent.

Questionnaire. — 1. Pourquoi y a-t-il tant de monde sur la place?
2. A quel moment de la journée se passe cette petite scène?
3. Comment la place est-elle éclairée?
4. Où sont montés les deux musiciens?
5. De quels instruments jouent-ils?
6. Connaissez-vous des danses? Lesquelles?

VOCABULAIRE. — 1. — Lire, épeler et copier les mots suivants :

la fête, la place, les lanternes vénitiennes, une estrade, les musiciens, des danseurs ; L'un des musiciens joue de la clarinette.

2. — Compléter l'exercice à l'aide des mots suivants :

ronde, valse, polka.

André danse la ....., quand il sera plus grand, il dansera la .... et la ....

lever 08 h 26
coucher 17 h 11, -1

jeudi **5**

Gérald

quintidi 15 frimaire
Chevreuil

décembre
2024

Apprendre à calculer

Des images pour comprendre le calcul

Quand je dis : Dieu a créé le ciel et la terre en six jours, six est un nombre.
La terre tourne autour du soleil en vingt-quatre heures, vingt-quatre est un nombre.
Charlemagne est mort l'an huit cent quatorze, huit cent quatorze est un nombre.
Le premier des nombres est un et en ajoutant un à un nombre déjà formé, on obtient le nombre qui suit, et l'on peut, de cette manière, former tous les nombres possibles.
Par grandeur ou quantité on entend tout ce qui peut être augmenté ou diminué. Une somme d'argent est une grandeur, parce qu'on peut l'augmenter en y ajoutant quelques pièces, ou la diminuer en en retranchant.
Mesurer une grandeur, c'est chercher combien de fois elle contient une autre grandeur connue que l'on nomme unité.

« *Parler aux yeux des enfants* », comme le préconisait Coménius : ce qui était valable pour la lecture l'était, aux pédagogues de la fin du XIXe siècle, aussi pour le calcul : « *Il faut mettre sous les yeux et entre les mains des enfants des objets qui, en matérialisant l'idée des nombres, puissent les amener peu à peu à en acquérir les notions abstraites. On se servira pour cela du boulier compteur, de petites boules, de bûchettes ou de tout autres menus objets faciles à manier (cubes, haricots, fèves, cailloux, etc.)* ».

Pour Pierre Leyssenne, un de ces précepteurs, « *Savoir compter est aussi nécessaire que de savoir lire et écrire* ».

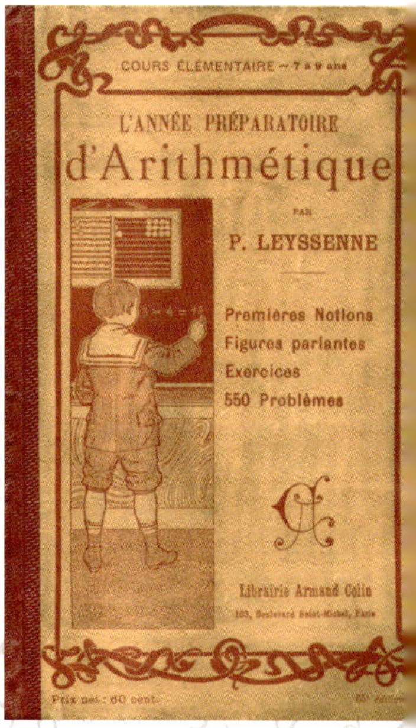

La première année d'arithmétique pour le cours moyen, *Pierre Leyssenne, Armand Colin, 1899.*

Manteau de neige dans les prés, manteau de foin prochain été.

Quand Saint-Ambroise voit neiger, dix-huit jours nous sommes en danger.

vendredi 6

lever 08 h 27
coucher 17 h 11, - 1

Nicolas

sextidi 16 frimaire
Ajonc

blanc servent à mesurer le lait et l'huile ; leurs formes sont indiquées dans les figures ci-dessous.

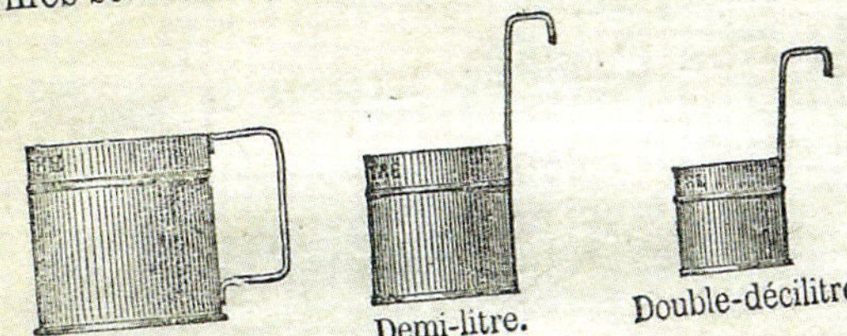

Litre. Demi-litre. Double-décilitre.

98. **Mesures en bois ou en tôle.** Les mesures en bois ou en tôle servent à mesurer le blé, l'orge, l'avoine, les haricots, etc. Voici la forme de ces mesures.

Demi-hectolitre. Double-décalitre.

IV. Mesures de poids.

99. **Définition.** On appelle mesures de poids ou simplement poids les mesures dont on s sert pour peser.

100. **Gramme.** L'unité des mesures de po est le gramme.

Les multiples du gramme sont :

Le décagramme, qui égale 10 grammes ;

L'hectogramme, qui égale 100 grammes ;
Le kilogramme — 1 000 grammes ;
Le myriagramme — 10 000 grammes.

Les sous-multiples du gramme sont :

Le décigramme, qui égale la dixième partie du gramme ;

Le centigramme, qui égale la centième partie du gramme ;

Le milligramme, qui égale la millième partie du gramme.

101. Lorsqu'on écrit des nombres représentant des mesures de poids, le *kilogramme* occupe ordinairement le rang des unités, et le myriagramme occupe celui des dizaines ; l'hectogramme occupe alors le rang des dixièmes, le décagramme celui des centièmes, et le gramme celui des millièmes.

Quand le *gramme* occupe le rang des unités, le décigramme occupe celui des dixièmes, le centigramme celui des centièmes.

102. Un quintal métrique, c'est un poids de 100 kilogrammes, et une tonne un poids de 1 000 kilogrammes.

103. **Poids en fonte.** Les poids en fonte sont

20 kilogrammes.

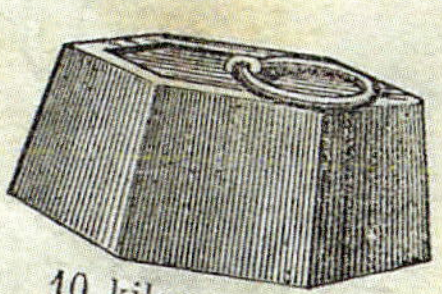

10 kilogrammes.

ordinairement appelés gros poids ; leurs formes se voient dans les figures ci-dessus.

Arithmétique, *cours élémentaire par les frères des écoles chrétiennes, Mame & Poussielgue, 1880.*

lever 08 h 28
coucher 17 h 11, -1

samedi **7**

Ambroise

septidi 17 frimaire
Cyprès

lever 08 h 29
coucher 17 h 11, -1

dimanche **8**

Immaculée Conception

octidi 18 frimaire
Lierre

décembre 2024

Le Castor de Loire

Le castor européen est réapparu sur la Loire. Il avait disparu depuis longtemps mais il fut réintroduit par la Société d'Étude et de Protection de la Nature du Loir-et-Cher entre avril 1974 et juillet 1976. Prélevés sur le Rhône, treize individus avaient été relâchés au crépuscule sur un terrier artificiel construit sur une île de la Loire, ou directement dans le fleuve, entre l'amont de Blois et Avaray, en limite du Loiret. Très vite (1979), on nota leur présence éphémère en Touraine. Dès 1989, il y avait une cinquantaine de sujets dans la Région Centre et des indices de présence sur presque tout le cours de la Loire, dans les départements du Loiret, du Loir-et-Cher et dans une grande partie de l'Indre-et-Loire. De nos jours, on en trouve sur tout le bassin, loin vers l'amont, à raison d'une famille tous les trois ou quatre kilomètres. En janvier 2009, on estimait déjà les populations du bassin ligérien entre 1500 et 2000 sujets.

C'est un animal essentiellement nocturne mais, avec beaucoup de patience et de chance, vous pouvez la nuit, entendre le claquement caractéristique d'une queue plate tapant à la surface de l'eau : façon pour notre sympathique rongeur de donner l'alarme et de signaler votre présence. Il est possible d'observer leurs traces de pattes à cinq doigts dans la vase des rives suivies du large sillage de la queue plate ou de découvrir les arbres rongés « en pointe de crayon » par leurs dents actives, à 10 ou 20 cm du sol, afin de les abattre de manière à les écorcer et les ébrancher, source essentielle de leur nourriture. Certaines personnes sont de surcroît sensibles à l'odeur du castoréum, produit musqué de leurs glandes anales avec lequel ils délimitent leur territoire, et qui peut évoquer des senteurs d'odeurs pétrolifères. L'animal coupe de préférence les saules, puis les aulnes et les peupliers sauvages et consomme environ 500 gr d'écorce, de bourgeons et de bois de cime par jour.

Sur la Loire, il nous est arrivé, à la tombée de la nuit, depuis la rive de la Maison de la Loire, de les voir à l'aide de jumelles sur l'île en face, idem sur l'île de la Métairie à La Ville-aux-Dames ; on les a vus sur l'île Simon à Tours et à proximité du pont de Saint-Côme. On a pu voir des arbres coupés sur la rive sud du bras du Cher méridional du parc Balzac où il nichait en 2009 derrière les plaques de ciment recouvrant la berge ; puis de 2007 à 2009, sur l'ancienne plage de Saint-Avertin, sur l'ancien cours du Cher. Idem au bord du Petit-Cher, sur la route des Deux-Lions, depuis une dizaine d'années, puis vers 2010 au bord du lac de la Bergeonnerie à Tours et au bord du lac des Bretonnières à Joué-lès-Tours où les castors avaient coupé de très gros saules au point qu'il a fallu en protéger certains en apposant du grillage, en 2015 et 2016, puis à nouveau en novembre 2018. Il en fut de même sur les bords de la Vienne où une dizaine de sujets ont perturbé Parçay-sur-Vienne de 2006 à 2014 en s'attaquant aux peupleraies des rives.

Neige de décembre est engrais pour la terre.

lundi **9**

lever 08 h 30
coucher 17 h 11, - 1

Pierre Fourier

nonidi 19 frimaire
Sabine

Sur l'Indre, on le signala dès 1989 au Néman, à deux pas de son confluent avec la Loire, puis au moulin des Fleuriaux à Monts en 2009, près du bourg de Monts en 2010, à Esvres en 2011-2012.
Pour les rivières secondaires, il serait fastidieux d'en dresser l'inventaire ; citons pêle-mêle quelques exemples. Le premier, loin au nord, sur les bords de la Brenne, à cheval sur les communes de Neuville-en-Brenne (37) et d'Authon (41), puis d'autres aussi bien à l'ouest (Saint-Patrice) qu'à l'est : à Lussault, au Bec-de-Cisse et dans les îles de Montlouis (l'île aux Vaches). Sans compter les individus plus ou moins erratiques.

Le castor de Loire peut peser jusqu'à 25 kilos et mesurer 1,20 m (queue comprise) ; celle-ci, couverte d'écailles, mesure de 25 à 35 cm. Sa fourrure est jaune à reflets roux. Une famille comprend de 4 à 8 individus : le couple et les jeunes de l'année (3 au maximum), les jeunes d'un an et les jeunes de deux ans. Comme tous les castors d'Europe, s'il fait peu de barrages sur les affluents du Rhône, sa région d'origine, il n'en fait pas sur la Loire, ce qui est compréhensible. Il construit des terriers-huttes dans les îles et sur les hautes berges. Ceux-ci comprennent cinq parties. Il y pénètre par un tunnel d'accès, souvent recouvert de longues branches ; il peut atteindre plusieurs mètres de long et s'ouvre en général sous l'eau. Ce tunnel débouche dans une salle où l'animal essuie sa fourrure et mange des rameaux. Celle-ci communique avec la chambre d'habitation où la famille dort sur une litière de copeaux régulièrement renouvelée. La température y varie peu ; on compte plusieurs bouches d'aération en différents endroits. La vapeur qui en sort l'hiver signale qu'elle est occupée. Enfin, le sommet du terrier est surmonté d'un capuchon de branches rayonnantes qui l'isole du froid et de la pluie. Il existe parfois un tunnel de sortie au-dessus de l'eau ; on voit alors, l'hiver, dans la neige, les chemins que font les animaux en gagnant le fleuve.

Malgré un taux de reproduction faible, la réintroduction a été une réussite. L'animal est d'ailleurs l'emblème de la Société pour l'Étude, la Protection et l'Aménagement de la Nature en Touraine.

Jean-Mary Couderc

lever 08 h 31
coucher 17 h 11, - 1

mardi **10**

Romaric

décadi 20 frimaire
Hoyau

décembre 2024

Visite les ruches
à la Saint-Daniel
mais ne leur ôte pas
de miel.

Tel temps
à la Saint-Daniel,
même temps à Noël.

À la Saint-Corentin,
le plein hiver glace
le chemin.

LES 89 DÉPARTEMENTS DE LA FRANCE

DÉPARTEMENTS	CHEFS-LIEUX	SOUS-PRÉFECTURES
1. PLAINES DU NORD.		
Nord	LILLE	Dunkerque, Valenciennes, Douai, Cambrai, Hazebrouck, Avesnes.
Pas-de-Calais	ARRAS	Boulogne, Saint-Omer, Béthune Saint-Pol, Montreuil.
Somme	AMIENS	Abbeville, Péronne, Doullens, Montdidier.
2. PLAINES DE PARIS ET DE LA CHAMPAGNE		
Oise	BEAUVAIS	Compiègne, Clermont, Senlis
Aisne	LAON	Saint-Quentin, Château-Thierry, Vervins, Soissons.
Marne	CHALONS-S-MARNE	Reims, Épernay, Vitry-le-François, Sainte-Menehould.
Haute-Marne	CHAUMONT	Langres, Vassy.
Aube	TROYES	Bar-sur-Aube, Nogent-sur-Seine, Arcis-sur-Aube, Bar-sur-Seine.
Yonne	AUXERRE	Sens, Joigny, Tonnerre, Avallon.
Seine-et-Marne	MELUN	Coulommiers, Fontainebleau, Meaux Provins.
Seine	PARIS	Arrond^ts de St-Denis et de Sceaux.
Seine-et-Oise	VERSAILLES	Pontoise, Corbeil, Mantes, Rambouillet, Étampes.
Eure et-Loir	CHARTRES	Dreux, Nogent-le-Rotrou, Châteaudun.
3. PLATEAU LORRAIN ET ALSACE.		
Ardennes	MÉZIÈRES	Sedan, Rethel, Vouziers, Rocroi.
Meuse	BAR-LE-DUC	Verdun, Commercy, Montmédy.
Meurthe-et-Moselle	NANCY	Lunéville, Toul, Briey.
Bas-Rhin	STRASBOURG	Arrond^ts d'Erstein, Haguenau, Molsheim, Saverne, Sélestat, Wissembourg.
Haut-Rhin	COLMAR	Arrond^ts d'Altkirch, Guebwiller, Mulhouse, Ribeauvillé, Thann.
Moselle	METZ	Arrond^ts de Boulay, Château-Salins, Forbach, Sarrebourg, Sarreguemines, Thionville-Est, Thionville-Ouest.
Vosges	EPINAL	Saint-Dié, Remiremont, Mirecourt, Neufchâteau.
4. PLAINES ET COLLINES DE NORMANDIE.		
Seine-Inférieure	ROUEN	Le Havre, Dieppe, Yvetot, Neufchâtel.
Eure	EVREUX	Louviers, Bernay, Les Andelys, Pont-Audemer.
Calvados	CAEN	Lisieux, Bayeux, Falaise, Vire, Pont-l'Évêque.
Manche	SAINT-LÔ	Cherbourg, Avranches, Coutances, Valognes, Mortain.
Orne	ALENÇON	Argentan, Domfront, Mortagne.
5. BRETAGNE, VENDÉE ET POITOU.		
Loire-Inférieure	NANTES	Saint-Nazaire, Châteaubriant, Ancenis, Paimbœuf.
Finistère	QUIMPER	Brest, Morlaix, Châteaulin, Quimperlé.
Côtes-du-Nord	SAINT-BRIEUC	Dinan, Guingamp, Lannion, Loudéac
Morbihan	VANNES	Lorient, Pontivy, Ploërmel.
Ille-et-Vilaine	RENNES	Saint-Malo, Fougères, Vitré, Montfort, Redon.
Vendée	LA ROCHE-SUR-YON	Les Sables-d'Olonne, Fontenay-le-Comte.
Vienne	POITIERS	Châtellerault, Montmorillon, Loudun, Civray.
Deux-Sèvres	NIORT	Parthenay, Bressuire, Melle
6. PLAINES DE LA LOIRE.		
Mayenne	LAVAL	Mayenne, Château-Gontier.
Sarthe	LE MANS	La Flèche, Mamers, Saint-Calais.
Maine-et-Loire	ANGERS	Cholet, Saumur, Baugé, Segré.
Indre-et-Loire	TOURS	Chinon, Loches.
Loir-et-Cher	BLOIS	Vendôme, Romorantin.
Loiret	ORLÉANS	Montargis, Gien, Pithiviers.
Cher	BOURGES	Saint-Amand, Sancerre.
Indre	CHATEAUROUX	Issoudun, Le Blanc, La Châtre.
Nièvre	NEVERS	Cosne, Clamecy, Château-Chinon.
7. LE MASSIF CENTRAL.		
Allier	MOULINS	Montluçon, Gannat, La Palisse.
Creuse	GUÉRET	Aubusson, Bourganeuf, Boussac.

DÉPARTEMENTS	CHEFS-LIEUX
Haute-Vienne	LIMOGES
Dordogne	PÉRIGUEUX
Lot	CAHORS
Tarn	ALBI
Aveyron	RODEZ
Lozère	MENDE
Haute-Loire	LE PUY
Loire	SAINT-ÉTIENNE
Puy-de-Dôme	CLERMONT FERRAND
Corrèze	TULLE
Cantal	AURILLAC
8. PLAINES DU SUD	
Charente-Inférieu^re	LA ROCHELLE
Charente	ANGOULÊME
Gironde	BORDEAUX
Lot-et-Garonne	AGEN
Tarn-et-Garonne	MONTAUBAN
Gers	AUCH
Landes	MONT-DE-MARSAN
9. PYRÉN	
Basses-Pyrénées	PAU
Hautes-Pyrénées	TARBES
Haute-Garonne	TOULOUSE
Ariège	FOIX
Aude	CARCASSONNE
Pyrénées-Oriental^es	PERPIGNAN
10. JURA ET	
Belfort (Territoire de)	BELFORT
Haute-Saône	VESOUL
Doubs	BESANÇON
Jura	LONS-LE-SAUNIER
Côte-d'Or	DIJON
Saône-et-Loire	MACON
Ain	BOURG
11. A	
Haute-Savoie	ANNECY
Savoie	CHAMBÉRY
Hautes-Alpes	GAP
Basses-Alpes	DIGNE
Alpes-Maritimes	NICE
Var	DRAGUIGNAN
Corse	AJACCIO
12. VALLÉE DU RHÔNE	
Rhône	LYON
Isère	GRENOBLE
Ardèche	PRIVAS
Drôme	VALENCE
Vaucluse	AVIGNON
Bouches-du-Rhône	MARSEILLE
Gard	NIMES
Hérault	MONTPELL
Alger	ALGER
Oran	ORAN
Constantine	CONSTAN

FONCIN.

Géographie pour le Cours moyen *de Pierre Foncin, Armand Colin, 1921.*

mercredi 11

lever 08 h 32
coucher 17 h 11, - 1

Daniel

primidi 21 frimaire
Érable sucré

Apprendre la géographie

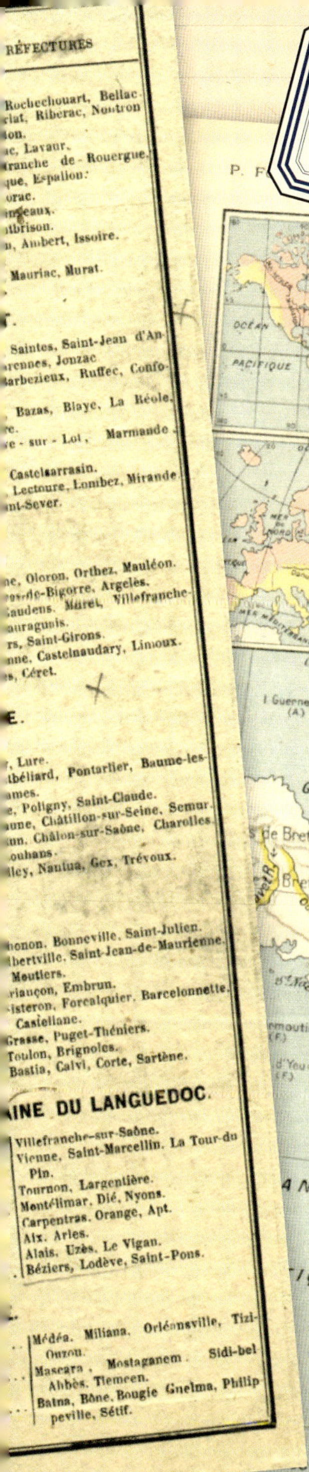
RÉFECTURES

Rochechouart, Bellac. ...ziat, Riberac, Nontron ...son.
...ac, Lavaur. ...ranche de Rouergue. ...que, Espalion. ...orac. ...ngeaux. ...tbrison. ...n, Ambert, Issoire.
Mauriac, Murat.

Saintes, Saint-Jean d'An... ...rennes, Jonzac ...Barbezieux, Ruffec, Confo...
Bazas, Blaye, La Réole. ...ve - sur - Lot, Marmande
Castelsarrasin. Lectoure, Lombez, Mirande ...nt-Sever.

...ne, Oloron, Orthez, Mauléon. ...es-de-Bigorre, Argelès. ...audens. Muret, Villefranche ...auraguais. ...rs, Saint-Girons. ...nne, Castelnaudary, Limoux. ...s, Céret.

..., Lure. ...tbéliard, Pontarlier, Baume-les-...ames. ...e, Poligny, Saint-Claude. ...aune, Châtillon-sur-Seine, Semur. ...nn. Châlon-sur-Saône, Charolles. ...ouhans. ...ley, Nantua, Gex, Trévoux.

...honon, Bonneville, Saint-Julien. ...bertville, Saint-Jean-de-Maurienne. Moutiers. ...riançon, Embrun. ...isteron, Forcalquier, Barcelonnette. Castellane. Grasse, Puget-Théniers. Toulon, Brignoles. Bastia, Calvi, Corte, Sartène.

...INE DU LANGUEDOC.

Villefranche-sur-Saône. Vienne, Saint-Marcellin, La Tour-du-Pin. Tournon, Largentière. Montélimar, Dié, Nyons. Carpentras, Orange, Apt. Alx, Arles. Alais, Uzès, Le Vigan. Béziers, Lodève, Saint-Pons.

Médéa, Miliana, Orléansville, Tizi-Ouzou. Mascara, Mostaganem, Sidi-bel Abbès, Tlemcen. Batna, Bône, Bougie, Guelma, Philippeville, Sétif.

lever 08 h 33
coucher 17 h 11, -1

jeudi 12

Chantal, Corentin

duodi 22 frimaire
Bruyère

décembre
2024

Apprendre la géographie

Des images pour faire « s'évader » les enfants

Profitant du succès que rencontrent les livres de géographie, les éditeurs vont proposer aux écoliers des « livres-Atlas », sorte de « géographie de luxe ». Désormais on leur propose de très belles gravures de nombreux paysages en couleur comme ici dans l'atlas de Guérin, dès 1887, des aquarelles de Cicéri, même si ces couleurs reproduites sont encore quelque peu balbutiantes, ainsi que des cartes désormais beaucoup plus lisibles.

D'autres, comme Larousse, prendront le parti de réunir sur la même double page, la faune, la flore et les habitants d'un continent tout entier. Il sera fier de présenter dans son atlas destiné aux plus jeunes, une image comparative de tous les plus grands sommets du monde.

Atlas primaire de géographie *et* La France et ses colonies *de Gustave Pauly, Gustave Guérin, 1889 et 1896.*

À la Sainte-Luce (le 13), les jours allongent d'un saut de puce.

Sainte-Odile sous la neige amène le gel en cortège.

Soleil de Sainte-Odile n'est pas promesse d'avril.

vendredi 13

lever 08 h 34
coucher 17 h 11, - 1

Lucie

tridi 23 frimaire
Roseau

Atlas préparatoire *de Claude Augé pour le cours préparatoire, Larousse, 1900.*

lever 08 h 34
coucher 17 h 11, - 1

samedi **14**

Odile

quartidi 24 frimaire
Oseille

lever 08 h 35
coucher 17 h 11, - 1

dimanche **15**

Ninon

quintidi 25 frimaire
Grillon

décembre
2024

Un poète célèbre, pêcheur à la ligne

Un jour d'obsèques à Châteauroux, un quidam demanda à un Castelroussin : « Qui enterre-t-on ? »Et ce dernier de répondre : « un fameux pêcheur à la ligne ! ». C'était le poète Maurice Rollinat.

Ce récit d'Hugues Lapaire montre que le poète berrichon avait une grande réputation de pêcheur. Il fut d'abord un poète et un musicien du fantastique très connu du public parisien. Le poète reçut la Légion d'honneur des mains de Raymond Poincaré, ministre de l'instruction publique, et la jeunesse européenne cultivée connaissait, à la fin du XIXe siècle, ses poésies. Mais il fut aussi un poète de la nature dont les instituteurs pour leur leçon de récitation, utilisèrent longtemps ses poèmes sur les animaux tirés du Livre de la nature, Ainsi *La Biche, La Chanson d'automne, La Chanson de la perdrix grise*.

Pendant sa période parisienne, il fut adulé jusqu'à son succès des *Névroses* en 1883 ; son talent d'interprète au piano touchait les milieux intellectuels et la mode. Pourtant Maurice Rollinat quitta brutalement Paris pour Fresselines en septembre 1883 avec son amie Cécile Pouettre et se réfugia dans sa demeure de Puy-Guillon, près du confluent des deux Creuses. Il avait besoin de repos et de détente que seules les Creuses et les collines de son bocage natal pouvaient lui offrir, et satisfaire : un goût invariable de la nature, un amour inné du visage de sa solitude… le vent, le ciel, la neige, la voix de l'eau (Geoffroy dans la préface de *Fin d'œuvre*, textes inédits du poète).

À Fresselines, Maurice Rollinat observe la nature, les plantes, les animaux ; non seulement il « excursionne » mais il chasse, pêche et braconne comme la plupart des villageois dont rien ne le distingue : « à dire vrai, j'ai été moins empoigné par les intérêts de la pêche que par le charme du site… » (*En Errant*, 1903, page 17).
Il se détend à la pêche : « Je trouve dans mon désert un apaisement singulier. Je connais deux ou trois braconniers, espèces de songeurs en blouse… avec eux, j'excursionne, je chasse, je pêche au filet et la nuit, qui vient sitôt maintenant, nous a surpris plus d'une fois sur des berges scabreuses ou dans des vallées inquiétantes. » (Lettre à Barbey d'Aurévilly, 1883). En mars 1884 il se rapproche de Fresselines en habitant La Pouge, à 200 m du village.

Le bâton au point, équipé de guêtres et de bleus, un grand chapeau de paille relevé sur le front, il descend vers la rivière avec lignes et épuisettes :

Ici promenades et pêches
j'aime ça, ne vous en déplaise

(Le touriste – *Dans les Brandes*)

Temps de Sainte-Alice
est plein de malice.

Sagittarius

lundi **16**

lever 08 h 36
coucher 17 h 11, -1

Alice

sextidi 26 frimaire
Pignon

Les Gabillaud, invités à La Pouge ont témoigné : « Le jour, Maurice Rollinat nous conduisit en ses coins préférés, à ses coups de pêche à la truite, et aussi au rocher sur lequel, il eut voulu reposer dominant la vallée profonde, comme Chateaubriand domine la mer.

Ses techniques de pêche sont celles des autochtones, à cette différence près qu'il ne semble pas avoir recherché le saumon, seulement présent en été, mais qui est alors le roi de la Creuse. Tantôt il jette une ligne plombée sans bouchon qui pêche seule, ce qui favorise sa méditation– il est alors brusquement réveillé par le grelot du scion annonçant la touche – tantôt il pêche avec une ligne plus fine munie d'un bouchon :

Et je tiens ma perche de jonc
Patient comme un séraphin.
Mon liège fait plus d'un plongeon
dans l'onde au lit de sable fin

(Le pêcheur à la ligne. *Dans les brandes*).

Il accroche un ver pris dans la berge, à l'hameçon assez gros d'une ligne de fond alourdie par un caillou bien calibré, ce qui lui permet de prendre indifféremment des truites, des barbeaux ou des anguilles. Il lui arrive de tendre des cordes fixées à une racine de la rive, lestées de la même façon et eschées d'un vif pour prendre les chevesnes, les anguilles et accessoirement des brochets.

Maurice Rollinat a grande réputation dans le pays. Il s'est d'ailleurs attaché un braconnier comme aide de pêche : Jules Bazainerie qu'il appelle « la loutre ». Ce dernier décroche et rapporte les prises lorsqu'elles sont de belle taille.

En 1903 paraît son ouvrage *En Errant*. Prose d'un solitaire (Paris, Charpentier 1903) où se trouve le chapitre Pêcheurs de truites (pp.18-24) dans lequel il montre son admiration pour l'animal : « C'est l'acrobate, la panthère et l'hirondelle de l'eau ! »

Épousant en tout point le comportement des villageois et des paysans de son temps, il n'a aucun respect pour la loutre dans laquelle il voit une espèce nuisible.

Comme l'a montré Georges Lubin qui a publié la lettre de 1903 à Charles Frémine, ses parties de pêche et ses tableaux halieutiques ou cynégétiques sont parfois un piètre remède à la mélancolie et aux angoisses diffuses qui assaillent l'auteur à la fin de sa vie.

Jean-Mary Couderc

lever 08 h 37
coucher 17 h 12, + 0

mardi **17**

Judicaël, Gaël

septidi 27 frimaire
Liège

Apprendre à lire

Des images pour faire aimer la lecture

Jean Lavenir *d'Edouard Petit et Georges Lamy, Alcide Picard et Kaan, 1908.*

Parmi les personnages mythiques directement issus des grands principes de droiture, d'honnêteté et d'entraine, credo des lois républicaines, il faut, bien sûr, citer «*Jean Lavenir*» d'Edouard Petit et Georges Lamy qui met en exergue cette phrase de Renan, phrase qui résume bien l'esprit du livre : «*Enfants, vous serez contents de la vie si vous en faites bon usage*».

Le mot d'ordre de la refonte des programmes de l'enseignement Primaire en 1923 va être d'exhorter les enseignants «*à donner à leurs élèves l'impression qu'ils avancent, qu'ils progressent et qu'ils découvrent chaque jours un pays nouveau*» :

À l'image de cette réforme, l'exemple le plus parlant est de Kléber Seguin et de son dessinateur et complice, Ferdinand Raffin. Pendant trente ans, jusque dans les années 1950, ils vont réaliser chez Hachette, une suite logique de 3 livres : ce sera «*Line et Pierrot*» pour le Cours Préparatoire, «*Jeannot et Jeannette*» pour le Cours élémentaire et «*Histoire de 3 enfants*» pour le Cours Moyen.

À la Saint-Gatien,
le temps ne vaut rien.

lever 08 h 37
coucher 17 h 12, + 0

mercredi **18**

Gatien

octidi 28 frimaire
Truffe

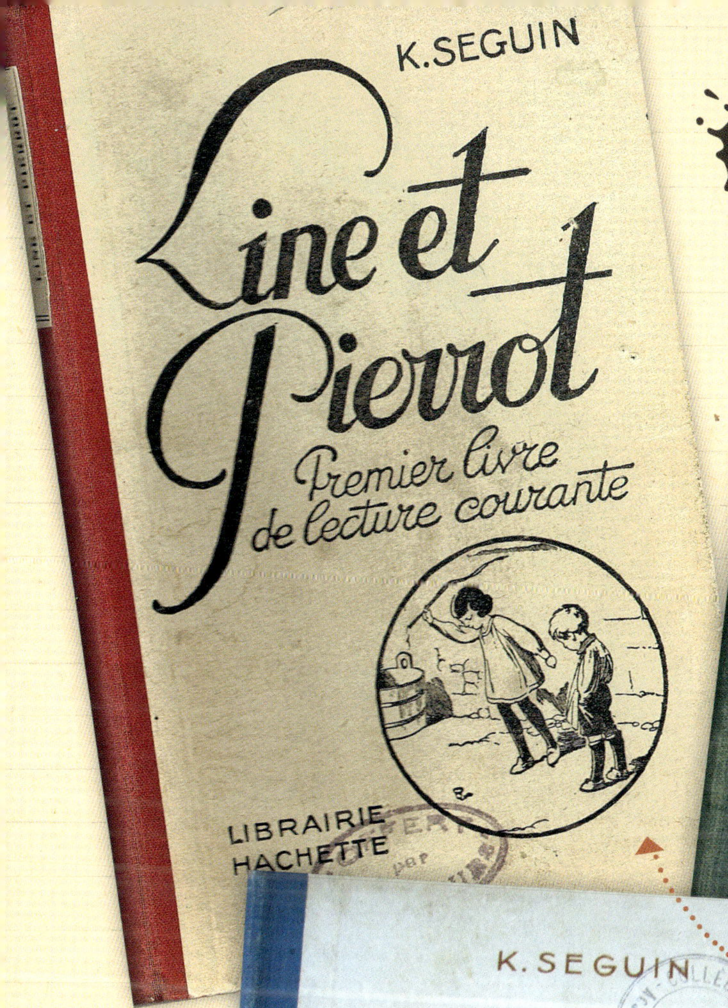

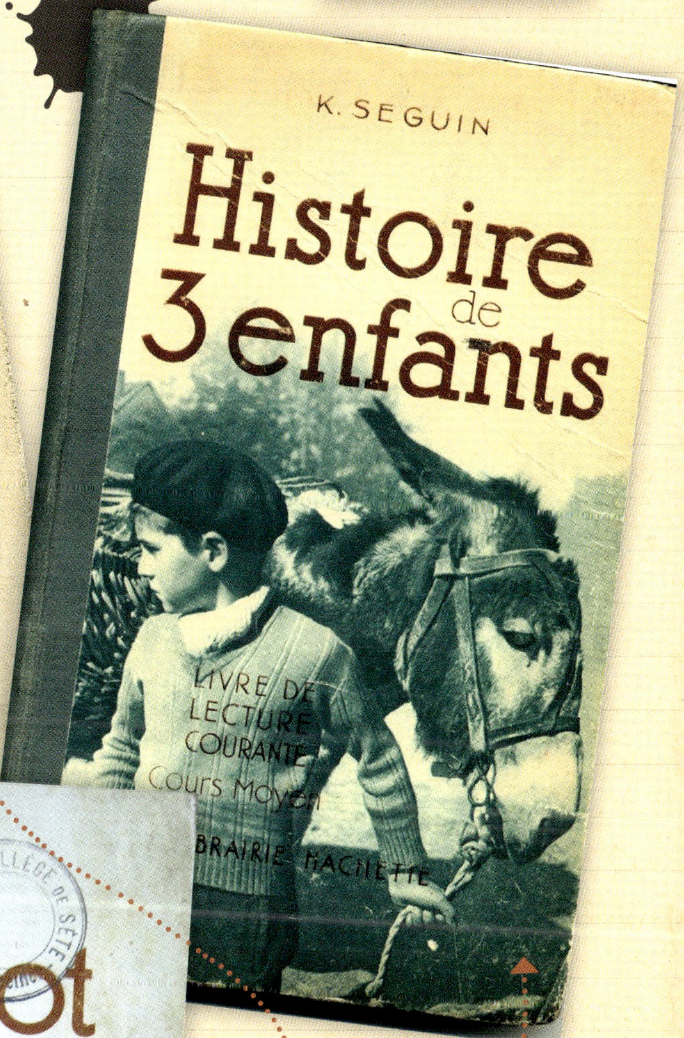

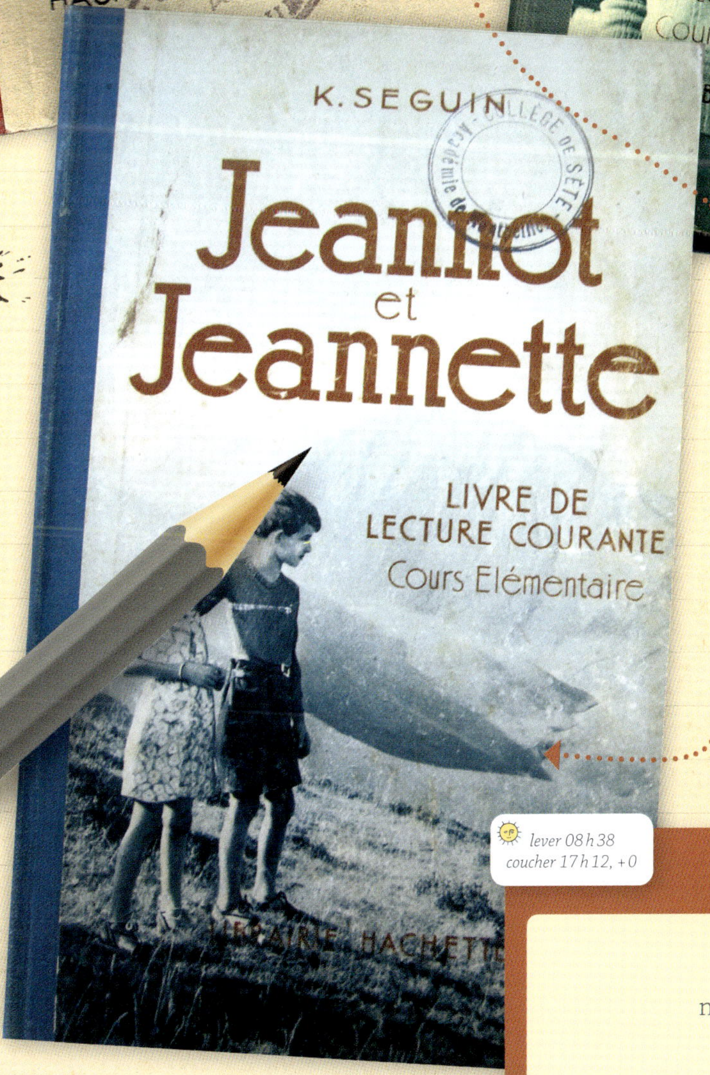

Line et Pierrot, Jeannot et Jeannette *et* Histoire de 3 enfants *de Kléber Seguin, Hachette, différentes dates à partir de 1924.*

lever 08 h 38
coucher 17 h 12, +0

jeudi **19**

Urbain

nonidi 29 frimaire
Olive

décembre
2024

Décembre veut du pain dur et non du tendre.

Le 21 décembre, les femmes parlent moins que les autres jours : c'est le plus court de l'an.

vendredi 20

lever 08 h 39
coucher 17 h 13, + 0

Théophile

décadi 30 frimaire
Pelle

Apprendre à lire

Des images pour faire aimer la lecture

Dans la même période paraît un très joli petit livre avec de magnifiques planches couleurs. Il s'agit des « *Lectures des petits* » du même Mathieu Fournier, directeur d'école, que celui des fameux vocabulaires qu'on a pu voir précédemment.

À la fin des années 1950, Lucien Dumas, Paul Collin et le dessinateur Paul Durand coécrivent chez Hachette une série de 4 gros livres qui restera célèbre, notamment par ses illustrations en trois couleurs, orange, gris et noir. Le choix des textes est également remarquable.

On ne saurait terminer cette revue des manuels scolaires de lecture sans entrer dans le monde merveilleux du talentueux illustrateur, Raylambert : des années 1930 à 1950, il associera sa vision de dessinateur aux récits très attachants, tour à tour, d'Ernest Pérochon, un ancien instituteur qui obtiendra le prix Goncourt, puis après la mort de ce dernier avec Édouard Jauffret.

Dans la rue.

Causerie sur l'image. — **1**. Qui est-ce qui tire la pesante charrette ? — **2**. Que porte, sur la tête, la vieille femme ? — **3**. Que voyez-vous sur la charrette ? — **4**. Combien d'enfants la poussent ? — **5**. D'où revenaient ces enfants ? — **6**. Paraissent-ils tristes ou joyeux de rendre service ?

Ci-dessus et page précédente :

Les lectures des petits
de Mathieu Fournier, Gedalge, 1921.

lever 08 h 39
coucher 17 h 13, + 0

samedi **21**

Hiver, **Pierre Canisius**

primidi 1er nivôse
Tourbe

lever 08 h 40
coucher 17 h 14, + 0

dimanche **22**

Françoise-Xavière

duodi 2 nivôse
Houille

décembre 2024

Apprendre les sciences

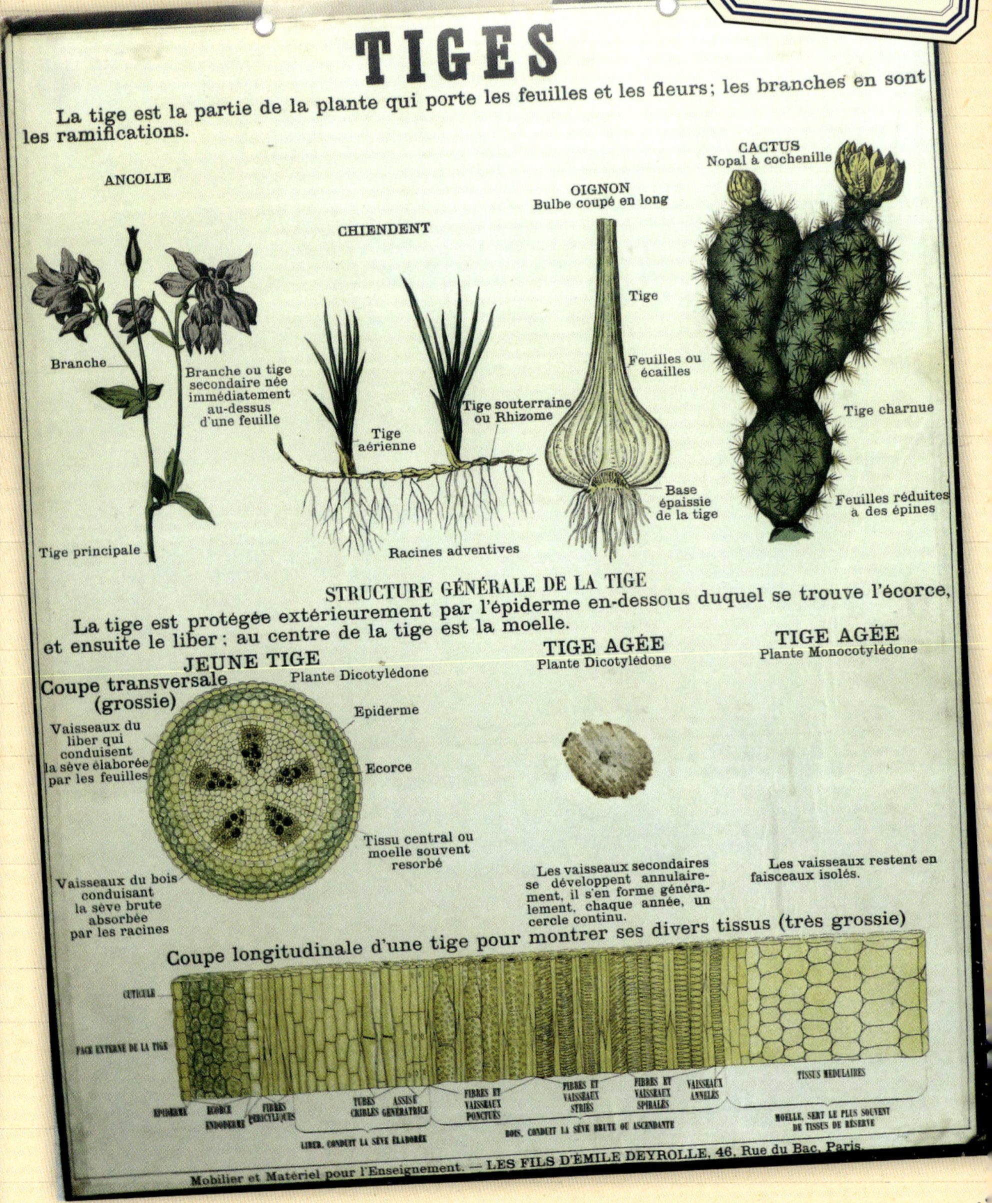

Diverses planches du « Musée scolaire Deyrolle », publiées entre 1900 et 1920.

Neige avant Noël, fumier pour le seigle.

Neige de Sainte-Adèle, printemps fidèle.

Beau temps à la Sainte-Adèle est un cadeau tombé du ciel.

♑ Capricorne

lundi 23

lever 08 h 40
coucher 17 h 14, + 0

Armand

tridi 3 nivôse
Bitume

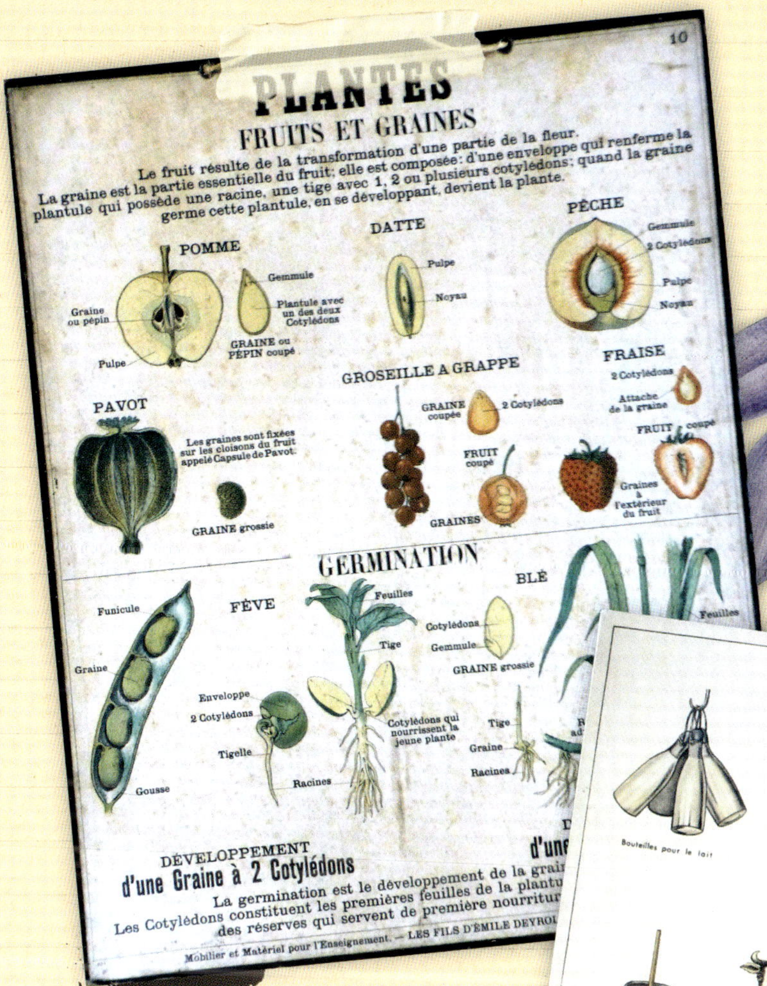

lever 08 h 41
coucher 17 h 15, + 0

mardi **24**

Adèle

quartidi 4 nivôse
Soufre.

Quand Noël tombe un lundi, tout se perd. Un mardi, c'est pain et vin de toute part.

Noël le jeudi, c'est la famine. Un vendredi, le blé roule sous la cendre.

Si Noël est un dimanche, les ennuis de l'hiver viendront en avalanche.

Les images de l'écolier : des bons points à la « réclame »

Autres bons points images pour inculquer la morale, ceux de « *la semaine de l'emprunt* » illustrés par Simone Bouglé en faveur de l'effort de guerre et de la reconstruction du pays dévasté après la Première Guerre mondiale.

À partir des années 50, pour une raison qu'on ignore, les bons points vont disparaître des écoles comme ils y étaient arrivés. C'est alors que les « *publicitaires* » vont avoir l'idée de remplacer les bons points moribonds par deux nouveaux compagnons, le buvard et son cousin germain, le protège-cahier. C'est la naissance du monde de la « *réclame* » qui face à une cible toute trouvée, va copieusement distribuer ces nouveaux supports aux écoliers. Ces buvards, les enfants en sont tout de suite friands car ils étaient les garants d'une assurance tous risques contre les « *pâtés inopinés* » et la page correspondante à calligraphier en guise de punition. Très vite, ces petits rectangles de papier buvard tout en couleurs devenaient des objets de collection qu'on s'échangeait sous le préau ou dans la cour de récréation.

Mais là on quitte déjà le monde de l'imagerie des livres et des affiches scolaires.

lever 08 h 41
coucher 17 h 15, + 0

mercredi **25**

Noël

quintidi 5 nivôse
Chien

TABLE DE MULTIPLICATION

2 fois 1 font 2	4 fois 1 font 4	7 fois 1 font 7	10 fois 1 font 10
2 — 2 — 4	4 — 2 — 8	7 — 2 — 14	10 — 2 — 20
2 — 3 — 6	4 — 3 — 12	7 — 3 — 21	10 — 3 — 30
2 — 4 — 8	4 — 4 — 16	7 — 4 — 28	10 — 4 — 40
2 — 5 — 10	4 — 5 — 20	7 — 5 — 35	10 — 5 — 50
2 — 6 — 12	4 — 6 — 24	7 — 6 — 42	10 — 6 — 60
2 — 7 — 14	4 — 7 — 28	7 — 7 — 49	10 — 7 — 70
2 — 8 — 16	4 — 8 — 32	7 — 8 — 56	10 — 8 — 80
2 — 9 — 18	4 — 9 — 36	7 — 9 — 63	10 — 9 — 90
2 — 10 — 20	4 — 10 — 40	7 — 10 — 70	10 — 10 — 100
2 — 11 — 22	4 — 11 — 44	7 — 11 — 77	10 — 11 — 110
2 — 12 — 24	4 — 12 — 48	7 — 12 — 84	10 — 12 — 120
3 fois 1 font 3	5 fois 1 font 5	8 fois 1 font 8	11 fois 1 font 11
3 — 2 — 6	5 — 2 — 10	8 — 2 — 16	11 — 2 — 22
3 — 3 — 9	5 — 3 — 15	8 — 3 — 24	11 — 3 — 33
3 — 4 — 12	5 — 4 — 20	8 — 4 — 32	11 — 4 — 44
3 — 5 — 15	5 — 5 — 25	8 — 5 — 40	11 — 5 — 55
3 — 6 — 18	5 — 6 — 30	8 — 6 — 48	11 — 6 — 66
3 — 7 — 21	5 — 7 — 35	8 — 7 — 56	11 — 7 — 77
3 — 8 — 24	5 — 8 — 40	8 — 8 — 64	11 — 8 — 88
3 — 9 — 27	5 — 9 — 45	8 — 9 — 72	11 — 9 — 99
3 — 10 — 30	5 — 10 — 50	8 — 10 — 80	11 — 10 — 110
3 — 11 — 33	5 — 11 — 55	8 — 11 — 88	11 — 11 — 121
3 — 12 — 36	5 — 12 — 60	8 — 12 — 96	11 — 12 — 132
	6 fois 1 font 6	9 fois 1 font 9	12 fois 1 font 12
	6 — 2 — 12	9 — 2 — 18	12 — 2 — 24
	6 — 3 — 18	9 — 3 — 27	12 — 3 — 36
	6 — 4 — 24	9 — 4 — 36	12 — 4 — 48
	6 — 5 — 30	9 — 5 — 45	12 — 5 — 60
	6 — 6 — 36	9 — 6 — 54	12 — 6 — 72
	6 — 7 — 42	9 — 7 — 63	12 — 7 — 84
	6 — 8 — 48	9 — 8 — 72	12 — 8 — 96
	6 — 9 — 54	9 — 9 — 81	12 — 9 — 108
	6 — 10 — 60	9 — 10 — 90	12 — 10 — 120
	6 — 11 — 66	9 — 11 — 99	12 — 11 — 132
	6 — 12 — 72	9 — 12 — 108	12 — 12 — 144

lever 08 h 41
coucher 17 h 16, + 0

jeudi **26**

Étienne

sextidi 6 nivôse
Lave

décembre
2024

Comment les grands pics se mettent parfois à l'abri pendant les hivers très froids ?

Oui, les pics sont sensibles aux grands froids, mais personne, n'a jusqu'ici, évoqué leur retour éphémère dans leur ancien nid pour s'abriter. Par contre, on les a vu perforer des persiennes en bois ou en plastique pour former un trou pouvant atteindre 15 cm de hauteur et environ 10 cm de large leur permettant de rentrer s'abriter du vent glacé entre fenêtre et persienne. J'avais noté le cas sur un volet en plastique d'une demeure inoccupée à Arzon dans la presqu'île de Rhuys en Morbihan. J'avais signalé le fait dans un numéro de « La Lettre de la Presqu'île », revue éphémère, disparue il y a une dizaine d'années. J'avais constaté la même chose sur le volet en plastique d'une demeure de Saint-Avertin en Touraine.

Enfin, une de mes connaissances vivant en campagne, a vu se faire rapidement un trou dans un poteau téléphonique en bois traité de 25 cm de diamètre ; et une autre fois, probablement par une épeichette, un trou de 5 cm de diamètre et de 10 cm de profondeur.

J'ai depuis découvert dans la littérature un exemple fourni par José Cabanis dans *Les Cartes du temps* (Le Livre de poche, 1970, p.125) : « Le soleil du matin entrait tout droit dans ma chambre, éclatant et rond, par le trou qu'un pic avait creusé dans le contrevent ».

N'oublions pas que la famille des pics est physiologiquement équipée à l'arrière du bec d'un système unique empêchant leur cerveau de souffrir des violents coups de bec portés.

Je tiens de mon couvreur tourangeau que dans les maisons dépourvues de corniches, où quelques voliges peuvent apparaître à l'air libre, les pics peuvent se frayer un chemin à coups de bec entre les voliges et pénétrer ainsi dans les greniers mal isolés.

Ceci me fait penser que les perruches à collier, nouveaux et innombrables envahisseurs des parcs de la région parisienne ne procèdent guère différemment pour retrouver les conditions thermiques de leurs régions d'origine. Avec leur bec redoutable, elles s'aménagent une entrée sous les toits et vident toute la laine de verre d'un grand espace pour faire leur nid.

Jean-Mary Couderc

Les hommes,
c'est le mois d'avril
quand ils vont
à la veillée,
et le mois de décembre
quand ils sont mariés.

vendredi **27**

lever 08 h 42
coucher 17 h 17, + 0

Jean

septidi 7 nivôse
Terre végétale

Le chant des oiseaux

La perdrix **cocobe**.
Le perroquet **jase**.
La poule **glousse**.
Les petits poulets et la buse **piaulent**.
La pie **jacasse**.
Le geai **cajole**.
Le pinson **tringote**.
La tourterelle **roucoule**.

Pie

Perdrix

Pinson

Poule

Perroquet

Perdrix

lever 08 h 42
coucher 17 h 17, + 1

samedi 28

Innocents

octidi 8 nivôse
Fumier

lever 08 h 42
coucher 17 h 18, + 1

dimanche 29

David

nonidi 9 nivôse
Salpêtre

*Hiver si tôt
qu'il est trop beau
promet un été
plein d'eau.*

Capricorne

Solutions sudoku

6	3	4	7	8	2	5	9	1
7	2	5	4	1	9	3	6	8
1	9	8	3	5	6	2	4	7
2	8	3	6	4	1	9	7	5
4	5	6	8	9	7	1	2	3
9	1	7	5	2	3	6	8	4
3	6	9	1	7	4	8	5	2
8	4	1	2	6	5	7	3	9
5	7	2	9	3	8	4	1	6

Janvier

6	3	5	1	7	2	4	8	9
7	9	1	3	4	8	5	6	2
8	4	2	6	5	9	1	3	7
1	5	9	7	8	6	3	2	4
3	6	7	2	9	4	8	5	1
2	8	4	5	1	3	9	7	6
4	1	6	8	2	5	7	9	3
5	7	3	9	6	1	2	4	8
9	2	8	4	3	7	6	1	5

Janvier

4	1	6	5	8	9	7	2	3
8	5	2	3	7	6	4	1	9
7	9	3	2	1	4	6	8	5
3	2	8	6	4	5	9	7	1
5	4	7	9	2	1	3	6	8
9	6	1	7	3	8	5	4	2
2	7	4	8	9	3	1	5	6
6	8	9	1	5	7	2	3	4
1	3	5	4	6	2	8	9	7

Février

2	3	7	6	4	9	5	8	1
5	4	6	3	1	8	9	2	7
9	1	8	5	7	2	4	6	3
4	7	1	9	2	3	6	5	8
6	5	9	1	8	7	2	3	4
3	8	2	4	5	6	7	1	9
8	2	4	7	6	1	3	9	5
1	9	5	2	3	4	8	7	6
7	6	3	8	9	5	1	4	2

Février

1	3	6	8	2	5	9	4	7
5	2	9	1	7	4	6	8	3
4	7	8	6	9	3	2	5	1
6	8	2	9	3	7	4	1	5
9	5	7	4	1	6	3	2	8
3	4	1	5	8	2	7	6	9
2	9	5	3	4	1	8	7	6
7	1	3	2	6	8	5	9	4
8	6	4	7	5	9	1	3	2

Mars

8	1	4	5	7	2	9	6	3
2	9	7	6	1	3	5	8	4
5	6	3	4	8	9	2	1	7
9	5	1	3	2	6	7	4	8
4	7	2	8	9	1	3	5	6
3	8	6	7	4	5	1	2	9
1	4	5	9	6	7	8	3	2
6	3	9	2	5	8	4	7	1
7	2	8	1	3	4	6	9	5

Mars

5	8	1	2	3	6	7	4	9
9	3	6	4	7	8	1	5	2
2	4	7	9	5	1	6	3	8
4	9	8	6	2	5	3	7	1
7	5	2	8	1	3	4	9	6
6	1	3	7	9	4	2	8	5
8	7	5	1	4	2	9	6	3
3	2	4	5	6	9	8	1	7
1	6	9	3	8	7	5	2	4

Avril

6	2	8	7	5	3	1	9	4
9	3	5	4	1	2	8	6	7
7	1	4	9	6	8	2	3	5
3	4	6	1	8	9	5	7	2
1	5	2	3	7	6	4	8	9
8	9	7	2	4	5	6	1	3
5	6	3	8	9	4	7	2	1
2	8	1	5	3	7	9	4	6
4	7	9	6	2	1	3	5	8

Avril

1	5	7	6	3	9	8	4	2
2	9	4	7	1	8	5	6	3
8	6	3	2	4	5	9	1	7
6	3	9	1	2	4	7	5	8
7	2	1	8	5	3	4	9	6
4	8	5	9	7	6	3	2	1
5	4	8	3	6	2	1	7	9
9	1	2	5	8	7	6	3	4
3	7	6	4	9	1	2	8	5

Mai

9	6	4	5	7	8	1	3	2
7	5	1	2	3	9	6	8	4
3	8	2	6	4	1	7	9	5
8	4	7	1	2	5	9	6	3
6	1	9	3	8	4	5	2	7
2	3	5	7	9	6	4	1	8
1	9	8	4	5	2	3	7	6
5	2	3	9	6	7	4	1	8
4	7	6	8	1	3	2	5	9

Mai

9	1	3	6	2	5	8	7	4
4	6	2	8	7	1	5	9	3
8	7	5	4	3	9	6	1	2
2	5	7	9	8	6	3	4	1
6	3	8	2	1	4	9	5	7
1	9	4	3	5	7	2	8	6
5	4	6	7	9	2	1	3	8
3	2	9	1	4	8	7	6	5
7	8	1	5	6	3	4	2	9

Juin

1	7	6	2	8	5	3	9	4
4	2	9	3	7	1	8	6	5
3	5	8	4	6	9	1	7	2
8	1	7	6	2	3	4	5	9
9	6	4	5	1	7	2	3	8
2	3	5	9	4	8	7	1	6
6	8	3	1	5	2	9	4	7
7	4	1	8	9	6	5	2	3
5	9	2	7	3	4	6	8	1

Juin

lundi **30**

*lever 08 h 42
coucher 17 h 19, + 1*

Roger

décadi 10 nivôse
Fléau.

7	6	1	3	5	2	8	9	4
9	2	5	8	6	4	7	1	3
3	8	4	7	9	1	6	2	5
6	5	8	9	7	3	1	4	2
2	9	7	4	1	6	5	3	8
1	4	3	2	8	5	9	7	6
5	3	6	1	2	7	4	8	9
8	7	2	6	4	9	3	5	1
4	1	9	5	3	8	2	6	7

Juillct

2	7	5	8	1	3	4	9	6
6	1	9	5	2	4	3	7	8
4	8	3	7	1	9	2	8	5
3	5	2	6	7	1	8	4	9
7	4	1	3	9	8	5	6	2
9	6	8	2	4	5	7	3	1
8	2	4	1	3	9	6	5	7
5	3	6	7	8	2	9	1	4
1	9	7	4	5	6	2	8	3

Juillet

5	9	7	2	3	8	1	6	4
8	1	2	5	6	4	3	7	9
6	4	3	7	1	9	2	8	5
1	8	6	4	5	7	9	3	2
2	3	5	1	9	6	8	4	7
4	7	9	8	2	3	5	1	6
7	6	1	9	8	2	4	5	3
3	2	8	6	4	5	7	9	1
9	5	4	3	7	1	6	2	8

Août

3	4	5	8	7	6	1	9	2
7	1	8	2	9	3	4	6	5
2	9	6	5	1	4	8	3	7
6	8	3	7	5	1	2	4	9
9	5	4	3	8	2	6	7	1
1	2	7	6	4	9	5	8	3
5	6	1	4	3	7	9	2	8
4	7	9	1	2	8	3	5	6
8	3	2	9	6	5	7	1	4

Août

5	6	7	4	1	3	2	9	8
2	3	9	8	5	7	4	6	1
8	1	4	6	9	2	5	7	3
7	5	3	2	4	9	8	1	6
9	8	1	3	6	5	7	4	2
4	2	6	7	8	1	3	5	9
6	7	8	1	3	4	9	2	5
1	4	5	9	2	8	6	3	7
3	9	2	5	7	6	1	8	4

Septembre

4	7	6	9	8	3	5	2	1
8	9	1	2	5	4	6	3	7
5	2	3	7	1	6	9	8	4
1	5	7	8	4	2	3	9	6
9	6	2	1	3	5	4	7	8
3	4	8	6	7	9	2	1	5
6	1	4	3	2	8	7	5	9
2	8	5	4	9	7	1	6	3
7	3	9	5	6	1	8	4	2

Septembre

5	4	8	6	9	2	3	7	1
9	1	3	7	4	8	6	5	2
7	2	6	1	5	3	4	9	8
1	3	9	4	2	7	8	6	5
4	7	2	3	8	5	7	1	9
8	6	5	9	1	6	2	3	4
6	5	4	2	7	9	1	8	3
3	8	1	5	6	4	9	2	7
2	9	7	8	3	1	5	4	6

Octobre

4	9	2	8	6	5	1	7	3
8	1	7	3	4	9	5	6	2
3	5	6	1	7	2	8	9	4
7	3	1	6	2	8	9	4	5
6	2	5	4	9	3	7	1	8
9	8	4	7	5	1	2	3	6
1	7	3	5	8	4	6	2	9
2	4	8	9	1	6	3	5	7
5	6	9	2	3	7	4	8	1

Octobre

9	7	8	3	5	1	6	4	2
2	4	6	9	7	8	5	1	3
1	3	5	6	2	4	7	8	9
3	6	9	5	1	2	4	7	8
8	1	7	4	6	9	3	2	5
4	5	2	8	3	7	1	9	6
6	9	1	2	4	3	8	5	7
5	2	4	7	8	6	9	3	1
7	8	3	1	9	5	2	6	4

Novembre

4	6	9	2	1	5	3	7	8
7	3	1	8	4	9	5	2	6
2	8	5	7	3	6	4	1	9
3	1	7	5	9	8	6	4	2
8	2	4	3	6	7	1	9	5
9	5	6	4	2	1	7	8	3
5	9	2	1	7	3	8	6	4
1	4	8	6	5	2	9	3	7
6	7	3	9	8	4	2	5	1

Novembre

8	9	2	4	7	6	5	1	3
3	7	5	9	2	1	6	8	4
6	1	4	5	8	3	7	9	2
7	5	8	3	9	4	2	6	1
9	3	6	0	1	2	4	7	5
4	2	1	7	6	5	9	3	8
1	8	7	2	4	9	3	5	6
5	4	9	6	3	8	1	2	7
2	6	3	1	5	7	8	4	9

Décembre

6	1	3	2	8	9	7	4	5
7	8	5	4	6	1	9	3	2
9	4	2	5	7	3	1	6	8
2	3	7	6	1	5	4	8	9
8	5	1	9	2	4	6	7	3
4	6	9	8	3	7	2	5	1
5	9	8	7	4	2	3	1	6
1	7	6	3	9	8	5	2	4
3	2	4	1	5	6	8	9	7

Décembre

lever 08 h 42
coucher 17 h 20, + 1

mardi 31

Sylvestre

primidi 11 nivôse
Granit

Crédits photographiques

page 12 : Noon via *Rawpixel ;* Fleur : Adjima via *Rawpixel*
page 15 : Stone & Charden : Julien Reynaud via *Wikimedia Commons ;* Vignette signature : Flaticon via *Freepik*
page 18 : Sel : Racool_studio via *Freepik*
pages 20-21 : Chimpanzée : via *Rawpixel*
pages 22-23 : Fond étoilé : omelapics via *Freepik ;* Photo de Jean-Mary Couderc : DR
pages 24-25 : Cascade : via *Freepik ;* Halo : Wit via *Rawpixel ;* Ange : via *Freepik ;* Atom : via *Freepik ;* Pièce : Macrovector via *Rawpixel*
pages 26-27 : Oie : Aom W via *Rawpixel ;* Maïs : via *Freepik*
pages 28-29 : Photo : Antoine Lamielle via *Wikimedia Commons ;* Docteurs et prêtre en blanc : Sasi via *Freepik ;* Funérailles, prêtre en noir et soeur : Macrovector via *Freepik*
pages 30-31 : Lance : Niwat via *Rawpixel ;* Éperon : Moss via *Rawpixel*
page 32 : Photos mains et fossiles : Famille Michaud DR,
page 35 : Photos schéma : Jean-Mary Couderc DR, Crayon : Relineo via *Freepik,* Algue : Bernd Haynold via *Wikimedia Commons*
pages 38-39 : Prêtre : Macrovector via *Freepik ;* Stalactite : Macrovector via *Freepik*
pages 40-41 : Chandeleur : Pikisuperstar via *Freepik ;* Tombe : Dobroš ; Trident : *Upklyak*
pages 42-43 : Grenouille (bas des pages) : *Rawpixel ;* Grenouille (en haut) : Aum via *Rawpixel ;* Photos grenouilles : DR
pages 44-45 : Photo Chacal : Orientalizing ; Écureuil : J. Patrick Fischer ; Vignette écureuil : Aew via *Rawpixel*
page 47 : *Rawpixel*
page 49 : Parachute : Macrovector via *Freepik ;* Photo : DR
pages 52-53 : Lapin : Extra via *Rawpixel*
pages 54-55 : Tronc : Pch.vector via *Freepik ;* Forêt arrière-plan : Ton via *Rawpixel ;* Arbre : Froy via *Freepik*
pages 56-57 : Photo boîte à livre : G. Cardozo ; Tract : DR ; Pile de livre : Warapon via *Freepik*
page 62 : Bonbon : Warapon via *Rawpixel ;* Fond : Baifern via *Rawpixel ;* Sucette : via *Rawpixel*
page 65 : Fontaine : Wit via *Rawpixel* ; Photo rocher : Joecoolandcharlie
pages 66-67 : Chevalet : Tang via *Freepik*
pages 68-69 : Drapeau italien : Tanasiri via *Rawpixel*
page 71 : Dame shopping : nunny via *Rawpixel ;* Voleur : via *Rawpixel*
pages 78-79 : Niwat via *Rawpixel,* Photos : DR
pages 94-95 : Frise de Pâques : Tang via *Rawpixel* ; Photos : DR
pages 96-97 : Photo : Jean-Mary Couderc ; Flaque : Brgfx via *Freepik*
pages 116-117 : Boule électricité : *Freepik ;* Papillons : *Rawpixel ;* Bulle : Techi via *Rawpixel*
pages 122-123 : Poisson : 5snake5 via *Wikimedia Commons ;* Tâche bleue : Kjpargeter via *Freepik ;* Tâche Jaune : Harryarts via *Freepik*
pages 124-125 : Croix : Noon via *Rawpixel ;* Papillon noir et rouge : Chat via *Freepik ;* Tournesol : Aew via *Rawpixel*
pages 126-127 : Arbre : Busbus via *Rawpixel ;* Nuage : Nunny via *Rawpixel*
pages 144-145 : Pillules : Sasi via *Rawpixel* ; Tâche café : Dunno design lab via *Rawpixel*
pages 154-155 : Photo chapelle : Llann Wé2 via *Wikimedia Commons*
pages 164-165 : Halo : *Freepik*
pages 180-181 : Alien : Pch.vector via *Freepik ;* Photo antennes : Emmanuel.revah via *Wikimedia Commons ;* Soucoupe volante : *Rawpixel ;* Fourmis avec instruments : Brgfx via *Freepik* ; Photo fourmi : April Nobile ; Dessin maison fourmi : Brgfx via *Freepik*
pages 182-183 : Bateau : *Rawpixel ;* Église : *Freepik ;* Dessin mains chapelet : *Freepik ;* Corne : Pikisuperstar via *Freepik*
pages 190-191 : Photo : IronChris via *Wikimedia Commons ;* Vignette abeilles : *Rawpixel*
pages 192-193 : Bocal : Upklyak via *Freepik ;* Ver : Pch.vector via *Freepik ;* Banc : *Rawpixel ;* Bobine : via *Freepik*
page 210 : Photo crabe : James St. John via *Wikimedia Commons ;* Facundo Nehuén López via *Wikimedia Commons*
pages 212-213 : Tournesol : Sasi via *Rawpixel ;* Photo Bernard Solon : DR ; Pince : Niwat via *Rawpixel*
pages 216-217 : Photos : DR
pages 228-229 : Photo de tableau : DR
pages 240-241 : Photo Villeret : Georges Biard via *Wikimedia Commons ;* Affaires d'école : Nunny via *Rawpixel ;* Photo Leconte : Thesupermat via *Wikimedia Commons* ; Anguille : *Rawpixel*
pages 242-243 : Fleurs : Nunny via *Rawpixel ;* Couteau : Soerfm via *Wikimedia Commons*
pages 244-245 : Bocal et étiquette via *Rawpixel ;* Photo : DR
pages 246-247 : Photo Brière : Fanny Schertzer via *Wikimedia Commons ;* Bois et marre : Valadzionak_volha via *Freepik ;* Rastel & feuille avec tampon : DR
pages 250-251 : Canne à pêche : Niwat via *Rawpixel* ; Herbe : Macrovector via *Freepik ;* Hermines : Pch.vector via *Freepik*
pages 266-267 : Carte : DR ; Géant : *Freepik,* Fond pluie : Chanikarn Thongsupa via *Rawpixel*
pages 268-269 : Fleurs : Aum via *Rawpixel*
page 277 : Marguerites : Image by *rawpixel.com*
page 287 : Copeaux de crayons (x2) : Image de macrovector sur *Freepik*
page 293 : Crayon à papier : Image de macrovector sur *Freepik* ; Crayon de couleur rouge : Image de macrovector sur *Freepik*
pages 296-297 : Maillet : Macrovector via *Freepik*
pages 298-299 : Flamant rose : *Rawpixel*
pages 300-301 : Fond fleurs (arrière-plan) : Image de coolvector sur *Freepik*
pages 302-303 : Fond fleurs (arrière-plan) : Image de coolvector sur *Freepik*
pages 316-317 : Tombe de Clémenceau : DR ; Boule de Moulin : Siren-Com via *Wikimedia Commons*
page 328 : Encrier et plume : *Rawpixel*
page 329 : Fond automne (arrière-plan) : Image de *Freepik*
pages 330-331 : Trèfles : Oreo_Dark via *Rawpixel* ; Fond : Aom W via *Rawpixel*
page 333 : Formules mathématiques : Image de *Freepik*
page 341 : Crayon à papier gris : Image de macrovector sur *Freepik*
pages 342-343, pages 346-347 : Fond fleurs bleues (arrière-plan) : Image de *rawpixel.com* sur *Freepik*
page 348 : Perroquet vert : *Rawpixel*
Solutions sudoku : Boules de Noël : Aum via *Rawpixel* ; Pièces puzzle : Busbus via *Rawpixel*
Le langage des fleurs : Petite flèche : Busbus via *Rawpixel ;* Grande flèche : Aum via *Rawpixel* ; Absinthe, Arum, Giroflée, Hortensia bleu, Œillet (rose et blanc), Orchidée (bleue et rouge) : *Rawpixel ;* Amaryllis : Teddy via *Rawpixel ;* Navet : Paeng via *Rawpixel ;* Tulipe rose (bouton fermé) : Aum via *Rawpixel*
La chant des oiseaux : Petite flèche : Busbus via *Rawpixel ;* Grande flèche : Aum via *Rawpixel ;* Dindon : *Rawpixel* ; Colombe, Huppe : Gade via *Rawpixel;* Perdrix: Paeng via *Rawpixel*

Métive

www.gesteditions.com

IMPRIM'VERT®

Par ce logo, nous témoignons d'une volonté de réduire les impacts environnementaux liés aux activités de l'imprimerie. Nous choisissons un imprimeur impliqué dans la réduction des gaz à effet de serre.
Le choix de nos papiers assure que la production a été faite à partir d'un produit à base de bois et a suivi le cahier des charges d'une gestion durable des forêts européennes. Achevé d'imprimer chez Roto en Union européenne en août 2023.

Mise en page : Léa Grellet et Lisa Chalard

Dépôt légal : second semestre 2023

11, rue Norman-Borlaug
79260 La Crèche
05 49 05 37 22
contact@gesteditions.com